LIBROS XIX A XXI DEL DIGESTO DEL EMPERADOR JUSTINIANO

*Texto latino-español
y ensayo introductorio a cargo de
Julio César Navarro Villegas*

Amazon Mexico Services

Colección "Digesta Iustiniani Imperatoris" Vol. 7

©2022 Todos los derechos reservados
Julio César Navarro Villegas
Ninguna parte de esta obra podrá ser reproducida, almacenada en algún sistema de recuperación, o almacenada o transmitida en cualquier forma o por medio alguno, sea electrónico, mecánico, fotocopiado, de grabación u otros, sin permiso expreso del editor.
ISBN-13: 979-8788062440 (para la versión impresa).
Printed in the United States of America
with the support of Amazon Mexico Services

ÍNDICE

ENSAYO INTRODUCTORIO
La crítica interpolacionista:
Originalidad y corrupción de los textos digestales

El problema de la definición	1
Interpolaciones en los textos antiguos	3
Interpolaciones en los textos jurídicos	9
Las interpolaciones en el Digesto	17
Clasificación de las interpolaciones	
I. Interpolaciones extensivas	17
II. Interpolaciones restrictivas	24
III. Interpolaciones sustitutivas	26
Nota sobre la presente edición	29
Sobre la forma de citar y consultar el Digesto	31

EL DIGESTO DEL EMPERADOR JUSTINIANO

LIBRO XIX

Título I. De las acciones de compra y venta	35
Título II. De la acción de locación y la de conducción	85
Título III. De la acción estimatoria	133
Título IIII. De la permuta de las cosas	134

Título V. De las acciones por palabras expresadas y por el hecho …… 136

LIBRO XX

Título I. De las prendas e hipotecas, de cómo se contraen y de sus pactos …… 157
Título II. De las razones por las que se contrae prenda o hipoteca tácitamente …… 181
Título III. Qué cosas no pueden darse en prenda o hipoteca …… 185
Título IV. De quienes son preferentes en la prenda o en la hipoteca, y de quienes sucede a los primeros acreedores …… 188
Título V. De la venta de prendas e hipotecas …… 204
Título VI. De las formas en que se extingue la prenda o la hipoteca …… 211

LIBRO XXI

Título I. Del edicto edilicio, de la redhibición y de la acción de reducción de precio …… 227
Título II. De las evicciones y la estipulación por el doble …… 288
Título III. De la excepción de la cosa vendida y entregada …… 334

Sobre el traductor …… 337
Nota final …… 339

INTRODUCCIÓN

LA CRÍTICA INTERPOLACIONISTA: ORIGINALIDAD Y CORRUPCIÓN DE LOS TEXTOS DIGESTALES

El problema de la definición.
Tratándose en general de las intervenciones justinianeas, así como de las postclásicas, en los textos de los juristas romanos, a menudo se señala preliminarmente el hecho de que el verbo *interpolare* y sus derivaciones, ya presente en el léxico del comediógrafo Plauto, asume en su núcleo original[1] el significado de "limpiar" y, por ende, de "arreglar", "improvisar", "componer", haciendo parecer nuevo lo que no lo es[2], adquiriendo en tal sentido ya desde la antigüedad acepciones como "cambiar los personajes" a fuerza de golpes[3]. Ahora bien, se tiende a pasar por alto que tal verbo aparezce principalmente relacionado con la actividad de los *fullones* (lavanderos), quienes al limpiar o teñir telas y vestimentas viejas a menudo se veían orillados a

---

[1] Según Alfred Ernout y Antoine Meillet, el vocablo podría quizá provenir del verbo polio y, por tanto, de polire, a su vez de polare, en su sentido de "limpiar" o "refinar" un objeto, pero según otras explicaciones etimológicas derivaría, en el sentido de "poner como nuevo", "renovar", "refrescar"o "limpiar", de polo (a su vez del griego poleo), "dirigir", "plantear" e incluso "cuidar". Cfr. ERNOUT, Alfred *et al.*, *Dictionnaire Étymologique De La Langue Latine*, Klincksiec et Cie., París, 4ª. Ed., 2001, *s. v.* "interpolo"; FORCELLINI, Egidio, *Lexicon Totius Latinitatis*, Giovanni Manfrè, Pavía, 1771, vol. 2, *s. v.* "interpolo".
[2] Cfr. Plauto, *Mostellaria*, 262 y 274.
[3] Cfr. Plauto, *Amphitruo*, 317.

hacerlas pasar por nuevas[4], creando así una situación fraudulenta[5] de la cual se ocupan también los juristas en el ámbito del edicto de los ediles curules[6]. Así, el vocablo tiene connotaciones negativas de "ficción"[7] y de "apariencia de nuevo"[8], así como de innovación subrepticia[9] potencialmente fraudulenta, también en referencia a textos escritos[10].

Si ya en Amiano Marcelino el vocablo indicaba la "falsificación" consciente de un escrito, asume un significado más específico y preponderante con los escritores cristianos, en especial con Tertuliano, donde *interpolatio* se vuelve un atributo preciso del propio Satanás[11], quien como *aemulus* de Dios[12] manipula y falsifica la realidad para sus fines[13], en especial al relacionarse con las posturas de la filosofía griega

---

[4] Cfr. Non. Marc., *Comp. Doct.*, vol 1., *s. v.* "interpolare": *interpolare est immittere et interponere et novam formam e vetere fingere... et est tractum ab arte fullonia, qui poliendo diligenter vetera quaeque quasi in novam speciem mutant* (interpolar es introducir, interponer y fingir una nueva forma a partir de algo antiguo... y está tomado del oficio de los lavanderos, quienes al limpiar diligentemente <prendas> viejas <las> hacen pasar por una nueva), citando bajo la primera acepción a Cicerón (*Verr.* 2, 1, 158) y bajo la segunda a Plauto (*Amph.* 317); cfr. Isidoro, *Orig.* 19, 22, 23.
[5] Cfr. Cicerón, *Ad Quint. Fratr.* 2, 11, 3 y Frontón, *Ep. ad Ant. de orat* 12: *peritia opus est, ut vestem interpolem a sincera discernas*.
[6] D. 18, 1, 45: *Labeo libro posteriorum scribit, si vestimenta interpola quis pro novis emerit, Trebatio placere ita emptori praestandum quod interest, si ignorans interpola emerit. Quam sententiam et Pomponius probat, in qua et Iulianus est, qui ait, si quidem ignorabat venditor, ipsius rei nomine teneri, si sciebat, etiam damni quod ex eo contingit: quemadmodum si vas aurichalcum pro auro vendidisset ignorans, tenetur, ut aurum quod vendidit praestet* (Labeón escribe en el libro de los posteriores que si alguien compró vestidos usados como si fuesen nuevos, Trebacio opinó que deberá indemnizarse al comprador lo que le interesa si compró sin saber que las prendas eran usadas; esta opinión también la aprueba Pomponio y en ella coincide igualmente Juliano, quien dice que, si el vendedor realmente lo ignoraba, queda obligado a indemnizar lo que interesa; pero si lo sabía se obliga además por el perjuicio ocasionado, igual que si vendiese sin saberlo un vaso de latón como si fuese de oro: se obliga a entregar el oro que vendió). Cfr. D. 21, 1, 37, donde se señala que los ediles curules prohíben vender esclavos antiguos como si fuesen nuevos.
[7] Cfr. Cicerón, *Verr.* 2, 1, 158.
[8] Plinio, *Nat. Hist.* 19, 2, 8, 29.
[9] Varrón, *Ling. Lat.* 5, 1, 3; Plinio, *Nat. Hist.* 13, 12, 23, 75 y 29, 1, 5, 11.
[10] Cfr. Amiano, *Res gestae* 15, 5, 12: *... priore texto interpolato longe alia quam dictarat Silvanus, ex libidine consacrinatae fasitatis adscripta*.
[11] *De anima* 3, 2; cfr. *Adv. Marc* 5, 17, 9.
[12] *De spectaculis* 2, 7 y 12.
[13] *De cult. Fem.* 1, 8, 2-3.

que animan a los herejes[14], conduciéndolos, en una especie de "masacre" de las Escrituras[15], a falsificaciones voluntarias de los textos sagrados[16]. En tal sentido, la actividad del diablo *interpolator* se sintetiza ejemplarmente[17] en la conocida parábola del trigo y la cizaña[18], que en la perspectiva milenarista de los primeros cristianos se vuelve la justificación textual de la necesidad de *separare* al bien del mal y, por tanto, a los verdaderos cristianos de la cizaña *superseminata* por el *inimicus*, es decir, por la heterodoxia religiosa destinada a la persecución.

En todo caso, las nociones de "sustracción", "agregado" y "mutación" que se señalarán para los textos jurídicos ya habían sido destacadas por la patrística y, por lo demás, su negatividad intrínseca resultaba *ab origine* ligada en el verbo *interpolo* a las estafas de los *fullones* y, por tanto, en el ámbito cristiano, a la obra de falsificación de la creación divina, instrumento preferido por Satanás *interpolator*.

Interpolaciones en los textos antiguos.

En la crítica textual moderna[19], el vocablo "interpolación" es adoptado por los modernos bajo dos concepciones, más estrecha la primera, más amplia la segunda. Comúnmente suele llamarse "interplación" a cualquier alteración consciente del texto transmitido, pero que no se confiesa como tal. En este sentido, las interpolaciones son muy comunes en la tradición de cualquier autor clásico. Los estudiosos modernos son demasiado proclives a concebir cualquier tradición literaria como mecánica; por el contrario, copiados mecánicamente son en su mayoría tan solo los textos que el amanuense no entiende, o los textos que son defendidos por las particularidades de

---

[14] *Apol.* 47, 9 y ss. y *Praescr.* 7, 31: ... *sapientiam humanam affectratricem et interpolatricem veritatis.*
[15] *Praescr.* 38, 9, al decir que Marción ... *caedem scripturarum conficit.*
[16] *Praescr.* 38, 4-5: *quid de propio intulimus ut aliquid contrarium ei et in scripturis deprehensum detractione vel adiectione vel transmutatione remediaremus?*
[17] Cfr. *De anima* 16, 17.
[18] Mateo 13, 24-30.
[19] El texto fundamental para tener una visión panorámica precisa y al mismo tiempo sintetizada del mundo de la crítica textual aplicada a los textos antiguos es MAAS, Paul, *Textual Criticism*, Clarendon Press, Nueva York, 1958.

su forma. En cualquier punto donde el amanuense "entiende" en cierta medida, es proclive a "mejorar" a su autor. Esto puede conceptualizarse de varias maneras.

"Mejorar" puede significar más fácil: la formación de una *lectio facilior*, la progresiva prevalencia de esta sobre la *difficilior* (más compleja), o bien la conformación de una *vulgata* es, en tal sentido, un procedimiento interpolatorio. El interpolador entiende un texto en su conjunto, pero no lo entiende en un punto particular; por ende, conjetura, y su conjetura la pone valientemente en el texto.

Pero "mejorar" también puede significar más conforme con el gusto de la época: puede demostrarse que, en ciertos manuscritos de los padres de la Iglesia griegos, los finales de un periodo han sido modificados poco menos que sistemáticamente para introducir en ellos las cláusulas rítmicas medievales o bizantinas. Se entiende que tales interpolaciones son más sistemáticas allí donde el texto debía ser reducidos a una lectura escolástica. En época bizantina, una elección de obritas de Plutarco no solo fue modificada estilísticamente (cláusulas rítmicas), sino también expurgada[20]. No todos los periodos de la historia de la crítica textual tienden igualmente a la interpolación: los periodos humanistas, dado que entendían bastante y, más aún, imaginaban entender, han interpolado más: de tales periodos pueden distinguirse dos en Occidente, el periodo carolingio[21] y el Renacimiento[22], y dos en Bizancio, la época de Focio de Constantinopla (*circa* 815-897) y el llamado "renacimiento bizantino" (ss. XIII-XV)[23]. El límite entre conjetura e interpolación radica en que el conjeturista indica

---

[20] Cfr. CASTIGLIONI, Luigi, *Miscellanea Plutarchea*, en PASQUALI, Giorgio (ed.), *Studi Italiani Di Filología Classica*, B. Seeber, Florencia, vol. 21, 1913, 112-144.
[21] Cfr. FICHTENAU, Heinrich, *The Carolingian Empire: The Age Of Charlemagne*, University of Toronto Press, Toronto, 1978, ...; MACLEAN, Simon, *Kingship and Politics in the Late Ninth Century: Charles the Fat and the End of the Carolingian Empire*, Cambridge University Press, Nueva York, 2003, ...
[22] Cfr. DAVIES, Martin, *Humanism In Script And Print In The Fifteenth-Century*, en KRAYE, Jill (ed.), *The Cambridge Companion To Renaissance Humanism*, Cambridge University Press, Nueva York, 11a. reimp., 2011, 47-62.
[23] Cfr. MACÉ, Caroline, *Textual Criticism*, en PAPAIOANNOU, Stratis (ed.), *The Oxford Handbook Of Byzantine Literature*, Oxford University Press, Nueva York, 2021, 707-724.

su conjetura como tal, mientras el interpolador la sustituye sin más en el texto transmitido, es decir, lo "trapichea" por tradición.

Pero "interpolación" significa para los estudiosos más severos algo más específico: insertar en un texto elementos que originalmente le eran ajenos. En este significado más restringido y más técnico, la interpolación no se caracteriza como en el primer singificado por la voluntad, sino por una característica material, la ampliación: la interpolación siempre es un agregado que en su origen no se hallaba en el texto.

Las más "inocentes" y principalmente las más recientes de tales interpolaciones son los "glosemas", es decir, explicaciones marginales para la distracción de los amanuenses y que penetraron el texto. Un códice de Epifanio de Salamis (*circa* 310/320-403 d. n. e.), padre de la Iglesia, es famoso porque a lo largo de amplios pasajes ofrece cada palabra duplicada: al lado de la expresión original está la que explica o la que, según un lector aticista, habría sido la más correcta. Pero también notas marginales enteras (*scholia*) pueden penetrar inadvertidamente el texto: un ejemplo famoso son las cartas de Epicuro en Diógenes Laercio[24].

Pero también existen interpolaciones de factura diferente, más amplias, y estas sí intencionales. Textos destinados a la recitación fueron ampliados en ocasiones. El transmisor homérico no tuvo escrúpulos en insertar en el canto que recita episodios que pueden resultar por una u otra razón interesantes o agradables a su auditorio, pese a que desentonen en el conjunto de la obra artística. Dos ejemplos indudables de interpolaciones homéricas son la Dolonia, es decir, el canto X de *La Ilíada*[25], y el episodio burlesco del adulterio de Afrodita

---

[24] El trabajo más importante de crítica textual a los fragmentos conservados de las obras de Epicuro, especialmente con los estudios pioneros que representan el primer intento por enfrentarse críticamente a la tradición de los manuscritos tras los textos epicúreos, así como con la reconstrucción de los textos basados en un agudo entendimiento de las trayectorias de la transmisión textual es USENER, hermann (ed.), *Epicurea*, colección "Cambridge Library Collection", Cambridge University Press, Nueva York, 2010.

[25] Ruso señala que los 573 hexámetros de la Dolonia originalmente cerraban el libro XXIV, como una especie de apéndice, con vistas a una continuación. Los estudiosos modernos sitúan la conversión de la Dolonia en capítulo hacia tiempos post-homéricos. Cfr. RUSO, Carlo Ferdinando, *Fisionomia Di Un Manoscritto Arcaico (E Di*

con Ares en el canto VIII de *La Odisea*[26]. La poesía genealógica y enumerativa, como la *Teogonía* de Hesiodo, invitaba a la interpolación. Igualmente indudables son las interpolaciones de género similar que se hallan en la tragedia ática. A los postreros ya no bastaba la sencillez de la puesta en escena del siglo V a. n. e.: ciertas interpolaciones que se dirían "de fábrica", por ejemplo, en *Las Euménides* de Esquilo, son testimonio de representaciones más recientes y fastuosas[27]. De inmediato los coros compuestos de ciudadanos, es decir, de diletantes, ya no bastaron a los gustos musicales de un público más refinado; se perdió la tradición de la música y de la rítmica coral. En la tragedia, especialmente de Eurípides, largos coros fueron sustituidos (por ejemplo, en *Orestes*) por unos pocos versos recitativos en boca del corifeo o de actores. Los manuscritos que derivan de los textos de los gramáticos alejandrinos, quienes solían recolectarlo todo, ahora presentan con frecuencia las dos redacciones, una seguida de la otra, es decir, desde nuestro punto de vista, una interpolación[28]. Y similares agregados realizados por actores se hallan también en la comedia romana[29].

Textos destinados a la lectura están más raramente interpolados, casi nunca, salvo que haya un fuerte interés, por ejemplo, religioso: en la *Historia Eclesiástica* de Eusebio de Cesarea (*circa* 260/265-*circa* 339/340 d. n. e.) cada vez que se menciona a Orígenes, venerado por el autor pero más tarde condenado por la Iglesia, alguno que otro texto aparece interpolado con una tendencia hostil. Es célebre una interpolación

---

Un'iliade Ciclica), en *Belfagor*, Leo S. Olschki, vol. 34, número 6, noviembre de 1979, 653-656.
[26] Cfr. THOMSON, J. A. K., *Studies In The Odyssey*, University of Michigan Library, Nueva York, 1966, 31; CLARKE, Howard W., *The Art Of The Odyssey*, Bristol Classical Press, Bristol, 1989, 55.
[27] Cfr. WEST, M. L., *Hesiod's Titans*, en *Journal of Hellenic Studies*, Cambridge University Press, vol. 105, noviembre de 1985, 174.
[28] Cfr. HUNTER, Richard, *Hesiod's Style: Towards An Ancient Analysis*, en MONTANARI, Franco *et al.* (eds.), *Brill's Companion To Hesiod*, Brill, Leiden, 2009, 253-269.
[29] Cfr. TELÒ, Mario, *Roman Comedy And The Poetics Of Adaptation*, en DINTER, Martin T. (ed.), *The Cambridge Companion To Roman Comedy*, Cambridge University Press, Nueva York, 2019,

cristiana en las *Antigüedades judías* (18, 63-64) de Flavio Josefo, el pasaje hoy conocido como *testimonium Flavianum*:

> *Por este tiempo apareció Jesús, un hombre sabio* <si es que es correcto llamarle hombre, ya que fue un hacedor de milagros impactante, un maestro para los hombres que reciben la verdad con gozo y> *que atrajo hacia él a muchos judíos* <y a muchos gentiles además. Era el Cristo>. *Y cuando Pilato, frente a la denuncia de aquellos que son los principales entre nosotros, lo había condenado a la cruz, aquellos que lo habían amado primero no le abandonaron,* <ya que se les apareció vivo nuevamente al tercer día, habiendo predicho esto y otras tantas maravillas sobre él los santos profetas>. *La tribu de los cristianos, llamados así por él, no ha cesado de crecer hasta este día* (Ant. 18, 3, 3).

Los pasajes que la crítica moderna considera interpolados se hallan dentro de los símbolos "<>" y en letra normal. Con todo, casos de este tipo son en su conjunto raros: la filología moderna es ahora menos proclive que la de hace más de un siglo a establecer interpolaciones por razones de poca monta o no evidentes; tiende más bien al exceso opuesto.

Otro tipo de interpolaciones aparece ocasionalmente en las obras historiográficas: un ejemplo conspicuo lo ofrecen *Las helénicas* de Jenofonte. En ellas, a un lector o editor docto le parecieron insuficientes las indicaciones cronológicas, por lo que agregó de mano propia un esquema cronológico que imitó de Tucídides, así como las fechas de los arcontes áticos y de los éforos espartanos. A este mismo interpolador parecen remontarse algunas noticias sobre acontecimientos sicilianos o persas, menciones de prodigios, una lista de treinta tiranos y una de éforos espartanos[30]. Interpolaciones de este tipo serán raras; pero con frecuencia ocurre que allí donde el historiador antiguo, en cumplimiento de una regla que valía en la antigüedad para la prosa alta, había tan solo parafraseado el documento

---

[30] Cfr. GRAY, V. J., *Continuous History And Xenophon: Hellenica 1-2, 3, 10*, en *The American Journal Of Philology*, Johns Hopkins University Press, vol. 112, número 2, verano de 1991, 201-228.

y lo había retirado de su narración, un editor posterior lo introduo en el texto en su forma original. Esto ocurrió en varios documentos de Tucídides y en la *Vida de Constantino* de Eusebio de Cesarea[31].

Expuesta a la interpolación, también en este sentido más restringido que la palabra, lo es en especial la literatura escolástica, en especial los tratados gramaticales y los comentarios, para adaptar libros escolásticos a las necesidades siempre nuevas de la escuela. Pero aquí la interpolación se combina con otros procedimientos (abreviaciones y sustituciones), por lo que es muy difícil que un análisis pueda restituir el texto original.

Al indagar las interpolaciones se requieren delicados procedimientos analíticos[32]: es raro el caso en el que la interpolación se halle aún (como en Diógenes Laercio) en estado bruto. Por lo común la parte del texto original que le precede y que le sigue ha sido reelaborada para acogerla más fácilmente. De ahí que no siempre es fácil determinar el límite de una interpolación. Podemos sintetizar tales procedimientos en tres fases:

a) *Recensio*, es decir, establecer qué debe o puede considerarse como transmitido;
b) *Examinatio*, es decir, examinar esta tradición y descubrir si puede considerarse como remontable a la original;

---

[31] Cfr. PASQUALI, Giorgio, *Die Composition Der Vita Constantini Des Eusebius*, en *Hermes*, vol. 45, número 3, Frans Steiner Verlag, 1910, 369-386; STORCH, Rudolph H., *The "Eusebian Constantine"*, en *Church History*, Cambridge University Press, vol. 40, número 2, junio de 1971, 145-155.

[32] Paul Maas, inspirado a su vez en el trabajo de Karl Lachmann, destaca que tales procedimientos usan errores comunes a los manuscritos para determinar si se relacionan o no, y ello presupone que el proceso para entender la tradición textual debe realizarse antes de poder decidir cuáles variantes entraron en el texto enmendado. Sin embargo, autores como Giorgio Pasquali han reaccionado contra las ideas del método de Lachmann, oponiéndose a la suposición de que cada tradición textual debe descender de un solo arquetipo, ya que a lo largo del tiempo la transmisión *recta via* se rompió y de ella solo conservamos partes más o menos amplias dispersas en infinidad de códices, a partir de los cuales se llevaron a cabo las ediciones posteriores de las obras antiguas y, más tarde, las *editiones principes* modernas, surgidas, sin embargo, hasta época medieval. Cfr. PASQUALI, Giorgio, *Storia De La Tradizione E Critica Del Testo*, Casa Editrice Le Lettere, Florencia, 1988, especialmente los capítulos V a VII.

c) *Divinatio*, es decir, si se demuestra que no puede ser atribuible a la tradición original, debemos intentar reconstruir ese original a través de la conjetura (*emendatio*) o al menos poder aislar la corrupción textual (*corruptio*).

Y esto no es más que una segunda fase de la indagación: antes de todo esto se debe tener en cuenta que cierto grupo de palabras puede estar interpolado. Extrañezas y discordancias, y especialmente contradicciones, pueden despertar la sospecha; pero solo puede llegarse a una respuesta definitiva mediante un análisis penetrante. También el estilo puede revelar una interpolación a un conocedor sutil de la lengua; sin embargo, también aquí la certeza solo se logra luego de una indagación profunda, la cual, con frecuencia, ciertas condiciones especiales pueden justificar lo que en realidad es una anomalía lingüística, siendo infundada la pretensión de ciertos filólogos modernos: prescindir del estilo en tal investigación. En obras poéticas la consideración estilística está soportada por observaciones métricas y prosódicas.

El fenómeno interpolacionista es un aspecto inherente a la transmisión de los textos antiguos que se conservaron para los siglos posteriores. Su reflexión nos permite ser conscientes de las limitaciones que determinadas obras pueden tener para el conocimiento de la cultura grecolatina. Con estas nociones previas, podemos ya abordar el estudio de las interpolaciones contenidas en el Digesto.

Interpolaciones en los textos jurídicos.

La ciencia jurídica designa bajo el vocablo "interpolación" a todas las alteraciones introducidas en las obras de los jurisconsultos antiguos, en las constituciones imperiales y en las leyes, ya por parte de comisiones legislativas o, deliberadamente, por sus comentaristas e intérpretes. El término "interpolación" solo sería adecuado para designar en específico las adiciones, pero por extensión lo usan los juristas, y no en tiempos recientes, para expresar las omisiones y las sustituciones: en resumen, *interpolare* expresa también el *demere* (omitir) y el *mutare* (sustituir).

El problema de las interpolaciones no es problema solo de la ciencia del Derecho Romano, pues también se refiere a fuentes jurídicas más antiguas y fuentes jurídicas más recientes: en época relativamente primitiva las leyes gozaban de autoridad en proporción a su antigüedad, pero en estas mismas épocas el documento original de la ley con frecuencia se perdió y el texto fue transmitido literariamente o incluso solo oralmente. En tales condiciones, la interpolación fue casi una regla: es difícil decir cuánto de las leyes de Solón se hallaba realmente en los ἄξονες o κύρβεις, sobre los cuales el núcleo original estaba contenido. También los derechos bárbaros (por ejemplo, la ley sálica) aparecen en múltiples redacciones, más o menos modernizadas. Sin embargo, es verdad que el problema es particularmente importante, y sin duda fundamental, para la ciencia del Derecho Romano. Es incierto si el *foenus unciarium* fue declarado la tasa más alta de interés por la Ley de las Doce Tablas[33] o por la ley *Duilia Moenia*; si el sepultar al interior de la ciudad estaba ya prohibido por las Doce Tablas[34] o solo hasta el año 260 a. n. e. por el Senado. Se han resaltado interpolaciones en las *leges publicae populi romani* (como la *lex Rubria*) o *coloniarum* (como la *lex Ursonensis*) o *municipiorum* (como la *lex Salpensana* o la *lex Malacitana*): se han señalado interpolaciones en obras de la jurisprudencia romana que han llegado a nosotros de forma directa, sin mediar la compilación justinianea (las *Institutiones* de Gayo, los *Ulpiani libri ad Sabinum*, el *Fragmentum de formula Fabiana*) o los epítomes postclásicos (como el *Tituli ex corpore Ulpiani*[35]); se han hallado interpolaciones en colecciones postclásicas de *iura* y de *leges*, compuestas por fragmentos de la jurisprudencia clásica y de constituciones imperiales (como los *Vaticana Fragmenta*, la *Collatio legum romanarum et mosaicarum*, la *Consultatio veteris cuiusdam iurisconsulti*), y finalmente se les ha descubierto en las constituciones del *Codex Theodosianus*, así como en otras que nos han llegado a través de la *Lex romana Visigothorum*. Sin embargo, pese a no ser pocas ni leves, están muy lejos de compararse con aquellas

---

[33] 8, 18.
[34] 9, 1.
[35] También podemos agregar las *Sententiae receptae Pauli* que, probablemente, son también un epítome pasado luego a revisión por la comisión legislativa que preparó el llamado *Breviarium Alaricianum*.

interpolaciones en masa introducidas en las obras de la jurisprudencia romana, seleccionadas para conformar las *Pandectae* y las *Institutiones* justinianeas, y en las constituciones imperiales, al menos reconstantinianas, que se incluyeron en el *Codex Iustiniani*.

Debemos, pues, partir de un dato de fondo: las alteraciones justinianeas a los textos clásicos son una realidad histórica que no puede ser puesta en duda. El propio emperador da a conocer la orden impartida a sus comisionados de que agreguen, quiten o corrijan lo que consideren necesario para crear una obra homogénea en cuanto a contenido. Así, en la constitución *Deo auctore* del año 530 d. n. e., en la que ordena la redacción del Digesta, pide a los encargados de su compilación

> *iubemus igitur vobis antiquorum prudentium … libros ad ius Romanum pertinentes et legere et elimare* (que lean y perfeccionen los libros relativos al Derecho Romano de los antiguos prudentes; *Deo auctore* §4)[36].

En este pasaje se plantea un problema de interpretación nada sencillo. ¿En qué sentido debe entenderse la afirmación de Justiniano arriba citada? ¿Cuánto de verdadero y cuánto de enfático contiene tal aseveración? ¿Fueron estos textos jurídicos clásicos alterados al punto de la devastación? Este *elimare* (perfeccionar) relativo a los textos antiguos se explica un poco más adelante:

> *Si quid in veteribus non bene positum libris inveniatis vel aliquod superfluum vel minus perfectum, supervacua longitudine semota et quod imperfectum est repleatis et omne opus moderatum et quam pulcherrimum ostendatis. Hoc etiam nihilo minus observando, ut, si aliquid in veteribus legibus vel constitutionibus, quas antiqui in suis libris posuerunt, non recte scriptum inveniatis, et hoc reformetis et ordini moderato tradatis: ut hoc videatur esse verum et optimum et quasi ab initio scriptum, quod a vobis*

---

[36] Las citas de las constituciones imperiales han sido tomadas de JUSTINIANO, César Flavio, *Libro I del digesto del emperador Justiniano*, texto latino-español y ensayo introductorio a cargo de Julio César Navarro Villegas, edición independiente realizada con el apoyo de Amazon Mexico Services, 2016.

electum et ibi positum fuerit, et nemo ex comparatione veteris voluminis quasi vitiosam scripturam arguere audeat (si hallan algo en las obras antiguas impropiamente colocado, o superfluo o defectuoso, una vez suprimida toda excesiva prolijidad, mejoren lo imperfecto y presenten la obra bajo moderada proporción y lo más acabada posible. Además, tengan muy en cuenta que, si hallasen algo incorrectamente copiado en las antiguas leyes o constituciones que los antiguos insertaron en sus obras, también refórmenlo y preséntenlo en debida forma, de modo que parezca ser lo verdadero y conveniente, y como escrito originalmente lo que por ustedes hubiere sido elegido y allí colocado, y que nadie se atreva a tachar de defectuoso el texto al compararlo con el texto antiguo; *Deo auctore* §7).

No podemos decir que no fuimos advertidos por el propio Justiniano de que la compilación hoy conocida como *Digesta* estaba intencionadamente reformada. Observamos en el anterior pasaje que Justiniano indica a los compiladores que aporten a los textos de los juristas clásicos (incluidas las constituciones imperiales allí citadas) todas las modificaciones necesarias para adecuarlas, cual si fuesen leyes vigentes, a su época[37]. Es más, el emperador reitera orgullosamente en

---

[37] Cfr. Constitución *Tanta* §19: *Hasce itaque leges et adorate et observate omnibus antiquioribus quiescentibus* (Así, pues, veneren y observen estas leyes [es decir, los fragmentos actualizados de las obrar jurídicas clásicas consagrados en la compilación imperial], quedando derogadas todas las anteriores). El texto que le sigue se refiere conjuntamente al testimonio examinado y al que será considerado un poco más adelante: *nemoque vestrum audeat vel comparare eas prioribus vel, si quid dissonans in utroque est, requirere, quia omne quod hic positum est hoc unicum et solum observari censemus. Nec in iudicio nec in alio certamine, ubi leges necessariae sunt, ex aliis libris, nisi ab iisdem institutionibus nostrisque digestis et constitutionibs a nobis compositis vel promulgatis aliquid velit falsitatis crimini subiectus una cum iudice, qui eorum audientiam patiatur, poenis gravissimis laborare* (que ninguno de ustedes se atreva a compararlas [los textos clásicos actualizados y compilados en el Digesto] con las anteriores, ni tampoco indagar si hay algo disonante entre unas y otras, porque todo lo que aquí se ha insertado es lo que única y exclusivamente queremos que se observe. Y que no se intente leer o aducir en juicio, o en otra controversia en la que sean necesarias las leyes, nada de otros libros más que de estos que hemos compuesto y promulgado, las "Instituciones", el "Digesto" y las "Constituciones", si no quiere el temerario sufrir gravísimas penas como reo de falsedad, juntamente con el juez que tolere tal audiencia). Permítaseme destacar dos

la constitución *Tanta* del año 533 d. n. e. la labor interpolacionista realizada con las siguientes palabras:

> *Tanta autem nobis antiquitati habita est reverentia, ut nomina prudentium taciturnitati tradere nullo patiamur modo: sed unusquisque eorum, qui auctor legis fuit, nostris digestis inscriptus est: hoc tantummodo a nobis effecto, ut, si quid in legibus eorum vel supervacuum vel imperfectum vel minus idoneum visum est, vel adiectionem vel deminutionem necessariam accipiat et rectissimis tradatur regulis. Et in multis similibus vel contrariis quod rectius habere apparebat, hoc pro aliis omnibus positum est unique omnibus auctoritate indulta, ut quidquid ibi scriptum est, hoc nostrum appareat et ex nostra voluntate compositum: nemine audente comparare ea quae antiquitas habebat et quae nostra auctoritas introduxit, quia multa et maxima sunt, quae propter utilitatem rerum transformata sunt. Adeo ut et si principalis constitutio fuerat in veteribus libris relata, neque ei pepercimus, sed et hoc corrigendum esse putavimus et in melius restaurandum. Nominibus etenim veteribus relictis, quidquid legume veritati decorum et necessarium fuerat, hoc nostris emendationibus servavimus. Et propter hanc causam et si quid inter eos dubitabatur, hoc iam in tutissimam pervenit quietem, nullo titubante relicto* (mas tanta ha sido nuestra reverencia por la antigüedad, que no hemos consentido en modo alguno que los nombres de los jurisprudentes cayesen en el olvido, sino que aparecen en las inscripciones de nuestro Digesto el nombre de todos los que son autores de sus leyes, habiendo hecho nosotros únicamente que se añadiera o quitase, según fuera necesario, y se ajuste a las

---

puntos. Justiniano proclama una ruptura completa: se ha abierto la página del nuevo derecho por él dispuesto y se ha cerrado definitivamente la del derecho previamente vigente, del cual se prohíbe incluso la consideración y el recuerdo. No escapa a la reflexión que se trata de una representación diferente de la *legum permutatio*, ya testimoniada por Justiniano (cfr.constitución *Omnem rei publicae* §11) y por él realizada dentro de los límites de lo posible (como él ya recordaba, solo las cosas divinas son perfectas). La normativa referida, dictada por Justiniano, volvía imprudente la conservación en la propia biblioteca de un texto jurídico clásico. Por ejemplo, un hijo instruido y algo temerario podría leerlo y destacar cierta importancia sobre su uso para la compilación del Digesto, exponiéndose al riesgo de sufrir las *poenae gravissimae* previstas para el *crimen falsi* (no faltaban los delatores, y los jueces no eran independientes del poder imperial, sino que estaban sometidos a éste).

reglas más justas todo lo que en las leyes de aquellos prudentes parezca superfluo, imperfecto o menos conveniente. Ante muchas repeticiones o contradicciones se ha puesto lo que parecía más correcto, igual para todos y fundando en una misma autoridad, de modo que todo lo que allí aparece escrito se entienda como nuestro y como redactado por nuestra propia voluntad, sin que nadie se atreva a comparar el texto antiguo con lo que introdujo nuestra autoridad, pues es mucho y muy importante lo que se ha cambiado por razones prácticas; hemos pensado que se debía corregir y mejorar, sin mayor miramiento, incluso cuando se trataba de alguna constitución imperial conservada en los antiguos libros. Así, respetando los nombres de los autores antiguos, hemos mantenido en nuestras enmiendas todo lo que era conveniente y necesario para la verdad de las leyes. Por ello, si había entre ellos alguna duda, se ha conseguido la más segura armonía, sin dejar lugar a ningún titubeo; *Tanta* §10).

Justiniano reconoce que el trabajo de revisión, modificación y adecuación a su época de las opiniones de los jurisconsultos clásicos incluidas en el Digesto no ha sido menor; los nombres de los autores se respetaron, pero el contenido de sus obras se "corrigió" y "mejoró" "sin mayor miramiento", pues ello "era conveniente y necesario para la verdad de las leyes". Destaca que en los textos revisados hay material "superfluo, imperfecto o menos conveniente" al que es necesario "añadir" aclaraciones y adecuaciones, o bien "quitar" lo que se considera anacrónico. Pero ello no basta: el emperador prohíbe "comparar el texto antiguo con lo que introdujo nuestra autoridad" en el nuevo Digesto, alegando en su defensa que "es mucho y muy importante lo que se ha cambiado por razones prácticas". Tales alteraciones fueron, en efecto, muchas, impactando en varios ámbitos del derecho: la distinción de las cosas, la transferencia de la propiedad, el poder del paterfamilias, el proceso civil, y un largo etcétera. Por otra parte, Justiniano, detentador de un poder absoluto, pero legislador prudente, no habría prohibido sin razón (en ausencia de modificaciones) el comparar la redacción de los textos antiguos con la

versión acogida en el Digesto, amenazando además a los que contraviniesen tal disposición con las gravísimas penas del *crimen falsi*. Por otra parte, en el párrafo 11 de la citada constitución *Tanta*, el emperador testimonia el haber exhortado a sus comisionados para que tuviesen en cuenta las constituciones por él emanadas *pro emendatione iuris* y para que se apegasen a ellas al compilar las *Institutiones*:

> *Admonuimus autem eos, ut memores etiam nostrarum fiant constitutionum, quas pro emendation iuris promulgavimus, et in confectione institutionum etiam eadem emendatione ponere non morentur: ut sit manifestum et quid antea vacillabat et quid postea in stabilitatem redactum est* (Les recordamos que no olviden nuestras propias constituciones, que promulgamos para enmendar el Derecho, y no dejen, al hacer las Instituciones, de tener en cuenta esas mismas enmiendas, para que resulte claro lo que antes era objeto de vacilaciones y quedó después establemente fijado).

En el primer párrafo de esta misma constitución, Justiniano destaca que el Digesto, gracias a la iluminación celeste y al favor de la Trinidad altísima, fue redactado según sus instrucciones impartidas desde un inicio[38]:

> *Nos itaque more solito ad immortalitatis respeximus praesidium, et summo numine invocato deum auctorem et totius operis praesulem fieri optavimus, et omne studium Triboniano... credidimus eique omne ministerium huiuscemodi ordinationis imposuimus, ut ipse una cum aliis illustribus et prudentissimis viris nostrum desiderium adimpleret. Nostra quoque maiestas semper investigando et perscrutando ea quae ab his componebantur, quidquid dubium et incertum inveniebatur, hoc numine caelesti erecta emendabat et in competentem formam redigebat* (Como de costumbre, nosotros acudimos entonces al auxilio de la

---

[38] Como hemos visto, las instrucciones imperiales, indicadas con el vocablo *mandata*, tenían su núcleo, según la representación arraigada, en las interpolaciones: son justamente los agregados, modificaciones y mutilaciones aportados a los fragmentos insertados en el Digesto, con objeto de adecuarlos a la nueva visión y a las nuevas exigencias.

eternidad, y después de invocar a la Divinidad altísima, pedimos que Dios mismo se hiciera autor y presidiera la obra toda, confiamos todo su estudio a Triboniano… y le encargamos todo el trabajo de recopilación, para que diera fin a nuestro deseo en unión de otras ilustres y doctísimas personas. Y también nuestra majestad, siguiendo e indagando atentamente lo que ellos iban realizando, enmendaba y reformaba debidamente todo lo que se hallaba dudoso e impreciso, con la ayuda de Dios celestial; Tanta, pr.)

El emperador sin duda era optimista: no es creíble que los comisionados hayan obervado en todo momento sus instrucciones; pero tampoco es creíble que ninguno de ellos jamás las haya observado. Con todo, Justiniano parece darse perfectamente cuenta del peligro de una actitud manipuladora y corruptora al interior del trabajo compilatorio debido a las intervenciones de los compiladores sobre los textos clásicos. En la constitución *Deo auctore*, luego de haber invitado a los comisionados a cambiar lo que se considerase imperfecto[39], intenta imponer una apariencia de autenticidad original a tales intervenciones sucesivas, ordenando que se les considere ciertas y óptimas, como si así hubiesen sido escritas desde el inicio, evitandp que nadie ose, a través de la comparación con los textos antiguos de los *prudentes*, considerar *vitiosa* la redacción contenida en el Digesto[40], optando ahora por una originalidad artifical de la reescritura, vista como la versión más certera y realista que en realidad usurpa la redacción primigenia del texto[41].

---

[39] *Deo auctore* §7: "tengan muy en cuenta que, si hallasen algo incorrectamente copiado en las antiguas leyes o constituciones que los antiguos insertaron en sus obras, también refórmenlo y preséntenlo en debida forma".
[40] *Ídem.*: "De modo que parezca ser lo verdadero y conveniente, y como escrito originalmente lo que por ustedes hubiere sido elegido y allí colocado, y que nadie se atreva a tachar de defectuoso el texto al compararlo con el texto antiguo"
[41] Pese a la titánica empresa realizada por Justiniano, este enfoque, algo extremo en medio de su delirio de grandeza, pretende considerar los textos digestales, tal como los escribieron Justiniano y sus colaboradores, como si hubiesen sido de los juristas antiguos, volviéndolos por tanto más auténticos que los escritos originales.

Las interpolaciones en el Digesto

Como ya vimos, las interpolaciones son mutaciones ordenadas por Justiniano a las obras de los jurisconsultos clásicos y a los rescriptos de los emperadores previos a él para adaptarlos al derecho del imperio romano de Oriente del siglo VI d. n. e. Es, pues, imposible no admitir que Justiniano haya interpolado: lo dejó perfectamente consagrado en las constituciones imperiales que emitió para ordenar la redacción del Digesto, donde no solo confiesa que se han realizado abundantes alteraciones, sino incluso se enorgullece de ello. El derecho clásico no era para él algo inviolable, sino objeto de veneración científica; más aún, era una base de la cual extraer un nuevo derecho práctico.

Y así como cuando en tiempos posteriores se transformaban templos paganos en iglesias cristianas y solo se prestó atención en conservar la belleza artística de aquellos edificios, realizándose mutaciones a veces innecesarias, así los antiguos textos jurídicos sufrieron no solo interpolaciones *necessariae* (necesarias), sino también *utiles* y hasta *voluptuariae* (superfluas).

Puede también observarse cierta semejanza entre el proceder de los intérpretes y el de los compiladores al momento de la interpolación, ya que en ésta última se tiene una interpretación y una adaptación del texto antiguo al momento en que el derecho debe aplicarse. En tal sentido, y siguiendo el estudio clásico de Gradenwitz[42], las interpolaciones pueden clasificarse en: extensivas, restrictivas y sustitutivas.

I. Interpolaciones extensivas.

a) En este primer rubro podemos hallar inicialmente las interpolaciones extensivas **generalizadoras**. A menudo, cuando una institución del derecho clásico se limitaba a una acción determinada, a un objeto determinado, etcétera, y en el derecho justinianeo se refería, por el contrario, a cada acción o

---

[42] GRADENWITZ, O., *Interpolazioni E Interpretazioni*, en *Bullettino Dell'istituto Di Diritto Romano*, Instituto di Diritto Romano, Roma, año II, 1889, 3-15.

a cada objeto, los compiladores hicieron en el texto antiguo una interpolación generalizadora. Veamos algunos ejemplos. En D. 12, 2, 34, 6, el romanista Otto Lenel[43] observó que el edicto, tal como se halla en el pasaje: "eum a quo iusiurandum petetur, solvere aut iurare cogam" (al demandado que se le pida juramento le obligaré a pagar o jurar) debía referirse a la acción *si certum petetur* (para pedir una obligación cierta), demostrando que el juramento necesario en el Derecho Romano clásico solo podía diferirlo el actor y en esta acción. Aunque acepta como genuino el edicto, es posible que no sea así. De hecho, si tomamos el texto como auténtico, de él se desprendería que también, si se le pidiese al actor emitir juramento, se vería obligado a pagar o jurar, yendo en contra de la naturaleza del edicto, el cual tan solo se refería a un derecho del actor. La frase original que estaba en lugar de la que hoy conservamos, *eum a quo iusiurandum petetur*, debía indicar que era el demandado la persona a la que se podía diferir el juramento y que, en consecuencia, estaba obligada a paga o a jurar. Pensando en esto y en el hecho de que el juramento en el derecho clásico estaba restringido a la acción *si certum petetur*, nos sentimos fuertemente inclinados a considerar que la frase auténtica, en lugar de "eum a quo *iusiurandum* petetur", fuese "eum a quo *certum* petetur". A esto nos persuade también la observación de que, si fuese auténtica la palabra *iusiurandum*, no se hallaría junto a ella el verbo *petere*, sino *deferre*. Al sustituir "juramento" por "una obligación cierta", toda dificultad desaparece. Los compiladores, para generalizar el juramento necesario, cambiaron el sentido y de paso estropearon la lengua latina.

Reflexionemos un ejemplo más. En el derecho clásico el *legatum optionis* (legado opcional) estaba restringido a elegir

---

[43] LENEL, Otto, *Palingenesia Iuris Civilis; Juris Consultorum Reliquiae Quae Justiniani Digestis Continentur Ceteraque Juris Prudentiae Civilis Fragmenta Minora Secundum Auctores Et Libros*, Bernhard Tauchnitz, Leipzig, vol. 2, 1889, *Ulpianus* 762; LENEL, Otto, *Das Edictum perpetuum: Ein versuch zu seiner wiederherstellung. Mit dem für die Savigny-stiftung ausgeschriebenen preise gekrönt*, Bernhard Tauchnitz, Leipzig, 2a. ed., 1907, 229-230.

entre diversos esclavos. Los compiladores justinianeos, habiendo identificado tanto la *optio* como la *electio*, dicen "optio servi vel alterius rei" (la opción del esclavo o de otra cosa), ampliando así la *optio* a cualquier objeto. De ahí que el título V del libro XXXIII del Digesto se denomine *De optione vel electione legata* (Del legado por opción o por elección).

Meditemos otro ejemplo. En muchos textos que hablan solo de *pecunia* (dinero) los compiladoers agregaron *vel quid aliud* (o algo más). Así, en D. 7, 5, 5 pr.-1 Ulpiano hablaba del *ususfructus pecuniae* (usufructo de dinero). Los compiladores agregaron *vel ceterarum rerum* (o sobre las demás cosas de su propiedad) y *vel aliarum rerum, quae in abusu consistunt... vel ceterae res, quae in absumptione sunt* (de otras cosas que se consumen... o las demás cosas que se consumen por el uso), para adaptar el texto a toda cosa consumible. La mano de los compiladores se revela claramente a partir de la vírgola §1, porque vemos agregado *vel ceterarum rerum quae sunt in abusu* en un lugar falso, y por la conclusión que da Ulpiano en la vírgola §2: "nam idem continere usum *pecuniae* et usum fructum et Iulianus scribit et Pomponius libro octavo de stipulationibus", donde los compiladores olvidar incluso renovar el *vel aliarum rerum* y sus variantes señaladas.

b) La frase *vel aliud* nos brinda pie para hablar de las interpolaciones extensivas **alternativas**. En este caso, los compiladores le han agregado con frecuencia una palabra a otra con la disyunción *vel* o *aut*.

En D. 4, 8, 34 pr.[44] leemos: "Si duo rei sunt aut credendi aut debendi et unus compromiserit isque vetitus sit petere *aut ne ab eo petatur*. Videndum est, an si alius petat vel *ab alio petatur*, poena committatur" (Si de dos acreedores o deudores solidarios uno solo hubiere hecho compromiso, y se hubiese prohibido que el acreedor reclame judicialmente o que se reclame del deudor, veamos si no se incurrirá en la pena *si el*

---

[44] LENEL, Otto, *palingenesia iuris civilis, op. cit.*, Paulus 252.

otro acreedor pidiera, o si se reclamase *del otro deudor*). Es evidente que el árbitro no puede prohibir al demandado "pedir del otro acreedor", sino solamente "pedir" al actor. Así, *aut debendi* es un agregado. Al reconocerlo se logra explicar muy bien la conclusión del pasaje, el cual, de lo contrario, sería imposible interpretar. De hecho, la última proposición, reducida a su foma legítima, es esta: "alias <*nec a te petitur* es la interpolación>, nec ego peto, nec meo nomine petitur, licet a te petatur" (fuera de estos casos <de solidaridad>, no puede decirse que *se reclama de ti* cuando yo reclamo del otro, ni que en mi nombre se reclama cuando el otro reclama de ti), aludiendo manifiestamente a la sentencia del árbitro y a las *sponsiones amplius non peti* (estipulaciones que no pueden exigirse de forma amplia).

En D. 35, 2, 62 pr. Juliano preguntaba cómo se deben computar las obligaciones en los *bona* (bienes) de uno de los *duo rei stipulandi* (dos reos de estipular), como lo demuestra la vírgola §1, donde se habla de *corpora* (cosas corporales) en cuanto al activo del patrimonio. Los compiladores introdujeron en el texto *duo rei promittendi vel... vel promisissent... vel es cuius bonis detrahi* (dos reos de prometer o... o hubiesen prometido... o de los bienes de quien haya de deducirse <el adeudo>), como muestra también su inversión, lo cual no puede atribuirse a Ulpiano.

c) La **inversión** mencionada nos hace descubrir la obra interpolacionista de los compiladores en otros casos. Por ejemplo, en D. 7, 1, 22 hallamos primero *donetur* (se donara), después *relictum vel donatum est* (se le dejó o donó) y por último *donavit vel reliquit* (hizo la donación o el legado).

En D. 17, 2, 73 leemos "si societatem universarum fortunarum ita coierint, ut quidquid erogetur *vel quereretur* communis *lucri atque* impendii esset, ea quoque quae in honorem alterius liberorum erogata sunt utrisque inputanda" (si se constituyó una sociedad a partir del total de sus fortunas para que todo lo que se gastase *o adquiriese* fuese de *lucro y* gasto

común, debe atribuirse a ambas partes lo gastado en beneficio de los hijos de uno de ellos). Aquí la conclusión se refiere solo al *impendium* (gasto). Los compiladores agregaron *vel quereretur* y *lucri atque*, introduciendo el elemento de la ganancia y colocándolo erróneamente, primero antes, y luego después de la parte del perjuicio.

En D. 40, 9, 3[45] leemos: "si optio hominis data sit *vel indistincte homo legatus sit*, non potest hees quosdam servos *vel omnes* manumittendo aut evertere aut minuere ius electionis..." (si se brinó la opción de un esclavo, *o se legó indistintamente un esclavo*, el heredero no puede invalidar o menoscabar el derecho de elección manumitiendo a algunos esclavos *o a todos*). La frase *vel omnes*, si fuese auténtica, debería concordar con *evertere* (invalidar), no con *minuere* (disminuir), con la que no concuerda.

El texto original de D. 4, 4, 24, 2 trataba de una *omissio bonorum possessionis* (omisión de la posesión de bienes hereditarios). Los compiladores agregaron *vel repudiaverit hereditatem vel*: ello no concuerda con el final, el cual trata de una restitución contra el transcurso del tiempo.

En D. 35, 1, 26, 1[46], la forma auténtica del pasaje hablaba del aumento de los legados y terminaba con las palabras *cui pure legatum est*. Los compiladores interpolaron *aut quum alter pure, alter sub condicione heres scriptus est* (o cuando uno fue instituido heredero puramente y otro bajo condición), así como *vel hereditatis... vel hereditas data est* (o de la herencia... o se dio la herencia), sin preocuparse de que el vocablo *legatum* era un verbo, no un sustantivo.

En D. 7, 3, 1 pr. Ulpiano hablaba de un usufructo *per dies singulos*. Los compiladores agregaron la alternativa *vel menses vel annos* (o meses o años) para ampliar el sentido de la disposición legal. Ello se revela leyendo la vírgola §1, donde se plantea la cuestión de si el usufructo puede ser percibido *cottidie* y por la inversión del proemio, donde cambia el orden

---

[45] *Ibíd., Gaius* 20.
[46] *Ibíd., Iulianus* 816

de *dies, menses annos* (días, meses, años) por la forma más diversificada de "*per* dies singulos" e "*in* annos singulos".

En la disposición legal de D. 46, 3, 69[47] hallamos escrito: "Si hominem, in quo usufructus alienus est *vel qui erat pignori Titio obligatus* noxae dedisti, poterit is, cui condemnatus est, tecum agere iudicati, nec expectabimus, ut creditor evincat, sed si ususfructus interierit *vel dissoluta fuerit pignoris obligatio*, existimo processuram liberationem" (si entregaste por delito al esclavo sobre el cual era de otro el usufructo, *o que estaba obligado a Ticio en prenda*, podrá aquel ante quien fuiste condenado ejercer contra ti la acción de cosa juzgada, y no esperaremos a que el acreedor lo eviccione. Pero si se extinguió el usufructo *o se disolvió la obligación de prenda*, estimo que procede la liberación). Al mencionar este fragmento de Celso en D. 42, 1, 4, 8, Ulpiano tan solo habla del usufructo: "Celsus scribit, si noxali condemnatio eum servum, in quo usufructus alienus est, noxae dedisti, posse tecum agi iudicati: sed si ususfructus interierit, liberari ait" (Celso escribe que si al condenársete por acción noxal diste a cambio el esclavo sobre el cual otro tiene el usufructo, se puede todavía ejercer en tu contra la acción de cosa juzgada, pero si se extinguió el usufructo, dice que quedas libre). Por lo anterior, es muy probable que la mención de la prenda se deba a los compiladores.

Según la disposición del edicto pretorio citado en D. 43, 15, 1 pr., en el interdicto *de ripa munienda* (de reparación de orilla) se mencionaría la frase "si tibi damni infecti in annos decem viri boni arbitratu *vel cautum vel* satisdatum est aut per illum non stat, quo minus viri boni arbitratu *caveatur vel satisdetur*" (si se te dio garantía *o fianza* de daño inminente por diez años, a criterio de hombre bueno, o si de él no depende que no se otorgue *caución o fianza* a criterio de hombre bueno). Por tanto, para el caso de un río público se otorgaría una *cautio* o una *satisdatio damni infecti* y, dado que en la vírgola §3 se dice: "debet vel cavere vel satisdare *secundum qualitatem personae*"

---

[47] *Ibíd., Celsus* 203.

Ensayo introductorio

(debe dar caución o garantía *según la cualidad de la persona*), dependería de la cualidad de las personas el *satisdare* (otorgar fianza) o no. Esto ya es de suyo muy extraño, porque, como se sabe, "damni infecti alieno nomine satisdari iubebo" (mandaré que en nombre de otro se otorgue fianza de daño inminente), como señala el pretor en D. 39, 2, 7 pr. Ahora bien, cuando se trata de un río público siempre se demanda *alieno nomine* (en nombre de otro), por lo que siempre se debería *satisdare*. Agréguese que en este pasaje se señala expresamente "de eo opere, quod in flumine publico ripave eius fiet, in annos decem *satisdari* iubebo" (por la obra que se realice en río público o en su orilla, ordenaré que se otorgue fianza por diez años), sin mencionar de ningún modo la garantía simple; lo mismo se dice en D. 46, 5, 1, 7: "Ex causa damni infecti... si quid in flumine publico fiat, satisdatur" (por causa de daño inminente... si se hiciese algo en un río público, deberá otorgar fianza). Así, el edicto aparece alterado en D. 43, 15. Probablemente el haber agregado una *cautio* espuria a la *satisdatio* original se debe a la predilección por la diferencia en las cualidades de las personas (*cavere secundum qualitatem personae*), estando los *possessores* exentos de toda garantía (D. 2, 8, 15 pr.).

En el título VI del libro XXIX, luego de "si quis aliquem testari prohibuerit" (si alguien impidió que otro realice testamento) los compiladores agregaron *vel coegerit* (o se le obligó <a realizar testamento>), aunque no se hable de este último delito en el título mencionado, refiriéndose los tres pasajes ahí contenidos exclusivamente a *prohibere* o, para hablar con mayor exactitud, al *dolo facere quominus testamentum fiat* (actuar con dolo para lograr que se redacte un testamento).

En D. 42, 5, 8, 1, "vendere vel locare" (vender o arrendar) ha sido invertido: *locare vel vendere*.

En D. 8, 4, 18[48], Paulo hablaba solo de quienes *servitutes imponant* (<varios dueños> pueden imponer

---

[48] *Ibíd.*, *Paulus* 1000.

<servidumbres>), y no de quienes *adquirant* (pueden adquirir), pues se trata siempre de quien cede la servidumbre. Incluso las palabras *uni vel* en la frase *et ideo non potest uni vel unus cedere* (pero sin poder ceder a nadie ni ceder él solo) están igualmente interpoladas. También es dudosa la frase *Idem iuris est et si uni ex dominis cedatur, deinde in persona socii aliquid horum acciderit* (El mismo derecho aplica si se cediera a un solo socio propietario, y después le hubiere acaecido alguna de las cosas anteriormente mencionadas).

II. **Interpolaciones restrictivas.**

Similares interpolaciones se observan cuando el Derecho justinianeo introduce muchas excepciones a un principio del Derecho clásico. En tal caso, no es raro que los compiladores restringiesen lo que realmente había dicho el jurisconsulto, ya sea con un agregado de índole general, o con una proposición que expresa el caso en el que lo dicho por el jurisconsulto era verdad para el nuevo Derecho. Veamos diversos ejemplos.

En D. 26, 1, 16 pr.[49] se lee: "Tutela *plerumque* virile officium est" (En la mayoría de ocasiones la tutela es oficio de varón). El vocablo *plerumque* se explica pensando en las constituciones imperiales, muy posteriores a Gayo, el autor original del pasaje, las cuales admitieron como tutoras a la madre y a la abuela[50]. Igualmente está interpolado D. 26, 1, 18[51]: "Feminae tutores dari non possunt, quia id munus masculorum est, nisi a principe filiorum tutelam specialiter postulent" (las mujeres no pueden ser nombradas tutoras, porque este cargo es de varones, salvo que especialmente pidan al emperador la tutela de sus hijos). La interpolación se advierte también por la mala construcción sintáctica, habiéndose colocado al final la frase *nisi a principe filiorum tutelam specialiter postulent.*

---

[49] *Ibíd., Gaius*, 262.
[50] *H. l.*, 3.
[51] *Ibíd., Neratius* 65.

Ensayo introductorio

En D. 26, 3, 7, pr.⁵² se lee: "Naturali filio, cui nihil relictum est, tutor frustra datur a patre nec sine inquisitione confirmatur" (el padre inútilmente le da un tutor al hijo natural al que nada dejó, y no se le confirma sin información previa). Lenel observa justamente que "cui nihil relictum est" está interpolado con base en C. 5, 29, 4 del *Codex Iustiniani*. Podemos agregar que es probable que también el final de este pasaje es una paráfrasis de la disposición digestal citada, el cual dice "debet apud competentem iudicem se confirmare et ita gerere res pupillares".

En D. 46, 26, 19, 1⁵³ se lee: "Qui servum meum precario rogat videtur a me precario habere *si hoc ratum habuero* et ideo precario interdicto mihi tenebitur" (se considera que quien ruega en calidad de precario a mi esclavo adquiere de mí por precario, *si yo lo ratifiqué*, quedando obligado en virtud de ello por el interdicto de precario). Dudamos mucho de que el *si hoc ratum habuero* sea auténtico. Véase también D. 46, 3, 34, 6: "Si gener socero, ignorante filia, dotem solvisset, non est liberatus, sed condicere socero potest, *nisi ratum filia habuisset*" (Si el yerno le pagó la dote al suegro sin que lo supiese la hija, no se libera, pero puede demandársela al suegro por la acción ejecutiva, *si la hija no ratificó*). Aquí la interpolación es tan solo formal, según la oportuna terminología de Cogliolo⁵⁴.

En D. 50, 17, 43 pr. se lee: "Nemo ex his, qui negant se debere, prohibetur etiam alia defensione uti, nisi lex impedit" (A ninguno de quienes niegan deber se les prohíbe usar también otra defensa, salvo que la ley lo impida). Las tres última palabras en latín contienen una restricción que sin duda fue hecha por cualquiera que leyó el texto, por lo que no pueden atribuirse a Ulpiano. Se explican más bien como obra de los compiladores, pues se sabe que con frecuencia Justiniano exhortó a sus súbditos a no hacer nada *contra legem*.

En D. 12, 2, 35 pr.⁵⁵ se lee: "Tutor pupilli *omnibus probationibus aliis deficientibus* iusiurandum deferens audiendus est: quandoque enim

---

⁵² *Ibíd., Hermogenianus* 50.
⁵³ *Ibíd., Iulianus* 672.
⁵⁴ COGLIOLO, Pietro, *La storia del diritto romano e le interpretazioni delle Pandette*, en *Archivio giuridico Filippo serafini*, vol. 41, enero de 1888, 189.
⁵⁵ LENEL, Otto, *Palingenesia Iuris Civilis, op. cit., Paulus* 433.

pupillo denegabitur actio" (Si el tutor del pupilo ofrece el juramento *al faltar pruebas*, deberá ser escuchado, pues en ocasiones puede negarse acción al pupilo). Las palabras *omnibus probationibus aliis deficientibus* representan una restricción posterior. Paulo trataba originalmente del juramento diferido *in iure*.

III. Interpolaciones sustitutivas.

Damos ese nombre a las interpolaciones realizadas sustituyendo en los textos una noción por otra. Así como los intérpretes no se limitan a interpretaciones extensivas o restrictivas, sino que para adaptar la ley a las relaciones prácticas de otras épocas y de otras necesidades, sustituyen los conceptos originales con otros nuevos, así también los compiladores con frecuencia interpolan en determinado sentido los textos antiguos. Son conocidas las interpolaciones de *fiducia* por *pignus*, *mancipare* por *tradere*, etc. Aquí señalamos otras interpolaciones sustitutivas.

En D. 38, 15, 5 pr.[56] Se habla de una *bonorum possessio filio delata* (posesión de los bienes deferida a un hijo) y de la necesidad de notificarle al padre *ut vel iubeat adgnosci bonorum possessionem vel ratam habeat agnitionem bonorum possessionis* (o para que mande que se acepte la posesión de los bienes o para que se tenga por ratificada la aceptación de la posesión de los bienes).

Ya Huschke[57] cita en Gai. 2, 185 esta disposición a propósito de la *cretio* (aceptación de los bienes hereditarios), y con toda la razón, siendo que puede demostrarse que el texto tal como lo conservamos no es auténtico y en su forma original debía hablar justamente de *cretio*. El texto es de Marcelo. Ahora bien, la palabra *adgnitio* no se halla en los jurisconsultos clásicos; *adgnoscere bonorum possessionem* nunca la hallamos en el texto gayano veronense, y en las Pandectas, dejando de lado unos pocos textos sospechosos, solo comienza a mencionarse a partir de la época de Papiniano (siglo III d. n. e.). En los jurisconsultos anteriores a éste y en el texto veronense siempre se lee *petere bonorum possessionem*;

---

[56] *Ibíd.*, *Marcellus* 125.
[57] HUSCHKE, Philipp Eduard, *Gai Institutionum commentarii quattuor, separatim ex iurisprudentiae anteiustinianae reliquiarum*, B. G. Teubner, Leipzig, 6a. ed., 1903.

especialmente Marcelo adopta esta frase en las vírgolas §1 y §2 del fragmento digestal citado. Luego de esto no puede atribuirse a Marcelo la frase *adgoscere bonorum possessionem* ni *agnitio bonorum possessionis*. Todo conduce a pensar que en el texto original se leía *vel ratam habeat cretionem* y los compiladores sustituyeron de forma incompleta *cretio* por *adgnitio*.

En D. 4, 4, 30[58], los compiladores sustituyeron el *annus restitutionis* (año de restitución) del que hablaba Papiniano por *bonorum possessionis tempus* (plazo de la posesión de bienes). Lo mismo puede decirse de D. 37, 6, 8 del mismo libro de Papiniano: "quem tamen facilius admittendum existimo, si intra tempus delatae possessionis cautionem offerat: nam post annum, quam delata esset bonorum possessio, voluntariam moram cautionis admittere difficilius est" (considero que <el hijo emancipado que no quiso colar> debe admitírsele más fácilmente si ofece garantía dentro del plazo en que se defiere la posesión, porque pasado un año de haberse deferido la posesión de bienes hereditarios es más difícil admitir la demora voluntaria de la garantía). Gracias la frase *post annum*, aquí se ve que originalmente estaba escrito *intra annum* (dentro del plazo de un año) en lugar de la desatinada y mal adaptada frase *tempus delatae possessionis*.

---

[58] LENEL, Otto, *Palingenesia Iuris Civilis*, op. cit., *Papinianus* 92.

NOTA SOBRE LA PRESENTE EDICIÓN

La *editio princeps* publicada en 1583 por *Dionysius Godofredus*, quien forjó también el nombre de la compilación justinianea (*Codex, Digesta, Institutiones* y *Novellae*) tal como lo conocemos hoy, *Corpus Iuris Civilis*, fue la primera edición académica de la codificación de Justiniano, incluyendo el Digesto, que siguió siendo la edición estándar hasta el siglo XIX. Pese a que dedicaremos posteriormente sendos estudios a la transimisión en Occidente de esta obra jurídica, podemos citar cronológicamente las ediciones de Kriegel y Osenbrüggen (*Corpus Iuris Civilis*, Leipzig, 1872) y de Pothier (*Pandectae Justinianae in Novum Ordinem Digestae*, París, 1818-1823) como primeros intentos de establecer una edición "moderna" del Digesto; sin embargo, fue hasta mediados del siglo XIX que el método estemático de Lachmann brindó a los estudiosos las técnicas necesarias para manejar los problemas editoriales a nivel de las grandes obras del Derecho Romano.

Por otro lado, en el mundo de habla hispana han sido pocos, aunque loables, los intentos por acercar el *Digesta Iustiniani* a los estudiosos del Derecho. El primero del que se tiene memoria es "El Digesto del emperador Justiniano", obra publicada en Madrid entre 1872 y 1874 y traducida por Don Bartolomé Agustín Rodríguez de Fonseca, todavía publicada como una excepcional rareza histórica, aunque con un idioma español ya arcaico y anacrónico para nuestros días. Posteriormente hallamos la edición de Ildefonso García del Corral, publicada en Barcelona por Jaime Molinas en 1889, aún publicada y distribuida, aunque con obstáculos filológicos insalvables y giros lingüísticos ya en desuso. Finalmente, hallamos una versión más contemporánea realizada, entre otros, por el eminente romanista español Álvaro D'Ors y publicada por Aranzadi en 1968, hoy prácticamente inhallable y reducido su escaso tiraje a una elitista comunidad romanista que literalmente "encerró" los ejemplares en las estanterías de algunas bibliotecas universitarias, haciendo prácticamente inaccesible esta obra al mundo jurídico. Además, la versión de D'Ors en ocasiones peca de una traducción demasiado "libre", alejándose del sentido originario del texto latino.

Así, pues, la presente edición, inédita para Hispanoamérica, que busca mantener el apego al texto latino, pero con un lenguaje moderno accesible a todo estudioso del Derecho, y a todo interesado en la cultura clásica, toma como fuente principal la siguiente versión de trabajo en cuanto al texto latino:

- La obra *Corpus Iuris Civilis, Editio Stereotypa Quinta*, a cargo de Theodore Mommsen, publicada en Berlín, Weidmann, 1889, Vol. I.

SOBRE LA FORMA DE CITAR Y CONSULTAR EL DIGESTO

El "Digesto" del Emperador Justiniano contiene extractos de escritos de los jurisconsultos de la época clásica (126 a. C. a 325 d. C.). Consta de 50 libros; éstos se dividen, a su vez, en títulos (excepto los libros 30 a 32); los títulos se dividen en fragmentos que se inician con una *inscriptio*, es decir, el nombre del autor y la obra de donde proceden. A partir de la Edad Media, los fragmentos más extensos fueron divididos en párrafos, el primer párrafo se denomina *principium*, cuya abreviación es "pr.", el segundo párrafo se numera con el "1" y así sucesivamente.

El modo de citar y consultar modernamente el Digesto, así como las demás fuentes de la antigüedad, es el filológico. La cita comienza con la inicial D. (*Digesta*); a continuación, se colocan los números correspondientes al libro, título, fragmento y párrafo, comenzando por el pr.; cuando nos hallamos ante párrafos numerados, éstos comienzan con el símbolo "§" (sección).

Por ejemplo, si en un texto aparece la siguiente cita, D. 9, 1, 1, 9, ésta se consultará en el Digesto del siguiente modo: Digesto; Libro 9; Título 1; Fragmento 1; Párrafo §9.

Si hallamos esta cita, D. 1, 2, 1 pr., se consultará del siguiente modo: Digesto; Libro 1; Título 2; Fragmento 1; *principium*, coloquialmente llamado "párrafo cero".

Si hallamos esta cita, D. 1, 1, 9, indica que el fragmento es corto y no tiene párrafos, por lo que se consultará de este modo: Digesto; Libro 1; Título 1; Fragmento 9.

DOMINI IUSTINIANI
DIGESTORUM SEU PANDECTARUM
PARS TERTIA (DE REBUS)

**TERCERA PARTE DEL DIGESTO O
PANDECTAS DEL SEÑOR JUSTINIANO
(DE REBUS)**

LIBER XIX

LIBRO XIX

TITULUS I
DE ACTIONIBUS EMPTI VENDITI

TÍTULO I
DE LAS ACCIONES DE COMPRA Y VENTA

1. ULPIANUS libro vicesimo octavo ad Sabinum. Si res vendita non tradatur, in id quod interest agitur, hoc est quod rem habere interest emptoris: hoc autem interdum pretium egreditur, si pluris interest, quam res valet vel empta est.

1. ULPIANO *en el libro vigésimo octavo de los comentarios a Sabino.* Si no se entrega la cosa vendida, procede la acción por lo que interesa, es decir, por lo que le interesa al comprador tener la cosa; sin embargo, a veces esto excede el precio si el interés del comprador excede el valor de la cosa, o del precio en que fue comprada.

§1. Venditor si, cum sciret deberi, servitutem celavit, non evadet ex empto actionem, si modo eam rem emptor ignoravit: omnia enim quae contra bonam fidem fiunt veniunt in empti actionem. Sed scire venditorem et celare sic accipimus, non solum si non admonuit, sed et si negavit servitutem istam deberi, cum esset ab eo quaesitum. Sed et si propones eum ita dixisse: 'nulla quidem servitus debetur, verum ne emergat inopinata servitus, non teneor', puto eum ex empto teneri, quia servitus debebatur et scisset. Sed si id egit, ne cognosceret emptor aliquam servitutem deberi, opinor eum ex empto teneri. Et generaliter dixerim, si improbato more versatus sit in celanda servitute, debere eum teneri, non si securitati suae prospectum voluit. Haec ita vera sunt, si emptor ignoravit

§1. Si el vendedor sabe que debe una servidumbre y lo ocultó, no evadirá la acción de compra si el comprador ignoró tal circunstancia, porque todo lo que se hace contra la buena fe se incluye en la acción de compra. Consideramos que el vendedor lo sabe y lo oculta no solo si no la advirtió, sino también si, al preguntársele, negó que debía la servidumbre. Pero si dices que él se expresó de este modo: "sin duda no se debe servidumbre alguna, pero no me obligo ni aunque aparezca alguna servidumbre no prevista", opino que se obliga por la acción de compra, porque debía la servidumbre y lo sabía; pero si

servitutes, quia non videtur esse celatus qui scit neque certiorari debuit qui non ignoravit.

hizo esto para que el comprador ignorase que se debía, opino que se obliga también por la acción de compra. En general considero que si no actuó rectamente al ocultar la servidumbre, se obligará, pero no ocurrirá si quiso prever su seguridad. Esto es verdad si el comprador ignoró la existencia de las servidumbres, pues no se considera que le ocultaron a quien lo sabe, ni debió cerciorarse a quien no lo ignoró.

2. *PAULUS libro quinto ad Sabinum. Si in emptione modus dictus est et non praestatur, ex empto est actio.*

2. PAULO en el libro quinto de los comentarios a Sabino. Si en la compra se señaló una medida y ésat no se entrega, procede la acción de compra.

§1. Vacua possessio emptori tradita non intellegitur, si alius in ea legatorum fideive commissorum servandorum causa in possessione esta ut creditores bona possideant. Idem dicendum est, si venter in possession sit: nam et ad hoc pertinent vacui appellatio.

§1. No se entiende que se entregó la libre posesión al comprador si otra persona posee para conservar los legados o los fideicomisos, o si los acreedores poseen los bienes. Lo mismo se dirá si se otorga la posesión de los bienes a quien está en el vientre, porque también la excluye la denominación de "libre posesión".

3. *POMPONIUS libro nono ad Sabinum. Ratio possessionis, quae a venditore fieri debeat, talis est, ut, si quis eam possessionem iure avocaverit, tradita possessio non intellegatur.*

3. POMPONIO en el libro noveno de los comentarios a Sabino. La entrega de la posesión,que hace el vendedor es tal que, si alguien reclama legítimamente la posesión, no se entiende entregada.

§1. Si emptor vacuam possessionem tradi stipulatus sit et ex stipulatu agat, fructus non venient in eam actionem, quia et qui fundum dari stipularetur, vacuam quoque possessionem tradi oportere stipulari intellegitur nec tamen fructuum praestatio ea stipulatione continetur, neque rursus plus debet esse in stipulatione. Sed ex empto superesse ad fructum praestationem.

§1. Si el comprador estipuló que se le entregase la libre posesión y ejerce la acción de lo estipulado, no se incluirán en ésta los frutos, porque quien estipuló que se le diese la propiedad de un fundo se entiende que estipuló también la entrega de la vacua posesión, no entrando en la estipulación la prestación de los frutos; además no debe haber más en la estipulación, sino que basta para la prestación de los frutos la acción de compra.

§2. Si iter actum viam aquae ductum per tuum fundum enero, vacuae possessionis traditio nulla est: itaque cavere debes per te non fieri, quo minus utar.

§2. Si yo compré servidumbres de senda, de paso de ganado, camino o acueducto que pasen por tu fundo, no se entrega la libre posesión de los mismos; por ello, debes otorgar fianza de que no me impedirás usarlas.

§3. Si per venditorem vini mora fuerit, quo minus traderet, condemnari eum oportet, utro tempore pluris vinum fuit, vel quo venit vel quo lis in condemnationem deducitur, item quo loco pluris fuit, vel quo venit vel ubi agatur.

§3. Si el vendedor de vino se demoró para entregarlo, se le condenará al mayor precio que tuvo el vino al momento de la venta o al momento de la sentencia; igualmente, puede condenársele al mayor precio que tuvo en el lugar en que se vende o en el que se ejerce la acción.

§4. Quod si per emptorem mora fuisset, aestimari oportet pretium quod sit cum agatur, et quo loco minoris sit. Mora autem videtur esse, si nulla difficultas venditorem impediat, quo minus traderet, praesertim si omni tempore paratus fuit trader. Item non oportet eius loci pretia spectari, in quo agatur, sed eius, ubi vina tradi oportet: nam quod a Brundisio

§4. Pero si el comprador incurrió en mora, debe estimarse el precio que tuvo cuando se ejerce la acción y en el lugar donde sea menor. Se considera que hay mora en el comprador si nada impidió al vendedor entregar, sobre todo si en cualquier momento estuvo dispuesto a

vinum venit, etsi venditio alibi facta sit, Brundisi tradi oportet.

hacerlo. Igualmente, no deben considerarse los precios del lugar donde se ejerce la acción, sino donde se entregarán los vinos, porque el que se vende en Brindis, aunque se vendan en otra parte, debe entregarse en Brindis.

4. PAULUS libro quinto ad Sabinum. Si servum mihi ignoranti, sciens furem vel noxium esse, vendideris, quamvis duplam promiseris, teneris mihi ex empto, quanti mea intererit scisse, quia ex stipulatu eo nomine agere tecum non possum, antequam mihi quid abesset.

4. PAULO *en el libro quinto de los comentarios a Sabino.* Si sabiéndolo tú e ignorándolo yo me vendiste un esclavo ladrón o delincuente, aunque prometas el doble, te obligas conmigo por la acción de compra en cuanto me interesa haberlo sabido, porque mientras no sufra un perjuicio no puedo ejercer en tu contra la acción de lo estipulado.

§1. Si modus agri monor inveniatur, pro numero iugerum auctor obligatus est, quia, ubi modus minor invenitur, non potest aestimari bonitas loci qui non exstat. Sed non solum si modus agri totius minor est, agi cum venditore potest, sed etiam de partibus eius, ut puta si dictum est vineae iugera tot esse vel oliveti et minus inveniatur: ideoque his casibus pro bonitate loci fiet aestimatio.

§1. Si resultase menor la medida de un campo, el vendedor se obliga por el número de yugadas, porque cuando la medida es menor no puede estimarse la calidad del terreno que no existe. Pero no solo puede ejercerse la acción contra el vendedor si es menor la capacidad del campo, sino también si lo fuera la de alguna de sus partes, por ejemplo, si se dijo que había tantas yugadas de viña o de olivares y resultaron menos. Por ello, en estos casos se hará la estmación según la calidad del terreno.

5. IDEM libro tertio ad Sabinum. Si heres testamento quid vendere damnatus sit et vendiderit, de reliquis, quae per

5. EL MISMO *en el libro tercero de los comentarios a Sabino.* Si se gravó al heredero en el testamento con

consequenticas emptionis propia sunt, vel ex empto vel ex testamento agi cum eo poterit.

§1. Sed si falso existimans se damnatum vendere vendiderit, dicendum est agi cum eo ex empto non posse, quoniam doli mali exceptione actor summoveri potest, quemadmodum, si falso existimans se damnatum dare promisisset, agentem doli mali exceptione summoveret. Pomponius etiam incerti condicere eum posse ait, ut liberetur.

6. POMPONIUS libro nono ad Sabinum. Tenetur ex empto venditor, etiamsi ignoraverit minorem fundi modum esse.

§1. Si vendidi tibi insulam certa pecunia et ut aliam insulam meam reficeros, agam ex vendito, ut reficias: si autem hoc solum ut reficeres eam convenisset, non intellegitur emptio et venditio facta, ut et Neratius scripsit.

§2. Sed si aream tibi vendidi certo pretio et tradidi, uta ut insula aedificata partem dimidiam mihi retradas, verum est et ut aedifices agere me posse ex vendito et ut

la tarea de vender una cosa y la vendió, en cuanto a las demás cosas propias de la compra podrá ejercerse contra él la acción de compra o la de legado.

§1. Pero si creyó falsamente que se le había mandado vender y así lo hizo, diremos que no puede ejercerse contra él la acción de compra, porque puede rechazarse al actor con la excepción de dolo malo, como cuando creyó falsamente que se le había condenado a dar y así lo prometió: rechazaría con la excepción de dolo malo al demandante. Dice Pomponio que también puede ejercer la acción ejecutiva de cosa incierta para liberarse de la promesa realizada.

6. POMPONIO *en el libro noveno de los comentarios a Sabino*. El vendedor se obliga por la acción de compra, aunque ignorase que el fundo tenía menor medida.

§1. Si te vendí una casa en determinado precio con la obligación de reparar otra casa de mi propiedad, ejerceré la acción de venta para que la repares; pero si solo se acordó que la repares, no se entiende que hubo compraventa, como ya lo señaló Neracio.

§2. Pero si te vendí un solar en cierto precio y te lo entregúe para que, una vez levantado el inmueble, me devuelvas la mitad,

aedificatam mihi retradas: quamdiu enim aliquid ex re vendita apud te superesset, ex vendito me habere actionem constat.

puedo ejercer la acción de venta para obligarte a que edifiques en él y para que me lo entregues edificado, porque siempre que te quede algo de la cosa vendida, consta que tengo la acción de venta.

§3. Si locum sepulchri emeris et propius eum locum, antequam mortuus ibi inferatur, aedificatum a venditore fuerit, poteris ad eum reverti.

§3. Si compraste el lugar de un sepulcro y antes de enterrar allí a un muerto el vendedor edificó muy cerca de aquel lugar, podrás ejercer acción contra él.

§4. Si vas aliquod mihi vendideris et dixeris certam mensuram capere vel certum pondus habere, ex empto tecum agam, si minus praestes. Sed si vas mihi vendideris ita, ut adfirmares integrum, si id integrum non sit, etiam id, quod eo nomine perdiderim, praestabis mihi: si vero non id actum sit, ut integrum praestes, dolum malum dumtaxat praestare te debere. Labeo contra putat et illud solum observandum, ut, nisi in contrarium id actum sit, omnímodo integrum praestari debeat: et est verum. Quod et in locatis doliis praestandam Sabinum respondisse Minicius refert.

§4. Si me vendiste una vasija diciendo que tenía cierta medida o cierto peso, ejerceré la acción de compra en tu contra si me la diste de menor medida o peso. Pero si me vendiste la vasija afirmando que estaba entera y no lo estaba, también te obligarás a indemnizarme respecto a lo que yo haya perdido; pero si no se acordó que me la entregases íntegra, solo responderás por el dolo malo. Labeón opina lo contrario: si no se acordó lo contrario, de todos modos debe entregarse íntegra, lo que es verdad. Minicio señala que Sabino dijo que lo mismo ocurrirá al arrendar de tinajas.

§5. Si tibi iter vendidero, ita demum auctorem me laudare poteris, si tuus fuerit fundus, cui adquirere servitutem volueris, iniquum est enim me teneri, si propter hoc adquirere servitutem non potueris, quia dominus vicini fundi non fueris.

§5. Si yo te vendí una servidumbre de paso, solo podrás considerarme como vendedor si el fundo del que deseabas adquirir la servidumbre fuese tuyo, porque es injusto que yo me obligue si no pudiste adquirir la servidumbre por no ser dueño

§6. Sed si fundum tibi vendidero et ei fundo iter accessurum dixero, omnímodo tenebor itineris nomine, quia utriusque rei quasi unus venditor obligatus sum.

§7. Si filius familias rem vendiderit mihi et tradiderit, sic ut pater familias tenebitur.

§8. Si dolo malo aliquid fecit venditor in re vendita, ex empto eo nomine actio emptori competit: nam et dolum malum eo iudicio aestimari oportet, ut id, quod praestaturum se esse pollicitus sit venditor emptori, praestari oporteat.

§9. Si venditor sciens obligatum aut alicuum vendidisset et adiectum sit neve eo nomine quod praestaret, aestimari oportet dolum malum eius, quem Semper abesse oportet in iudicio empti, quod bonae fidei sit.

7. IDEM *libro decimo ad Sabinum. Fundum mihi cum venderes deducto usu fructu, dixisti eum usum fructum Titii esse, cum is apud te remansurus esset. Si coeperis eum usum fructum vindicare, reverti adversus te non potero, donec Titius vivat nec in ea causa esse coeperit, ut, etiamsi eius usus fructus esset, amissurus eum fuerit: nam tun, id est si capite deminutus vel mortuus fuerit*

del fundo vecino.

§6. Pero si yo te vendí un fundo afirmando que le correspondía una servidumbre de paso, de todos modos me obligaré en virtud de esa servidumbre, porque como único vendedor me obligo por ambas cosas.

§7. Si un hijo de familia me vendió y entregó una cosa, se obligará como si fuese un jefe de familia.

§8. Si el vendedor actuó con dolo malo respecto a la cosa vendida, al comprador le compete la acción de compra, porque en este juicio debe estimarse también el dolo malo para que el vendedor responda ante el comprador de aquello que prometió.

§9. Si el vendedor vendió una cosa sabiendo que estaba dada en garantía o era ajena, añadiendo que en tal caso no respondería de nada, debe estimarse su dolo malo, el cual siempre debe estar ausente en la acción de compra, porque es de buena fe.

7. EL MISMO *en el libro décimo de los comentarios a Sabino.* Al venderme un fundo, una vez deducido su usufructo dijste que éste era de Ticio, debiendo conservarlo tú. Si intentanste reivindicar dicho usufructo, no podré demandar lo repetido contra ti mientras viva Ticio y no se halle en una situación tal que

Titius, reverti potero ad te venditorem. Idemque iuris est, si dicas eum usum fructum Titii esse, cum sit Sei.

corra el riesgo de perderlo si fuese suyo; porque si Ticio perdió su capacidad jurídica o falleció, podré demandarte como vendedor. Y el mismo derecho procede si dijeses que el usufructo era de Ticio cuando era de Seyo.

8. *PAULUS libro quinto ad Sabinum. Si tibi liberum praedium tradidero, cum serviens tradere deberem, etiam condictio incerti competit mihi, ut patiaris eam servitutem, quam debuit, imponi.*

8. PAULO *en el libro quinto de los comentarios a Sabino.* Si yo te entregué libre un predio debiéndotelo entregar gravado con una servidumbre, tengo la acción ejecutiva de cosa incierta para que toleres imponer la servidumbre que se debe.

§1. Quod si servum praedium in traditione fecero, quod liberum tibi tradere debui, tu ex empto habebis actionem remittendae eius servitutis gratia, quam pati non debeas.

§1. Pero si al entregarte el predio lo di como fundo sirviente debiéndotelo entregar libre, tendrás la acción de compra para suspender la servidumbre que no debes sufrir.

9. *POMPONIUS libro vicensimo ad Sabinum. Si is, qui lapides ex fundo emerit, tollere eos nolit, ex vendito agi cum eo potest, ut eos tollat.*

9. POMPONIO *en el libro vigésimo de los comentarios a Sabino.* Si alguien compró piedras de un fundo y no las quiere sacar, puede ejercerse contra él la acción de venta para que lo haga.

10. *ULPIANUS libro quadragesimo sexto ad Sabinum. Non est novum, ut duae obligationes in eiusdem persona de eadem re concurrant: cum enim is qui venditorem obligatum habebat ei qui eundem venditorem obligatum habebat heres exstiterit, constat duas esse actiones in eiusdem persona concurrentes,*

10. ULPIANO *en el libro cuadragésimo sexto de los comentarios a Sabino.* Es común que concurran dos obligaciones en una misma persona respecto de la cosa, porque si quien tenía obligado al vendedor se volvió heredero de quien originalmente lo tenía

propriam et hereditariam, et debere heredem institutum, si velit separatim duarum actionum commodo uti, ante aditam hereditatem proprium venditorem convenire, deinde adita hereditate hereditarium: quod si prius adierit hereditatem, unam quidem actionem movere potest, sed ita, ut per eam utriusque contractus sentiat commodum. Ex contrario quoque si venditor venditori heres exstiterit, palam est duas evictions eum praestare debet.

obligado, es claro que hay dos acciones que concurren en la misma persona: la propia y la hereditaria, y que el heredero instituido por testamento debe demandar al deudor propio antes de aceptar la herencia si quiere aprovechar por separado el beneficio de las dos acciones, y luego de esto al deudor hereditario. Y si la herencia se aceptó antes, puede ejercerse una sola acción, pero de modo que permita el disfrute de ambos contratos. Y, por el contrario, si un vendedor se volvió heredero de otro vendedor, queda claro que él debe responder por dos evicciones.

11. IDEM libro trigesimo secundo ad edictum. Ex empto actione is qui emit utitur.

11. EL MISMO *en el libro trigésimo segundo de los comentarios al edicto.* El comprador ejerce la acción de compra.

§1. Et in primis sciendum est in hoc iudicio id demum deduci, quod praestari convenit: cum enim sit bonae fidei iudicium, nihil magis bonae fidei congruit quam id praestari, quod inter contrahentes actum est. Quod si nihil convenit, tunc ea praestabuntur, quae naturaliter insunt huius iudicii potestate.

§1. Debe saberse que en este juicio se engloba solo lo que se acordó entregar, porque al ser juicio de buena fe, nada es más acorde con la buena fe que entregar lo acordado entre contratantes; y si nada se acordó, entonces se entregará lo que se contiene en la naturaleza de esta acción.

§2. Et in primis ipsam rem praestare venditorem oportet, id est tradere: quae res, si quidem dominus fuit venditor, facit et emptorem dominum, si non fuit, tantum evictionis nomine venditorem

§2. En primer lugar el vendedor debe dar la cosa, es decir, entregarla; si es el dueño, vuelve también dueño al comprador, y si no lo es, el vendedor se obliga

obligat, si modo pretium est numeratum aut eo nomine satisfactum. Emptor autem nummos venditoris facere cogitur.

§3. Redhibitionem quoque contineri empti iudicio et Labeo et Sabinus putant et nos probamus.

§4. Animalium quoque venditor cavere debe tea sana praestari, et qui iumenta vendidit solet ita promittere 'esse bibere, ut oportet'.

§5. Si quis virginem se emere putasset, cum mulier venisset, et sciens errare eum venditor passus sit, redhibitionem quidem ex hac causa non esse, verum tamen ex empto competere actionem ad resolvendam emptionem, et pretio restituto mulier reddatur.

§6. Is qui vina emit arrae nomine certam summam dedit: postea convenerat, ut emptio irrita fieret. Iulianus ex empto agi posse ait, ut arra restituatur, utilemque esse actionem ex empto etiam ad distrahendam, inquit, emptionem. Ego illud quaero: si anulus datus sit arrae nomine et secuta emptione pretioque numerato et tradita re anulus non reddatur, qua actione agendum est, utrum condicatur, quasi ob causam datus sit et causa finita sit, an vero ex empto agendum sit. Et Iulianus diceret ex empto agi posse: certe etiam condici

solo en razón de la evicción si se pagó el precio o si por ello se otorgó fianza. Pero el comprador está obligado a dar el dinero al vendedor.

§3. Como opinan Labeón y Sabino, y nosotros lo aprobamos, también se incluye en la acción de compra la redhibición.

§4. El vendedor de animales también debe otorgar fianza de que se entreguen sanos; y quien vendió jumentos, suele prometer así: 'que comen y beben como conviene'.

§5. Si alguien creyó que compraba una esclava doncella pero se le vendió una mujer, y sabiéndolo el vendedor permitió que se equivocase, no existe por tal motivo la redhibición, pero compete la acción e compra para anular la compra y devolver la mujer una vez restituido el precio.

§6. Una persona compró vino y dio cierta cantidad de dinero en calidad de arras; luego se acordó que la compra se anulase; Juliano dice que puede ejercerse la acción de compra para devolver las arras, añadiendo que también procede la acción útil de compra para anular ésta. Pregunto: si se dio un anillo en calidad de arras, y tras verificarse la compra, pagarse el precio y entregar la coas, no se devuelve el anillo, ¿qué acción se ejerce: la ejecutiva, como si se

Digesto Libro XIX título I

poterit, quia iam sine causa apud venditorem est anulus.

diese por una causa y ésta se extinguió, o la de compra? Juliano diría que puede ejercerse la segunda, pero también podrá intentarse la ejecutiva, porque el anillo ya se halla sin causa en poder del vendedor.

§7. Venditorem, etiamsi ignorans vendiderit, fugitivum non esse praestare emptori oportere Neratius ait.

§7. Neracio dice que el vendedor debe responder ante el comprador de que el esclavo no es fugitivo, aunque lo venda ignorándolo.

§8. Idem Neratius, etiamsi alienum servum vendideris, furtis noxisque solutum praestare te debere ab ómnibus receptum ait et ex empto actionem esse, ut habere licere emptori caveatur, sed et ut tradatur ei possessio.

§8. También Neracio dice que, aunque hayas vendido un esclavo ajeno, se admite que debes responder de que está libre de responsabilidad por robo y daño, procediendo la acción de compra para que se garantice lícita y pacífica posesión al comprador, y para que se le entregue la posesión.

§9. Idem ait non tradentem quanti intersit condemnari: satis autem non dantem, quanti plurimum auctorem periclitari oportet.

§9. También dice que a quien no entrega se le condena por cuanto le intereas, pero a quien no otorga caución responde del máximo perjuicio.

§10. Idem Neratius ait propter omnia haec satis esse quod plurimum est praestari, id est ut sequentibus actionibus deducto eo quod praestitum est lis aestimetur.

§10. También dice Neración que basta que por esta causa se responda por el máximo, de modo que en las siguientes acciones se estime el litigio una vez deducido lo que se entregó.

§11. Idem recte ait, si quid horum non praestetur, cum cetera facta sint, nullo deducto condemnationem faciendam.

§11. Con razón también afirma que si no se entregó alguna de estas cosas, pero se cumplió todo lo demás, debe condenarse sin haberse deducido nada.

§12. Idem libro secundo responsorum ait

§12. El mismo Neracio, dice en el

emptorem noxali iudicio condemnatum ex empto actione id tantum consequi, quanti minimo defungi potuit: idemque putat et si ex stipulatu aget: et sive defendat noxali iudicio, sive non, quia manifestum fuit noxium servum fuisse, nihilo minus vel ex stipulatu vel ex empto agere posse.

libro segundo de sus respuestas que el comprador condenado en juicio noxal solo obtiene por la acción de compra el mínimo de lo que pudo liberarse. Y opina lo mismo si el comprador ejerce la acción de estipulación, y ya sea que se defienda en el juicio noxal o no, al ser manifiesto que el esclavo fue culpable, puede ejercer la acción de estipulación y la de compra.

§13. Idem Neratius ait venditorem in re tradenda debere praestare emptori, ut in lite de possessione potior sit: sed Iulianus libro quinto decimo digestorum probat nec videri traditum, si superior in possessione emptor futurus non sit: erit igitur ex empto actio, nisi hoc praestetur.

§13. Igualmente, Neracio dice que, al entregar la cosa, el vendedor debe responder ante el comprador de que tendrá derecho preferente en el juicio sobre posesión; pero en el libro décimo quinto de su digesto, Juliano afirma que no se considera hecha la entrega si el comprador no fuese preferente en la posesión; por tanto, procederá la acción de compra si no se responde por esto.

§14. Cassius ait eum, qui ex duplae stipulatione litis aestimationem consecutus est, aliarum rerum nomine, de quibus in venditionibus caveri solet, nihil consequi posse.

§14. Dice Casio que quien obtuvo la estimación del litigio por una estipulación al duplo, no podrá obtener nada por las otras cosas por las que suele darse garantía en las ventas; pero Juliano opinó que debe ejercerse la acción de compra al faltar la estipulación al duplo.

§15. Iulianus deficiente dupla ex empto agendum putavit. Denique libro decimo apud Minicium ait, si quis servum ea condicione vendiderit, ut intra triginta dies duplam promitteret, postea ne quid

§15. Juliano consideraba que debe demandarse con la acción de compra si falta la estipulación por el doble. Además, dice en el libro décimo dedicado a Minicio

praestaretur, ut emptor hoc fieri intra diem non desideraverit, ita demum non teneri venditorem, si ignorans alienum vendidit: tunc enim in hoc fieri, ut per ipsum et per heredem eius emptorem habere liceret: qui autem alienum sciens vendidit, dolo, inquit, non caret et ideo empti iudicio tenebitur.

§16. *Sententiam Iuliani verissimam esse arbitror in pignoribus quoque: nam si iure creditoris vendiderit, deinde haec fuerint evicta, non tenetur nec ad pretium restituendum ex empto actione creditor: hoc enim multis constitutionibus effectum est. Dolum plane venditor praestabit, denique etiam repromittit de dolo: sed et si non repromiserit, sciens tamen sibi non obligatam vel non esse eius qui sibi obligavit vendiderit, tenebitur ex empto, quia domum eum praestare debere ostendimus.*

§17. *Si quis rem vendiderit et ei accessurum quid dixerit, omnia quidem, quae diximus in re distracta, in hoc*

que si alguien vendió un esclavo a condición de que en treinta días estipularía al duplo, para que después no se respondiese de nada más, y el comprador no reclamó esto dentro del plazo, el vendedor no se obliga si vendió el esclavo ignorando que era ajeno; porque en tal caso ocurre que, en cuanto al vendedor y su herencia, le es lícito al comprador tener la pacífica posesión del comprador; pero quien vendió un esclavo sabiendo que era ajeno, dice que no está exento de dolo, por lo que se obligará por la acción de compra.

§16. Considero muy cierta la opinión de Juliano respecto a las prendas: si alguien las vendió por derecho de acreedor y luego fueron motivo de evicción, el acreedor no se obliga por la acción de compra a restituir el precio, porque en muchas constituciones se determinó en tal sentido. Claro que el vendedor responderá por el dolo, y prometerá para garantizar el dolo, pero aunque no lo haga, si vendió la cosa sabiendo que no le pertenecía, o que no era de aquel que se la pignoró, se obligará por la acción de compra, porque ya dijimos que debe responder por el dolo.

§17. Si alguien vendió una cosa y declaró que algo le seguiría, se observará también todo lo dicho

quoque sequenda sint, ut tamen evictionis nomine non in duplum teneatur, sed in hoc tantum obligetur, ut emptori habere liceat, et non solum per se, sed per omnes.

§18. Qui autem habere licere vendidit, videamus quid debeat praestare. Et multum interesse arbitror, utrum hoc polliceatur poer se venientesque a se personas non fieri, quo minus habere liceat, an vero per omnes. Nam si per se, non videtur id praestare, ne alius evincat: proinde si evicta res erit, sive stipulation interposita est, ex stipulate non tenebitur, sive non est interposita, ex empto non tenebitur. Sed Iulianus libro quinto decimo digestorum scribit, etiamsi aperte venditor pronuntiet per se heredemque suum non fieri, quo minus habere liceat, posse defendi ex empto eum in hoc quidem non teneri, quod emptoris interest, verum tamen ut pretium reddat teneri. Ibidem ait idem esse dicendum et si aperte in venditione comprehendatur nihil evictionis nomine praestatum iri: pretium quidem deberi re evicta, utilitatem non deberi: neque enim bonae fidei contratus hac patitur conventione, ut emptor rem amitteret et pretium venditor retineret. Nisi forte, inquit, sic quis omnes istas supra scriptas conventions recipient, quemadmodum recipitur, ut venditor nummos accipiat, quamvis merx ad emptorem non pertineat, veluti cum futurum iactum retis a piscatore emimus aut indaginem plagis positis a venatore, vel pantheram ab aucupe: nam etiamsi nihil capit, nihilo minus emptor pretium

sobre la venta, pero de modo que no se obligue al doble por motivos de evicción, sino que solo se obligue a que el comprador y todos puedan tener la pacífica posesión de la cosa.

§18. Pero veamos a qué se obliga quien vendió la pacífica posesión; opino que hay mucha diferencia entre prometer que él y sus descendientes no impedirán la posesión, o si todos prometieron. Porque si solo él prometió, no se considera que responde de la evicción de otro, por lo que, si la cosa fue reivindicada, aunque se interpusiese estipulación, no se obligará por ello, y si no medió ésta, tampoco se obligará por la acción de compra. Pero Juliano escribe en el libro décimo quinto del Digesto que aunque el vendedor dijese que ni él ni su heredero no impedirán la pacífica posesión, puede decirse que aquél no se obliga por cuanto interesa al comprador, pero sí se obliga a devolver el precio. En el mismo punto dice que, aunque claramente no se englobe en la venta que no se responderá por evicción, se admite que, al darse ésta se debe el precio, no la utilidad, porque el contrato de buena fe no permite este acuerdo para que el comprador pierda la cosa y el vendedor retenga el precio, salvo, dice, que alguien admita estos acuerdos como se

praestare necesse habebit: sed in supra scriptis conventionibus contra erit dicendum, nisi forte sciens alienum vendit: tunc enim secundum supra a nobis relatam Iuliani sententiam dicendum est ex empto eum teneri, quia dolo facit.

admite que el vendedor reciba el dinero, aunque el comprador no reciba la mercancía, como cuando compramos a un pescador la futura pesca o a un cazador el ojeo una vez puestas las redes, o un cazador de aves lo que capture en la trampa; porque aunque no atrape nada, el comprador deberá pagar el precio, pero en cuanto a las citadas convenciones debe decirse lo contrario, salvo que venda una cosa ajena sabiéndolo, porque entonces se tendrá en cuenta el parecer de Juliano ya citado: queda obligado por la acción de compra al actuar con dolo.

***12.** CELSUS libro vicesimo septimo digestorum. Si iactum retis enero et inetare retem piscator noluit, incertum eius rei aestimandum est: si quod extraxit piscium reddere mihi noluit, id aestimari debet quod extraxit.*

12. CELSO *en el libro vigésimo segundo del digesto.* Si compré una pesca y el pescador no quiso echar la red, debe estimarse el valor incierto de ello; y si no quiso darme los peces que sacó, debe estimarse lo pescado.

***13.** ULPIANUS libro trigesimo secundo ad edictum. Iulianus libro quinto decimo inter eum, qui sciens quid aut ignorans vendidit, differentiam facit in condemnatione ex empto: ait enim, qui pecus morbosum aut tignum vitiosum vendidit, si quidem ignorans fecit, id tantum ex empto actione praestaturum, quanto minoris essem empturus, si id ita esse scissem: si vero sciens reticuit et emptorem decepit, omnia detrimenta, quae ex ea emptione emptor traxerit,*

13. ULPIANO *en el libro trigésimo segundo de los comentarios al edicto.* En el libro décimo quinto de su digesto, Juliano diferencia la condena por la acción de compra entre quien vendió algo sabiéndolo y quien lo ignoraba, porque dice quien vendió ganado enfermo o una viga defectuosa, si lo hizo ignorándolo, responderá con la acción de compra solo por cuanto de menos la hubiese

praestaturum ei: sive igitur aedes vitio tigni corruerunt, aedium aestimationem, sive pecora contagione morbosi pecoris perierunt, quod interfuit idonea venisse ert praestandum.

§1. *Item qui furem vendidita ut fugitivum, si quidem sciens, praestare debebit, quanti emptoris interfuit non decipi: si vero ignorans vendiderit, circa fugitivum quidem tenetur, quanti minoris empturus esset, si eum esse fugitivum scisset, circa furem non tenetur: differentiae ratio est, quod fugitivum quidem habere non licet et quasi evictionis nomine tenetur venditor, furem autem habere possumus.*

§2. *Quod autem diximus 'quanti emptoris interfuit non decipi', multa continet, et si alios secum sollicitavit, ut fugerent, vel res quasdam abstulit.*

§3. *Quid tamen si ignoravit quidem furem esse, adseveravit autem bonae frugi et fidum et caro vendidit? Videamus, an ex empto teneatur. Et putem teneri. Atqui ignoravit: sed non debuit facile*

comprado si yo sabía de su condición. Pero si sabiéndolo se calló y engañó al comprador, responderá de todos los perjuicios que aquella compra le provoque al comprador. Así, si la casa se desplomó por defecto de la viga, deberá pagarse el valor de la casa, y si perecieron los ganados por contagio de otro ganado enfermo, deberá pagarse el importe si se hubiesen vendido sanos.

§1. Igualmente, quien vendió un esclavo ladrón o fugitivo y lo sabía, deberá responder por lo que interesó al comprador no ser engañado; pero si lo vendió sin saberlo, se obliga por cuanto menos lo hubiese comprado si sabía que era fugitivo, y en cuanto al ladrón no se obliga. La razón de esta diferencia es que no es lícito conservar el esclavo fugitivo, y el vendedor se obliga por razón de cuasi evicción, pero podemos conservar al esclavo.

§2. Lo que hemos dicho: 'por lo que le interesó al comprador no ser engañado', engloba muchas situaciones, como cuando el esclavo indujo a otros para que huyesen con él, o si robó algunas cosas.

§3. ¿Y si el vendedor ignoró que era ladrón, afirmando que era de buenas costumbres y leal, vendiéndolo a precio elevado? Veamos si se obliga por la acción

quae ignorabat adseverare. Inter hunc igitur et qui scit praemonere debuit furem esse, hic non debuit facilis esse ad temerariam.

de compra; yo opino que sí. Sin duda lo ignoraba, pero no debió afirmar tan fácilmente lo que ignoraba. Así, entre éste y quien lo sabe hay una diferencia: el que lo sabe debió advertir que era ladrón, y quien no lo sabe no debió afirmar tan temerariamente.

§4. Si venditor dolo fecerit, ut rem pluris venderet, puta de artificio mentitus est aut de peculio, empti cum iudicio teneri, ut praestaret emptori, quanto pluris servum emisset, si ita peculiatus esset vel eo artificio instructus.

§4. Si el vendedor actuó dolosamente para vender más cara la cosa, por ejemplo, si mintió en cuanto al oficio o al peculio del esclavo, se obliga por la acción de compra a entregar al comprador el excedente por el que se compró el esclavo, si hubiese tenido el peculio o hubiese tenido determinada habilidad.

§5. Per contrarium quoque idem Iulianus scribit, cum Terentius Victor decessisset relicto herede fratre suo et res quasdam ex hereditate et instrumenta et mancipia Bellicus quidam subtraxisset, quibus subtractis facile, quasi minimo valeret hereditas, ut sibi ea venderetur persuasit: an venditi iudicio teneri possit? Et ait Iulianus competere actionem ex vendito in tantum, quanto pluris hereditas valeret, si hae res subtractae non fuissent.

§5. Por el contrario, también escribe Juliano que, si tras fallecer Terencio Víctor nombró a su hermano como heredero, y tras hurtarle un tal Bélico algunos bienes hereditarios, accesorios y esclavos, fácilmente le convenció para que le vendiese la herencia, como si fuese de mínimo valor. ¿Se obligará Bélico por la acción de venta? Juliano dice que procede la acción de venta por el valor máximo de la herencia si no hubiese robado estas cosas.

§6. Idem Iulianus dolum solere a venditore praestari etiam in huiusmodi specie ostendit: si, cum venditor sciret fundum pluribus municipios legata debere, in tabula quidem conscripserit uni

§6. También señala Juliano que el vendedor suele responder por dolo si, sabiendo que un fundo debía contribuciones a varios municipios, declaró en el

municipio deberi, verum postea legem consignaverit, si qua tributorum aut vectigalis iudictionisve quid nomine aut ad viae collationem praestare oportet, id emptorem dare facere praestareque oportere, ex empto eum teneri, quasi decepisset emptorem: quae sententia vera est.

§7. Sed cum in facto proponeretur tutores hoc idem fecisse, qui rem pupillarem vendebant, quaestionis esse ait, an tutorum dolum pupillus praestare debeat. Et si quidem ipsi tutores vendiderunt, ex empto eos teneri nequaquam dubium est: sed si pupillus auctoribus eis vendidit, in tantum tenetur, in quantum locupletior ex eo factus est, tutoribus in residuum perpetuo condemnandis, quia nec transfertur in pupillum post pubertatem hoc, quod dolos tutorum factum est.

§8. Offerri pretium ab emptore debet. Cum ex empto agitur, et ideo etsi pretii partem offerat, nondum est ex empto action: venditor enim quasi pignus retinere potest eam rem quam vendidit.

§9. Unde quaeritur, si pars sit pretii soluta et res tradita postea evicta sit, utrum eius rei consequetur pretium integrum ex empto agens an vero quod

documento que los debía a uno solo, pero luego insertó cláusula de que el comprador debía dar, hacer y responder de lo debido en virtud de tributos, censo, subsidio o para reparar caminos, el vendedor se obliga por la acción de compra como si engañase al comprador; opinión que es verdadera.

§7. Pero si se da el caso de que esto lo hiciesen los tutores que vendieron una cosa del pupilo, Juliano dice que hay la duda de si deberá responder el pupilo por el dolo de los tutores. Y si realmente vendieron los mismos tutores, no se duda de que se obligan por la acción de compra: pero si vendió con la autorización de ellos, se obliga por lo que se enriqueció, debiendo siempre ser condenados los tutores por el resto, ya que tampoco se transfiere al pupilo tras la pubertad lo que se hizo con dolo de los tutores.

§8. El comprador debe ofrecer el precio cuando se ejerce la acción de compra, por lo que aunque se ofrezca parte del precio, sigue subsistiendo la acción de compra, porque el vendedor puede retener la cosa que vendió como si fuese prenda.

§9. Por ello se pregunta: si se pagó parte del precio, y luego se eviccionó la cosa entregada, ¿quien ejerce la acción de compra

numeravit? Et puto magis id quod numeravit propter doli exceptionem.

§10. Si fructibus iam maturis ager distractus sit, etiam fructus emptori cedere, nisi aliud convenit, exploratum est.

§11. Si in locatis ager fuit, pensiones utique ei cedent qui locaverat: idem et in praediis urbanis, nisi si quid nominatim convenisse proponatur.

§12. Sed et si quid praeterea rei venditae nocitum est, actio emptori praestanda est, damni forte infecti vel aquae pluviae arcendae vel Aquiliae vel interdicti quod vi aut clam.

§13. Item si quid ex operis servorum vel vecturis iumentorum vel navium quaesitum est, emptori praestabitur, et si quid peculio eorum accessit, non tamen si quid ex re venditoris.

§14. Si Titius fundum, in quo nonaginta iugera erant, vendiderit et in lege emptionis dictum est in fundo centum esse iugera et antequam modus manifestetur, decem iugera alluvione adereverint, placet mihi Neratii sententia existimantis, ut, si quidem sciens vendidit, ex empto actio

obtendrá el precio íntegro de la cosa o lo que pagó? Me parece más cierto que lo pagado por causa de la excepción de dolo.

§10. Si se vendió un campo con los frutos ya maduros, es sabido que al comprador también le corresponden éstos si no se acordó otra cosa.

§11. Si entre las cosas arrendadas hubo un campo, las rentas corresponden a quien lo arrendó; lo mismo ocurre con los predios urbanos, salvo que se alegue haber acordado expesamente otra cosa.

§12. Además, si tras la venta el vendedor provocó algún daño a la cosa vendida, debe otorgarse acción al comprador, como la de daño temido, la de recoger agua de lluvia, la de la ley Aquilia o la del interdicto de lo que se hizo con violencia o clandestinamente.

§13. Igualmente, si se adquirió algo con el trabajo de los esclavos o con el transporte de éstos o con barcos, se entregará al comprador, y también si algo acreció al peculio de aquellos, no así la ganancia proveniente de una cosa del vendedor.

§14. Si Ticio vendió un fundo de noventa yugadas, y en una cláusula de la compra se dijo que había cien yugadas en el fundo, y antes de manifestar la capacidad un aluvión la acreció en diez yugadas, me parece correcta la

competat adversus eum, quamvis decem iugera adereverint, quia dolo fecit nec dolus purgatur: si vero ignorans vendidit, ex empto actionem non competere.

§15. *Si fundum mihi alienum vendideris et hic ex causa lucrativa meus factus sit, nihilo minus ex empto mihi adversus te actio competit.*

§16. *In his autem, quae cum re empta praestandam arbitror: nam et Celsus libro octavo digestorum scripsit, cum convenit, ut venditor praeteritam mercedem exigat et emptori praestet, non solum dolum, sed et culpam eum praestare debere.*

§17. *Idem Celsus libro eodem scribit: fundi, quem cum Titio communem habebas, partem tuam vendidisti et antequam traderes, coactus es communi dividundo iudicium accipere. Si socio fundus sit adiudicatus, quantum ob eam rem a Titio consecutus es, id tantum emptori praestabis. Quod si tibi fundus totus adiudicatus est, totum, inuit, eum emptori trades, sed ita, ut ille solvat, quod ob eam rem Titio condemnatus es. Sed ob eam quidem partem, quam vendidisti, pro evictione cavere debes, ob alteram autem tantum de dolo malo*

opinión de Neracio, quien juzga que si lo vendió sabiendo esto, procede contra él la acción de compra, aunque acrezcan las diez yugadas, porque obró con dolo, y el dolo no se purga; pero si vendió ignorándolo, no procede la acción de compra.

§15. Si me vendiste un fundo ajeno, y éste se volvió de mi propiedad por causa de lucro, aun así me compete contra ti la acción de compra.

§16. Opino que en cuanto a las cosas que suelen entregarse con la cosa comprada, no solo debe responderse por dolo, sino también por culpa, porque también en el libro octavo de su digesto, Celso escribió que cuando se acordó que el vendedor exija la renta vencida y la entregue al comprador, será responsable no solo del dolo, sino también de la culpa.

§17. En el mismo libro Celso también escribe que si vendiste tu parte del fundo que tenías en común con Ticio, y antes de entregarla debiste aceptar el juicio de división de cosa común, si se adjudicó el fundo a tu socio, entregarás al comprador lo que por ello obtuviste de Ticio; pero si se te adjudicó todo el fundo, dice que lo entregarás al comprador, pero de modo que aquel pague todo lo que por ello fuiste condenado a pagarle a

repromittere: aequum est enim eandem esse condicionem emptoris, quae futura esset, si cum ipso actum esset communi dividundo. Sed si certis regionibus fundum inter te et Titium iudex divisit, sine dubio partem, quae adiudicata est, emptori tradere debes.

§18. *Si quid servo distracto venditor donavit ante traditionem, hoc quoque restitui debet: hereditates quoque per servum adquisitae et legata omnia, nec distinguendum, cuius respectu ista sint relicta. Ite quod ex operis servus praestitit venditori, emptori restituendum est, nisi ideo dies traditionis ex pacto prorogatus est, ut ad venditorem operae pertinerent.*

§19. *Ex vendito actio venditori competit ad ea consequenda, quae ei ab emptore praestari oportet.*
§20. *Veniunt autem in hoc iudicium infra scripta. In primis pretium, quanti res venit. Item usurae pretii post diem traditionis: cam cum re emptor fruatur, aequissimum est eum usuras pretii pendere.*

§21. *Possessionem autem traditam*

Ticio. Y por la parte que vendiste debes garantizar la evicción, mientras que por la otra, solo debes prometer por el dolo malo, porque es justo que la condición del comprador sea la misma que sería si contra él se ejerció la acción de división de cosa común; pero si el juez dividió el fundo en porciones ciertas entre Ticio y tú, debes entregar al comprador la parte que se te adjudicó.

§18. Si antes de la entrega el vendedor donó alguna cosa al esclavo vendido, esto también debe entregarse, al igual que las herencias adquiridas por el esclavo y todos los legados, sin distinguir por a quién se les dejó. También lo que el esclavo ganó por su trabajo deberá entregarse al comprador, salvo que por acuerdo se prorrogue el día de la entrega para que ese trabajo corresponda al vendedor.

§19. La acción de venta compete al vendedor para obtener lo que debe darle el comprador.
§20. En este juicio se engloban las siguientes cosas: primero, el precio por el que se vendió la cosa; también los intereses del precio tras el día de la entrega de la cosa, porque si el comprador ya disfruta de la cosa es muy justo que pague los intereses del precio.

§21. Debemos entender

accipere debemus et si precaria sit possessio: hoc enim solum spectare debemus, an habeat facultatem fructus percipiendi.

§22. Praeterea ex vendito agendo consequetur etiam sumptus, qui facti sunt in re distracta, ut puta si quid in aedificia distracta erogatum est: scribit enim Labeo et Trebatius esse ex vendito hoc nomine actionem. Idem et si in aegri servi curationem impensum est ante traditionem aut si quid in disciplinas, quas verisimile erat etiam emptorem velle impendi. Hoc amplius Labeo ait et si quid in funus mortui servi impensum sit, ex vendito consequi oportere, si modo sine culpa venditoris mortem obierit.

§23. Item si convenerit, com res veniret, ut locuples ab emptore reus detur, ex vendito agi posse, ut id fiat.

§24. Si inter emptorem praediorum et venditorem convenisset, ut, si ea praedia emptor heresve eius pluris vendidisset, eius partem dimidiam venditori praestaret et heres emptoris pluris ea praedia vendidisset, venditorem ex vendito agendo partem eius, quo pluris vendidisset, consecuturum.

entregada la posesión, aunque sea en calidad de precario; porque solo debemos considerar si se tiene facultad para percibir los frutos.

§22. Además de esto, al ejercer la acción de venta también se obtendrá los gastos hechos en la cosa vendida, por ejemplo, si se gastó algo en los edificios vendidos, porque Labeón y Trebacio escriben que por tal motivo procede la acción de venta; y lo mismo si antes de la entrega se gastó algo en curar un esclavo enfermo o en enseñarle un oficio que el comprador quería que se costease. También dice Labeón que debe obtenerse con la acción de venta lo que se gastó algo en el funeral del esclavo fallecido, si esto ocurrió sin culpa del vendedor.

§23. Igualmente, si al vender la cosa se acordó que el comprador ofreciese un fiador solvente, puede ejercerse la acción de venta que se cumpla esto.

§24. Si entre el comprador y el vendedor de los predios se acordó que, si el primero, o su heredero, vendían los predios a un precio mayor, entregarían la mitad de lo obtenido al vendedor, y el heredero vendió los predios a mayor precio, al ejercer la acción de venta el vendedor obtendrá la parte por lo que se vendieron a mayor precio.

§25. *Si procurator vendiderit et caverit emptori, quaeritur, an domino vel adversus dominum actio dari debeat. Et Papinianus libro tertio responsorum putat cum domino ex empto agi posse utili actione ad exemplum institoriae actionis, si modo rem vendendam mandavit: ergo et per contrarium dicendum est utilem ex empto actionem domino competere.*

§26. *Ibidem Papinianus respondisse se refert, si convenerit, ut ad diem pretio non soluto venditori duplum praestatertur, in fraudem constitutionum videri adiectum, quod usuram legitimam excedit: diversamque causam commissoriae esse ait, cum ea specie, inquit, non faenus illicitum contrahatur, sed lex contractui non improbata dicatur.*

§27. *Si quis colludente procuratore meo ab eo emerit, an possit agere ex empto? Et puto hactenus, ut aut stetur emptioni aut discedatur.*

§28. *Sed et si quis minorem viginti quinque annis circumvenerit, et huic hactenus dabimus actionem ex empto, ut diximus in superiore caus.*

§25. Si un procurador vendió y otorgó caución al comprador, se pregunta si deberá otorgarse acción a su deudor principal o contra su deudor principal; Papiniano opina en el libro tercero de sus respuestas que puede ejercerse contra el deudor principal la acción útil de compra a imitación de la acción institoria, si mandó vender la cosa; por tanto, también se dirá en sentido contrario que al deudor principal le compete la acción útil de compra.

§26. En la misma obra dice Papiniano que respondió esto: si se acordó que, en caso de no pagarse el precio en el día fijado, se pagará el doble al vendedor, esto se considera añadido en fraude de las constituciones imperiales, pues excede al interés legítimo, y dice que la ley comisoria es diferente, porque en este caso no se contrae un interés ilícito, sino que se añade al contrato un pacto legítimo.

§27. Si mi procurador engaña a alguien y le compró algo, ¿podrá ejercerse la acción de compra? Opino que solo para atenerse a lo acordado o para desistirse de la compra.

§28. Pero si alguien engañó a un menor de veinticinco años, también le concederemos a éste la acción de compra para lo dicho en el caso anterior.

§29. Si quis a pupillo sine tutoris auctoritate emerit, ex uno latere constat contractus: nam qui emit, obligatus est pupillo, pupillum sibi non obligat.

§29. Si alguien compró de un pupilo sin autorización del tutor, el contrato subsiste tan solo para una de las partes, porque el comprador se obligó ante el pupilo, pero el pupilo no se obliga en favor suyo.

§30. Si venditor habitationem exceperit, ut inquilino liceat habitare, vel colono ut perfrui liceat ad certum tempus, magis esse Servius putabat ex vendito esse actionem: denique Tubero ait, si iste colonus damnum dederit, emptorem ex empto agentem cogere posse venditorem, ut ex locato cum colono experiatur, ut quidquid fuerit consecutus, emptori reddat.

§30. Si el vendedor se reservó una habitación para que la habite un inquilino o a un colono, de modo que le sea lícito disfrutarla hasta cierto tiempo, Servio opinaba que es más acertado que proceda la acción de venta. Por último, Tuberón dice que si el colono provocó daños, al ejercer el comprador la acción de compra puede obligar al vendedor a ejercer contra el colono la acción de locación para que devuelva al comprador todo lo obtenido.

§31. Aedibus distractis vel legatis ea esse aedium solemus dicere, quae quasi pars aedium vel propter aedes habentur, ut puta putealia,

§31. Al vender o legar una casa solemos decir que pertenecen a ésta las cosas que se consideran parte de ella o en virtud de la casa, como el brocal del pozo,

14. POMPONIUS *libro trigesimo primo ad* Quintum Mucium. ... *(id est quo puteum operitur),*

14. POMPONIO *en el libro trigésimo primero de los comentarios a* Quinto Mucio. ... (es decir, con el que se cierra el pozo),

15. ULPIANUS *libro trigesimo secundo ad edictum.* ... *lines et labra, salientes. Fistulae quoque, quae salientibus iunguntur, quamvis longe excurrant extra aedificium, aedium sunt: item canales: pisces autem qui sunt in piscina non sunt aedium nec fundi,*

15. ULPIANO *en el libro trigésimo segundo de los comentarios al edicto.* ... los estanques y las pilas, los surtidores y las cañerías que se unen a los manantiales, aunque vengan de fuera del edificio, forman parte de la casa, así como

los canales. Pero los peces de la piscina no son de la casa ni del fundo,

16. POMPONIUS *libro trigesimo primo ad* Quintum Mucium. ... *non magis quam pulli aut cetera animalia, quae un fundo sunt.*

16. POMPONIO *en el libro trigésimo primero de los comentarios a* Quinto Mucio. ... así como los pollos y demás animales que estén en el fundo.

17. ULPIANUS *libro trigesimo secundo ad edictum. Fundi nihil est, nisi quod terra se tenet: aedium autem multa esse, quae aedibus adfixa non sunt, ignorari non oportet, ut puta seras claves claustra: multa etiam defossa esse neque tamen fundi aut villae haberi, ut puta vasa vinaria torcularia, quoniam haec instrumenti magis sunt, etiamsi aedificio coharent.*

17. ULPIANO *en el libro trigésimo segundo de los comentarios al edicto.* Solo pertenece al fundo lo que se sostiene sobre la tierra. Pero debe recordarse que muchas cosas que no están fijas a ella pertenecen a la casa, como las los travesaños de las puertas, las llaves y los cerrojos. También hay muchas cosas enterradas, que no se consideran parte del fundo o de la villa, como las tinajas para el vino y los lagares, porque estas cosas son más bien accesorios, aunque estén adheridas al inmueble.

§1. Sed et vinum et fructus perceptos villae non esse constat.

§1. También se sabe que ni el vino ni los frutos percibidos son de la casa de campo.

§2. Fundo vendito vel legato sterculinum et stramenta emptoris et legatarii sunt, ligna autem venditoris vel heredis, quia non sunt fundi, tametsi ad eam rem comparata sunt. In sterculino autem distinctio Trebatii probanda est, ut, si quidem stercorandi agri causa comparatum sit, emptorem sequatur. Si vendendi, venditorem, nisi si aliud actum est: nec interest, in stabulo iaceat an

§2. Si se vende o lega un fundo, el estercolero y la paja son del comprador o del legatario, pero la leña es del vendedor o de su heredero, porque no pertenece al fundo, aunque se adquirió para éste. Respecto al estercolero se admite la distinción de Trebacio: si se compró para abonar el campo pertenece al comprador, si

acervus sit.

se adquirió para venderlo y no se acordó otra cosa, pertenece al vendedor, sin importar que se halle el establo o esté amontonado.

§3. Quae tabulae pictae pro tectorio includuntur itemque crustae marmoreae aedium sunt.

§4. Reticuli circa columnas, plutei circa parietes, item cilicia vela aedium non sunt.

§5. Item quod insulae causa paratum est, si nondum perfectum est, quamvis positum in aedificio sit, non tamen videtur aedium esse.

§6. Si ruta et caesa excipiantur in venditione, ea placuit esse ruta, quae eruta sunt, ut harena creta et similia: caesa esa esse, ut arbores caesas et carbones et his similia. Gallus autem Aquilius, cuius Mela refert opinionem, recte ait frustra in lege venditionis de rutis et caesis contineri, quia, si non specialiter venierunt, ad exhibendum de his agi potest neque enim magis de materia caesa aut de caementis aut de harena cavendum est venditori quam de ceteris quae sunt pretiosiora.

§3. Las pinturas que se insertan en el estuco y las incrustaciones de mármol pertenecen a la casa.

§4. Los revestimientos de las columnas, los armarios adosados a los muros y las cortinas no pertenecen a la casa.

§5. Igualmente, no se considera que pertenezca a la casa lo que se preparó para ésta pero todavía no está concluido, aunque se halle puesto en el inmueble.

§6. Si en la venta se reservaron las cosas arrancadas y cortadas, se pensó procedente considerar arrancadas las que se excavaron, como la arena, la greda y materias similares, y cortadas aquellas como los árboles cortados, el carbón vegetal y similares. Pero Galo Aquilio, cuya opinión cita Mela, dice con acertadamente que se incluyen en vano en los contratos de venta las cosas arrancadas y cortadas, porque si no se mencionó su venta, puede ejercerse la acción exhibitoria, porque no se podrá otorgar más garantía al vendedor en cuanto a las maderas cortadas, los materiales o la arena, que en cuanto a las otras, más valiosas.

§7. Labeo generaliter scribit ea, quae perpetui usus causa in aedificiis sunt,

§7. Labeón escribe que generalmente las cosas que se

aedificii esse, quae vero ad praesens. Non esse aedificii: ut puta fistulae temporis quidem causa positae non sunt aedium, verum tamen si perpetuo fuerint positae, aedium sunt.

§8. Castella plúmbea, putea, opercula puteorum, epitonia fistulis adplumbata (aut quae terra continentur, quamvis non sint adfixa) aedium esse constat.

§9. Item constat sigilla, columnas quoque et personas, ex quorum rostris aqua salire solet, villae esse.

§10. Ea, que ex aedificio detracta sunt ut reponantur, aedificii sunt: at quae parata sunt ut imponantur, non sunt aedificii.
§11. Pali, qui vineae causa parati sunt, antequam collocentur, fundi non sunt, sed qui ex empti sunt hac mente ut collocentur, fundi sunt.

18. *IAVOLENUS libro septimo ex Cassio. Granaria, quae ex tabluis fieri solent, ita aedium sunt, si stipites eorum interra defossi sunt: quod si supra terram sunt, rutis et caesis cedunt.*

§1. Tegulae, quae nondum aedificiis impositae sunt, quamvis tegendi gratia allatae sunt, in rutis et caesis habentur:

hallan en los edificios para uso permanente son de éstos, pero las temporales no lo son, por ejemplo, las cañerías puestas provisionalmente no son de la casa, pero si fueron puestas de forma permanente, sí lo son.

§8. Los depósitos de plomo para el agua, los pozos y sus tapaderas, los grifos soldados a las cañerías (o las que están en el suelo, aunque no estén fijas), se sabe que pertenecen a la casa.

§9. También se sabe que las estatuas, las columnas y las figuras de cuya boca suele salir agua pertenecen a la casa de campo.

§10. Las cosas separadas del edificio y vueltas a poner son del edificio, pero las que prepararon para ser colocadas no lo son.
§11. Los palos preparados para la viña no son del fundo antes de ser colocados, pero los que se retiraron con la intención de volverlos a poner, sí lo son.

18. JAVOLENO *en el libro séptimo de la doctrina de Casio*. Los graneros que suelen hacerse con tablas pertenecen a la casa si los maderos de apoyo están clavados en el suelo, pero si están sobre éste se incluyen entre las cosas arrancadas y cortadas.

§1. Las tejas que todavía no se han colocado en los edificios se consideran entre las cosas

aliud iuris est in his, quae detractae sunt ut reponerentur: aedibus enim accedunt.

arrancadas y cortadas, aunque se trajesen para techar; diferente caso es el de las que se quitaron para volverlas a poner, porque son accesorias de la casa.

19. *GAIUS ad edictum praetoris titulo de publicanis. Veteres in emptione venditioneque appellationibus promiscue utebantur.*

19. GAYO *en el título de los publicanos de los comentarios al edicto del pretor.* Los antiguos usaban sin distinguir las denominaciones de "compra" y "venta".

20. *IDEM libro vicesimo primo ad edictum provinciale. Idem est et in locatione et conductione.*

20. EL MISMO *en el libro vigésimo primero de los comentarios al edicto provincial.* Lo mismo ocurre en la locación y la conducción.

21. *PAULUS libro trigesimo tertio ad edictum. Si sterilis ancilla sit, cuius partus venit, vel maior annis quinquaginta, cum id emptor ignoraverit, ex empto tenetur venditor.*

21. PAULO *en el libro trigésimo tercero de los comentarios al edicto.* Si fuese estéril o mayor de cincuenta años la esclava cuyo parto se vende, y esto lo ignoraba el comprador, el vendedor se obliga por la acción de compra.

§1. *Si praedii venditor non dicat de tributo sciens, tenetur ex empto: quod si ignorans non praedixerit, quod forte hereditarium praedium erat, non tenetur.*

§1. Si sabiéndolo el vendedor no mencionó el tributo que adeuda un predio, se obliga por la acción de compra; pero si no lo dijo por ignorarlo, quizá por ser predio hereditario, no se obliga.

§2. *Quamvis supra diximus, cum in corpore consentiamus, de qualitate autem dissentiamus, emptionem esse, tamen venditor teneri debet, quanti interest non esse deceptum, etsi venditor quoque nesciet: veluti si mensas quasi citreas emat, quae non sunt.*

§2. Aunque ya hemos dicho que existe la compraventa cuando estamos de acuerdo respecto a la cosa pero disentimos en cuanto a su calidad, el vendedor debe obligarse por cuanto interesa que no haya engaño, aunque lo ignore el vendedor, como cuando alguien compra mesas de cedro y

§3. Cum per venditorem steterit, quo minus rem tradat, omnis utilitas emptoris in aestimationem venit, quae modo circa ipsam rem consistit: neque enim si potuot ex vino puta negotiari et lucrum facere, id aestimandum est, non magis quam si triticum emerit et ob eam rem, quod non sit traditum, familia eius fame laboraverit: nam pretium tritici, non servorum fame necatorum consequitur. Nec maior fit obligatio, quod tardius agitur, quamvis crescat, si vinum hodie pluris sit, merito, quia sive datum esset, haberem emptor, sive non, quoniam saltem hodie dandum est quod iam olim dari oportuit.

§4. Si tibi fundum vendidero, ut cum conductum certa summa haberem, ex vendito eo nomine mihi actio est, quasi in partem pretii ea res sit.

§5. Sed et si ita fundum tibi vendidero, ut nulli alii eum quam mihi venderes, actio eo nomine ex vendito est, si alii vendideris.

§6. Qui domum vendebat, excepit sibi habitationem, donec viveret, aut in singulos annos decem: emptor primo anno maluit decem praestare, secundo anno habitationem praestare. Trebatius ait mutandae voluntatis potestatem cum

§3. Cuando debido al vendedor la cosa no se entregó, en la estimación se incluye toda la ganancia que corresponde al comprador. Porque, por ejemplo, si pudo negociar con el vino y obtener alguna ganancia, esto no se estimará, como cuando se compra trigo, y debido a que no se entregó los esclavos padecieron hambre, obteniendo el precio del trigo, no el de los esclavos muertos de hambre, sin aumentar la obligación por demandar tardíamente, aunque crezca, por ejemplo, si el vino valiese más en este momento; y esto es correcto, porque sea que se dé o no, lo tendría yo como comprador, porque al menos debe darse hoy lo que debió anteriormente.

§4. Si te vendí un vundo para que lo arrendase yo por cierta cantidad, tengo por ello la acción de venta como si ello fuese parte del precio.

§5. También si yo te vendiese un fundo para que no se lo vendieses a nadie más que a mí, si lo vendiste a otro procede la acción de venta.

§6. El vendedor de una casa acordó reservarse una habitación para él mientras viviese, o que se le pagasen diez mil sestercios cada año, prefiriendo el comprador pagar los diez mil el

habere singulisque annis alterutrum praestare posse et quamdiu paratus sit alterutrum praestare, petitionem non esse.

primer año y ceder la habitación en el segundo; Trebacio dice que tenía facultad para cambiar de voluntad y que podía dar cada año una u otra cosa, y que mientras esté dispuesto a ello, no procedía acción alguna.

22. IULIANUS *libro septimo digestorum. Si in qualitate fundi venditor mentitus sit, non in modo eius, tamen tenetur emptori: pone enim dixisse eum quiquaginta iugera esse vineae et quinquaginta prati et in prato plus inveniri, esse tamen omnia centum iugera.*

22. JULIANO *en el libro séptimo del digesto.* Si el vendedor mintió respecto a la cualidad del fundo, no en cuanto a su cabida, se obliga de todos modos ante el comprador; porque supongamos que dijo que había cincuenta yugadas de viña y cincuenta de prado, y había más de prado, pero en su conjunto eran cien yugadas.

23. IDEM *libro tertio decimo digestorum. Si quis servum, quem cum peculio vendiderat, manumiserit, non solum peculii nomine, quod servus habuit tempore quo manumittebatur, sed et eorum, quae postea adquirit, tenetur et praeterea cavere debet, quidquid ex hereditate liberti ad eum pervenerit. Restitutu iri.* MARCELLUS *notat: illa praestare venditor ex empto debet, quae haberet emptor, si homo manumissus non esset: non continebuntur igitur, quae, si manumissus non fuit, adquisiturus non esset.*

23. EL MISMO *en el libro décimo tercero del digesto.* Si alguien manumitió un esclavo que vendió con el peculio, no solo se obliga por razón del peculio que tuvo el esclavo al momento de manumitírsele, sino también por lo adquirido después, debindo además garantizar que restituirá todo lo que obtenga por la herencia del liberto. Marcelo señala: por la acción de compra el vendedor debe entregar lo que tendría el comprador si el esclavo no fuese manumitido; por ello, no se incluirá lo que no pudo haberse adquirido si no fue manumitido.

24. *IULIANUS libro quinto digestorum.* Si servus, in quo usus fructus tuus erat, fundum emerit et antequam pecunia numeraretur, capite minutus fueris, quamvis pretium solveris, actionem ex empto non habebis propter talem capitis deminutionem, sed indebiti actionem adversus venditorem habebis. Ante capitis autem minutionem nihil interest, tu solvas an servus ex eo peculio quod ad te pertinet: nam utroque casu actionem ex empto habebis.

§1. Servum tuum imprudens a fure bona fide emi: is ex peculio quod ad te pertinebat hominem paravit, qui mihi traditus est. Posse te eum hominem mihi condicere Sabinus dixit, sed si quid mihi abesset ex negotio quod is gessisset, invicem me tecum acturum de peculio. Cassius veram opinionem Sabini rettulit, in qua ego quoque sum.

§2. Servo vendente hominem fideiussor venditionis omnia praestare debet, in quae obligaretur, si pro libero fideiussisset: nam et in dominum actio sic datur, ut emptor eadem consequatur, quae libero vendente consequi debuisset, sed ultra peculii taxationem dominus non condemnatur.

24. JULIANO *en el libro décimo quinto del digesto.* Si el esclavo del que tenías el usufructo compró un fundo y antes de que se entregase el dinero perdiste tu capacidad jurídica, aunque pagues el precio no tendrás la acción de compra por dicha pérdida, pero sí tendrás la acción de lo indebido contra el vendedor; y no importa que antes de perder tu capacidad pagues tú o el esclavo con dinero del peculio de tu propiedad, porque en uno y otro caso tendrás la acción de compra.

§1. Sin saberlo yo compré de buena fe un esclavo tuyo a un ladrón, y aquél, con el dinero del peculio que te pertenecía, compró el esclavo que se me entregó; Sabino dijo que puedes reclamarme con la acción ejecutiva este esclavo, pero si me falta algo por el negocio que gestionó, podré reclamarte con la acción de peculio. Casio consideró acertada la opinión de Sabino, en la cual también coincido.

§2. Al vender un esclavo otro esclavo, el fiador de la venta debe responder por todo lo que se obliga si salió fiador por un libre; porque también se da acción contra el dueño para que el comprador obtenga lo mismo que debió obtener el vendedor siendo libre, pero el dueño no es condenado más allá del importe

del peculio.

25. IDEM *libro quinquagesimo quarto digestorum.* Qui pendentem videmiam emit, si uvam legere prohibeatur a venditore, adversus eum petentem pretium exceptione uti poterit 'si ea pecunia, qua de agitur, non pro ea re petitur, quae venit neque tradita est'. Ceterum post traditionem sive lectam uvam calcare sive mustum evehere prohibeatur, ad exhibendum vel iniuriarum agere poterit, quemadmodum si aliam quamlibet rem suam tollere prohibeatur.

25. EL MISMO *en el libro cuadragésimo cuarto del digesto.* Si el vendedor le prohibió recoger la uva a quien compró la vendimia pendiente, podrá usar la siguiente excepción si le reclama el pago: "si el dinero no se reclama por la cosa que se vendió pero no se entregó". Tras la entrega, si se le impide pisar la uva recolectada o llevarse el mosto, podrá ejercer la acción exhibitoria o la de injuria como cuando se le prohíbe llevarse cualquier otra cosa suya.

26. ALFENUS VARUS *libro secundo digestorum.* Si quis, cum fundum venderet, dolia centum, quae in fundo esse adfirmabat, accessura dixisset, quamvis ibi nullum dolium fuisset, tamen dolia emptori debebit.

26. ALFENO VARO *en el libro segundo del digesto.* Si al vender un fundo alguien dijo que le eran accesorias cien tinajas que afirmaba estaban ahí, aunque en él no haya ninguna tinaja, de todos modos le debe las tinajas al comprador.

27. PAULUS *libro tertio epitomatorum Alfeni.* Quidquid venditor accessurum dixerit, id integrum ac sanum tradi oportet: veluti si fundo dolia accessura dixisset, non quassa, sed integra dare debet.

27. PAULO *en el libro tercero del epítome de Alfeno.* Lo que el vendedor dijese que sería accesorio debe entregarlo íntegro y sano; por ejemplo, si dijo que las tinajas del fundo eran accesorias, debe entregarlas íntegras, no rotas.

28. IULIANUS *libro tertio ad Urseium Ferocem.* Praedia mihi vendidisti et convenit, ut aliquid facerem: quod si non fecissem, poenam promisi.

28. JULIANO *en el libro tercero de los comentarios a Urseyo Feroz.* Me vendiste unos predios y se acordó que yo hiciera determinada cosa,

Respondit: venditor antequam poenam ex stipulatu petat, ex vendito agere potest: si consecutus fuerit, quantum poenae nomine stipulatus esset, agentem ex stipulatu doli mali exceptio summovebit: si ex stipulatu poenam consecutus fueris, ipso iure ex vendito agere non poteris nisi in id, quod pluris eius interfuerit id fieri.

prometiendo pagar una pena convencional si no lo hacía. Respondió: el vendedor puede ejercer la acción de venta antes de pedir la pena estipulada. Si consiguió lo que estipuló, la excepción de dolo malo rechazará a quien ejerce la acción de lo estipulado; y si por esta acción obtuviste la pena, no podrás ejercer la acción de venta, salvo por la diferencia que interesa en que se haga aquello.

29. *IDEM libro quarto ex Minicio. Cui res sub condicione legata erat, si eam imprudens ab herede emit: actione ex empto poterit consequi emptor pretium, quia non ex causa legati rem habet.*

29. EL MISMO *en el libro cuarto de la doctrina de Minicio.* Alguien compró del heredero una cosa legada bajo condición sin saberlo; el comprador podrá obtener el precio con la acción de compra, porque no recibió la cosa en virtud del legado, no de venta.

30. *AFRICANUS libro octavo quaestionum. Servus, quem de me cum peculio emisti, priusquam tibi traderetur, furtum mihi fecit. Quamvis ea res quam subripuit interierit, nihilo minus retentionem eo nomine ex peculio me habiturum ait, id est ipso iure ob id factum minutum esse peculium, eo scilicet, quod debitor meus ex causa condictionis sit factus. Nam licet, si iam traditus furtum mihi fecisset, aut omnino condictionem eo nomine de peculio non haberem aut eatenus haberem, quatenus ex re furtiva auctum peculium fuisset, tamen in proposito et retentionem me habiturum et, si omne peculium penes te*

30. AFRICANO *en el libro octavo de las cuestiones.* El esclavo con peculio que me compraste me robó antes de que te lo entregase. Aunque pereciese la cosa robada, Juliano dice que podré retener por tal motivo su peculio, es decir, por derecho se disminuyó el peculio al volverse deudor mío debido a la acción ejecutiva, ya que, si me robó tras haberlo entregado, no tendría yo por ello la acción ejecutiva en cuanto al peculio, o la tendría solo por el lucro obtenido; sin embargo, en el caso planteado también podré

sit, vel quasi plus debito solverim posse me condicere. Secundum quae dicendum: si nummos quos servus iste mihi subripuerat, tu ignorans furtivos esse quasi peculiares ademeris et consumpseris, condiction eo nomine mihi adversus te competet, quasi res mea ad te sine causa pervenerit.

retener aunque el peculio se halle en tu poder, y podré intentar la acción ejecutiva, como si hubiese pagado más de lo debido. Ello si el dinero hurtado por el esclavo lo tomaste como si fuese del peculio y lo gastaste, ignorando que era robado, procediendo por ello la acción ejecutiva contra ti, como si una cosa mía cayese en tu poder sin causa.

§1. Si sciens alienam rem ignoranti mihi vendideris, etiam priusquam evincatur utiliter me ex empto acturum putavit in id, quanti mea intersit meam esse factam: quamvis enim alioquin verum sit venditorem hactenus teneri, ut rem emptori habere liceat, non etiam ut eius faciat, ut rem emptori habere licent, non etiam ut eius faciat, quia tamen dolum malum abesse praestare debeat, teneri eum, qui sciens alienam, non suam ignoranti vendidit: id est maxime, si manumissuro vel pignori daturo vendiderit.

§1. Si sabiéndolo tú e ignorándolo yo me vendiste una cosa ajena, Juliano opinó que antes de reivindicarla puedo ejercer válidamente la acción de compra por lo que me interesa que sea mía, porque aunque sea verdad que el vendedor solo se obliga a que el comprador tenga pacíficamente la cosa, no a volverla de su propiedad, como de todos modos debe responder de no actuar con dolo malo, se obliga quien vendió una cosa que sabía ajena a quien ignoraba que no era suya. Y lo mismo ocurre si la vendió a quien debía manumitir o de dar en prenda.

31. NERATIUS libro tertio membranarum. Si ea res, quam ex empto praestare debebam, vi mihi adempta fuerit: quamvis eam custodire debuerim, tamen propius est, ut nihil amplius quam actiones persequendae eius praestari a me emptori opoteat, quia custodia adversus vim parum proficit. Actiones autem eas non solum arbitrio, sed etiam periculo tuo

31. NERACIO en el libro tercero de los pergaminos. Si la cosa que debía entregar en virtud de una compra me fue arrebatada con violencia aunque haya debido custodiarla, solo debo ceder al comprador las acciones para perseguirla, porque poco beneficia la custodia ante la

tibi praestare debebo, ut omne lucrum ac dispendium te sequatur.

§1. Et non solum quod ipse per cum adquisii praestare debeo, sed et id, quod emptor iam tunc sibi tradito servo adquisiturus fuisset.

2. uterque nostrum eandem rem emit a non domino, cum emptio venditioque sine dolo malo fieret, traditaque est: sive ab eodem emimus sive ab alio atque alio, is iex nobis tuendus est, qui prior ius eius adprehendit, hoc est, cui primum tradita est. Si alter ex nobis a domino emisset, is omnímodo tuendus est.

violencia; pero deberé cederte estas acciones solo a tu arbitrio y riesgo, para que te corresponda todo lucro o gasto.

§1. Y no solo debo entregarte lo que adquirí a través del esclavo, sino también lo que el comprador debió adquirir si le hubiese entregado en su momento el esclavo.

§2. Ambos compramos la misma cosa de quien no era su dueño legítimo, entregándosenos sin dolo malo tras celebrar la compraventa; ya si la compramos del mismo dueño o de un vendedor distinto, el primero de nosotros que obtuvo la posesión sobre la misma deberá ser protegido, es decir, aquel a quien primero le fue entregada. Pero si uno de nosotros la compró de su dueño, este debe ser amparado en todos los casos.

32. ULPIANUS libro undecimo ad edictum. Si quis a me óleum quod emisset adhibitis iniquis ponderibus accepisset, ut in modo me falleret, vel emptor circumscriptus sit a venditore ponderibus minoribus, Pomponius ait posse dici venditorem sibi dare oportere quod plus est petere: quod habet rationem: ergo et emptor ex empto habebit actionem, qua contentus esse possit.

32. ULPIANO *en el libro décimo primero de los comentarios al edicto.* Si el aceite que alguien me llevó lo compró con pesas falsas para engañarme en la medida, o si el comprador fue engañado por el vendedor con pesas menores, Pomponio dice que el vendedor puede exigir que se le dé el excedente, lo cual es correcto. Por tanto, el comprador tendrá la acción de compra con la que podrá tener el faltante.

Digesto Libro XIX título I

33. IDEM *libro vicesimo tertio ad edictum. Et si un pretio plures res emptae sint, de singulis ex empto et vendito agi potest.*

33. EL MISMO *en el libro vigésimo tercero de los comentarios al edicto.* Si se compraron varias cosas a un solo precio, puede ejercerse por cada una la acción de compra y de venta.

34. IDEM *libro decimo octavo ad edictum. Si fundo vendito in qualitate iugerum captio est, ex empto erit actio.*

34. EL MISMO *en el libro décimo octavo de los comentarios al edicto.* Si en la venta de un fundo hay engaño en la calidad de las yugadas, procederá la acción de compra.

35. IDEM *libro septuagésimo ad edictum. Si quis fundum emerit, quasi per eum fundum eundi agendi ius non esset, et interdicto de itinere actuque victus sit, ex empto habebit actionem: licet enim stipulatio de evictione non committatur, quia non est de iure servitutis in rem actione pronuntiatum, tamen dicendum est ex empto actionem competere.*

35. EL MISMO *en el libro septuagésimo de los comentarios al edicto.* Si alguien compró un fundo como si no estuviese gravado por la servidumbre de senda y paso de ganado, y fue vencido en el interdicto de senda y paso de ganado, tendrá la acción de compra, porque aunque no se incurre en la estipulación por evicción, pues no se decidió sobre el derecho de servidumbre en una acción real, debe decirse no obstante que procede la acción de compra.

36. PAULUS *libro septimo ad Plautium. Venditor domus antequam eam tradat, damni infecti stipulationem interponere debet, quia, antequam vacuam possessionem tradat, custodiam et diligentiam praestare debet et pars est custodiae diligentiaeque hanc interponere stipulationem: et ideo si id neglexerit, tenebitur emptori.*

36. PAULO *en el libro séptimo de los comentarios a Plaucio.* Antes de entregar una casa, el vendedor debe interponer la estipulación de daño temido, porque antes de entregar la libre posesión debe garantizar la custodia y la diligencia, e interponer dicha estipulación es parte de ello. Por

tanto, si no lo hizo, se obliga ante el comprador.

37. IDEM libro quarto decimo ad Plautium. Sicut aequum est bonae fidei emptori alterius dolum non nocere, ita non est aequum eidem personae venditoris sui dolum prodesse.

37. EL MISMO *en el libro décimo cuarto de los comentarios a Plaucio.* Así como es justo que al comprador de buena fe no le perjudique el dolo de otro, también es injusto que a la misma persona le beneficie el dolo de su vendedor.

38. CELSUS libro octavo digestorum. Si venditor hominis dixit peculium eum habere decem nec quemquam adempturum, et si plus habet, totum praestet, nisi hoc actum est, ut dumtaxat decem praestaret, si minus est, praestet esse decem et talem servum esse, ut tantum peculii habeat.

38. CELSO *en el libro octavo del digesto.* Si el vendedor de un esclavo dijo que este tenía un peculio de diez mil sestercios y que no le quitaría nada, deberá entregarlo todo aunque tuviese más, salvo si se acordó que solo entregaría los diez mil; y si hay menos, responderá por los diez mil y de que el esclavo tiene ese peculio.

§1. Si per emptorem steterit, quo minus ei mancipium traderetur, pro cibariis per arbitrium indemnitatem posse servari Sextus Aelius, Drusus dixerunt, quorum et mihi iustissima videtur esse sententia.

§1. Si el esclavo no fue entregado debido al comprador, Sexto Elio y Druso dijeron que puede indemnizarse arbitralmente por los alimentos, opinión que considero muy jsuta.

§2. Firmus a Proculo quaesiit, si de plumbeo castello fistulae sub terram missae aquam ducerent in aenum lateribus circumstructum, an hae aedium essent an ut ruta caesa vincta fixaque quae aedium non essent. Ille rescripsit referre, quid acti esset. Quid ergo si nihil de ea re neque emptor neque venditor cogitaverunt, ut plerumque in eiusmodi rebus evenisse solet, none propius est, ut

§2. Firmo preguntó a Próculo: si serían de la casa unas cañerías subterráneas que llevan el agua de un depósito de plomo a una caldera de cobre cubierta de ladrillos, o como las cosas extraídas y cortadas, ligadas y fijadas, no lo son. Respondió que debía saberse qué se había acordado. ¿Y si nada dijeron al

inserta et inclusa aedificio partem eius esse existimemus?

respecto ni el comprador ni el vendedor, como suele ocurrir muchas veces en semejantes casos? ¿No es más exacto considerar que las cosas incrustadas e incluidas en el edificio son parte del mismo?

39. MODESTINUS *libro quinto responsorum. Quaero, si quis ita fundum vendiderit, ut id venum datum esse videatur, quod intra terminos ipse possedit, sciens tamen aliquam partem certam se non possidere non certioraverit emptorem, an ex empto iudicio teneatur, cum haec generalis adiectio ad ea, quae specialiter novit qui vendidit nec excepti, pertinere non debeat, ne alioquin emptor capiatur, qui fortasse, si hoc cognovisset, vel empturus non esset vel minoris empturus esset, si certioratus de loco certo fuisset: com hoc et apud veteres sit relatum in eius persona, qui sic exceperat: servitutes si quae debentur, debebuntur: etenim iuris auctores responderunt, si certus venditor quibusdam personis certas servitutes debere non admonuisset emptorem, ex empto eum teneri debere, quando haec generalis exceptio non ad ea pertinere debeat, quae venditor novit quaeque specialiter excipere et potuit et debuit, sed ad ea, quae ignoravit et de quibus emptorem certiorare nequivit. Herennius Modestinus respondit, si quid circumveniendi emptoris causa venditor in specie de qua quaeritur fecit, ex empto actione conveniri posse.*

39. MODESTINO *en el libro quinto de las respuestas*. Si alguien vendió un fundo para que parezca vendido lo que poseyó dentro de sus límites, pero sabiendo que no poseía determinadas partes y no se lo dijo al comprador, pregunto si se obligará con la acción de compra, no debiendo referirse dicha expresión general a lo que sabía específicamente el vendedor y no lo exceptuó, pues de lo contrario sería engañado el comprador, quien, si tal vez hubiese sabido esto, no lo habría comprado o lo habría hecho a un precio menor si lo hubiese sabido acerca del terreno vendido; y esto también lo mencionaron los antiguos juristas sobre una persona que había exceptuado de este modo: 'las servidumbres se deberán si alguna se debe'. Porque estos autores respondieron que, si estando seguro el vendedor de que debía servidumbres a otras personas y no previno de ello al comprador, debe obligarse por la acción de compra, pues dicha excepción general no debe

referirse a las cosas que el vendedor supo y que pudo y debió exceptuar especialmente, sino a las que ignoró y de las que no pudo enterar al comprador. Herenio Modestino respondió que si el vendedor hizo algo para engañar al comprador, puede ser demandado con la acción de compra.

40. POMPONIUS libro trigesimo primo ad Quintum Mucium. Quintus Mucius scribit: dominus fundi de praedio arbores stantes vendiderat et pro his rebus pecuniam accepit et tradere nolebat: emptor quaerebat, quid se facere oporteret, et verebatur, ne hae arbores eius non viderentur factae. POMPONIUS: arborum, quae in fundo continentur, non est separatum corpus a fundo et ideo ut dominus suas specialiter arbores vindicare emptor non poterit: sed ex empto habet actionem.

40. POMPONIO *en el libro trigésimo primero de los comentarios a Quinto Mucio.* Quinto Mucio escribe: el dueño de un fundo vendió árboles del predio, recibió el dinero y no quiso entregarlos; el comprador preguntaba qué debía hacer, temiendo que se considerase que dichos árboles se habían vuelto suyos. Pomponio dice: los árboles que están en el fundo no están separados del fundo, por lo que el comprador no podrá reivindicar los árboles como suyos en calidad de dueño, pero sí tiene la acción de compra.

41. PAPINIANUS libro tertio responsorum. In venditione super annua pensitatione pro aquae ductu infra domum Romae constitutum nihil commemoratum est. Deceptus ob eam rem ex empto actionem habebit: itaque, si conveniatur ob pretium ex vendito, ratio improvisi oneris habetur.

41. PAPINIANO *en el libro tercero de las respuestas.* En una venta no se mencionó nada sobre la contribución anual por el acueducto que se introducía en una casa ubicada en Roma; el engañado por dicho motivo tendrá la acción de compra; y así, si por el precio se demanda con la acción de venta, se tiene en cuenta el importe de la carga

imprevista.

42. *PAULUS libro secundo quaestionum.* Si duorum fundorum venditor separatim de modo cuiusque pronuntiaverit et ita utrumque uno pretio tradiderit, et alteri aliquid deist, quamvis in altero exsuperet, forte si dixit unum centum iugera, alterum ducenta habere, non proderit ei, quod in altero ducenta decem inveniuntur, si in altero decem desint. Et de hi sita apud Labeonem relatum est. Sed an exceptio doli mali venditori profutura sit, potest dubitari, utique si exiguus modus silvae desit et plus in vineis habeat, quam repromissum est. An non facit dolo, qui iure perpetuo utitur? Nec enim hic quod amplius in modo invenitur, quam alioquin dictum est, ad compendium venditoris, sed ad emptoris pertinet: et tunc tenetur venditor, cum minor modus invenitur. Videamus tamen, ne nulla querella sit emptoris in eodem fundo, si plus inveniat in vinea quam in prato, cum universus modus constat. Similis quaestio esse potest ei, quae in duobus fundis agitata est, et si quis duos statuliberos uno pretio vendat et dicat unum decem dare iussum, qui quindecim dare debebat: nam et hic tenebitur ex empto actione, quamvis emptor a duobus viginti accepturus sit. Sed rectius est in ómnibus supra scriptis casibus lucrum cum damno compensari et si quid deest emptori sive pro modo sive pro qualitate loci, hoc ei resarciri.

42. PAULO *en el libro Segundo de las cuestiones.* Si el vendedor de dos fundos manifestó por separado la cabida de cada uno, los entregó por un precio único y a uno le falta algo, aunque en el otro sobrase, por ejemplo, si dijo que uno tenía cien yugadas y el otro doscientas, no le beneficiará que uno tenga doscientas diez si al otro le faltan diez; y esto lo opinó también Labeón. Pero puede dudarse sobre si le beneficiará al vendedor la excepción de dolo malo. Y en verdad, si falta una parte considerable de bosque, y las viñas tienen más de lo prometido, ¿no actúa con dolo malo quien usa un derecho perpetuamente? Porque en tal caso el excedente no beneficia al vendedor respecto a lo declarado, sino al comprador, y el vendedor se obliga cuando la medida resulta menor. Ahora veamos si no hay querella del comprador sobre el mismo fundo si hallase más en la viña o en el prado cuando existe toda la cabida. Idéntica cuestión ocurre si alguien vendió por un único precio dos esclavos manumitidos bajo condición por testamento, y dijese que el dueño mandó que uno diese diez mil sestercios para cumplir la condición en lugar de dar quince mil, porque también

éste se obligará por la acción de compra, aunque el comprador reciba veinte mil de los dos esclavos. Sin embargo, es más razonable que en estos casos se compense el lucro con la pérdida, y que si le falta algo al comprador por la medida o la cualidad del terreno, se le resarza.

43. IDEM *libro quinto quaestionum. Titius cum decederet, Sciae Stichum Pamphilum Arescusam per fideicommissum reliquit eiusque fidei commisit, ut omnes ad libertatem post annum perduceret. Cum legataria fideicommissum ad se pertinere noluisset nec tamen heredem a sua petitione liberasset, heres eadem mancipia Sempronio vendidit nulla commemoratione fideicommissae libertatis facta: emptor cum pluribus annis mancipia supra scripta sibi servissent, Arescusam manumisit, et cum ceteri quoque servi cognita voluntate defuncti fideicommissam libertatem petissent et heredem ad praetorem perduxissent, iussu praetoris ab herede sunt manumissi. Arescusa quoque nolle se emptorem patronum habere responderat. Cum emptor pretium a venditore empty iudicio Arescusae quoque nomine repeteret, lectum est responsum Domitii Ulpiani, quo continebatur Arescusam pertinere ad rescriptum sacrarum constitutionum, si nollet emptorem patronum habere: emptorem tamen nihil posse post manumissionem a venditore consequi. Ego cum menimissem et Iulianum in ea*

43. EL MISMO *en el libro quinto de las cuestiones*. Al morir, Ticio dejó a Seya por fideicomiso los esclavos Estico, Pánfilo y Arescusa, encomendándole que pasado un año los liberase a todos; no habiendo querido la legataria el fideicomiso que le correspondía, pero no habiendo renunciado a su petición contra el heredero, éste vendió a Sempronio los mismos esclavos sin mencionar la libertad por fideicomiso; luego de haberle servido varios años los esclavos citados, el comprador manumitió a Arescusa, y cuando los demás esclavos pidieron la libertad por fideicomiso tras conocer la voluntad del difunto, llamaron ante el pretor al heredero, y se ordenó que éste los manumitiese. Arescusa también dijo que no deseaba tener por patrón al comprador, y cuando éste reclamó al vendedor el precio también en virtud de Arescusa con la acción de compra, se leyó una respuesta de Domicio Ulpiano, en la que se

sentential esse, ut existimaret post manumissionem quoque empti actionem durare, quaero, quae sentential vera est. illud etiam in eadem cognition nomine emptoris desiderabatur, ut sumptus, quos in unum ex his quem erudierat fecerat, ei restituerentur. Idem quaero, Arescusa, quae recusavit emptorem patronum habere, cuius sit liberta constituta? An possit vel legatariam quae non liberavit vel heredem patronum habere? Nam ceteri duo ab herede manumissi sunt. Respondi: semper probavi Iuliani sententiam putantis manumissione non amittitur eo modo. De sumptibus vero, quos in erudiendum hominem emptor fecit, videndum est: nam empti iudicium ad eam quoque speciem sufficere existimo: non enim pretium continet tantum, sed omne quod interest emptoris servum non evinci. Plane si in tantum pretium excedisse proponas, ut non sit cogitatum a venditore de tanta summa (velut si ponas agitatorem postea factum vel pantomimum evictum esse eu, qui minimo veniit pretio), iniquum videtur in magnam quantitatem obligari venditorem,

señalaba que Arescusa quedaba protegida por la respuesta escrita de las sagradas constituciones si no quería tener por patrón al comprador, pero que el comprador no podía obtener nada del vendedor tras la manumisión de los esclavos. Tras recordar que Juliano también opina que la acción de compra se extiende tras la manumisión, pregunto: ¿cuál opinión es correcta? En el citado juicio también se pedía a nombre del comprador que se le devolviesen los gastos realizados en uno de los esclavos al que había instruido en un oficio. También pregunto: si Arescusa se negó a tener al comprador por patrón, ¿de quién se hizo liberta, o podrá tener por patrón a la legataria que no renunció o al heredero, pues el heredero manumitió a los otros dos esclavos? Respondí: siempre aprobé la opinión de Juliano, quien considera que con la manumisión no se pierde la acción de compra de este modo. Pero debe verse en cuanto a los gastos que realizó el comprador para instruir al esclavo, porque considero que la acción de compra basta en este caso, al no incluir solo el precio, sino todo lo que al comprador le interesa para que el esclavo no sea objeto de evicción. Pero si se plantea que el precio excedió tanto que el

Digesto Libro XIX título I

vendedor no pensó en tan enorme cantidad (por ejemplo, si dices que el esclavo mendido por un precio menor se volvió auriga en el Circo o actor de teatro y luego fue objeto de evicción), parece injusto obligar al vendedor por una gran cantidad,

44. AFRICANUS libro octavo quaestionum. ... (cum et forte idem mediocrium facultatium sit; et non ultra duplum periculum subire eum oportet)...

44. AFRICANO *en el libro octavo de las cuestiones.* ... (cuando también posee una fortuna mediana y no le conviene soportar el riesgo más allá del doble)...

45. PAULUS libro quinto quaestionum. ... idque et Iulianum agitasse Africanus refert: quod iustum est: sicut minuitur praestatio, si servus deterior apud emptorem effectus sit, cum evincitur.

45. PAULO *en el libro quinto de las cuestiones.* ... y Africano señala que esto también lo discutió Juliano, siendo justo, del mismo modo que se disminuye la obligación del vendedor si el esclavo se deterioró en poder del comprador cuando fue reivindicado.

§1. Illud expeditius videbatur, si mihi alienam aream vendideris et in eam ego aedificavero atque ita eam dominus evincit: nam quia possim petentem dominum, nisi impensam aedificiorum solvat, doli mali exceptione summovere, magis est, ut ea res ad periculum venditoris non pertineat. Quod et in servo dicendum est, si in servitutem, non in libertatem evinceretur, ut dominus Mercedes et impensas praestare debeat. Quod si emptor non possideat aedificium vel servum, ex empto habebit actionem. In omnibus tamen his casibus, si sciens

§1. Más claro es este caso: si me vendiste un solar ajeno y edifiqué en él, y luego su dueño lo reivindicó, porque dado que yo podría repeler con la excepción de dolo malo al dueño que lo reclama, si no me paga los gastos del inmueble, es más cierto que esto no corresponda al riesgo del comprador; lo mismo se dirá de un esclavo si se reivindicase su esclavitud, no su libertad, pues el dueño del mismo pagará al demandado los salarios y los

quis alienum vendiderit, omnimodo teneri debet.

gastos que el esclavo ocasionó; pero si el comprador no posee el edificio o el esclavo, tendrá la acción de compra. Pero en todos estos casos, si alguien vendió una cosa ajena y lo sabía, se obligará de todo modos.

§2. Superest tertia deliberatio, cuius debet esse liberta Arescusa, quae recusat emptorem. Et non sine ratione dicetur eius debere effici libertam, a quo vendita est, id est heredis, quia et ipse ex empto actione tenetur: sed hoc ita, si non Arescusa elegerit emptoris patronatum: tunc etenim et illius remanet liberta et ille ex empto actionem non habet, quia nihil eius interest, cum eam libertam habet.

§2. Queda el tercer supuesto del caso, de quién será liberta la esclava Arescusa, la cual rechaza al comprador como patrón. Con razón se dirá que debe volverse libertad del vendedor, es decir, del heredero, porque éste también se obliga por la acción de compra, pero solo si Arescusa no eligió al comprador como patrón, porque entonces queda liberta de aquél, y no tiene la acción de compra, pues nada le interesa al tenerla por liberta.

46. IDEM *libro vicesimo quarto quaestionum. Si quis alienam rem vendiderit et medio temppore heres domino rei exstiterit, cogetur implere venditionem.*

46. EL MISMO *en el libro vigésimo cuarto de las cuestiones.* Si alguien vendió una cosa ajena y en el intermedio fue instituido heredero del dueño de la cosa, se obligará a completar la venta.

47. IDEM *libro sexto responsorum. Lucius Titius accepta pecunia ad materias vendendas sub poena certa, ita ut, si non integras repraestaverit intra statuta tempora, poena conveniatur, partim datis materiis decessit: cum igitur testator in poenam commiserit neque heres eius reliquam materiam exhibuerit, an et in poenam et in usuras conveniri possit, praesertim cum emptor mutuatus*

47. EL MISMO *en el libro sexto de las respuestas.* Tras recibir dinero del comprador para venderle materiales bajo pena estipulatoria de que, si no los entregaba íntegramente en los plazos establecidos, sería demandado por la pena, Lucio Ticio falleció tras haber dado solo una parte de los mismos; habiendo incurrido

pecuniam usuras gravissimas expendit? Paulus respondit ex contractu, de quo quaeritur, etiam heredem venditoris in poenam conveniri posse. In actione quoque ex empto officio iudicis post moram intercedentem usurarum pretii rationem haberi oportere.

en la pena el testador sin haber exhibido su heredero los demás materiales, ¿podrá ser demandado por la pena y los intereses, sobre todo si el comprador, tras pedir prestado dinero en calidad de mutuo, está pagando altísimos intereses? Paulo respondió que podía demandarse al heredero del vendedor para que cumpla con la pena en virtud del contrato planteado, y que en el juicio de compra también debía considerar el juez los intereses del precio luego de mediar mora.

48. SCAEVOLA libro secundo responsorum. Titius heres Sempronii fundum Septicio vendidit ita: 'fundus Sempronianus, quidquis Sempronii iuris fuit, erit tibi emptus tot nummis' vacuamque possessionem tradidit neque fines eius demonstravit: quaeritur, an empti iudicio cogendus sit ostendere ex instrumentis hereditariis, quid iuris defunctus habuerit et fines ostendere: hoc etenim contractui bonae fidei consonat.

48. ESCÉVOLA en el libro segundo de las respuestas. Ticio, heredero de Sempronio, vendió un fundo a Septicio en los siguientes términos: 'tendrás por comprados el fundo Semproniano y cualquier derecho de Sempronio por tal cantidad', y entregó la libre posesión sin señalar los límites del fundo. Se pregunta: ¿se obligará por la acción de compra a mostrar con los documentos hereditarios el derecho del difunto y a manifestar los límites? Respondí que, en virtud de la escritura, debe hacerse lo que se entiende acordado; pero si esto no queda claro, el vendedor debe mostrar los límites y accesorios del fundo, porque esto es acorde al contrato de buena fe.

49. HERMOGENIANUS *libro secundo iuris epitomarum.* Qui per collusionem imaginarium colonum circumveniendi emptoris causa subposuit, ex empto tenetur nec defenditur, si, quo facilius excogitata fraus occultetur, colonum et quinquennii pensiones in fidem suam recipiat.

§1. *Pretii, sorte licet post moram soluta, usurae peti non possunt, cum hae non sint in obligatione, sed officio iudicis praestantur.*

50. LABEO *libro quarto posteriorum a Iavoleno epitomatorum.* Bona fides non patitur, ut, cum emptor alicuis legis beneficio pecuniam rei venditae debere desisset, antequam res ei tradatur, venditor tradere compelletur et re sua careret. Possessione autem tradita futurum est, ut rem venditor aeque amitteret, utpote cum petenti eam rem petitor ei neque vendidisset neque tradidisset.

51. IDEM *libro quinto posteriorum a*

49. HERMOGENIANO *en el libro segundo del epítome del derecho.* Quien se coludió para mostrar un falso colono y así engañar al comprador en cuanto al rendimiento de la finca, se obliga con la acción de compra, no pudiéndose defender si, para ocultar más fácilmente el faude urdido, otorgó fianza por el colono y por las pensiones de un quinquenio.

§1. Aunque se pague el precio estando en mora, no pueden reclamarse los intereses, ya que estos no entran en el objeto de la obligación, sino que se pagarán por ministerio del juez.

50. LABEÓN *en el libro cuarto de las obras póstumas recopiladas por Javoleno.* La buena fe no permite que, cuando por beneficio de alguna ley, el comprador ya no deba el precio de la cosa vendida, antes de entregársele la cosa, se obligase al vendedor a entregársela y desprenderse de ella; sin embargo, al entregar la posesión el vendedor perdería la cosa y el precio, pues al reclamar la cosa el comprador puede oponer la excepción de cosa vendida y entregada a la parte actora para considerar como si el demandante no se la hubiese vendido ni entregado.

51. EL MISMO *en el libro quinto de*

Iavoleno epitomatorum. Si et per emptorem et venditorem mora fuisset, quo minus vinum praeberetur et traderetur, perinde esse ait, quasi si per emptorem solum stetisset: non enim potest videri mora per venditorem emptori facta esse ipso moram faciente emptore.

§1. Quod si fundum emisti ea lege, uti des pecuniam kalendis Iuliis, et si ipsis calendis per venditorem esset factum, quo minus pecunia ei solveretur, deinde per te staret quo minus solvers, uti posse adversus te lege sua venditorem dixi, quia in vendendo hoc ageretur, ut, quandoque per emptorem factum sit, quo minus pecuniam solvat, legis poenam patiatur. Hoc ita verum puto, nisi si quid in ea re venditor dolo fecit.

52. *SCAEVOLA libro septimo digestorum.* Creditor fundum sibi obligatum, cuius chirographa tributorum a debitore retro solutorum apud se deposita habebat, vendidit Maevio ea lege, ut, si quid tributorum nomine debitum esset, emptor solveret: idem fundus ob causam eorum tributorum, quae iam solute errant, a conductore saltus, in quo idem fundus est, venit eumque idem Maevius emit et pretium solvit: quaesitum est, an empty iudicio vel aliqua actione emptor a venditore consequi possit, ut solutionum supra scriptarum

las obras compendiadas por Javoleno. Si el comprador y el vendedor incurrieron en mora para no probar ni entregar el vino, dice Labeón que es como si solo consintiese el comprador, porque no puede considerarse que el vendedor provocó la mora incurriendo él mismo en ella.

§1. Pero si compraste un fundo bajo la cláusula de dar el dinero en las calendas de julio, y en esa fecha dependió del vendedor no recibir el dinero, provocando con ello que no lo pagases, dije que el vendedor puede ejercer contra ti su cláusula, pues al vender se acordó que siempre que dependiese del comprador no pagarse el dinero, sufrirá la pena establecida en dicha cláusula. Y opino que esto es cierto, salvo si el vendedor actuó con dolo en este caso.

52. ESCÉVOLA *en el libro séptimo del digesto*. Un acreedor vendió a Mevio un fundo que tenía en garantía, y del que tenía en deposito los recibos de los tributos pagados previamente por el dedor, bajo la cláusula de que el comprador pagase, lo debido por razón de tributos; en virtud del pago de tributos ya pagados, el arrendatario concesionario del monte vendió el fundo citado, comprándolo Mevio y pagando el precio. Se preguntó: ¿podrá

chirographa ei dentur. Respondit posse emptorem empti iudicio consequi, ut instrumenta de quibus quaereretur exhibeantur.

lograr el comprador que el vendedor le entregue los recibos de los pagos con el juicio de compra o con alguna otra acción? Respondió que el comprador puede lograr que se exhiban los documentos que desea con el juicio de compra.

§1. Praedium aestimatum in dotem a patre filiae suae nomine datum obligatum creditori deprehenditur: quaesitum est, an filius, qui hereditatem patris retinet, cum ab ea se filia abstinuisset dote contenta, actione ex empto teneatur, ut a creditore lueret et marito liberum praestaret. Respondit teneri.

§1. Resulta que un predio estimado y dado por el padre en nombre de su hija, entró a la posesión de un acreedor pignoraticio. Se preguntó: ¿el hijo, quien retiene la herencia paterna, y de la que la hija se abstuvo por quedar satisfecha con su dote, se obligará con la acción de compra a liberar el fundo del acreedor y a entregarlo al marido? Respondió que sí.

§2. Inter venditorem et emptorem militiae ita convenit, ut salarium, quod debeatur ab illa persona, emptori cederet: quaesitum est, amptor militiae quam quantitatem a quo exigere debet et quid ex eiusmodi pacto venditor emptori praestare debeat. Respondit venditorem actiones extraordinarias eo nomine quas haberet praestare debet.

§2. Entre el vendedor y el comprador de un empleo militar se acordó que el salario que otro debiese correspondía al comprador. Se preguntó: ¿a quién debe exigir el comprador el dinero, y cómo responde el vendedor al comprador en virtud de la citada cláusula? Respondió que el vendedor debe ceder las acciones extraordinarias que tuviese por tal motivo.

§3. Ante domum mari iunctam molibus iactis ripam constituit et uti ab eo possessa domus fuit, Gaio Seio vendidit: quaero, an ripa, quae ab auctore domui coniuncta erat, ad emptorem quoque iure emptionis pertineat. Respondit eodem iure fore venditam domum, quo fuisset

§3. Alguien formó un muelle echando unos bloques frente a una casa a orillas del mar, y luego la vendió a Cayo Seyo tal como la poseyó su dueño. Pregunto: ¿pertenecerá al comprador por derecho de compra también el

priusquam veniret.

53. LABEO *libro primo pithanon. Si mercedem insulae accessuram esse emptori dictum est, quanti insula locata est, tantum emptori praestetur.* PAULUS: *immo si insulam totam uno nomine locaveris et amplioris conductor locaverit et in vendenda insula mercedem emptori cessuram esse dixeris, id accedet, quod tibi totius insulae conductor debebit.*

§1. *Si eum fundum vendidisti, in quo sepulcrum habuisti, nec nominatium tibi sepulcrum excepisti, parum habes eo nomine cautum.* PAULUS: *minime, si modo in sepulcrum iter publicum transit.*

§2. *Si habitatoribus habitation lege venditionis recepta est, omnibus in ea habitantibus praeter dominum recte recepta habitatio est.* PAULUS: *immo si cui in ea insula, quam vendideris, gratis habitationem dederis et sic receperis: 'habitatoribus aut quam quisque diem conductum habet' itaque eos habitatores emptor insulae habitatione impune prohibebit.*

muelle, unido a la casa por su constructor? Respondió que la casa vendida debía tener el mismo derecho que tenía antes de venderse.

53. LABEÓN *en el libro primero de los dichos.* Si se acordó que al comprador debían corresponder las rentas de una casa, deberá entregarse a éste la cantidad en que se arrendó aquélla. Paulo señala: aunque arriendes toda la casa a una sola persona, y el arrendatario la subarriende en mayor precio, y si al venderla dijiste que dicho alquiler le correspondería al comprador, le corresponderá lo que debe el arrendatario de toda la casa.

§1. Si vendiste un fundo donde construiste un sepulcro y no te lo reservaste expresamente, no fuiste todo lo cauto que debías. Paulo señala: pero no si pasa un camino público hacia el sepulcro.

§2. Si en la venta se acordó reservar la vivienda para los habitantes, se entiende reservada para todos, salvo para el dueño. Paulo señala: incluso esa cautela no basta si diste habitación gratuita a alguien en la casa que vendiste y reservaste en los siguientes términos: 'a los habitadores o hasta el día en que cada uno alquiló la casa', porque esto debió reservarse nominalmente en favor de ellos;

por tanto, el comprador de la casa podrá prohibirles impunemente habitar.

54. IDEM *libro secundo pithanon. Si servus quem vendideras iussu tuo aliquid fecit et ex eo crus fregit, ita demum ea res tuo periculo non est, si id imperasti, quod solebat ante venditionem facere, et si id imperasti, quod etiam non vendito servo imperaturus eras.* PAULUS: *minime: nam si periculosam rem ante venditionem facere solitus est, culpa tua id factum esse videbitur: puta enim eum fuisse servum, qui per catadromum descenderé aut in cloacam demitti solitus esset. Idem iuris erit, si eam rem imperare solitus fueris, quam prudens et diligens pater familias imperaturus, ei servo non fuerit. Quid si hoc exceptum fuerit? Tamen potest ei servo novam rem imperare, quam imperaturus non fuisset, si non venisset: veluti si ei imperasti, ut ad emptorem iret, qui peregre esset: nam certe ea res tuo periculo esse non debet. Itaque tota ea res ad dolum malum dumtaxat et culpam venditoris dirigenda est.*

54. EL MISMO *en el libro segundo de los dichos.* Si el esclavo que vendiste hizo algo por mandato tuyo, y debido a ello se rompió una pierna, no serás responsable solo si le mandaste hacer lo que solía hacer antes de la venta, y lo que debías mandarle aunque no se vendiese el esclavo. Paulo señala: no, porque si antes de la venta solía hacer algo peligroso, parecerá que lo hizo por culpa tuya, pues supongamos que un esclavo solía bajar por una cuerda o meterse en una cloaca. Lo mismo procederá si solías mandarle algo que un jefe de familia prudente y responsable no le mandaría hacer a un esclavo. ¿Y qué decir si esto se reservó? Puede de todos modos mandarse algo nuevo que no debería mandársele hacer si no lo vendiese, como mandarle que fuese a buscar al comprador, y éste se halla de viaje, pues esto no será a riesgo tuyo. Así, en todo esto solo deberá considerarse el dolo malo y la culpa del vendedor.

§1. *Si dolia octoginta accederé fundo, quae infossa essent, dictum erit, et plura erunt quam ad eum numerum, dabit emptori ex ómnibus quae vult, dum integra det: si sola octaginta sunt,*

§1. Si se acordó que serían accesorias del fundo ochenta tinajas enterradas en él y hubiese más, se le darán al comprador las que quiera de todas ellas siempre

qualiacumque emptorem sequentur nec pro non integris quicquam ei venditor praestabit.

que se las den íntegras; y si solo hay ochenta, serán del comprador tal como se hallen, no respondiendo el vendedor por las que estén dañadas.

55. POMPONIUS *libro decimo epistularum. Si servus, qui emeretur vel promitteretur, in hostium potestate sit, Octavenus magis putabat valere emptionem et stipulationem, quia inter ementem et vendentem esset commercium: potius enim difficultatem in praestando eo inesse, quam in natura, etiamsi officio iudicis sustinenda esset eius praestatio, donec praestari possit.*

55. POMPONIO *en el libro décimo de las epístolas.* Si el esclavo comprado o prometido cayese en poder de los enemigos, Octaveno juzgaba válidas la compra y la estipulación, pues se consumó el negocio entre comprador y vendedor; porque la dificultad radica en entregarlo, no en la inexistencia de la cosa, aunque por ministerio del juez deba suspenderse su entrega hasta que fuese posible.

TITULUS II
LOCATI CONDUCTI

TÍTULO II
DE LA ACCIÓN DE LOCACIÓN Y LA DE CONDUCCIÓN

1. PAULUS *libro trigesimo quarto ad edictum. Locatio et conductio cum naturalis sit et omnium gentium, non verbis, sed consensus contrahitur, sicut emptio et venditio.*

1. PAULO *en el libro trigésimo cuarto de los comentarios al edicto.* Al ser natural y común a todos los pueblos, la locación y conducción no se celebra con palabras, sino por el consentimiento, como la compraventa.

2. GAIUS *libro secundo rerum cottidianarum. Locatio et conduction proxima est emptioni et venditioni isdemque iuris regulis constitit: nam ut*

2. GAYO *en el libro segundo de las cuestiones cotidianas.* La locación y conducción es similar a la compraventa y la rigen las

emptio et venditio ita contrahitur, si de pretio convenerit, sic et location et conduction contrahi intellegitur, si de mercede convenerit.

§1. *Adeo autem familiaritatem aliquam habere videntur emptio et venditio, item locatio et conductio, ut in quibusdam quaeri soleat, utrum emptio et venditio sit an locatio et conductio. Ut ecce si cum aurifice mihi convenerit, ut is ex auro suo anulos mihi faceret certi ponderis certaeque formae et acceperit verbi gratia trecenta, utrum emptio et venditio sit an locatio et conductio? Sed placet unum esse negotium et magis emptionem et venditionem esse. Quod si ego aurum dedero mercede pro opera constituta, dubium non est, quin locatio et conductio sit.*

3. POMPONIUS *libro nono ad Sabinum. Cum fundus locetur et aestimatum instrumentum colonus accipiat, Proculus ait id agi, ut instrumentum emptum habeat colonus, sicuti fieret, cum quid aestimatum in dotem daretur.*

4. IDEM *libro sexto decimo ad Sabinum. Locatio precariive rogatio ita facta, quoad is, qui eam locasset dedissetve, vellet, morte eius qui locavit tollitur.*

mismas reglas del derecho. Porque así como la compraventa se celebra al haber acuerdo en el precio, así se entiende celebrada la locación y conducción si hubo acuerdo en el alquiler.

§1. De tal forma parecen ser similares la compraventa y la locación y conducción, que en algunos casos suele preguntarse si es una u otra. Por ejemplo, cuando acuerdo con un orfebre que con oro suyo me haga unos anillos de cierto peso y cierta forma, recibiendo a cambio trescientos mil sestercios, ¿será compraventa o locación y conducción? Esto parece ser un solo negocio, siendo más bien compraventa. Pero si yo le doy el oro y se acordó retribuirle un precio por su trabajo, sin duda es locación y conducción.

3. POMPONIO *en el libro noveno de los comentarios a Sabino.* Dice Próculo que al arrendarse un fundo y el colono recibir estimados los accesorios, se entiende que el colono los tiene como comprados, igual que si se diese en calidad de dote alguna cosa previamente estimada.

4. EL MISMO *en el libro décimo sexto de los comentarios a Sabino.* El arriendo o precario realizado hasta que quiera el arrendador de la cosa o quien la dio, se

extinguen con la muerte de aquél.

5. ULPIANUS *libro vicesimo octavo ad edictum. Si tibi habitationem locavero, mox pensionem remittam, ex locato et conducto agendum erit.*

5. ULPIANO *en el libro vigésimo octavo de los comentarios al edicto.* Si te arrendé una casa y luego te perdono el alquiler, podrá demandarse con la acción de locación y conducción.

6. GAIUS *libro decimo ad edictum provinciale. Is qui rem conduxerit non cogitur restituere id quod rei nomine furti actione consecutus est.*

6. GAYO *en el libro décimo de los comentarios al edicto provincial.* Quien arrendó una cosa no está obligado a devolver lo que obtuvo con la acción de robo de dicha cosa.

7. PAULUS *libro trigesimo secundo ad edictum. Si tibi alienam insulam locavero quinquaginta tuque eandem sexaginta Titio locaveris et Titius a domino prohibitus fuerit habitare, agentem te ex conducto sexaginta consequi debere placet, quia ipse Titio tenearis in sexaginta.*

7. PAULO *en el libro trigésimo segundo de los comentarios al edicto.* Si te arrendé una casa ajena en cincuenta mil sestercios y se la subarrendaste a Ticio en sesenta mil, y luego el dueño le prohibió a Ticio habitarla, parece correcto que al ejercer la acción de conducción podrás obtener los sesenta mil, pues te obligaste con Ticio por esta cantidad.

8. TRYPHONINUS *libro nono disputationum. Nos videamus, ne non sexaginta praestanda nec quinquaginta sint, sed quanti interest perfrui conductione, tantundemque consequatur medius, quantum praestare debeat ei, qui a se conduxit, quoniam emolumentum conductionis ad comparationem uberioris mercedis computatum maiorem efficit condemnationem. Et tamen primus locator reputationem habebit*

8. TRIFONINO *en el libro noveno de las disputas.* Ahora veamos si deben darse no sesenta ni cincuenta mil sestercios, sino lo que interesa gozar del arriendo, y si el subarrendador obtendrá lo que deba darle al primer arrendador, pues el lucro del arrendamiento obtenido para lograr un alquiler mayor aumenta la condena. Pese a ello, el primer

quinquaginta, quae ab illo perciperet, si dominus insulae habitare novissimum conductorem non vetuisset: quo iure utimur.

arrendador obtendrá los cincuenta mil sestercios que percibió del segundo, si el dueño de la casa no prohibió que la habitase el nuevo arrendatario. Y este derecho aplicamos.

9. ULPIANUS *libro trigesimo secundo ad edictum. Si quis domum bona fide emptam vel fundum locaverit mihi isque sit evictus sine dolo malo culpaque eius, Pomponius ait nihilo minus eum teneri ex conducto ei qui conduxit, ut ei praestetur frui quod conduxit licere. Plane si dominus non patitur et locator paratus sit aliam habitationem non minus commodam praestare, aequissimum esse ait absolvi locatorem.*

9. ULPIANO en el libro trigésimo segundo de los comentarios al edicto. Pomponio dice que si alguien me arrendó una casa o un fundo comprado de buena fe, y es reivindicado sin dolo malo ni culpa suya, el arrendador se obliga por la acción de conducción con el arrendatario a que le garantice el lícito disfrute de lo arrendado. Pero si el dueño no lo acepta y el arrendadro estuvo dispuesto a dar otra habitación más cómoda, dice que es muy justo absolver al arrendador.

§1. Hic subiungi potest, quod Marcellus libro sexto digestorum scripsit: si fructuarius locaverit fundum in quinquennium et decesserit, heredem eius non teneri, ut frui praestet, non magis quam insula exusta teneretur locator conductor. Sed an ex locato teneatur conductor, ut pro rata temporis quo fruitus est pensionem praestet, Marcellus quaerit, quemadmodum praestaret, si fructuarii servi operas conduxisset vel habitationem? Et magis admittit teneri cum: et est aequissimum. Idem quaerit, si sumptus fecit in fundum quasi quinquennio fruiturus, an recipiat? Et ait non recepturum, quia hoc enenire

§1. Puede agregarse lo que escribe Marcelo en el libro sexto de su digesto: si el usufructuario arrendó un fundo por un quinquenio y falleció, su heredero no se obliga a permitir el disfrute, como cuando, por incendiarse la casa, no se obliga el arrendador con el arrendatario. Sin embargo, Marcelo pregunta si se obligará el arrendatario a pagar el alquiler por la acción de locación según el tiempo que disfrutó del arrendamiento, como lo haría si arrendó los servicios de un esclavo usufructuario o una casa.

posse prospicere debuit. Quid tamen si non quasi fructuarius ei locavit, sed si quasi fundi dominus? Videlicet tenebitur: decepti enim conductorem: et ita imperator Antoninus cum divo Severo rescripsit. In exustis quoque aedibus eius temporis, quo aedificium stetit, mercedem praestandam rescripserunt.

§2. Iulianus libro quinto decimo digestorum dicit, si quis fundum locaverit, ut etiam si quid vi maiori accidisset, hoc ei praestaretur, pacto standum esse.

§3. Si colonis praediorum lege locationis, ut innocentem ignem habeant. Denuntiatum sit, si quidem fortuitous casus incendii causam intulerit, non praestabit periculum locator: si vero culpa locatoris, quam praestare necesse est, damnum fecerit, tenebitur.

§4. Imperator Antoninus cum patre, cum grex esset abactus quem quis conduxerat,

Y acepta como más probable que sí se obliga, lo cual es muy justo. También pregunta: ¿recobrará los gastos realizados en el fundo como si lo hubiese disfrutado un quinquenio? Y responde que no, porque debió prever que esto podía ocurrir. ¿Y si no lo arrendó como usufructuario, sino como dueño del fundo? Sin duda se obligará, porque engañó al arrendatario, y esto respondió por respuesta escrita el emperador Antonino con su padre, el divino Severo. También respondieron así sobre una casa que se incedió: debe pagarse el alquiler del tiempo que el inmueble estuvo de pie.

§2. Juliano dice en el libro décimo quinto de su digesto que si alguien arrendó un fundo a condición de que, aunque ocurriese un evento de fuerza mayor, respondería por ello, deberá atenerse a lo acordado.

§3. Si en una cláusula del arrendamiento se advirtió a los colonos de unos predios que cuidasen que el fuego no provocase daños, y un caso fortuito provocó un incendio, el arrendador no responderá del riesgo; pero si por culpa del arrendador se causó daños y hay necesidad de responder por ello, aquél quedará obligado.

§4. Tras el robo de un rebaño que alguien había arrendado, el

ita rescripsit: 'Si capras latrones citra tuam fraudem abegisse probari potest, iudicio locate casum praestare non cogeris atque temporis quod insecutum est Mercedes ut indebitas reciperabis'.

emperador Antonino Caracala y su padre respondieron por escrito lo siguiente: 'Si puede probarse que los ladrones robaron las cabras sin fraude de tu parte, no te obligarás por la acción de locación a responder por el perjuicio y recuperarás las pensiones del plazo que siguió como no debidas'.

§5. Celsus etiam imperitiam culpae adnumerandam libro octavo digestorum scripsit: si quis vitulos pascendos vel sarciendum quid poliendumve conduxit, culpam cum praestare debere et quod imperitia peccavit, culpam esse: quippe ut artifex, inquit, conduxit.

§5. En el libro octavo de su digesto, Celso escribe que la impericia se equipara con la culpa; si alguien arrendó el apacentar becerros o remendar o limpiar una cosa, debe responder por la culpa, siendo culpa lo que por impericia hizo mal, porque dice que tomó en arriendo como quien sabe un oficio.

§6. Si alienam domum mihi locaveris eaque mihi legata vel donate sit, non teneri me tibi ex locato ob pensionem: sed de tempore praeterito videamus, si quid ante legati diem pensionis debetur: et puto solvendum:

§6. Si me arrendaste una cosa ajena y ésta se me donó o legó, en virtud del arrendamiento no me obligo contigo por la renta. Pero analicemos si, sobre el tiempo transcurrido, se debe parte del alquiler antes del día del legado, y opino que sí debe pagarse,

10. *IULIANUS libro ad Ferocem. ... et ego ex conducto recte agam vel in hoc, ut me liberes.*

10. JULIANO *en el libro de los comentarios a Feroz.* ... y con razón ejerceré la acción de conducción para que me liberes de la obligación.

11. *ULPIANUS libro trigesimo secundo ad edictum. Videamus, an et servorum culpam et quoscumque induxerit praestare conductor debeat? Et*

11. ULPIANO *en el libro trigésimo segundo de los comentarios al edicto.* Analicemos este caso. ¿Deberá responder el arrendatario por la

quatenus praestat, utrum ut servos noxae dedat an vero suo nomine teneatur? Et adversus eos quos induxerit utrum praestabit tantum actiones, an quasi ob propriam culpam tenebitur? Mihi ita placet, ut culpam etiam eorum quos induxit praestet suo nomine, etsi nihil convenit, si tamen culpam in inducendis admittit, quod tales habuerit vel suos vel hospites: et ita Pomponius libro sexagesimo tertio ad edictum probat.

§1. Si hoc in locatione convenit ignem ne habeto et habuit, tenebitur etiam si fortuitus casus admisit incendium, quia non debuit ignem habere. Aliud est enim ignem innocentem habere: permittit enim habere, sed innoxiu, ignem.j

§2. Item prospicere debet conductor, ne aliquot vel ius rei vel corpus deterius faciat vel fieri patiatur.

§3. Qui vinum de Campania transportandum conduxisset, deinde mota a quodam controversia signatum suo et alterius sigillo in apothecam deposuisset, ex locato tenetur, ut locatori possessionem vini sine controversia reddat, nisi culpa conductor careret.

culpa de los esclavos y de los libres que introdujo a la casa? ¿Y hasta cuánto responderá: entregará los esclavos por el daño o se obligará en su nombre? ¿Y respecto a los libres que introdujo en la casa cederá solo las acciones o se obligará por culpa propia? Opino que también deberá responder personalmente por la culpa de aquellos a los que introdujo en la casa, aunque nada se haya acordado, si hubo culpa al admitirlos suyos o huéspedes. Y esto lo acepta Pomponio en el libro sexagésimo tercero de sus comentarios al edicto.

§1. Si al arrendar se acordó esto: 'que el arrendatario no encienda fuego', y lo encendió, se obligará aunque un caso fortuito produjese el incendio, pues no debía encender fuegos. Un caso diferente es tener fuego inofensivo, pues se le permite encenderlo si no causa daños.

§2. El arrendatario también debe cuidar no no perder ninguna servidumbre de la cosa arrendada, ni dañar nada ni permitir que otro la perjudique.

§3. Quien arrendó el transporte de vino desde Campania y, cuando alguien le inició juicio, lo depositó en un almacén con su sello y con el de otro, se obliga por la acción de locación a devolver al arrendador la posesión del vino sin

§4. Inter conductorem et locatorem convenerat, ne in villa urbana faenum componeretur: composuit: deinde servus igne illato succedit. Ait Labeo teneri conductorem ex locato, quia ipse causam praebuit inferendo contra conductionem.

§4. Entre arrendatario y arrendador se acordó no apilar el heno en la granja; el primero lo amontonó ahí, y tras llevar fuego un esclavo, provocó un incendio; Labeón dice que el arrendatario se obliga por la acción de locación, pues él provocó el percance al llevar el heno en contra de lo acordado.

12. HERMOGENIANUS libro secundo iuris epitomarum. Sed si quilibet extraneus ignem iniecerit, damni locati iudicio habebitur ratio.

12. HERMOGENIANO *en el libro segundo del epítome del derecho.* Pero si un extraño le prendió fuego, en el juicio de locación se considerará el daño.

13. ULPIANUS libro trigesimo secundo ad edictum. Item quaeritur, si cisiarius, id est carucarius, dum ceteros transire contendit, cisium evertit et servum quassavit vel occidit. Puto ex locato esse in eum actionem: temperare enim debuit: sed et utilis Aquiliae dabitur.

13. ULPIANO *en el libro trigésimo segundo de los comentarios al edicto.* También se pregunta sobre el caso de un cochero o conductor de un carro que vuelca por disputar el adelantarse a otros, lesionando o matando un eslcavo. Opino que contra él procede la acción de locación, pues debió ser moderado, aunque también se concederá la acción útil de la ley Aquilia.

§1. Si navicularius onus Minturnas vehendum conduxerit et, cum flumen Minturnense navis ea subire non posset, in aliam navem merces transtulerit eaque navis in ostio fluminis perierit, tenetur primus navicularius? Labeo, si culpa caret, non teneri ait: ceterum si vel invito domino fecit vel quo non debuit tempore

§1. Si un naviero arrendó una carga para transportarla a Minturna, y al no poder navegar el barco por el río Minturno trasladó la mercancía a otro barco, naufragando éste en la boca del río, ¿el dueño del primer barco se obliga? Labeón dice que

aut si minus idoneae navi, tunc ex locato agendum.

§2. *Si magister navis sine gubernatore in flumen navem immiserit et tempestate orta temperare non potuerit et navem perdiderit, vectores habebunt adversus eum ex locato actionem.*

§3. *Si quis servum docendum conduxerit eumque duxerit peregre et aut ab hostibus captus sit aut perierit, ex locato esse actionem placuit, si modo non sic conduxit, ut et peregre duceret.*

§4. *Item Iulianus libro octagesimo sexto digestorum scripsit, si sutor puero parum bene faciente forma calcei tam vehementer cervicem percusserit, ut ei oculus effunderetur, ex locato esse actionem patri eius: quamvis enim magistris levis castigation concessa sit, tamen hunc modum non tenuisse: sed et de Aquilia supra diximus. Iniuriarum autem actiionem competere Iulianus negat, quia non iniuriae faciendae causa hoc fecerit, sed praecipiendi.*

§5. *Si gemma includenda aut insculpenda data sit eaque fracta sit, si quidem vitio materiae factum sit, non erit ex locato*

si no hubo culpa no se obliga, pero si lo hizo contra la voluntad del dueño, en un momento en que no debía hacerlo, o bien trasladó la carga en un barco menos idóneo, entonces se podrá ejercer la acción de locación.

§2. Si el patron de un baro lo echó al río sin timonel, y tras ocurrir una tempestad no pudo controlar el barco y lo perdió, los pasajeros tendrá contra él la acción de locación.

§3. Si alguien arrendó la enseñanza de un esclavo, lo llevó de viaje y fue capturado por los enemigos o murió, se consideró procedente la acción de locación si no lo arrendó con permiso para llevarlo de viaje.

§4. Juliano también escribió en el libro octogésimo sexto de su digesto que si un zapatero golpeó en la cabeza con tal fuerza a un aprendiz que no hacía muy bien su trabajo con la horma y le sacó un ojo, el padre tiene la acción de locación, porque aunque se concede a los maestros un leve castigo, éste no se moderó; pero anteriormente dijimos que también procede la acción de la ley Aquilia. Pero Juliano dice que no procede la acción de injurias, pues no se actuó con ánimo de lesionar, sino de amonestar.

§5. Si se dio una piedra preciosa para engastarla o esculpirla y ésta se rompió, no procede la acción

action si imperitia facientis, erit. Huic sententiae addendum est, nisi periculum quoque in se artifex receperat: tunc enim etsi vitio materiae id evenit, erit ex locato actio.

de locación si ello ocurrió por defecto de la materia, pero sí procede si hubo impericia del joyero, salvo que éste asumiese también el riesgo, porque en tal caso procederá la acción de locación aunque el accidente ocurriese por defecto de la materia.

§6. *Si fullo vestimenta polienda acceperit eaque mures roserint, ex locato tenetur, quia debuit ab hac re cavere. Et sip allium fullo permutaverit et alii alterius dederit, ex locato actione tenebitur, etiamsi ignarus fecerit.*

§6. Si un lavandero recibió vestidos para lavarlos y los ratones los royeron, aquél se obliga por la acción de locación, pues debió prever esto; y si el lavandero cambió una capa, dando a alguien la de otro, se obligará por la acción de locación aunque lo haya hecho por error.

§7. *Exercitu veniente migravit conductor, dein de hospitio milites fenestras et cetera sustulerunt. Si domino non denuntiavit et migravit, ex locato tenebitur: Labeo autem, si resistere potuit et non resistit, teneri ait, quae sententia vera est. Sed et si denuntiare non potuit, non puto eum teneri.*

§7. Un arrendatario emigró al asentarse un ejército, y los soldados se llevaron ventanas y otras cosas del inmueble; si se marchó sin enterarle de esto al dueño, se obligará por la acción de locación. Sin embargo, Labeón dice que si pudo impedirlo y no lo impidió, se obliga, opinión que es correcta, aunque también, si no pudo enterarle, no creo que se obliga.

§8. *Si quis mensuras conduxerit easque magistratus frangi iusserit, si quidem iniquae fuerunt, Sabinus distinguit, utrum scit conducto an non: si scit, esse ex locato actionem, si minus, non. Quod si aeque sunt, ita demum cum teneri, si culpa eius id fecit aedilis. Et ita Labeo et mela scribunt.*

§8. Si alguien arrendó unas medidas y el magistrado ordenó destruirlas si eran falsas, Sabino distingue entre si el arrendatario lo sabía o no; si lo sabía, procede la acción de locación, de lo contrario no procede. Si son buenas, solo se obliga si el edil las destruyó por culpa suya, y esto

§9. Duo rei locationis in solidum esse possunt.

§10. Si lege operis locandi comprehensum esset, ut, si ad diem effectum non esset, relocare id liceret, non alias prior conducto ex locato tenebitur, quam si eadem lege relocatum esset: nec ante relocari id potest, quam dies efficiendi praeterisset.

§11. Qui impleto tempore conductionis remansit in conduction, non solum reconduxisse videbitur, sed etiam pignora videntur durare obligata. Sed hoc ita verum est, si non alius pro eo in priore conduction res obligaverat: huius enim novus consensus erit necessaries. Eadem causa erit et si rei publicae praedia locata fuerint. Quod autem diximus taciturnitate utriusque partis colonum reconduxisse videri, ita accipiendum est, ut in ipso anno. Quo tacuerunt, videantur eandem locationem renovasse, non etiam in sequentibus annis, etsi lustrum forte ab initio fuerat conductioni praestitutum. Sed et si secundo quoque anno post finitum lustrum nihil fuerit contrarium actum, eandem videri locationem in illo anno permansisse: hoc enim ipso, quo tacuerunt, consensisse videntur. Et hoc deinceps in unoquoque anno observandum est. In urbanis autem praediis alio iure utimur, ut, prout quisque habitaverit, ita et obligetur, nisi in scriptis certum tempus

también opinan Labeón y Mela.

§9. En la locación puede haber dos deudores conjuntamente.

§10. Si en una cláusula para arrendar una obra se acordó que, si para cierto día no se había hecho, sería lícito volver a arrendarla, el primero arrendatario solo se obligará por la acción de locación si se arrendó de nuevo con la misma cláusula, no pudiendo arrendarse nuevamente antes de haber transcurrido el término para concluir la obra.

§11. Quien tras finalizado el plazo del arrendamiento permaneció en la casa arrendada no solo parecerá que vuelve a arrendarla, sino que también se considera que las cosas en prenda siguen obligadas. Esto es cierto si otra persona no obligó las cosas en el primer arrendamiento, porque entonces se requerirá nuevo consentimiento de aquél. Lo mismo ocurrirá si se arrendaron predios públicos. Pero lo que dijimos de que ante el silencio de ambas partes se considera que el colono volvió a arrendar, deberá entenderse en el sentido de considerar renovado el arriendo por el año que callaron, no por los siguientes, aunque desde el inicio se señalase un lustro para el arrendamiento. Pero si en el segundo año luego de terminado el lustro tampoco

conductioni comprehensum est. no se dijo nada en contrario, se considera que subsiste el arrendamiento para ese año, porque se considera que consintieron al haber callado, y esto deberá observarse por cada año. Pero en los predios urbanos se usa otra regla: cada uno se obligará por el tiempo que los habitó, salvo que en la escritura se expresase plazo cierto para arrendar.

14. IDEM libro septuagesimo primo ad edictum. Qui ad certum tempus conducit, finito quoque tempore colonus est: intellegitur enim dominus, cum patitur colonum in fundo esse, ex integro locare, et huiusmodi contractus neque verba neque scripturam utique desiderunt, sed nudo consensu convalescunt: et ideo si interim dominus furere coeperit vel decesserit, fieri non posse Marcellus ait, ut locatio redintegretur, et est hoc verum.

14. EL MISMO *en el libro septuagésimo primero de los comentarios al edicto.* Quien arrienda durante cierto plazo es colono incluso luego de transcurrido aquel, porque se entiende que si el dueño permite al colono seguir en el fundo, lo arrienda nuevamente. Tales contratos no requieren palabras o escrituras, puesto que se prorrogan por el simple consentimiento. Por ello, si durante el plazo el dueño enloqueció o falleció, dice Marcelo que no puede renovarse el arrendamiento, y esto es cierto.

15. IDEM libro trigesimo secundo ad edictum. Ex conducto actio conductori datur.

§1. Competit autem ex his causis fere: ut puta si re quam conduxit frui ei non liceat (forte quia possession ei aut totius agri aut partis non praestatur, aut villa non reficitur vel stabulum vel ubi greges

15. EL MISMO *en el libro trigésimo segundo de los comentarios al edicto.* Al arrendatario se le otorga la acción de conducción.

§1. Procede comúnmente por estas causas: por ejemplo, si no se le permite disfrutar de la cosa arrendada (quizá por no habérsele entregado la posesión de todo el

eius stare oporteat) vel si quid in lege conductionis convenit, si hoc non praestatur, ex conducto agetur.

§2. Si vis tempestatis calamitosae contigerit, an locator conductori aliquid praestare debeat, videamus. Servius omnem vim, cui resisti non potest, dominum colono praestare debere ait, ut puta fluminum graculorum sturnorum et si quid simile acciderit, aut si incursus hostium fiat: si qua tamen vitia ex ipsa re oriantur, haec damno coloni esse, veluti si vinum coacuerit, si raucis aut herbis segetos corruptae sint. Sed et si labes facta sit onmemque fructum tulerit, damnum coloni non esse, ne supra damnum seminis amissi mercedes agri praestare cogatur. Sed et si uredo fructum oleae corruperit aut solis fervore non adsueto id acciderit, damnum domini futurum: si vero nihil extra consuetudinem acciderit, damnum coloni esse. Idemque dicendum, si exercitus praetericus per lasciviam aliquid abstulit. Sed et si ager terrae motu ita corruerit, ut nusquam sit, damno domini esse: oportere enim agrum prestari conductori, ut frui possit.

terreno o de una parte, o no se repara la granja, el establo o el lugar donde deben guardarse sus rebaños) o si se acordó en el contrato algo y no se cumplió, se ejercerá la acción de conducción.

§2. Si sobrevino un temporal destructor, veamos si el arrendador deberá responder de algo al arrendatario. Servio dice que el dueño responderá ante el colono de toda violencia que no puede resistirse, por ejemplo, la de inundaciones fluviales, de grajos, de estorninos o de otra cosa similar, o si hubo una incursión de enemigos; pero si el perjuicio se originó por la cosa misma, el daño es para el colono, por ejemplo, si el vino se avinagró, o si las mieses se estropearon debido a gusanos o cizañas. Tampoco será el daño para el colono si una plaga destruyó todos los frutos, para que no se vea obligado a pagar, aparte del arrendamiento, el haber perdido la semilla; también si el tizón echó a perder la cosecha de los olivos o se quemó debido al inusual calor, el perjuicio será para el dueño. Pero si no ocurrió nada fuera de lo común, el perjuicio es para el colono; y lo mismo diremos si, al pasar un ejército, se arrebató algo abusivamente. Pero si un terremoto arruinó el campo y lo desapareció, el perjuicio es para el

§3. Cum quidam incendium fundi allegaret et remissionem desideraret, ita ei rescriptum est: 'Si praedium coluisti, propter casum incendii repentini non immerito subveniendum tibi est'.

§4. Papinianus libro quarto responsorum ait, si uno anno remissionem quis colono dederit ob sterilitatem, deinde sequentibus annis contigit uberitas, nihil obesse domino remissionem, sed integram pensionem etiam eius anni quo remisit exigendam. Hoc idem et in vectigalis damno respondit. Sed et si verbo donationis dominus ob sterilitatem anni remiserit, idem erit dicendum, quasi non sit donatio, sed transactio. Quid tamen, si novissimus erat annus sterilis, in quo ei remiserit? Verius dicetur et si superiors uberes fuerunt et scit locator, non debere eum ad computationem vocari.

§5. Cum quidam de fructuum exiguitate quereretur, non esse rationem eius habendam rescripto divi Antonini continetur. Item alio rescripto ita continetur: 'Novam rem desideras, ut

dueño, porque debe dársele el campo al arrendatario para que pueda disfrutarlo.

§3. Cierta persona alegó incendio de un fundo, y al solicitar el perdón del alquiler se le respondió así por escrito: 'si cultivaste el predio, se te protegerá con razón por el incendio repentino y accidental'.

§4. En el libro cuarto de las respuestas, Papiniano dice que si alguien perdonó durante un año a su colono la renta debido a la esterilidad del fundo, y en los siguientes años la cosecha fue abundante, en nada le perjudica dicho perdón al dueño, sino que exigirá íntegro el alquiler del año que perdonó. Esto también respondió sobre el daño a un campo tributario. Y si el dueño usó la palabra donación al perdonar el alquiler ante la esterilidad de ese año, se dirá lo mismo: no fue donación, sino transacción. ¿Y qué diremos si el año estéril en el que se perdonó el alquiler fue el último del arriendo? Con mayor acierto se dirá que, aunque los anteriores años fueron más abundantes, y el arrendador lo sepa, no debe hacerse compensación.

§5. En una respuesta escrita del divino Antonino Caracala se dice que no debe tomársele en cuenta al que se lamentó de la escasa cosecha. En otra respuesta escrita

propter vetustatem vinearum remissio tibi detur'.

§*6. Item cum quidam nave amissa vecturam, quam pro mutua acceperat, repeteretur, rescriptum est ab Antonino Augusto non immerito procuratorem Caesaris ab eo vecturum repetere, cum munere vehendi functus non sit, quod in ómnibus personis similiter observandum est.*

§*7. Ubicumque tamen remissionis ratio habetur ex causis supra relatis, non id quod sua interest conductor consequitur, sed mercedis exonerationem pro rata: supra denique damnum seminis ad colonum pertinere declaratur.*

§*8. Plane si forte dominus frui non patiatur, vel cum ipse locasset vel cum alius alienum vel quasi procurator vel quasi suum, quod interest praestabitur: et ita Proculus in procuratore respondit.*

§*9. Interdum ad hoc ex locato agentur, ut quis locatione liberetur, Iulianus libro quinto decimo digestorum scripsit. Ut puta Titio fundum locavi isque pupillo herede instituto decessit et, cum tutor constituisset abstinere pupillum hereditate, ego fundum pluris locavi: deinde pupillus restitutus est in bona*

también se dice lo siguiente: 'Pretendes algo nuevo: que se te perdone el alquiler debido a la vejez de las viñas'.

§6. Igualmente, en una respuesta escrita de Antonino Augusto, se respondió a alguien que perdió el barco y reclamó el importe del transporte que había recibido en mutuo, que el procurador imperial con razón le reclama el precio del transporte, ya que no cumplió con la obligación de transportar, lo que también debe observarse respecto a las demás personas.

§7. Cuando por las causas mencionadas se otorga el perdón de las rentas, el arrendatario no obtiene lo que le interesa, sino la exoneración proporcional del alquiler; por último, ya se dijo antes que la pérdida de la semilla recae en el colono.

§8. Pero si el dueño no permite el disfrute tras dar él mismo u otra persona una cosa ajena en arriendo como procurador o como cosa suya, se obligará por lo que interesa. Y esto respondió Próculo sobre el procurador.

§9. En el libro décimo quinto de su digesto, Juliano escribe que a veces se ejercerá la acción de locación para liberar a alguien del arriendo, por ejemplo, si arrendé un fundo a Ticio y éste murió dejando como heredero a un pupilo suyo, y tras decidir el tutor

paterna. Ex conducto nihil amplius eum consecuturum, quam ut locatione liberetur: mihi enim iusta causa fuit locandi,	que el pupilo se abstenga de la herencia, arrendé el fundo por más, reintegrándose después al pupilo en los bienes paternos; por la acción de conducción éste obtendrá solo la liberación del arriendo, pues yo tuve una justa causa para arrendar a otro,
16. IULIANUS *libro quinto decimo digestorum. ... cum eo tempore in pupillum actiones nullae darentur.*	**16.** JULIANO *en el libro décimo quinto del digesto.* ... ya que cuando arrendé no tenía ninguna acción contra el pupilo.
17. ULPIANUS *libro trigesimo secundo ad edictum. Tutelae tamen cum tutore iudicio, inquit, aget, si abstinere non debuit:*	**17.** ULPIANO *en el libro trigésimo segundo de los comentarios al edicto.* Sin embargo, dice que ejercerá la acción de tutela contra el tutor si no debió abstenerse de la herencia,
18. IULIANUS *libro quinto decimo digestorum. ... in quo inerit etiam hoc, quod ex conductione fundi lucrum facere potuit.*	**18.** JULIANO *en el libro décimo quinto del digesto.* ... en cuyo caso se incluirá el lucro que pudo obtener por el arriendo del fundo.
19. ULPIANUS *libro trigesimo secundo ad edictum. Sed addes hoc Iuliani sententiae, ut, si collusi ego cum tutore, ex conducto tenear in id quod pupilli interfuit.*	**19.** ULPIANO *en el libro trigésimo segundo de los comentarios al edicto.* Pero a la opinión de Juliano añadirás esto: si me coludí con el tutor, me obligaré por la acción de conducción por lo que le interesó al pupilo.
§1. *Si quis dolia vitiosa ignarus locaverit, deinde vinum effluxerit, tenebitur in id quod interest nec ignorantia eius erit excusata: et ita Cassius scripsit. Aliter atque si saltum pascuum locasti, in quo*	§1. Si alguien arrendó sin saberlo tinajas defectuosas y por ello el vino se derramó, se obligará por lo que interesa y no se excusará su ignorancia; esto también opinó

herba mala nascebatur: hic enim si pecora vel demortua sunt vel etiam deteriora facta, quod interest praestabitur, si scisti, si ignorasti, pensionem non petes, et ita Servio Labeoni Sabino placuit.

§2. Illud nobis videndum est, si quis fundum locaverit, quae soleat instrumenti nomine conductori praestare, quaeque si non praestet, ex locato tenetur. Et est epistula Neratii ad Aristonem dolia utique colono esse praestanda et praelum et trapetum instructa funibus, si minus, dominum instruere ea debere: sed et praelum vitiatum dominum reficere debere. Quod si culpa coloni quid eorum corruptum sit, ex locato eum teneri. Fiscos autem, quibus ad premendam oleam utimur, colonum sibi parare debere Neratius scripsit: quod si regulis olea prematur, et praelum et suculam et regulas et tympanum et cocleas quibus relevatur praelum dominum parare oportere. Item aenum, in quo olea calda aqua lavatur, ut cetera vasa olearia dominum praestare oportere, sicuti dolia vinaria, quae ad praesentem usum colonum picare oportebit. Haec omnia sic sunt accipienda, nisi si quid aliud specialiter actum sit.

Casio. Diferente será si arrendaste para pastar un bosque en el que crecía mala yerba, porque si el ganado muere o se deteriora, se responderá por lo que interesa si lo sabías, y si no, no exigirás el alquiler, y esto opinaron Servio, Labeón y Sabino.

§2. Si alguien arrendó un fundo, analicemos qué se acostumbra entregar al arrendatario por los aperos, y a qué se obliga por la acción de locación si no los devuelve. Existe una epístola de Neracio a Aristón, según la cual deben entregarse las tinajas, la prensa y el molino al colono para las aceitunas, provistos de sus cuerdas, y si no las hay, el dueño debe proporcionarlos. Pero el dueño también debe reparar la prensa descompuesta. Pero si por culpa del colono se estropeó alguna de estas cosas se obligará por la acción de locación. Pero Neracio escribió que el colono debe procurarse las seras usadas para prensar la aceituna; y si ésta se prensa entre tablones, el dueño debe proporcionar la prensa, el cabestrante, los tablones, el torno y las poleas para alzar la prensa; también debe dar al dueño la caldera de cobre en que se lava la aceituna con agua caliente, así como las vasijas para el aceite y las tinajas para el vino, las cuales deberá empegar el colono para

usarlas. Todo esto se entiende para el caso en que no se acuerde expresamente otra cosa.

§3. *Si dominus exceperit in locatione, ut frumenti certum modum certo pretio acciperet, et dominus nolit frumentum accipere neque pecuniam ex mercede deducere, potest quidem totam summam ex locato petere, sed utique consequens est existimare officio iudicis hoc convenire, haberi rationem, quanto conductoris intererat in frumento potius quam in pecunia solver pensionis exceptam portionem. Simili modo et si ex conducto agatur, idem erit dicendum.*

§3. Si al arrendar el dueño se reservó que recibiría por determinado precio cierta medida de trigo, y luego no quiso recibirlo ni deducirlo de la renta, puede reclamar el total por la acción de locación, aunque debemos considerar que, en cuanto al ministerio del juez, debe considerarse el interés del arrendatario en pagar la porción exceptuada de la pensión más en trigo que en dinero. Igualmente se dirá lo mismo si se ejerce la acción de conducción.

§4. *Si inquilinus ostium vel quaedam alia aedificio adiecerit, quae actio locum habeat? Et est verius quod Labeo scripsit competere ex conducto actionem, ut ei tollere liceat, sic tamen, ut damni infecti caveat, ne in aliquo dum aufert deteriorem causam aedium faciat, sed ut pristinam faciem aedibus reddat.*

§4. Si un inquilino añadió al edificio una puerta o cualquier otra cosa, ¿qué acción procederá? Es más acertada la opinión de Labeón: compete la acción de conducción para que se le permita llevársela, pero garantizando el daño temido para que, al quitarla, no deteriore la casa, sino que la devuelva a su estado anterior.

§5. *Si inquilinus arcam aeratam in aedes contulerit et aedium aditum coangustaverit dominus, verius est ex conducto eum teneri et ad exhibendum actione, sive scit sive ignoraverit: officio enim iudicis continetur, ut cogat eum adytum et facultatem inquilino praestare ad arcam tollendam sumptibus scilicet locatoris.*

§5. Si el inquilino llevó a la casa un cofre de bronce y luego el dueño estrechó la entrada de la casa, es muy acertado que éste se obliga por la acción de conducción y por la exhibitoria, lo sepa o no, porque al ministerio del juez corresponde obligarle a brindar al inquilino la libre entrada y facultad para llevarse el

§6. Si quis, cum in annum habitationem conduxisset, pensionem totius anni dederit, deinde insula post sex menses ruerit vel incendio consumpta sit, pensionem residui temporis rectissime Mela scripsit ex cunducto actione repetiturum, non quasi indebitum condicturum: non enim per errorem dedit plus, sed ut sibi in causam conductionis proficeret. Aliter atque si quis, cum decem conduxisset, quindecim solverit: hic enim si per errorem solvit, dum putat se quindecim conduxisse, actionem ex conducto non habebit, sed solam condictionem. Nam inter cum, qui per errorem solvit, et eum, qui pensionem integram prorogavit, multum interest.

§7. Si quis mulierem vehendam navi conduxisset, deinde in nave infans natus fuisset, probandum est pro infant nihil deberi, cum neque vectura eius magna sit neque his omnibus utatur, quae ad navigantium usum parantur.

§8. Ex conducto actionem etiam ad heredem transire palam est.

§9. Cum quidam exceptor operas suas locasset, deinde is qui eas conduxerat decessisset, imperator Antoninus cum

cofre a costa del arrendador.

§6. Si alguien arrendó una vivienda por un año, pagó el alquiler completo y tras seis meses la casa se derrumbó o la consumió un incendio, escribe Mela con muchísima razón que la pensión del tiempo restante la repetirá con la acción de conducción, no debiendo intentar la acción ejecutiva como pago de lo indebido, pues no dio más por error, sino para aplicarlo en el arrendamiento. Diferente será el caso si alguien pagó quince mil sestercios habiendo arrendado por diez mil, porque en este supuesto, si pagó por error creyendo que arrendaba por quince, no tendrá la acción de conducción, sino únicamente la ejecutiva, pues es muy diferente quien pagó por error y quien pagó por anticipado la renta íntegra.

§7. Si alguien arrendó el transportar en barco a una mujer, y allí nació un niño, debe señalarse que nada se debe por el niño, ya que ni es importante transportarlo ni éste usa las cosas dispuestas para uso de los navegantes.

§8. Es evidente que la acción de conducción también pasa al heredero.

§9. Un copista arrendó sus servicios, y tras morir el arrendador, el emperador

divo Severo rescripsit ad labellum exceptoris in haec verba: 'Cum per te non stetisse propones, quo minus locates operas Antonio Aquilae solvers, si eodem anno Mercedes ab alio non accepisti, fidem contractus impleri aequum est'.

Antonino y su padre, el Divino Severo, respondieron por escrito del siguiente modo a instancias del copista: 'Ya que alegas que no dependió de ti el no prestar los servicios arrendados a Antonio Aquila, si no recibiste de alguien más salarios en el mismo año, es justo que se cumpla lo pactado en el contrato'.

10. *Papinianus quoque libro quarto responsorum scripsit diem functo legato Caesaris salarium comitibus residui temporis praestandum, modo si non postea comites cum aliis eodem tempore fuerunt.*

§10. Papiniano también escribió en el libro cuarto de sus respuestas que, al fallecer un legado imperial, debe pagarse a sus subordinados el sueldo del periodo restante si éstos no trabajaron al mismo tiempo con otro.

20. *PAULUS libro trigesimo quarto ad edictum. Sicut emptio ita et locatio sub condicione fieri potest:*

20. PAULO *en el libro trigésimo cuarto de los comentarios al edicto.* La locación puede también realizarse bajo condición, al igual que la compra.

§1. Sed donationis causa contrahi non potest.
§2. Interdum locator non obligatur, conductor obligatur, veluti cum emptor fundum conducit, donec pretium ei solvat.

§1. Sin embargo, no puede celebrarse en virtud de donación.
§2. A veces no se obliga el arrendador, pero sí el arrendatario, como cuando el comprador arrienda el fundo hasta que pague el precio del mismo.

21. *IAVOLENUS libro undecimo epistularum. Cum venderem fundum, convenit, ut, donec pecunia omnis persolveretur, certa mercede emptor fundum conductum haberet: an soluta pecunia merces acepta fieri debeat?*

21. JAVOLENO *en el libro décimo primero de las epístolas.* Vendí un fundo y pacté con el comprador que lo tendría arrendado por cierto precio hasta pagar el precio total. Una vez hecho esto,

Respondit: bona fides exigit, ut quod convenit fiat: sed non amplius praestat is venditori, quam pro portione eius temporis, quo pecunia numerata non esset.

22. *PAULUS libro trigesimo quarto ad edictum. Item si pretio non soluto inempta res facta sit, tunc ex locato erit actio.*

§1. Quotiens autem faciendum aliquid datur, locatio est.

§2. Cum insulam aedificandam loco, ut sua impensa conductor omnia faciat, proprietatem quidem eorum ad me transfert et tamen locatio est: locat enim artifex operam suam, id est faciendi necessitatem.

§3. Quemadmodum in emendo et vendendo naturaliter concessum est quod pluris sit minoris emere, quod minoris sit pluris vendere et ita invicem se circumscribere, ita in locationibus quoque et conductionibus iuris est:

23. *HERMOGENIANUS libro secundo iuris epitomarum. … et ideo praetextu minoris pensionis, locatione facta, si nullus dolus adversarii probari possit, rescindi locatio non potest.*

¿deberá cancelarse el alquiler? Respondió que la buena fe exige cumplir con lo pactado, pero el vendedor no debe pagar más que el tiempo que se difirió el pago del precio.

22. PAULO *en el libro trigésimo cuarto de los comentarios al edicto.* Igualmente, si no se pagó el precio y la casa quedó sin comprar, procederá entonces la acción de locación.

§1. Siempre que se encarga hacer una cosa hay locación.

§2. Cuando se encarga edificar una casa en algún sitio, de modo que el arrendatario haga todo a su costa, me transmite la propiedad de todo, habiendo de todos modos locación, porque el constructor arrienda su trabajo, es decir, la obligación de erigirla.

§3. Así como al comprar y vender se permite naturalmente comprar por menos lo que vale más y vender por más lo que vale menos, aprovechándose de la otra parte, así también esto procede en los arrendamientos,

23. HERMOGENIANO *en el libro segundo del epítome del derecho.* … por ello, no puede rescindirse la locación tras haberse hecho el arriendo por un alquiler deficiente, si no puede probarse el dolo del adversario.

24. PAULUS libro trigesimo quarto ad edictum. Si in lege locationis comprehensum sit, ut arbitratu domini opus adprobetur, perinde habetur, ac si viri boni arbitrium comprehensum fuisset, idemque servatur, si alterius cuiuslibet arbitrium comprehensum sit: nam fides bona exigit, ut arbitrium tale praestetur, quale viro bono convenit. Idque arbitrium ad qualitatem operis, non ad prorogandum tempus, quod lege finitum sit, pertinent, nisi id ipsum lege comprehensum sit. Quibus consequens est, ut irrita sit adprobatio dolo conductoris facta, ut ex locato agi possit.

§1. Si colonus locaverit fundum, res posterioris conductoris domino non obligantur: sed fructus in causa pignoris manent, quemadmodum essent, si primus colonus eos percepisset.

§2. Si domus vel fundus in quinquennium pensionibus locates sit, potest dominus, si deseruerit habitationem vel fundi culturam dolonus vel inquilinus, cum eis statim agree.

§3. Sed et de his, quae praesenti die praestare debuerunt, velut opus aliquod efficerent, propagations facerent, agree similiter potest.

§4. Colonus, si ei frui non liceat, totius quinquennii nomine statim recte aget, etsi

24. PAULO en el libro trigésimo cuarto de los comentarios al edicto. Si en una cláusula del arrendamiento se acordó aprobar la obra según criterio del dueño, esto es similar a cuando se expresa la opinión de varón recto. Lo mismo ocurre si se remitió al arbitrio de cualquier otra persona, porque la buena fe exige que se ofrezca tal opinión como lo hace un varón recto en cuanto a la calidad de la obra, no a la prórroga del plazo consagrado en la cláusula, a no ser que así se incluyese en ella. Por ende, es nula la aprobación dolosa del arrendatario, y puede ejercerse la acción de locación.

§1. Si un colono subarrendó un fundo, los bienes del segundo arrendatario no quedan obligados ante el dueño, pero los frutos quedan en calidad de prenda, como si el primer colono los percibiese.

§2. Si se arrendó una casa o un fundo por las rentas de un quinquenio, el dueño puede demandar inmediatamente el quinquenio entero si el inquilino abandonó la vivienda o el colono abandonó el cultivo del fundo.

§3. También puede demandar por las cosas que debieron hacerse de inmediato, como alguna obra o hacer plantaciones.

§4. Si el colono no pudiese disfrutar del fundo, podrá

reliquis annis dominus fundi frui patiatur: nec enim semper liberabitur dominus eo quod secundo vel tertio anno patietur fundo frui. Nam et qui expulsus a conduction in aliam se coloniam contulit, non suffecturus duabus neque ipse pensionem nomine obligatus erit et quantum per singulos annos compendia facturus erat, consequetur: sera est enim patientia fruendi, quae offertur eo tempore, quo frui colonus aliis rebus illigatus non potest. Quod si paucis diebus prohibuit, deinde paenitentiam agit omniaque colono in integro sunt, nihil ex obligatione paucorum dierum mora minuet. Item utiliter ex conducto agit is, cui secundum conventionem non praestantur quae convenerant, sive prohibeatur frui a domino vel ab extraneo quem dominus prohibere potest.

demandar desde el inicio por todo el quinquenio, aunque el dueño de aquél le permita disfrutar durante los demás años, pues el dueño no siempre se libera por permitir disfrutar del fundo en el segundo o el tercer año, ya que el expulsado de un arriendo que se mudó a otro fundo como colono, no atenderá a los dos ni se obligará por razón de ambos alquileres, obteniendo la ganancia que debió percibir en cada año; porque llega tarde el permiso para disfrutar ofrecido cuando el colono no puede disfrutar por estar ya vinculado a otras cosas. Pero si el dueño impidió el disfrute por pocos días y luego se arrepintió, y todo queda a disposición del colono, el retraso de pocos días no disminuirá la obligación de éste. También ejerce útilmente la acción de conducción aquel a quien no se le prestan las cosas según se habían convenido, ya porque se lo prohíbe el dueño o un extraño al que el dueño puede impedírselo.

§5. Qui in plures annos fundum locaverat, testamento suo damnavit heredem, ut conductorem liberaret. Si non patiatur heres eum reliquo tempore frui, est ex conducto action: quod si patiatur nec Mercedes remittat, ex testament tenetur.

§5. Alguien arrendó un fundo por varios años y en su testamento obligó a su heredero a liberar del alquiler al arrendatario; si el heredero no permite el disfrute por el plazo restante, procede la acción de conducción, pero si lo permite y no condona las rentas, se obliga en virtud de la acción de

testamento.

25. GAIUS *libro decimo ad edictum provinciale. Si merces promissa sit generaliter alieno arbitrio, locatio et conductio contrahi non videtur: sin autem quanti Titius aestmaverit, sub hac condicione stare locationem, ut si quidem ipse qui nominatus est merceden definierit, omnimodo secundo eius aestimationem et mercedem persolvi oporteat et conductionem ad effectum pervenire: sin autem ille vel noluerit vel non potuerit mercedem definiré, tunc pro nihilo esse conductionem quasi nulla mercede satuta.*

§1. Qui fundum fruendum vel habitationem alicui locavit, si aliqua ex causa fundum vel aedes vendat, curare debet, ut apud emptorem quoque eadem pactione et colono frui et inquilino habitare liceat: alioquin prohibitus is aget cum eo ex conducto.

§2. Si vicino aedificante obscurentur lumina cenaculi, teneri locatorem inquilino: certe quin liceat colono vel inquilino relinquere conductionem, nulla dubitatio est. De mercedibus quoque si cum eo agatur, reputationis ratio habenda est. Eadem intellegemus, si ostia fenestrasve nimium corruptas locator non restituat.

25. GAYO *en el libro décimo de los comentarios al edicto provincial.* Si se prometió alquiler al arbitrio de un tercero indeterminado, no se considera que existe arrendamiento. Si en cuanto Ticio estimó se verificó dicho arrendamiento a condición de que el nombrado fijase el alquiler, debe pagarse éste según su estimación y realizarse la toma en arriendo. Pero si no quiso o no pudo fijar el alquiler, en tal caso se anula el arriendo, como si no fijase ningún alquiler

§1. Si el arrendador de un fundo o una vivienda vende por alguna causa el fundo o la casa, debe procurar que el colono siga disfrutándolo y que el inquilino siga habitando bajo el mismo contrato con el nuevo comprador; de lo contrario, el arrendatario impedido podrá ejercer la acción de conducción contra el vendedor.

§2. Si al edificar un vecino oscurece las luces de una habitación, el arrendador se obliga con el inquilino; y no hay duda de que al colono o al inquilino le es lícito revocar el arrendamiento. Y si se ejerce acción contra él por las pensiones, deberá hacerse rebaja. También consideraremos esto si el arrendador no reparó las

§3. Conductor omnia secundum legem conductionis facere debet. Et ante omnia colonus curare debet, ut opera rustica suo quoque tempore faciat, ne intempestiva cultura deteriorem fundum faceret. Praeterea viliarum curam agere debet. Ut eas incorruptas habeat.

§4. Culpae autem ipsius et illud adnumeratur, si propter inimicitias eius vicinus arbores exciderit.
§5. Ipse quoque si exciderit, non solum ex locato tenetur, sed etiam lege Aquilia et ex lege duodecim tabularum arborum furtim caesarum et interdicto quod vi aut clam: sed utique iudicis, qui ex locato iudicat, officio continetur, ut ceteras actiones locator omittat.

§6. Vis maior, quam Graeci vim caelestem appellant non debet conductori damnosa esse, si plus, quam tolerabile est, laesi fuerint fructus: alioquin modicum damnum aequo animo ferre debet colonus, cui immodicum lucrum non aufertur. Apparet autem de eo nos colono dicere, qui ad pecuniam numeratam conduxit: alioquin partiarius colonus quasi societatis iure et damnum et lucrum cum domino fundi partitur.

puertas y ventanas muy estropeadas.
§3. El arrendatario debe cumplir con todo lo propio del arrendamiento, debiendo sobre todo el colono hacer en tiempo las faenas agrícolas para que el cultivo fuera de temporada no deteriore el fundo. Además, debe cuidar las casas de campo, conservándolas en buen estado.
§4. También se considera culpa suya si, por enemistad con el vecino, éste cortó los árboles.
§5. Y si los cortó el arrendatario se obliga por la acción de locación, por la de la ley Aquilia y por la de la Ley de las Doce Tablas sobre árboles cortados furtivamente, así como por el interdicto 'de lo hecho con violencia o clandestinamente'. Pero depende del ministerio del juez, quien conoce de la acción de locación, el que el arrendador renuncie a las demás acciones.
§6. La fuerza mayor, que los griegos denominan 'fuerza divina', no debe perjudicar al arrendatario si los frutos fueron dañados más allá de lo tolerable; de lo contrario, el daño leve debe soportarlo serenamente el colono, a quien no se le quita la ganancia extraordinaria. Obviamente hablamos del colono que arrendó en dinero, pues el colono aparcero comparte con el dueño las pérdidas y las

§7. *Qui columnam transportandam conduxit, si ea, dum tollitur aut portatur aut reponitur, fracta sit, ita id periculum praestat, si qua ipsius eorumque, quorum opera uteretur, culpa acciderit: culpa autem abest, si omnia facta sunt, quae diligentissimus quisque observaturus fuisset. Idem scilicet intellegemus et si dolia vel tignum transportandum aliquis conduxerit: idemque etiam ad ceteras res transferri potest.*

§8. *Si fullo aut sarcinator vestimenta perdiderit eoque nomine domino satisfecerit, necesse est domino vindicationem eorum et condictionem cederé.*

26. ULPIANUS *libro secundo disputationum. In operis duobus simul locatis convenit priori conductori ante satisfieri.*

27. ALFENUS *libro secundo digestorum. Habitatores non, si paulo minus commode aliqua parte coenaculi uterentur, statim deductionem ex merecede facere oportet; ea enim conditione habitatorem esse, ut, si quid transversarium incidisset, quamobrem dominum aliquid demoliri oporteret, aliquam partem parvulam incommodi sustineret, non ita tamen, ut eam partem coenaculi dominus aperuisset, in quam*

ganancias, como si fuese una sociedad.

§7. Si mientras se cargaba, transportaba o descargaba una columna, ésta se rompió, quien arrendó el transporte es responsable del riesgo si ocurrió por su culpa o de sus trabajadores, pero queda libre de culpa si hizo lo que debió realizar otro diligentisimo. Lo mismo entenderemos si alguien arrendó tansportar tinajas o vigas. Y lo mismo procede en otros casos similares.

§8. Si un lavandero o un sastre perdió los vestidos recibidos, y por ello pagó al dueño, éste deberá cederle la acción reivindicatoria y la ejecutiva de los mismos.

26. ULPIANO *en el libro segundo de las disputas.* En cuanto a los servicios dados simultáneamente a dos personas, debe cumplirse antes el primer arrendamiento.

27. ALFENO *en el libro segundo del digesto.* Si los inquilinos no usaron una parte de la habitación con suficiente comodidad, no por ello deben reducir el alquiler, porque el inquilino lo es a condición de que, si ocurriese alguna contrariedad por la que el dueño deba demoler algo, soportaría una pequeña incomodidad, pero no de modo que el dueño deje al

magnam partem usus habitator haberet.

§1. Iterum interrogatus est, si quis timoris causa emigrasset, deberet mercedem necne. Respondit, si causa fuisset, cur periculum timeret, quamvis periculum vere non fuisset, tamen non debere mercedem: sed si causa timoris iusta non fuisset, nihilo minus debere.

28. LABEO *libro quarto posteriorum epitomatorum a Iavoleno. Quod si domi habitatione conductor aeque usus fuisset,*

§1. Praestaturum etiam eius domus mercedem, quae vitium fecisset, deberi putatl.
§2. Idem iuris esse, si potestatem conducendi habebat, ut pretium conductionis praestaret. Sed si locator conductori potestatem conducendae domus non fecisset et is in qua habitaret conduxisset, tantum e praestandum putat, quantum sine dolo malo praestitisset. Ceterum si gratuitam habitationem habuisset, pro portione temporis ex locatione domus deducendum esse.

29. ALFENUS *libro septimo digestorum. In lege locationis scriptum erat: 'redemptor silvam ne caedito neve*

descubierto aquella parte de la habitación que el inquilino usó principalmente.

§1. También se le preguntó: si alguien huyó por temor, ¿deberá el alquiler o no? Respondió que si hubo causa para temer algún peligro, aunque éste no exista, no deberá el alquiler; pero si la causa del temor no fue justa, aun así lo debe.

28. LABEÓN *en el libro cuarto de las obras póstumas compendiadas por Javoleno.* Pero si el arrendatario usó la vivienda a pesar de ello, deberá pagar el alquiler,

§1. ... y también opina Labeón que se debe el alquiler de la parte de la casa que se deterioró.
§2. Lo mismo procede si podía darla en arriendo para que se le pague el precio del subarriendo que no percibió. Pero si el arrendador no permitió al arrendatario rentar la casa y éste arrendó aquella en que habitaba, opina que deberá pagársele lo que pagó sin solo malo al subarrendatario por el mal estado de la casa. Pero si el arrendatario permitió habitar gratuitamente, deberá deducirse el alquiler de la casa por el tiempo que duró el mal estado.

29. ALFENO *en el libro séptimo del digesto.* En un contrato de locación se escribió lo siguiente:

cingito neve deurito neve quem cingere caedere urere sinito'. Quaerebatur, utrum redemptor, si quem quid earum rerum facere vidisset, prohibere deberet an etiam ita silvam custodire, ne quis id facere possit. Respondi verbum sinere utramque habere significationem, sed locatorem potius id videri voluisse, ut redemptor non solum, si quem casu vidisset silvam caedere, prohiberet, sed uti curare et daret operam, ne quis caederet.

'el arrendatario no debe cortar el bosque, ni debe descortesarlo, ni quemarlo, ni dejar que nadie lo descortece, corte o queme'; se pregunta: si el arrendatario vio que alguien realizaba algo de esto, ¿deberá oponerse o incluso custodiar el bosque para que nadie lo haga? Respondí que la palabra "dejar" significa ambas cosas, pero parece que el arrendador más bien quiso no solo que el arrendatario no solo se oponga si ve que alguien corta el bosque, sino que vigile y se esfuerce para que nadie lo corte.

30. *IDEM libro tertio digestorum a Paulo epitomatorum. Qui insulam triginta conduxerat, singula caenacula ita conduxit, ut quadraginta ex ómnibus colligerentur: dominus insulae, quia aedificia vitium facere diceret, demolierat eam: quaesitum est, quanti lis aestimari deberet, si is qui totam conduxerat ex conducto ageret. Respondit, si vitiatum aedificium necesario demolitus esset, pro portione, quanti dominus praediorum locasset, quod eius temporis habitatores habitare non potuisset, rationem duci et tanti litem aestimari: sin autem non fuisset necesse demoliri, sed quia melius aedificare vellet, id fecisset, quanti conductoris interesset, habitatores ne migrarent, tanti condemnari oportere.*

30. EL MISMO *en el libro tercero del digesto compendiado por Paulo.* Alguien arrendó una casa por treinta mil sestercios y subarrendó cada piso para percibir de todos cuarenta mil. El dueño de la casa demolió el inmueble diciendo que estaba defectuoso. Se preguntó: ¿en cuánto debe estimarse el litigio el arrendatario de toda la casa ejerciese la acción de conducción? Respondió que, si el edificio en mal estado fue demolido por necesidad, se consideraará y estimará según el total por el que el dueño del inmueble arrendó y según el tiempo que los inquilinos no pudieron habitarlo; pero si no fue necesario demoler el inmueble, sino que lo hizo para edificarlo

mejor, se le condenará por cuanto interesa al arrendatario que sus inquilinos no debiesen abandonar el inmueble.

§1. Aedilis in municipio balneas conduxerat, ut eo anno munícipes gratis lavarentur: post tres menses incendio facto respondit posse agi cum balneatore ex conducto, ut pro portione temporis, quo lavationem non praestitisset, pecuniae contributio fieret.

§1. Un edil arrendó unos baños municipales para que durante ese año los ciudadanos se bañasen gratuitamente; tres meses después se produjo un incendio. Respondí que contra el dueño de los baños podía ejercerse la acción de conducción para que compense el precio según el tiempo que no pudieron usarse los baños.

§2. Qui mulas ad certum pondus oneris locaret, cum maiore onere conductor eas rupisset, consulebat de actione. Respondit vel lege Aquilia vel ex locato recte eum agree, sed lege Aquilia tantum cum eo agi posse, qui tum mulas agitasset, ex locato etiam si alius eas rupisset, com conductore recte agi.

§2. Alguien preguntó qué acción procedía si, tras haber arrendado unas mulas para cargar cierto peso, el arrendatario las reventó con un peso mayor. Respondí que podía ejercer la acción de la ley Aquilia o la de locación, ejerciendo la primera solo contra quien llevó las mulas en esa ocasión, mientras la segunda se ejerce contra el arrendatario, aunque otro las hubiese reventado.

§3. Qui aedem faciendam locaverat, in lege dixerat: 'quoad in opus lapidis opus erit, pro lapide et manupretio dominus redemptory in pedes singulos septem dabit': quaesitum est, utrum factum opus an etiam inperfectum metiri opoteret. Respondit etiam imperfectum.

§3. Alguien que arrendó la construcción de una casa señaló en una clausula: 'mientras se necesite piedra para la obra, el dueño dará al arrendatario siete mil sestercios por cada pie por el precio de la piedra y mano de obra'. Se preguntó: ¿se medirá la obra terminada o también la no concluida? Respondió que también la no concluida.

§4. Colonus villam hac lege acceperat, ut

§4. Un colono recibió una casa de

incorruptam redderet praeter vim et vetustatem: coloni servus villam incendit non fortuito casu. Non videri eam vim exceptam respondit nec id pactum esse, ut, si aliquis domesticus eam incendisset, ne praestaret, sed extrariam vim utrosque excipere voluisse.

campo a condición de devolverla sin daños, salvo en el deterioro por violencia y paso del tiempo; sin mediar caso fortuito, un esclavo del colono incendió la casa; respondió que este caso no se consideraba exceptuado ni se pacto no ser responsable si algún esclavo la incendiaba, sino que ambos quisieron exceptuar la violencia de persona extraña.

31. *IDEM libro quinto digestorum a Paulo epitomatorum. In navem Saufeii cum complures frumentum confuderant, Saufeius uni ex his frumentum reddiderat de communi et navis perierat: quaesitum est, an ceteri pro sua parte frumenti cum nauta agere possunt oneris aversi actione. Respondit rerum locatorum duo genera esse, u taut idem redderetur (sicuti cum vestimenta fulloni curanda locarentur) aut eiusdem generis redderetur (veluti cum argentum pusulatum fabro daretur, ut vasa fierent, aut aurum, ut anuli): ex xuperiore causa rem domini manere, ex posterior in creditum iri. Idem iuris esse in deposito: nam si quis pecuniam numeratam ita deposuisset, ut neque clusam neque obsignatam traderet, sed adnumeraret, nihil aliud eum debere apud quem deposita esset nisi tantundem pecuniae solveret. Secundum quae videri triticum factum Saufenii et recte datum. Quod si separatism tabulis aut heronibus aut in alia cupa clusum uniuscuiusque triticum fuisset, ita ut internosci posset quid cuiusque esset, non potuisse nos permutationem facere, sed tum posse eum*

31. EL MISMO *en el libro quinto del digest compendiado por Paulo.* Como varias personas cargaron trigo en el barco de Saufeyo, éste devolvió a una de ellas su trigo de la masa común, y luego la nave pereció. Se preguntó: ¿pueden los demás ejercer contra el naviero la acción de mercancía entregada por su parte del trigo? Respondió que hay dos tipos de cosas arrendadas: en unas se devuelve lo mismo (como cuando se dan al lavandero vestidos para que los limpie), en otras se devuelve el mismo género (como cuando se da a un orfebre plata pura para que haga unos vasos, u oro para que haga unos anillos); en el primer caso sigue la cosa siendo del dueño, en el segundo se constituye crédito. Lo mismo ocurre en el depósito, porque si alguien depositó dinero sin entregarlo cerrado ni sellado, sino solo contado, el depositante solo debe pagar la misma cantidad.

cuius fuisset triticum quod nauta solvisset vindicare. Et ideo se improbare actiones oneris aversi: quia sive eius generis essent merces, quae nautae traderentur, ut continuo eius fierent et mercator in creditum iret, non videretur onus esse aversum, quippe quod nautae fuisset: sive eadem res, quae tradita esset, redid deberet, furti esse actionem locator et ideo supervacuum esse iudicium oneris aversi. Sed si ita datum esset, ut in simili re solvi possit, conductorem culpam dumtaxat debere (nam in re, quae utriusque causa contraheretur, culpam deberi) neque omnimodo culpam esse, quod uni reddidisset ex frumento, quoniam alicui primum reddere eum necesse fuisset, tametsi meliorem eius condicionem faceret quam ceterorum.

Así, parece que el trigo se hizo de Saufeyo y que fue debidamente devuelto. Pero si fue almacenado por separado con tablones, en cestos o en algún barril, siendo que puede reconocerse cuál trigo fue de cada uno, no podríamos confundirlo sino que el dueño del trigo que el naviero entregó puede reivindicarlo; por esto desaprobaba las acciones de mercancía entregada a quien no se debe, porque si las mercancías entregadas al naviero fueron de las que inmediatamente pasan a su propiedad y el mercader que las entrega se volvió acreedor de ellas por causa de préstamo, no parece que se entregó la mercancía a quien no se debía, porque lo hizo el naviero con lo que era suyo; y si debía devolverse lo mismo que se entregó, el arrendador tiene la acción de robo, siendo por tanto superflua la acción de mercancía entregada. Pero si se entregó la cosa de modo que pueda pagarse con otra semejante, el arrendatario solo responde por la culpa (porque respecto a lo que se contrata por causa recíproca se responde por la culpa), y no hay culpa en haber devuelto a uno solo su parte de trigo, pues sería necesario devolvérsela primero a alguien, aunque mejore su condición respecto de los demás.

32. IULIANUS *libro quarto ex Minicio*. *Qui fundum colendum in plures annos locaverat, decessit et eum fundum legavit. Cassius negavit posse cogi colonum, ut eum fundum coleret, quia nihil heredis interesset. Quod si colonus vellet colere et ab eo, cui legatus esset fundus, prohiberetur, cum herede actionem colonum habere: et hoc detrimentum ad heredem pertinere: sicuti si quis rem, quam vendidisset nec dum tradidisset, alii legasset, heres eius emptori et legatario esset obligatus.*

32. JULIANO *en el libro cuarto de la doctrina de Minicio*. Alguien arrendó durante varios años un fundo para que se cultivase, falleció y legó el fundo; Casio dijo que no podía obligarse al colono a cultivar el fundo, porque ya no le interesa al heredero. Pero si el colono quiso cultivarlo y el legatario del fundo se lo impidió, el primero tiene acción contra el heredero, y el perjuicio será del heredero, como cuando alguien legó a otro una cosa que vendió pero no entregó: su heredero se obliga ante el comprador y el legatario.

33. AFRICANUS *libro octavo quaestionum*. *Si fundus quem mihi locaveris publicatus sit, teneri te actione ex conducto, ut mihi frui liceat, quamvis per te non stet, quo minus id praestes: quemadmodum, inquit, si insulam aedificandam locasses et solum corruisset, nihilo minus teneberis. Nam et si vendideris mihi fundum isque priusquam vacuus traderetur publicatus fuerit, tenearis ex empto: quod hactenus verum erit, ut pretium restituas, non ut etiam id praestes, si quid pluris mea intersit eum vacuum mihi tradi. Similiter igitur et circa conductionem servandum puto, ut mercedem quam praestiterim restituas, eius scilicet temporis, quo fruitus non fuerim, nec ultra actione ex conducto praestare cogeris. Nam et si colonus tuus fundo frui a te aut ab eo prohibetur, quem tu prohibere ne id faciat possis,*

33. AFRICANO *en el libro octavo de las cuestiones*. Si se confiscó el fundo que me arrendaste, te obligas por la acción de conducción para permitírseme disfrutarlo, aunque no dependa de ti impedirlo. Juliano dice que es como si arrendases construir una casa y el fundo se hundió: te obligas de todos modos. También si me vendiste un fundo y antes de darme la posesión fue confiscado, te obligarás por la acción de compra. Esto será verdad solo para que devuelvas lo pagado, no para que cumplas lo que me interesa de que se me entregue la libre posesión. Opino que debe observarse lo mismo en cuanto al arrendamiento para que me devuelvas el alquiler del

tantum ei praestabis, quanti eius interfuerit frui, in quo etiam lucrum eius continebitur: sin vero ab eo interpellabitur, quem tu prohibere propter vim maiorem aut potentiam eius non poteris, nihil amplius ei quam mercedem remittere aut reddere debebis,

tiempo en que no disfruté, no quedando obligado a responder de más por la acción de conducción. Y si le impides a tu colono disfrutar del fundo, o se lo prohíbe alguien a quien podías impedir que lo hiciese, le responderás por lo que le importa disfrutarlo, incluyendo también el lucro; pero si se lo impide alguien a quien no puedes prohibírselo por mayor fuerza o debido a su poder, solo te obligas a condonarle el alquiler o a devolvérselo,

34. GAIUS *libro decimo ad edictum provinciale. ... perinde ac latronum incursu id acciderit.*

34. GAYO *en el libro décimo de los comentarios al edicto provincial.* ... como si esto hubiese ocurrido por salto de ladrones.

35. AFRICANUS *libro octavo quaestionum. Et haec distinctio convenit illi, quae a Servio introducta et ab ómnibus fere probata est, ut, si aversione insulam locatam dominus reficiendo, ne ea conductor frui possit, effecerit, animadvertatur, necesario necne id opus demolitus est: quid enim interest, utrum locator insulae propter vetustatem cogatur eam reficere an locator non possit? Intellegendum est autem nos hac distinction uti de eo, qui et suum praedium fruendum locaverit et bona fide negotium contraxerit, non de eo, qui alienum praedium per fraudem locaverit nec resistere domino possit, quominus is colonum frui prohibeat.*

35. AFRICANO *en el libro octavo de las cuestiones.* Esta distinción también coincide con la que introdujo Servio y que casi todos aprobaron: si al reparar una casa arrendada por cierta cantidad el dueño impidió al arrendatario disfrutarla, deberemos analizar si la obra se demolió por necesidad o no. Porque, ¿qué importa si el arrendador se obliga a repararla debido a su antigüedad, o que se obligue a tolerar la violencia de aquel a quien no pudo impedírselo? Entendamos que esta distinción la usamos en cuanto a quien arrendó el disfrute de un predio suyo y contrató de

buena fe, no en cuanto a quien arrendó fraudulentamente un predio ajeno y no pudo impedir al dueño que impide disfrutar al colono.

§1. *Cum fundum communem habuimus et inter nos convenit, ut alternis annis certo pretio eum conductum haberemus, tu, cum tuus annus exiturus esset, consulto fructum insequentis anni corrupisti. Agam tecum duabus actionibus, una ex conducto, altera ex locato: locate enim iudicio mea pars propria, conducti autem action tua dumtaxat propria in iudicium venient. Deinde ita notat: none quod ad meam partem attinebit, communi dividundo praestabitur a te mihi damnum? Recte quidem notat, sed tamen etiam Servi sententiam veram esse puto, cum eo scilicet, ut, cum alterutra actione rem servaverim, altera perematur. Quod ipsum simplicius ita quaeremus, si proponatur inter duos, qui singulos proprios fundos haberent, convenisse, ut alter alterius ita conductum haberent, ut fructus Mercedes nomine pensaretur.*

§1. Teniendo nosotros un fundo en común y habiendo acordado que lo arrendemos por años alternados, estando ya por terminar tu año estropeaste intencionalmente el fruto del siguiente año. Ejerceré contra ti dos acciones: la de conducción y la de locación, porque en la primera se incluirá solo tu parte y en la segunda se incluirá la mía. Luego Juliano hace esta observación: respecto a mi parte, ¿no responderás del daño con la acción de división de cosa común? La observación es correcta, pero también considero acertada la opinión de Servio: cuando yo recobro la cosa con una determinada acción, la otra acción se extingue. Esto se ve más claramente así: si se dijo que entre dos que tenían fundos propios se acordó que uno arrendase el del otro, de modo que los frutos se consideren a título de alquiler.

36. FLORENTINUS *libro septimo institutionum. Opus quod aversione locatum est donec adprobetur, conductoris periculum est: quod vero ita conductum sit, ut in pedes mensurasve praestetur, eatenus conductoris periculo est, quatenus*

36. FLORENTINO *en el libro séptimo de las instituciones*. La obra que se arrendó por determinada cantidad queda a riesgo del arrendatario hasta que se apruebe. Pero la que se arrendó

admensum non sit: et in utraque causa nociturum locatori, si per eum steterit, quo minus opus adprobetur vel admetiatur. Si tamen vi maiore opus prius interciderit quam adprobaretur, locatoris periculo est, nisi si aliud actum sit: non enim amplius praestari locatori oporteat, quam quod sua cura atque opera consecutus esset.

para que se entregue por pies o medidas, solo queda a riesgo del arrendatario en tanto no se mida, siendo en ambos casos el daño del arrendador si de él dependiese que la obra no se apruebe o no se mida. Pero si la obra se arruinó por fuerza mayor antes de aprobarse, queda a riesgo del arrendador si no se acordó otra cosa, porque no debe responderse al arrendador más allá de lo que de lo que su cuidado y trabajo obtuvieron.

37. IAVOLENUS *libro octavo ex Cassio. Si, priusquam locatori opus probaretur, vi aliqua consuptum est, detrimentum ad locatorem ita pertinet, si tale opus fuit, ut probari deberet.*

37. JAVOLENO *en el libro octavo de la doctrina de Casio*. Si la obra fue destruida por alguna fuerza antes de que el arrendador la aprobase, el perjuicio corresponde a éste solo si la obra fue tal que debiese ser aprobada.

38. PAULUS *libro singurali regularum. Qui operas suas locavit, totius temporis mercedem accipere debet, si per eum non stetit, quo minus operas praestet.*
§1. Advocati quoque, si per eos non steterit, quo minus causam agant, honoraria reddere non debent.

38. PAULO *en el libro único de las reglas*. Quien arrendó sus servicios debe recibir el salario de todo el tiempo, si de él no dependió no prestarlos.
§1. Los abogados tampoco deben devolver los honorarios si no dependió de ellos no comparecer en un asunto.

39. ULPIANUS *libro secundo ad edictum. Non solet locatio dominium mutare.*

39. ULPIANO *en el libro segundo de los comentarios al edicto*. El arrendamiento no suele cambiar la propiedad.

40. GAIUS *libro quinto ad edictum*

40. GAYO *en el libro quinto de los*

provinciale. Qui mercedem accipit pro custodia alicuius rei, si huius periculum custodiae praestat.

41. *ULPIANUS libro quinto ad edictum. Sed de damno ab alio dato agi cum eo non posse Iulianus ait: qua enim custodia consequi potuit, ne damnum iniuria ab alio dari possit? Sed Marcellus interdum esse posse ait, sive custodiri potuit, ne damnum daretur, sive ipse custos damnum dedit: quae sententia Marcelli probanda est.*

42. *PAULUS libro tertio decimo ad edictum. Si locatum tibi servum subripias, utrumque iudicium adversus te est exercendum, locati actionis et furti.*

43. *IDEM libro vicesimo primo ad edictum. Si vulneraveris servum tibi locatum, eiusdem vulneris nomine legis Aquiliae et ex locato actio est, sed alterutra contentus actor esse debet, idque officio iudicis continetur, apud quem ex locato agetur.*

44. *ULPIANUS libro septimo ad edictum. Locare servitutem nemo potest.*

comentarios al edicto provincial. Quien recibe pago por custodiar una cosa responde por el riesgo de la custodia.

41. ULPIANO *en el libro quinto de los comentarios al edicto.* Sin embargo, Juliano dice que no puede ejercerse acción contra el arrendatario por el daño que otro provocó; porque, ¿qué custodia obtiene que no pueda causar el daño ilícito de otro? Marcelo dice que a veces esto puede ocurrir, ya si pudo custodiar para no causarse daño, ya si el vigilante lo provocó, opinión que es correcta.

42. PAULO *en el libro décimo tercero de los comentarios al edicto.* Si robas el esclavo que se te arrendó, se ejercerán contra la acción de locación y la de robo.

43. EL MISMO *en el libro vigésimo primero de los comentarios al edicto.* Si lesionaste al esclavo que se te arrendó, procede la acción de la ley Aquilia y la de locación, pero el actor debe elegir una de las dos, y esto remite mediante excepción al ministerio del juez ante quien se ejerce la acción de locación.

44. ULPIANO *en el libro séptimo de los comentarios al edicto.* Nadie puede dar en arriendo una servidumbre.

45. *PAULUS libro vicesimo secundo ad edictum. Si domum tibi locavero et servi mei tibi damnum dederint vel furtum fecerint non teneor tibi ex conducto, sed noxali actione.*

§1. Si hominem tibi locavero, ut habeas in taberna, et is furtum fecerit, dubitari potest, utrum ex conducto actio sufficiat, quasi longe sit a bona fide actum, ut quid patiaris detrimenti per eam rem quam conduxisti, an adhuc dicendum sit extra causam conductionis esse furti crimen et in propriam persecutionem cadere hoc delictum: quod magis est.

46. *ULPIANUS libro sexagesimo non ad edictum. Si quis conduxerit nummo uno, conductio nulla est, quia et hoc donationis instar inducit.*

47. *MARCELLUS libro sexto digestorum. Cum apparebit emptorem conductoremve pluribus vendentem vel locantem singulorum in solidum intuitum personam, ita demum ad praestationem partis singuli sunt compellendi, si constabit esse omnes solvendo: quamquam fortasse iustius sit etiam, si solvendo omnes erunt, electionem conveniendi quem velit non auferendam actori, si actiones suas adversus ceteros praestare non recusset.*

45. PAULO *en el libro décimo segundo de los comentarios al edicto.* Si te arrendé una casa y mis esclavos te provocaron daños o te robaron, no me obligo contigo por la acción de conducción, sino por la noxal.

§1. Si te arrendé un esclavo para que atienda una taberna tuya y éste robó algo, puede dudarse de si basta la acción de conducción, por ser contrario a la buena fe el sufrir perjuicio por la cosa que arrendaste, o si debe decirse también que, aparte de la conducción existe el robo, y que éste cae bajo su persecución, siendo esto último más acertado.

46. ULPIANO *en el libro sexagésimo noveno de los comentarios al edicto.* Si alguien arrendó por un solo estercio de alquiler, el arriendo es nulo, porque esto parece donación.

47. MARCELO *en el libro sexto del digesto.* Al probarse que un comprador o un arrendatario que vende o arrienda a varios lo hizo considerando a cada uno para obligarles por el total, solo debe obligarse a cada uno a pagar su parte si consta que todos son insolventes. Aunque quizá sea más justo que, aunque todos fuesen solventes, no se impida al actor elegir demandar a quien

desee si no se niega a ceder sus acciones contra los demás.

48. IDEM *libro octavo digestorum. Si cui locaverim faciendum quod ego conduxeram, constabit habere me locato actionem.*
§1. Qui servum conductum vel aliam rem non immobilem non restituit, quanti in litem iuratum fuerit damnabitur.

48. EL MISMO *en el libro octavo del digesto.* Si arrendé a otro la obra que arrendé de otro, conta que tengo la acción de locación.
§1. Quien no devuelve el esclavo u otra cosa mueble que arrendó, será condenado por cuanto juró para el litigio estimado.

49. MODESTINUS *libro sexto excusationum. Qui tutores vel curators facti sunt, priusquam officii sui rationem reddiderint, prohibentur conductors fisci fieri, et si quis id dissimulans ad conductionem praediorum Caesaris accesserit, punitur propter falsum: constituit id imperator Severus.*

§1. Secundum haec qui tutelas vel curas gerunt etiam ab aerario praedia conducere prohibiti sunt.

49. MODESTINO *en el libro sexto de las excusas.* Los tutores y curadores tienen prohibido arrendar bienes del patrimonio del césar antes de rendir cuentas de su encargo. Y si alguien ocultó esto y arrendó predios imperiales, se le condena como falsario. Así lo sancionó el emperador Severo.
§1. Según lo anterior, tampoco podrán arrendar del fisco los tutores o curadores.

50. IDEM *libro decimo pandectarum. Si ignorans quis militia quasi pagano locaverit, exigere illum posse probandum est: non enim contemnit disciplinam, qui ignoravit militem.*

50. EL MISMO *en el libro décimo de las pandectas.* Si alguien arrendó a un militar creyendo que era campesino, se admite que puede cobrarle el alquiler, pues quien ignoró tal cosa no menosprecia la disciplina militar.

51. LAVOLENUS *libro undecimo epistularum. Ea lege fundum locavit, ut, si non ex lege coleretur, relocare cum mihi liceret et quo minoris locassem, hoc mihi praestaretur, nec convenit, ut, si pluris locassem, hoc tibi praestaretur, et cum*

51. JAVOLENO *en el libro décimo primero de las epístolas.* Arrendé un fundo con la cláusula de que si no se cultivaba según lo acordado, pudiese yo volver a arrendarlo y que se me pagaría la diferencia

nemo fundum colebat, pluris tamen locavi: in huiusmodi obligationibus id maxime spectare debemus, quod inter utramque partem convenit: videtur autem in hac specie id silentio convenisse, ne quid praestaretur, si ampliore pecunia fundus esset locatus, id est ut haec conventio pro locatore tantummodo interponeretur.

§1. *Locavi opus faciendum ita, ut pro opere redemptori certam mercedem in dies singulos darem: opus vitiosum factum est: an ex locato agere possim? Respondit: si ita opus locasti, ut bonitas eius tibi a conductore adprobaretur, tametsi convenit, ut in singulas operas certa pecunia daretur, praestari tamen tibi a conductore debet, si id opus vitiosum factum est: non enim quicquam interest, utrum uno pretio opus an in singulas operas collocatur, si modo universitas consummationis ad conductorem pertinuit. Poterit itaque ex locato cum eo agi, qui vitiosum opus fecerit. Nisi si ideo in operas singulas merces constituta erit, ut arbitrio domini opus efficeretur: tum enim nihil conductor praestare domino de bonitate operis videtur.*

por la cual lo arrendé en menos, no acordándose que si yo lo arrendase por más te entregaría la diferencia. Como nadie cultivó el fundo, yo lo arrendé por más. Pregunto: ¿deberé entregar la diferencia? Respondió: en este tipo de obligaciones debemos considerar principalmente lo acordado entre las partes, aunque en este caso parece que se acordó tácitamente no entregar nada si el fundo se arrendó por una cantidad mayor, es decir, que esta locación se establecerá solo en favor del arrendador.

§1. Arrendé una obra en la que yo pagaría cierta cantidad al arrendatario diariamente. La obra quedó defectuosa. ¿Podré ejercer la acción de locación? Respondió: si arrendaste la obra para que el arrendatario la aprobase, aunque se convino darle cierta cantidad por cada día de trabajo, el arrendatario debe responderte por el mal trabajo, pues no importa si se encarga la obra por un solo precio o por días de trabajo, si arrendatario debía entregar el trabajo terminado. Por ello, podré ejercer la acción de locación contra quien hizo un trabajo defectuoso, salvo que se acordase pagar por cada día de trabajo para que la obra se hiciese a criterio del dueño, porque en tal caso parece que el arrendatario no responderá sobre la calidad de

la obra.

52. POMPONIUS *libro trigesimo primo ad Quintum Mucium. Si decem tibi locem fundum, tu autem existimes quinque te conducere, nihil agitur: sed et si ego minoris me locare sensero, tu pluris te conducere, utique non pluris erit conductio, quam quanti ego putavi.*

52. POMPONIO *en el libro trigésimo primero de los comentarios a Quinto Mucio.* Si te arrendé un fundo por diez mil sestercios, pero tú creíste arrendarlo por cinco mil, no hay contrato. Pero si yo entendí que lo arrendaba por un alquiler menor y tú que lo arrendabas por más, el arriendo no excederá lo que yo pensé.

53. PAPINIANUS *libro undecimo responsorum. Qui fideiussor exstitit apud mancipem pro colono publicorum praediorum, quae manceps ei colono locavit, rei publicae non tenetur: sed fructus in eadem causa pignoris manent.*

53. PAPINIANO *en el libro décimo primero de las respuestas.* Quien salió fiador de un colono de predios públicos ante el concesionario local, y que arrendó un fundo al colono, no se obliga ante la república; pero los frutos y los predios quedan en calidad de prenda.

54. PAULUS *libro quinto responsorum. Quaero, an fideiussor conductionis etiam in usuras non illatarum pensionum nomine teneatur nec prosint ei constitutiones quibus cavetur eos, qui pro aliis pecuniam exsolvunt, sortis solummodo damnum agnoscere oportere. Paulus respondit, si in omnem causam conductionis etiam fideiussor se obligavit, eum quoque exemplo coloni tardius illatarum per moram coloni pensionum praestare debere usuras: usurae enim in bonae fidei iudiciis etsi non tam ex obligatione proficiscantur, quam ex officio iudicis applicentur, tamen, cum fideiussor in omnem causam*

54. PAULO *en el libro quinto de las respuestas.* Pregunto: ¿el fiador de un arrendatario se obliga también a pagar los intereses de los alquileres no pagados, y si no le favorecen las constituciones en las que se dispone que quienes pagan por otros cierta cantidad deben responder únicamente por el capital perdido? Paulo respondió que si el fiador se obligó por toda la deuda del arrendamiento, al igual que el colono debe pagar los intereses de los alquileres pagados tardíamente por mora del colono,

se applicuit, aequum videtur ipsum quoque agnoscere onus usurarum, ac si ita fideiussisset: 'in quantum illum condemnari ex bona fide oportebit, tantum fide tua esse iubes?' vel ita: 'indemnem me praestabis?'

§1. *Inter locatorem fundi et conductorem convenit, ne intra tempora locationis Seius conductor conductor de fundo invitus reppeleretur et, si pulsate esset, poenam decem praestet Titius locator Seio conductori: vel Seius conductor Titio, si intra tempora locationis discedere vellet, aeque decem Titio locatori praestare vellet: quod invicem de se stipulate sunt. Quaero, cum Seius conductor biennii continui pensionem non solveret, an sine metu poenae expelli possit. Paulus respondit, quamvis nihil expresssum sit in stipulation poenali de solution pensionum, tamen verisimile esse ita convenisse de non expellendo colono intra tempora praefinita, si pensionibus paruerit et ut oportet coleret: et ideo, si poneam petere coeperit is qui pensionibus satis non fecit, profuturam locator doli exceptionem.*

pues aunque en los juicios de buena fe los intereses no se originan de la misma obligación, se aplican por ministerio del juez; sin embargo, cuando el fiador se obligó para toda la deuda parece justo que responda por los intereses, como si saliese fiador de este modo: '¿prometes afianzar otro tanto por la cantidad que deba ser condenado en virtud de la buena fe?', o de este: '¿responderás para que yo salga indemne?'

§1. Entre el arrendador de un fundo el y arrendatario se acordó que el arrendatario Seyo no sería echado del fundo contra su voluntad durante el plazo del arriendo; y si tal cosa ocurría, el arrendador Ticio pagaría diez mil sestercios a Seyo como pena, o si el arrendatario Seyo quisiese dejar el fundo dentro del plazo de arriendo, pagaría igualmente diez mil al arrendador Ticio, estipulando esto recíprocamente. Pregunto: al no pagar Seyo el alquiler de dos años seguidos, ¿podrá ser echado sin temer la pena? Paulo respondió que aunque no se haya expresado nada en la estipulación penal sobre el pago de alquileres, es cierto que acordaron no expulsar al colono dentro del plazo fijado si pagó los alquileres y cultivó el fundo como es debido; por ello, si quien no pagó los alquileres

§2. *Paulus respondit servum, qui aestimatus colonae adscriptus est, ad periculum colonae pertinebit et ideo aestimationem huius defuncti ab herede colonae praestari oportere.*

55. *IDEM libro secundo sententiarum. Dominus horreorum effractis et compilatis horreis non tenetur, nisi custodiam eorum recepit: servi tamen eius cum quo contractum est propter aedificiorum notitiam in quaestionem peti possunt.*

§1. *In conducto fundo si conductor sua opera aliquid necessario vel utiliter auxerit vel aedificaverit vel instituerit, cum id non convenisset, ad recipienda ea quae impendit ex conducto cum domino fundi experiri potest.*

§2. *Qui contra legem conductionis fundum ante tempus sine iusta ac probabili causa deseruerit, ad solvendas totius temporis pensiones ex conducto conveniri potest, quatenus locatori in id quod eius interest indemnitas serventur.*

56. *IDEM libro singurlari de officio praefecti vigilum. Cum domini horreorum insularumque desiderant diu non*

reclamó la pena, al arrendador le protege la excepción de dolo.

§2. Paulo respondió: el esclavo que fue adscrito a una colona previa estimación estará bajo riesgo de ésta, por lo que si falleció aquél, el heredero de la colona debe pagar la estimación.

55. EL MISMO *en el libro segundo de las sentencias*. El dueño de unos almacenes no se obliga si éstos fueron robados y no se le encargó la custodia; sin embargo, los esclavos del arrendador pueden ser llamados para someterles a tormento y revelen información sobre los edificios.

§1. Si en el fundo arrendado el arrendatario agregó, construyó o instaló con su trabajo algo necesario o útil, y esto no se convino, puede ejercer la acción de conducción contra el dueño del fundo para recuperar lo gastado.

§2. Quien sin justa y aceptable causa abandonó antes de tiempo un fundo contraviniendo el arriendo, podrá demandársele con la acción de conducción para que pague los alquileres de todo el plazo y para que el arrendador obtenga la indemnización por lo que le interesa.

56. EL MISMO *en el libro único del cargo del prefecto de los vigilantes.* Si los dueños de unos almacenes o

apparentibus nec eius temporis pensiones exsolventibus conductoribus aperire et ea quae ibi sunt describere, a publicis personis quorum interest audiendi sunt. Tempus autem in huiusmodi re biennii debet observari.

unas casas pretenden abrirlos e inventariar lo que hay dentro de ellos porque los arrendatarios se ausentaron durante largo tiempo y no pagaron las pensiones de ese periodo, los funcionarios competentes oirán a los interesados; pero en tales casos debe observarse un plazo de dos años.

57. IAVOLENUS *libro nono ex posterioribus Labeonis. Qui domum habebat, aream iniunctam ei domui vicino proximo locaverat: is vicinus cum aedificaret in suo, terram in eam aream amplius quam fundamenta caemeticia locatoris erant congessit, et ea terra adsiduis pluviis inundata, ita parieti eius qui locaverat umore praestituto madefacto, aedificia corruerunt. Labeo ex locato tantummodo actionem esse ait, quia non ipsa congestio, sed umor ex ea congestione postea damno fuerit, damni autem iniuriae actio ob ea ipsa sit, per quae, non extrinsecus alia causa oblata, damno quis adfectus est: hoc probo.*

57. JAVOLENO *en el libro noveno de la doctrina de las obras póstumas de Labeón.* El dueño de una casa arrendó a su vecino un solar anexo a la casa; el vecino, al edificar, amontonó tierra en el solar por encima de los cimientos de la casa del arrendador, y encharcada la tierra por las lluvias continuas reblandeció con la humedad la pared del arrendador, derrumbando el edificio. Dice Labeón que solo procede la acción de locación, pues el daño no lo provocó la tierra amontonada, sino la humedad; sin embargo, procede la acción de daño injustamente causado debido a las causas directas del daño, no por otra causa, y estoy de acuerdo en esto.

58. LABEO *libro quarto posteriorum a Iavoleno epitomatorum. Insulam uno pretio totam locasti et eam vendidisti ita, ut emptori mercedes inquilinorum accederent. Quamvis eam conductor maiore pretio locaret, tamen id emptori*

58. LABEÓN *en el libro cuarto de las obras póstumas compendiadas por Javoleno.* Arrendaste una casa por determinado precio y la vendiste a condición de que las rentas de los inquilinos fuesen para el

accedit, quod tibi conductor debeat.

§1. *In operis locatione non erat dictum, ante quam diem effici deberet: deinde, si ita factum non esset, quanti locatoris interfuisset, tantam pecuniam conductor promiserat. Eatenus eam obligationem contrahi puto, quatenus vir bonus de spatio temporis aestimasset, quia id actum apparet esse, ut eo spatio absolveretur, sine quo fieri non possit.*

§2. *Quidam in municipio balineum praestandum annuis viginti nummis conduxerat et ad refectionem fornacis fistularum similimque rerum centum nummi ut praesterentur ei, convenerat: conductor centum nummos petebat. Ita ei deberi dico, si in earum rerum refectionem eam pecuniam mpendi satisdaret.*

59. *IAVOLENUS libro quinto Labeonis posteriorum. Marcius domum faciendam a Flacco conduxerat: deinde operis parte effecta terrae motu concussum erat aedificium. Massurius Sabinus, si vi naturali, veluti terrae motu hoc acciderit, Flacci esse periculum.*

comprador. Aunque el arrendatario la subarriende a un precio mayor, corresponde al comprador lo que el arrendatario te debe.

§1. Al arrendar una obra no se dijo para qué día debía estar, pero el arrendatario prometió una cantidad que le interesase al arrendador si no la realizaba. Considero que se obliga solo por el plazo que un varón honesto podría estimar, porque es evidente que se acordó poder hacerse dentro de un plazo minimo.

§2. Alguien arrendó en un municipio el ofrecer baños por veinte sestercios anuales, pactándose que se le pagarían cien sestercios por reparar la caldera, las cañerías y cosas semejantes. El arrendatario reclamó los cien. Opino que se le deben si otorgó caución de que gastaría ese dinero en las reparaciones mencionadas.

59. JAVOLENO *en el libro quinto de las obras póstumas de Labeón*. Marcio arrendó de Flaco la construcción de una casa, y tras haber realizado una parte un terremoto dañó el edificio. Masurio Sabino opinó que si esto ocurrió por fuerza natural, como lo es un terremoto, el riesgo será de Flaco.

60. LABEO *posteriorum libro quinto a Iavoleno epitomatorum.* Cum in plures annos domus locata est, praestare locator debet, ut non solum habitare conductor ex calendis illis cuiusque anni, sed etiam locare habitatori si velit suo tempore possit. Itaque si ea domus ex kalendis Ianuariis fulta in kalendis Iuniis permansisset, ita ut nec habitare quisquam nec ostendere alicui posset, nihil locatori conductorem praestaturum, adeo ut nec cogi quidem posset ex kalendis Iuliis refecta domu habitare, nisi si paratus fuisset locator commodam domum ei ad habitandum dare.

§1. Heredem coloni, quamvis colonus non est, nihilo minus domino possidere existimo.

§2. Vestimenta tua fullo perdidit et habes unde petas nec repetere vis: agis nihilo minus ex locato cum fullone, sed iudicem aestimaturum, an possis adversus furem magis agere et ab eo tuas res consequi fullonis videlicet sumptibus: sed si hoc tibi impossibile esse perspexerit, tunc fullonem quidem tibi condemnabit, tuas autem actiones te ei praestare compellet.

§3. Lege dicta domus facienda locata era

60. LABEÓN *en el libro quinto de las obras póstumas compendiadas por Javoleno.* Si una casa se arrendó para varios años, el arrendador debe entregarla no solo para que el arrendatario pueda habitarla desde las calendas de cada año, sino también para que pueda subarrendarla al inquilino que desee. Por tanto, si la casa estuvo apuntalada desde las calendas de enero hasta las de junio, de modo que nadie pudiese habitarla ni mostrarse a nadie, el arrendatario no deberá pagar nada al arrendador, de modo que tampoco estaría obligado, una vez reparada la casa, a habitarla desde las calendas de julio, salvo que el arrendador estuviese dispuesto a proporcionarle una casa cómoda para habitar.

§1. Considero que el heredero del colono sigue poseyendo para el dueño aunque no sea colono.

§2. Un lavandero perdió tus vestidos, tienes oportunidad de reclamarlos y no deseas hacerlo; con todo, ejercerás la acción de locación contra el lavandero. Sin embargo, el juez deberá estimar si puedes ejercer la acción contra el ladrón y así recuperar tus cosas de él a costa del lavandero; pero si esto te resulta imposible, entonces condenará al lavandero en favor tuyo, pero te obligará a cederle tus acciones.

§3. Se arrendó la construcción de

tita, ut probatio aut improbatio locatoris aut heredis eius esset: redemptor ex voluntate locatoris quaedam in opere permutaverat. Respondi opus quidem ex lege dicta non videri factum, sed quoniam ex voluntate locatoris permutatum esset, redemptorem absolvi debere.

una casa a condición de que el arrendador o su heredero aceptaría o rechazaría la obra final. El arrendatario cambió ciertas cosas en la obra por voluntad del arrendador. Respondí que la obra no parece hecha según lo acordado, pero como se alteró por voluntad del arrendador, el arrendatario debía ser absuelto.

§4. *Mandavi tibi, ut excuteres, quanti villam aedificare velles: renuntiasti mihi ducentorum impensam excutere: certa mercede opus tibi locavi, postea comperi non posse minoris trecentorum eam villam constare: data autem tibi erant centum, ex quibus cum partem impendisses, vetui te opus facere. Dixi si opus facere perseveraveris, ex locato tecum agere, ut pecuniae mihi reliquum restituas.*

§4. Te mandé que calculases por cuánto construirías una casa; me dijiste que el gasto sería de doscientos mil sestercios. Te arrendé la obra por cierto precio y luego supe que la casa no podía costearse por menos de trescientos mil, pero ya te había dado cien mil; habiendo tú gastado ya una parte, te pedí que suspendieses la obra. Respondí que si sigues adelante, ejerceré contra ti la acción de locación para que me devuelvas el dinero restante.

§5. *Messem inspiciente colono, cum alienam esse non ignorares, sustitulisti. Condicere tibi frumentum dominum posse Labeo ait, et ut id faciat, colonum ex conducto cum domino acturum.*

§5. Sabiendo que la mies era ajena, te la llevaste a la vista del colono. Labeón dice que el dueño puede ejercer contra ti la acción ejecutiva por el trigo y, para hacerlo, el colono ejercerá contra el dueño la acción de conducción.

§6. *Locator horrei propositum habuit se aurum argentum margaritam non recipere suo periculo: deinde cum sciret has res inferri, passus est. Proinde cum futurum tibi obligatum dixi, ac si propositum fuit, remissum videtur.*

§6. El arrendador de un almacén tenía establecido no recibir a riesgo suyo oro, plata ni piedras preciosas; luego de saber que ahí se almacenaron estas cosas, lo permitió. Respondí que por tal

§7. Servum meum mulionem conduxisti: neglegentia eius mulus tuus perit. Si ipse se locasset, ex peculio dumtaxat et in rem versum damnum tibi praestaturum dico: sin autem ipse eum locassem, non ultra me tibi praestaturum, quam dolum malum et culpam meam abesse: quod si sine definitione personae mulionem a me conduxisti et ego eum tibi dedissem, cuius neglegentia iumentum perierit, illam quoque culpam me tibi praestaturum aio, quod eum elegissem, qui eiusmodi damno te adficeret.

§8. Vehiculum conduxisti, ut onus tuum portaret et secum iter faceret: id cum pontem transiret, redemptor eius pontis portorium ab eo exigebat: quaerebatur, an etiam pro ipsa sola reda portorium daturus fuerit. Puto, si mulio non ignoravit ea se transiturum, cum vehiculum locaret, mulionem praestare debere.

§9. Rerum custodiam, quam horrearius conductoribus praestare deberet, locatorem totorum horreorum horreario praestare non debere puto, nisi si in locando aliter convenerit.

61. SCAEVOLA libro septimo digestorum. Colonus, cum lege locationis

causa quedaba obligado contigo como si esto no lo hubiese establecido, pues parece que dispensó tal indicación.

§7. Arrenaste un esclavo mío como mulatero, y debido a su negligencia murió una mula tuya. Si él mismo se arrendó respondo que deberé pagarte el perjuicio con la acción de peculio y la de ganancia obtenida; pero si yo lo arrendé, solo responderé de la falta de dolo y culpa mía. Mas si me arrendaste un mulatero sin designar persona, y yo te di el esclavo por cuya negligencia murió el jumento, opino que deberé responderte por la culpa, pues yo elegí el que te causó un perjuicio.

§8. Arrendaste un vehículo para que transportase carga tuya y viajase por separado; al pasar un puente, el concesionario del puente exigió un impuesto al muletero. Se pregunta: ¿se pagará solo por el carro? Opino que el muletero debe pagar si sabía que debía pasar por allí.

§9. Considero que en cuanto a la custodia de las cosas sobre las que el dueño del almacén debe responder a los arrendatarios, no responderá por el total del almacén si en el arriendo no se acordó lo contrario.

61. ESCÉVOLA *en el libro séptimo del digesto.* No habiéndose incluido

non esset comprehensum, ut vineas poneret, nihilo minus in fundo vincas instituit et propter earum fructum denis amplius aureis annuis ager locari coeperat. Quaesitum est, si dominus istum colonum fundi eiectum pensionum debitarum nomine conveniat, an sumptus utiliter factos in vineis instituendis reputare possit opposite doli mali exceptione. Respondit vel expensas consecuturum vel nihil amplius praestaturum.

§1. Navem conduxit, ut de provincia Cyrenensi Aquileiam navigaret olei metretis tribus milibus impositis et frumenti modiis octo milibus certa mercede: sed evenit, ut onerata navis in ipsa provincia novem mensibus retineretur et onus impositum commisso tolleretur, quaesitum est, an vecturas quas convenit a conductore secundum locationem exigere navis possit. Respondit secundum ea quae proponerentur posse.

62. *LABEO libro primo pithanorum. Si rivam, quem faciendum conduxerat et feceras, antequam eum probares, labes corrupti, tuum periculum est. PAULUS: immo si soli vitio id accidit, locatoris erit periculum, si operis vitio accidit, tuum erit detrimentum.*

en el contrato de arriendo el plantar viñas, un colono las plantó en el fundo, y debido a los frutos empezó a arrendarse el campo por diez áureos más cada año. Se preguntó: si el dueño demanda los alquileres debidos al colono que expulsó del fundo, ¿podrá computar los gastos útiles hechos al plantar las viñas con la excepción de dolo? Respondió que podrá recuperar los gastos o no pagará más.

§1. Alguien arrendó un barco por cierta cantidad para ir de la provincia de Cirene a Aquilea cargado con tres metretas de aceite y ocho mil modios de trigo. Pero ya cargado, el navío fue retenido nueve meses en la citada provincia y se le decomisó la carga ya embarcada. Se preguntó: ¿podrá el naviero exigir del arrendatario los portes convenidos por arrendar el barco? Respondió que, según el caso planteado, sí podía.

62. LABEÓNO *en el libro primero de los dichos.* Si el canal que te habían encargado construir, y que construiste, se derrumbó antes de que lo aprobases, la pérdida es tuya. Paulo señala: ahora bien, si esto ocurrió por vicio del terreno, la pérdida será del arrendador, pero si fue por defecto de la obra, la pérdida será tuya.

TITULUS III
DE AESTIMATORIA

TÍTULO III
DE LA ACCIÓN ESTIMATORIA

1. ULPIANUS *libro trigesimo secundo ad edictum.* Actio de aestimato proponitur tollendae dubitationis gratia: fuit enim magis dubitatum, cum res aestimata vendenda datur, utrum ex vendito sit actio propter aestimationem, an ex locato, quasi rem vendendam locasse videor, an ex conducto, quasi operas conduxissem, an mandati. Melius itaque visum est hanc actionem proponi: quotiens enim de nomine contractus alicuis ambigeretur, conveniret tamen aliquam actionem dari, dandam aestimatoriam praescriptis verbis actionem: est enim negotium civile gestum et quidem bona fide. Quare omnia et hic locum habent, quae in bonae fidei iudiciis diximus.

1. ULPIANO *en el libro trigésimo segundo de los comentarios al edicto.* La acción estimatoria se propone para extinguir una deuda, porque al darse estimada una cosa para su venta se dudó mucho sobre si procedía la acción de venta por causa de la estimación, la de locación, como si yo hubiese arrendado la cosa para venderla, la de conducción, como si yo arrendase algún servicio, o la de mandato. Por ello, pareció mejor proponer esta acción, porque siempre que haya duda sobre el tipo de contrato, pero conviene que deba otorgarse alguna acción, debe darse la acción estimatoria por las palabras emitidas, pues sin duda se realizó un negocio civil de buena fe, de ahí que en tal caso procede lo dicho en cuanto a las acciones de buena fe.

§1. Aestimatio autem periculum facit eius qui suscepit: aut igitur ipsam rem debebit incorruptam reddere aut aestimationem de qua convenit.

§1. Sin embargo, la estimación corre a riesgo de quien la aceptó. Por ende, deberá devolverá íntegra o devolver la estimación acordada.

2. PAULUS *libro trigesimo ad edictum.* Haec actio utilis est et si merces intervenit.

2. PAULO *en el libro trigésimo de los comentarios al edicto.* Si medió retribución por vender la mercancía, también es posible

esta acción.

TITULUS IIII
DE RERUM
PERMUTATIONE

TÍTULO IIII
DE LA PERMUTA DE
LAS COSAS

1. PAULUS libro trigesimo secundo ad edictum. Sicut aliud est vendere, aliud emere, alius emptor, alius venditor, ita pretium aliud, aliud merx. At in permutatione discerni non potest, uter emptor vel uter venditor sit, multumque differunt praestationes. Emptor enim, nisi nummos accipientis fecerit, tenetur ex vendito, venditori sufficit ob evictionem se obligare possessionem tradere et purgari dolo malo, itaque, si evicta res non sit, nihil debet: in permutatione vero si utrumque pretium est, utriusque rem fieri oportet, si merx, neutrius. Sed cum debeat et res et pretium esse, non potest permutatio, emptio venditio esse, quoniam non potest inveniri, quid eorum merx et quid pretium sit, nec ratio patitur, ut una eademque res et veneat et pretium sit emptionis.

1. PAULO en el libro trigésimo segundo de los comentarios al edicto. Así como una cosa es vender y otra comprar, y uno el vendedor y otro el comprador, así también una cosa es el precio y otra la mercancía. Sin embargo, en la permuta no puede distinguirse quién es el comprador y quién el vendedor, difiriendo mucho las prestaciones, porque si el comprador no entrega el dinero al vendedor se obliga por la acción de venta, bastando al vendedor obligarse por la evicción a entregar la posesión y a indemnizar el dolo malo; por lo que si la cosa no se evicciona no debe nada. Pero en la permuta, si ambas partes deben un precio, la cosa se hará de las dos, y si deben mercancía, no será de ninguna; sin embargo, debiendo haber cosa y precio, la permuta no puede ser compraventa, pues no se sabe cuál de ellas es mercancía y cuál el precio, ni la razón permite que una misma cosa sea vendida y precio de la compra.

§1. Unde si ea res, quam acceperim vel dederim, postea evincatur, in factum

§1. Por tanto, si la cosa que recibí o di fuese después reivindicada,

dandam actionem respondetur.

§2. Item eptio ac venditio nuda consentientium voluntate contrahitur, permutatio autem ex re tradita initium obligationi praebet: alioquin si res nondum tradita sit, nudo consensu constitui obligationem dicemus, quod in his dumtaxat receptum est, quae nomen suum habent, ut in emptione venditione, conductione, mandato.

§3. Ideoque Pedius ait alienam rem dantem nullam contrahere permutationem.

§4. Igitur ex altera parte traditione facta si alter rem nolit tradere, non in hoc agemus ut res tradita nobis reddatur, sed in id quod interest nostra illam rem accepisse, de qua convenit: sed ut res contra nobis reddatur, condictioni locus est quasi re non secuta.

2. IDEM libro quinto ad Plautium. Aristo ait, quoniam permutatio vicina esset emptioni, sanum quoque furtis noxisque solutum et non esse fugitivum servum praestandum, qui es causa daretur.

se dice que debe otorgarse la acción por lo hecho.

§2. Igualmente, la compraventa se verifica por la nuda voluntad de quienes la consintieron, mientras la permuta obliga por la entrega de la cosa; ahora bien, si la cosa todavía no se entrega diremos que la obligación se crea tan solo por el consentimiento, lo cual solo se admite en los contratos con un nombre propio, como la compraventa, el arrendamiento y el mandato.

§3. Por ello dice Pedio que quien da una cosa ajena no realiza permuta alguna.

§4. Por tanto, si una de las partes entrega la cosa y la otra no entrega la suya, no ejerceremos acción para que se nos devuelva la cosa entregada, sino por lo que interesa haber recibido la cosa acordada, aunque procede la acción ejecutiva para que se nos devuelva nuestra cosa, como cuando no se corresponde la causa.

2. EL MISMO *en el libro quitno de los comentarios a Plaucio.* Dice Aristón que al ser la permuta semejante a la compra, también se responderá de que el esclavo así entregado está sano, exento de robo y daño, y que no es fugitivo.

TITULUS V
DE PRAESCRIPTIS
VERBIS ET IN FACTUM
ACTIONIBUS

TÍTULO V
DE LAS ACCIONES
POR PALABRAS
EXPRESADAS Y POR
EL HECHO

1. PAPINIANUS libro octavo quaestionum. Nonnumquam evenit, ut cessantibus iudiciis proditis et vulgaribus actionibus, cum proprium nomen invenire non possumus, facile descendemus ad eas, quae in factum appellantur, sed ne res exemplis egeat, paucis agam.

1. PAPINIANO *en el libro octavo de las cuestiones.* A veces ocurre que a falta de acciones existentes y de acciones populares, y al no poder hallar un nombre propio, recurrimos fácilmente a las que se denominan "acciones por el hecho". Pero para que el tema no carezca de ejemplo, lo expondré brevemente.

§1. Domino mercium in magistrum navis, si sit incertum, utrum navem conduxerit an merces vehendas locaverit, civilem actionem in factum esse dandam Labeo scribit.

§1. Labeón escribe que debe otorgarse la acción por el hecho al dueño de las mercancías contra el naviero, si fuese incierto que haya arrendado el barco o arrendado el transporte de las mercancías.

§2. Item si quis pretii explorandi gratia rem tradat, neque depositum neque commodatum erit, sed non exhibita fide in factum civilis subicitur actio...

§2. Igualmente, si alguien entregó una cosa para averiguar su precio, esto no será depósito ni comodato; sin embargo, si el poseedor no actuó con buena fe se otorga la acción por el hecho...

2. CELSUS libro octavo digestorum. ... (nam cum deficiant vulgaria atque usitata actionum nomina, praescriptis verbis agendum est)...

2. CELSO *en el libro octavo del digesto.* ... (porque cuando faltan los nombres comunes de las acciones se ejercerá la de palabras expresadas)...

3. IULIANUS libro quarto decimo

3. JULIANO *en el libro décimo*

digestorum. ... in quam necesse est confugere, quotiens contractus existunt, quorum appellationes nullae iure civil proditae sunt.

4. *ULPIANUS libro trigesimo ad Sabinum. Natura enim rerum conditum est, ut plura sint negotia quam vocabula.*

5. *PAULUS libro quinto quaestionum. Naturalis meus filius servit tibi et tuus filius mihi: convenit inter nos, ut et tu meum manumitteres et ego tuum: ego manumisi, tu non manumisisti: qua actione mihi teneris, quaesitum est. in hac quaestione totius ob rem dati tractatus inspici potest. Qui in his competit speciebus: aut enim do tibi ut des, aut do ut facias, aut facio ut des, aut facio ut facias: in quibus quaeritur, quae obligation nascatur.*

§1. Et si quidem pecuniam det, ut rem accipiam, emptio et venditio est: sin autem rem do, ut rem accipiam, quia non placet permutationem rerum emptionem esse, dubium non est nasci civilem obligationem, in qua actione id veniet, non ut reddas quod acceperis, sed ut damneris mihi, quanti interest mea illud de quo convenit accipere: vel si meum recipere velim, repetatur quod datum est, quasi ob rem datum re non secuta. Sed si scyphos tibi dedi, ut Stichum mihi dares,

cuarto del digesto. ... a la que debe recurrirse si existen contratos que carecen de nombre en el derecho civil.

4. ULPIANO *en el libro trigésimo de los comentarios a Sabino.* En efecto, la naturaleza de las cosas hace que sean más los negocios que sus denominaciones.

5. PAULO *en el libro quinto de las cuestiones.* Mi hijo te sirve como esclavo tuyo, y tu hijo como esclavo mío. Entre nosotros se acordó que manumitirías a mi hijo y yo al tuyo. Así lo hice, mientras que tú no. Se preguntó con qué acción te obligas. En este caso puede verse todo lo que se entrega por una causa, lo cual procede en estos casos: te doy para que des, o doy para que hagas, o hago para que des o hago para que hagas, en cuyos casos se pregunta qué obligación surge.

§1. Por tanto, si yo di dinero para recibir una cosa es compraventa, pero si doy una cosa para recibir otra, ya que no parece bien que la permuta de cosas sea compra, sin duda nace una obligación civil no para que devuelvas lo recibido, sino para que se te condene por cuanto me interesa recibir lo acordado o, si yo quiero recuperar lo mío, se reclame lo dado como dado para obtener

periculo meo Stichus erit ac tu dumtaxat culpam praestare debes. Explicitus est articulus ille do ut des.

§2. At cum do ut facias, si tale sit factum, quod locari solet, puta ut tabulam pingas, pecunia data locatio erit, sicut superiore casu emptio: si rem do, non erit locatio, sed nascetur vel civilis actio in hoc quod mea interest vel ad repetendum condictio. Quod si tale est factum, quod locari non possit, puta ut servum manumitas, sive certum tempus adiectum est, intra quod manumittatur idque, cum potuisset manumitti, vivo servo transierit, sive finitum non fuit et tantum temporis consumptum sit, ut potuerit debueritque manumitti, condici ei potest vel praescriptis verbis agi: quod his quae diximus convenit. Sed si dedi tibi servum, ut servum tuum manumitteres, et manumisisti et is quem dedi evictus est, si sciens dedi, de dolo in me dandam actionem Iulianus scribit, si ignorans, in factum civilem.

§3. Quod si faciam ut des et posteaquam feci, cessas dare, nulla erit civilis actio, et

algo que no fue correspondido. Y si te di unos vasos para que a cambio me dieses al esclavo Estico, él queda a riesgo mío y tu solo garantizarás la culpa. Así se explica el supuesto de "doy para que des".

§2. Cuando doy para que hagas, si el hecho fue de los que suelen arrendarse, por ejemplo, que pintes un cuadro habiéndose entregado dinero, habrá locación, como anteriormente hubo compra; si se dio una cosa no será locación, pero nacerá la acción civil por lo que me importa o la acción ejecutiva para reclamar la devolución. Pero si el hecho es tal que no puede arrendarse, por ejemplo, que manumitas un esclavo, ya sea dentro de cierto plazo señalado, y pudiendo manumitirlo el esclavo siguió siéndolo, ya sea que no se marcase plazo pero pasó tanto tiempo que pudo y debió ser manumitido, se ejercerá la acción ejecutiva o la acción de palabras expresadas, lo cual coincide con lo hasta aquí dicho. Pero si te di un esclavo para que manumitieses uno tuyo y así lo hiciste, pero el que yo te di fue eviccionado, si lo di sabiendo esto dice Juliano que procederá la acción de dolo contra mí, y si lo di ignorándolo, procederá la civil por el hecho.

§3. Pero si yo hago algo para que me des y luego de esto dejas de

ideo de dolo dabitur.

§4. Sed si facio ut facias, haec species tractatus plures recipit. Nam si pacti sumus, ut tu a meo debitore Carthagine exigas, ego a tuo Romae, vel ut tu in meo, ego in tuo solo aedificem, et ego aedificavi et tu cessas, in priorem speciem mandatum quodammodo intervenisse videtur, sine quo exigi pecunia alieno nomine non potest: quamvis enim et impendia sequantur, tamen mutuum officium praestamus et potest mandatum ex pacto etiam naturam suam excedere (possum enim tibi mandare, ut et custodiam mihi praestes et non plus impendas in exigendo quam decem): et si eandem quantitatem impenderemus, nulla dubitatio est. Sin autem alter fecit, ut et hic mandatum intervenisse videatur, quasi refundamus invicem impensas: neque enim de re tua tibi mando. Sed tutius erit et in insulis fabricandis et in debitoribus exigendis praescriptis verbis dari actionem, quae actio similis erit mandati actioni, quemadmodum in superioribus casibus locationi et emptioni.

§5. Si ergo haec sunt, ubi de faciendo ab utroque convenit, et in proposita

hacer, no habrá ninguna acción civil, pero se otorgará la de dolo.

§4. Pero si hago para que hagas, este contrato admite muchas modalidades. Porque si pactamos que cobres de mi deudor en Cartago y yo del tuyo en Roma, o que construyas en terreno mío y yo en uno tuyo, y yo construya o cobre pero tú no, parece que en el primer caso hubo una especie de mandato sin el cual no puede cobrarse el dinero en nombre de otro, porque aunque se generen gastos, ambos nos brindamos un servicio mutuo. Y el mandato también puede exceder su naturaleza en virtud de pacto (porque puedo mandarte que me respondas por la custodia o que al cobrar no gastes más de diez mil sestercios), y si gastamos la misma cantidad, no hay duda alguna. Pero si uno edificó lo que debía y el otro no, en tal caso pareció que medió mandato como para abonarnos mutuamente los gastos, porque no te mando respecto de cosa tuya. Pero será mas cierto en el caso de la construcción de una casa y del cobro a los deudores que se otorgue la acción de palabras expresadas, la cual será semejante a la de mandato, como lo fue en los casos anteriores a la de locación y la de compra.

§5. Si esto se da cuando ambas partes acuerdan hacer, también

quaestione idem dici potest et necesario sequitur, ut eius fiat condemnatio, quanti interest mea servum habere quem manumisi. An deducendum erit, quod libertum habeo? Sed hoc non potest aestimari.

6. NERATIUS *libro primo responsorum.* Insulam hoc modo, ut aliam insulam reficeres, vendidi. Respondi nullam esse venditionem, sed civil intentione incerti agendum est.

7. PAPINIANUS *libro secundo quaestionum.* Si tibi decem dedero, ut Stichum manumitas, et cessaveris, confestim agam praescriptis verbis, ut solvas quanti mea interest: aut, si nihil interest, condicam tibi, ut decem reddas.

8. IDEM *libro vicesimo septimo quaestionum.* Si dominus servum, cum furto argueretur, quaestionis habendae causa aestimatum dedisset neque de eo compertum fuisset et is non redderetur, eo nomine civiliter agi posse, licet aliquo casu servum retenturus esset, qui traditum accepisset. Potest enim retinere servum, sive dominus pro eo pecuniam elegisset sive in admisso deprehensus fuisset: tunc enim et datam aestimationem reddi a domino oportere. Sed quaesitum est, qua actione pecunia, si eam dominus elegisset, peti posset. Dixi, tametsi quod inter eos

puede decirse lo mismo en este caso, por lo que debe condenarse en cuanto me interesa tener el esclavo manumitido. ¿Se deducirá entonces que tengo un liberto? De esto no hay estimación.

6. NERACIO *en el libro primero de las respuestas.* Te vendí una casa para que pudieses repararme otra. Respondió que no había venta, sino que se demandará por petición civil de cosa incierta.

7. PAPINIANO *en el libro segundo de las cuestiones.* Si yo te di diez mil sestercios para que manumitas al esclavo Estico y no lo hiciste, ejerceré la acción de palabras expresadas para que pagues lo que me interesa, y si no hay interés de mi parte, ejerceré contra ti la acción ejecutiva para que me devuelvas los diez mil.

8. EL MISMO *en el libro vigésimo séptimo de las cuestiones.* Si el dueño entregó previa estimación un esclavo acusado de robo para someterlo a interrogatorio, no averiguándose nada del robo y no fue devuelto el esclavo, puede ejercerse acción civil, aunque en ciertos casos quien recibió al esclavo debe conservarlo, porque puede conservarlo si el dueño prefirió recibir el dinero en lugar del esclavo, como si se le hubiese sorprendido delinquiendo,

ageretur verbis quoque stipulationis conclusum non fuisset, si tamen lex contractus non lateret, praescriptis verbis incerti et hic agi posse, nec videri nudum pactum intervenisse, quotiens certa lege dari probaretur.

porque entonces el dueño tendrá que devolver incluso la estimación pagada. Pero se preguntó: ¿con que acción podría exigirse el dinero si el dueño prefirió que se le pagase? Dije que, aunque lo acordado entre ellos no se expresase en la estipulación, si de todos modos puede probarse la obligación contractual, puede ejercerse en tal caso la acción de palabras expresadas sobre cosa incierta, no entendiéndose que medió nudo pacto, pues se prueba que se entrega en virtud de obligación cierta.

9. IDEM *libro undecimo responsorum. Ob eam causam accepto liberatus, ut nomen Titii debitoris delegaret, si fidem contractus non impleat, incerti actione tenebitur. Itaque iudicis officio non vetus obligation restaurabitur, sed promissa praestabitur aut condemnation sequetur.*

9. EL MISMO *en el libro décimo primero de las respuestas.* A quien se le perdonó una deuda y quedó liberado para ceder un crédito contra Ticio, si no cumple dicho acuerdo se obligará por la acción de cosa incierta. Y así, no se restablecerá la antigua obligación por ministerio del juez, sino que se cumplirá lo prometido o procederá la condena.

10. IAVOLENUS *libro tertio decimo epistolarum. Partis tertiae usum fructum legavit: heredis bona ab eius creditoribus distracta sunt et pecuniam, quae ex aestimatione partis tertiae fiebat, mulier accepit fruendi causa et per ignorantiam stipulatio praetermissa est. Quaero, an ab herede mulieris pecunia, quae fruendi causa data est, repeti possit, et qua*

10. JAVOLENO *en el libro décimo primero de las epístolas.* Una persona legó a su esposa el usufructo de la tercera parte de sus bienes; los acreedores vendieron los bienes del heredero y la mujer recibió en usufructo el dinero obtenido de la estimación de la tercera parte, pero omitiendo la estipulación de

actione. Respondi in factum actionem dari debere.

la caución usufructuaria por desconocerla. Pregunto: ¿podrá repetir el heredero de la mujer el dinero dado en usufructo, y con cuál acción? Respondí que debe otorgarse la acción por el hecho.

11. POMPONIUS *libro trigesimo non ad Quitum Mucium. Quia actionum non plenus numerus esset ideo plerumque actiones in factum desiderantur. Sed et eas actiones, quae legibus proditae sunt, si lex iusta ac necessaria sit, supplet praetor in eo quod legi deest: quod facit in lege Aquilia reddendo actiones in factum accommodatas legi Aquiliae, idque utilitas eius legis exigit.*

11. POMPONIO *en el libro trigésimo noveno de los comentarios a Quinto Mucio.* En varias ocasiones se requieren acciones derivadas del hecho porque el número de las acciones no es completo. Pero también las que se elencan en las leyes, si la ley es justa y necesaria, el pretor las suple con sus carencias, como lo hace en la ley Aquilia al otorgar acciones por la conducta realizada, adecuadas a aquélla, exigiéndolo la utilidad práctica de dicha ley.

12. PROCULUS *libro undecimo epistularum. Si vir uxori suae fundos vendidit et in venditione comprehensum est convenisse inter eos, si ea nupta ei esse desisset, ut eos fundos, si ipse vellet, eodem pretio mulier transcriberet viro: in factum existimo iudicium esse reddendum idque et in aliis personis observandum.*

12. PRÓCULO *en el libro décimo primero de las epístolas.* Si el marido vendió unos fundos a su mujer y en la venta se acordó que si ella se divorciaba de él y él lo deseaba, la mujer devolvería al marido los fundos por el mismo precio, opino que debe concederse la acción por el hecho, lo que debe observarse en cuanto a otras personas.

13. ULPIANUS *libro trigesimo ad Sabinum. Si tibi rem vendendam certo pretio dedissem, ut, quo pluris vendidisses, tibi haberes, placet neque mandati neque pro socio esse actionem,*

13. ULPIANO *en el libro trigésimo de los comentarios a Sabino.* Si yo te di una cosa para que la vendieses en determinado precio y te quedases con el excedente de lo

sed in factum quasi alio negotio gesto, quia et mandata gratuita esse debent, et societas non videtur contracta in eo, qui te non admisit socium distractionis, sed sibi certum pretium excepit.

§1. Iulianus libro undecimo digestorum scribit, si tibi arcae meae dominium dedero, ut insula aedificata partem mihi reddas, neque emptionem esse, quia pretii loco partem rei meae recipio, neque mandatum, quia non est gratuitum, neque societatem, quia nemo societatem contrahendo rei suae dominus esse desinit. Sed si puerum docendum vel pecus pascendum tibi dedero vel puerum nutriendum ida, ut, si post certos annos venisset, pretium inter nos communicaretur, abhorrere haec ab arca eo, quod hic dominus esse non desinit qui prius fuit: competit igitur pro socio actio. Sed si forte puerum dominio tui fecero, idem se quod in area dicturum, quia dominium desinit ad primum dominum pertinere. Quid ergo est? In factum putat actionem Iulianus dandam, id est praescriptis verbis. Ergo si quis arcae dominium non transtulerit, sed passus sit te sic aedificare, ut communicaretur vel ipsa vel pretium, erit societas. Idemque et si partis areae dominium transtulerit, partis non, et eadem lege aedificare passus sit.

vendido, se dice que no procede ni la acción de mandato, ni la de sociedad, sino la del hecho, como si existiese otro negocio, porque los mandatos deben ser gratuitos, y no parece que hay sociedad con quien no te tomó como socio en la venta, sino que se reservó cierta parte.

§1. En el libro undécimo de su digesto, Juliano escribe que si yo te di la propiedad de un terreno mío para que edificases una casa y me devolvieses una parte, no hay compra, porque en lugar del precio recibo una porción de mi cosa; ni mandato, porque no es gratuito; ni sociedad, porque nadie deja de ser dueño de lo suyo al constituirse la sociedad. Pero si yo te di un esclavo infante para instruirle, o ganado para apacentarlo, o un niño esclavo para nutrilo a condición de que si se vendía luego de ciertos años el precio nos repartiríamos el precio, este caso es diferente al del solar en que en el último no deja de ser dueño el primero que lo fue; por tanto, procede la acción de socio. ¿Pero se dira lo mismo que en el caso del solar si yo te transmití la propiedad del esclavo infante, pues el primer dueño dejó de serlo? Juliano opina que debe concederse la acción por el hecho, es decir, de las palabras expresadas. Por tanto, si alguien no transfirió la

propiedad del fundo, pero autorizó edificar en él a condición de volver común el solar o el precio, se dará la sociedad. Lo mismo ocurre si se transfirió la propiedad de una porción del solar y no de otra, permitiéndose edificar bajo la misma condición.

14. IDEM libro quadragesimo primo ad Sabinum. Qui servandarum mercium suarum causa alienas merces in mare proiecit, nulla tenetur actione: sed si sine causa id fecisset, in factum, si dolo, de dolo tenetur.

14. EL MISMO *en el libro cuadragésimo primero de los comentarios a Sabino.* Quien para salvar sus mercancías arrojó al mar las ajenas, no se obliga por ninguna acción; pero si no hubo causa para hacerlo se obliga por la acción del hecho, y si hubo causa, por la de dolo.

§1. Sed et si servum quis alienum spoliaverit isque frigore mortuus sit, de vestimentis quidem furti agi poterit, de servo vero in factum agendum criminali poena adversus eum servata.

§1. Pero si alguien despojó de sus ropas a un esclavo ajeno y éste murió de frío, podrá ejercerse la acción de robo en cuanto a la ropa, y en cuanto al esclavo se ejercerá la del hecho, sin perjuicio de la pena criminal contra el autor del hecho.

§2. Sed et si calicem argenteum quis alienum in profundum abiecerit damni dandi causa, non lucri faciendi, Pomponius libro septimo decimo ad Sabinum scripsit neque furti neque damni iniuriae actionem esse, in factum tamen agendum.

§2. Igualmente, Pomponio escribió en el libro décimo séptimo de sus comentarios a Sabino que si alguien lanzó al mar un vaso de plata ajeno para causar un daño, no para obtener un lucro, no procede ni la acción de robo ni la de daño ilícitamente causado, sino la acción por el hecho.

§3. Si glans ex arbore tua in meum fundum cadat eamque ego immisso pecore depascam: Aristo scribit non sibi

§3. Aristón escribe que si la bellota de tu árbol cae en mi fundo y yo la di a pastar

occurrere legitimam actione, qua experiri possim: nam neque ex lege duodecim tabularum de pastu pecoris (quia non in tuo pascitur) neque de pauperie neque de damni iniuriae agi posse: in factum itaque erit agendum.

introduciendo ganado ahí, no considera que yo pueda ejercer acción legítima, porque no puede intentarse la de la Ley de las Doce Tablas sobre el pastoreo de ganado (pues no pasta en terreno tuyo), ni la de perjuicios ni la de daño ilícitamente causado, por lo que deberá ejercerse la del hecho.

15. IDEM *libro quadragesimo secundo ad Sabinum. Solent, qui noverunt servos fugitivos alicubi celari, indicare eos dominis ubi celentur: quae res non facit eos fures. Solent etiam mercedem huius rei accipere et sic indicare, nec videtur illicitum esse hoc quod datur. Quare qui accepit, quia ob causam accepti nec improbam causam, non timet condictionem. Quod si solutum quidem nihil est, sed pactio intercessit ob iudicium, hoc est ut, si indicasset adprehensusque esset fugitivus, certum aliquid daretur, videamus, an possit agere. Et quidem convention ista non est nuda, ut quis dicat ex pacto actionem non oriri, sed habet in se negotium aliquod: ergo civilis action oriri potest, id est praescriptis verbis. Nisi si quis et in hac specie de dolo actionem competere dicat, ubi dolus aliquis arguatur.*

15. EL MISMO *en el libro cuadragésimo segundo de los comentarios a Sabino.* Quienes saben dónde se ocultan los esclavos fugitivos suelen indicárselo a los dueños, y así no se vuelven ladrones. También suelen recibir un pago por indicar el lugar, lo que no parece ilícito. Por tanto, quien recibió pagó parece que lo recibió por una causa legítima, no temiendo la acción ejecutiva. Pero si no se pagó nada, sino que se pactó que si se ubicaba y aprehendía al esclavo fugitivo se daría cierta cosa, ¿podrá demandarse el precio? Este acuerdo no es nudo como para decir que no nace acción del pacto, sino que contiene cierto negocio. Por tanto, puede nacer acción civil, como la de palabras expresadas, salvo que alguien diga que también en este caso procede la acción de dolo cuando se prueba éste.

16. POMPONIUS *libro vicesimo* **16.** POMPONIO *en el libro*

secundo ad Sabinum. *Permisisti mihi certam eximere de agro tuo ita, ut eum locum, unde exemissem, replerem: exemi nec repleo: quaesitum est, quam habeas ationem. Sed certum est civilem actionem incerti competere. Si autem vendidist cretam, ex vendito ages. Quod si post exemptionem cretae replevero nec patieris me cretam tollere tu, agam ad exhibendum, quia mea facta est, cum voluntate tua exempta sit.*

§1. Permisisti mihi, ut sererem in fundo tuo et fructus tollerem: sevi nec pateris me fructus tollere. Nullam iuris civilis actionem esse Aristo ait: an in factum dari debeat, deliberari posse: sed erit de dolo.

17. ULPIANUS *libro vicesimo octavo ad edictum. Si gratuitam tibi habitationem dedero, an commodati agere possim? Et Vivianus ait posse: sed est tutius praescriptis verbis agere.*

§1. Si margarita tibi aestimata dedero, ut aut eadem mihi adferres aut pretium eorum, deinde haec perierint ante venditionem, cuius periculum sit? Et ait Labeo, quod et Pomponius scripsit, si quidem ego te venditor rogavi, meum esse periculum: si tu me, tuum: si neuter nostrum, sed dumtaxat consensimus, teneri te hactenus, ut dolum et culpam

vigésimo segundo de los comentarios a Sabino. Me autorizaste a extrer greda de tu campo a condición de que rellenase el hueco. La saqué y no rellené. Se preguntó qué acción tendrás. Sin duda procede la acción civil de cosa incierta. Si vendiste la greda ejercerás la de venta; pero si rellené el terreno tras sacar la greda y me impediste llevármela, entonces ejerceré la acción exhibitoria porque la greda se hizo mía tras haberla extraído con tu permiso.

§1. Me autorizaste a sembrar en tu fundo y que recogiese los frutos; sembré pero me impediste retirar los frutos. Aristón dice que no procede ninguna acción de derecho civil, discutiéndose si debe otorgarse la del hecho. Más bien procederá la de dolo.

17. ULPIANO en el libro vigésimo octavo de los comentarios al edicto. Si te ofrecí gratuitamente una vivienda, ¿podré ejercer la acción de comodato? Viviano dice que sí, pero es más adecuado ejercer la acción de palabras expresadas.

§1. Si te di estimadas unas piedras preciosas para que me devuelvas las mismas o su precio, y luego se perdieron antes de venderlas, ¿de quién será la pérdida? Labeón dice lo mismo que escribió Pomponio: si como vendedor te pedí que las vendieses, la pérdida es mía; si tu me lo pediste, es

mihi praestes. Actio autem ex hac causa utique erit praescriptis verbis.

§2. *Papinianus libro octavo quaestionum scripsit: si rem tibi inspiciendam dedi et dicas te perdidisse, ita demum mihi praescriptis verbis actio competit, ita demum mihi praescriptis verbis actio competit, si ignorem ubi sit: nam si mihi liqueat apud te esse, furti agere possum vel condicere vel ad exhibendum agere. Secundum haec, si cui inspiciendum dedi sive ipsius causa sive utriusque, et dolum et culpam mihi praestandam esse dico propter utilitatem, periculum non: si vero mei dumtaxat causa datum est, dolum solum, quia prope depositum hoc accedit.*

§3. *Si, cum unum bovem haberem et vicinus unum, placuerit inter nos, ut per denos dies ego ei et ille mihi bovem commodaremus, ut opus faceret, et apud alterum bos periit, commodati non competit actio, quia non fuit gratuitum commodatum, verum praescriptis verbis agendum est.*

§4. *Si, cum mihi vestimenta venderes, rogavero, ut ea apud me relinquas, ut*

tuya, y si ninguno de nosotros lo solicitó, sino que solo consentimos, únicamente te obligas a responder por el dolo y la culpa. Sin embargo, la acción para esta causa será la de palabras expresadas.

§2. Papiniano escribió en el libro octavo de sus cuestiones: si te di una cosa para que la examinases y luego me dice que la perdiste, solo puedo ejercer la acción de palabras expresadas si no sé donde está, porque si me consta que la tienes tú puedo ejercer la acción de robo, la ejecutiva o la exhibitoria. Según esto, si le di a alguien una cosa para que la examine, ya en interés suyo o en el de ambos, en razón de la utilidad que reporta se me responderá únicamente por dolo y culpa, pero no por la pérdida; pero si solo se dio en interés mío, solo responderás por el dolo, pues esto se asemeja al depósito.

§3. Si yo tenía un buey y mi vecino otro, y acordamos que nos daríamos mutuamente en comodato durante diez días los respectivos bueyes para hacer una faena, y un buey murió en poder de uno de nosotros, no procede la acción de comodato, porque el comodato no es gratuito, sino que procede la acción de palabras expresadas.

§4. Si al venderme tú unos vestidos te pedí que los tuviese yo

peritioribus ostenderem, mox haec perierint vi ignis aut alia maiore, periculum me minime praestaturum: ex quo apparet utique custodiam ad me pertinere.

§5. *Si quis sponsionis causa nulos acceperit nec reddit victori, praescriptis verbis actio in eum competit: nec enim recipiendas est Sabini opinio, qui condici et furti agi ex hac causa putat: quemadmodum enim rei nomine, cuius neque possessionem neque dominium victor habuit, aget furti? Plane si inhonesta causa sponsionis fuit, sui anuli dumtaxat repetito erit.*

18. IDEM *libro trigesimo ad edictum. Si aput te pecuniam deposuerim, ut dares Titio, si fugitivum meum reduxisset, nec dederis, quia non reduxit: si pecuniam mihi non reddas, melius est praescriptis verbis agere: non enim ambo pecuniam ego et fugitivarius deposuimus, ut quasi apud sequestrem sit depositum.*

para poder enseñárselos a personas más conocedoras, y luego se perdiesen por un incendio u otro evento de fuerza mayor, no responderé absolutamente por la pérdida; de ello se desprende que solo respondo por la custodia.

§5. Si alguien recibió unos anillos en virtud de una apuesta y no los entrega al vencedor, procede en su contra la acción de palabras expresadas. Y no se admite la opinión de Sabino, quien cree que por lo anterior proceden la acción ejecutiva y la acción de robo. Porque, ¿cómo ejercer la acción de robo por una cosa que el vencedor de la apuesta no poseyó ni fue dueño? Pero si la causa de la apuesta fue deshonesta, solo procederá reclamar el propio anillo.

18. EL MISMO *en el libro trigésimo de los comentarios al edicto.* Si deposité contigo una cantidad de dinero para que se la dieses a Ticio si éste me recupera un esclavo mío fugitivo, y no le entregaste el dinero porque no lo capturó, si no me devuelves el dinero es mejor ejercer la acción de palabras expresadas, porque el perseguidor del esclavo y yo no depositamos el dinero para dejarlo ante un depositario judicial

19. IDEM *libro trigesimo primo ad edictum. Rogasti me, ut tibi nummos mutuos darem: ego cum non haberem, dedi tibi rem vendendam, ut pretio utereris. Si non vendidist aut vendidist quidem, pecuniam autem non accepisti mutuam, tutius est ita agere, ut Labeo ait, praescriptis verbis, quasi negoti quodam inter nos gesto proprii contractus.*

§1. *Si praedium pro te obligavero, deinde placuerit inter nos, ut mihi fideiussorem praestares, nec facias, melius esse dico praescriptis verbis agi, nisi merces intervenit: nam si intervenit, ex locato esse actionem.*

20. IDEM *libro trigesimo secundo ad edictum. Apud Labeonem quaeritur, si tibi equos venales experiendos dedero, ut, si in triduo displicuissent, redderes, tuque desultor in his cucurreris et viceris, deinde emere nolueris, an sit adversus te ex vendito actio. Et puto verius esse praescriptis verbis agendum: nam inter nos hoc actum, ut experimentum gratuitum acciperes, non ut etiam certares.*

19. EL MISMO *en el libro trigésimo primero de los comentarios al edicto.* Me pediste prestado dinero, y al no tenerlo, te di una cosa para que la vendieses y usases el dinero pagado por ella. Si la vendiste o si no, pero no recibiste el dinero del préstamo, es más acertado ejercer la acción de palabras expresadas, como dice Labeón, como si entre nosotros se hubiese gestionado un negocio distinto.

§1. Si di en garantía un predio en favor tuyo, luego acordamos que me darías un fiador y no lo hiciste, opino que es mejor ejercer la acción de palabras expresadas si no medió retribución, porque si la hubo, entonces procede la acción de locación.

20. EL MISMO *en el libro trigésimo segundo de los comentarios al edicto.* En Labeón se plantea este caso: si yo te di unos caballos que estaba vendiendo para probarlos y me los devolvieses dentro de tres días si no te gustaban, y como jinete corrieste en ellos y ganaste, pero luego no quisiste comprarlos, ¿procederá contra ti la acción de venta? Opino que es más cierto que debe ejercerse la acción de palabras expresadas, porque entre nosotros se acordó una prueba gratuita, no que participases en una carrera.

§1. *Item apud Melam quaeritur, si mulas tibi dedero ut experiaris et, si placuissent, emeres, si discplicuissent, ut in dies singulos aliquid praestares, deinde mulae a grassatoribus fuerint ablatae intra dies experimenti, quid esset praestandum, utrum pretium et merces an merces tantum. Et ait Mela interesse, utrum emptio iam erat contracta an futura, ut, si facta, pretium petatur, su futura, merces petatur: sed non exprimit de actionibus. Put autem, si quidem perfecta fuit emptio, competere ex vendito actionem, si vero nondum perfecta esset, actionem talem qualem adversus desultorem dari.*

§1. Igualmente, en Mela se plantea lo siguiente: te di unas mulas para que las probases y las comprases si te gustaban, pero si no, me pagarías cierta cantidad por cada día; luego, unos cuatreros robaron las mulas en los días de prueba. ¿De qué se responderá: del precio y del alquiler pactado o solo de lo último? Mela dice que debe distinguirse si ya se había pactado la compra o todavía debía hacerse; porque si ya se había vendido se exigirá el precio, y si había de hacerse, se reclamará el alquiler. Sin embargo, nada dice sobre las acciones; opino que si se perfeccionó la venta procede la acción de venta, y si no, la misma acción que se da contra el jinete.

§2. *Si, cum emere argentum velles, vascularius ad te detulerit et reliquerit et, cum displicuisset tibi, servo tuo referéndum dedisti et sine dolo malo et culpa tua perierit, vascularii esse detrimentum, quia eius quoque causa sit missum. Certe culpam eorum, quibus custodiendum perferendumve dederis, praestare te oportere Labeo ait, et puto praescriptis verbis actionem in hoc competere.*

§2. Si al querer comprar plata el platero te la entregó y dejó, y al no gustarte se la diste a tu esclavo para que la devuelva, perdiéndose la plata sin dolo ni culpa tuya, el perjuicio es del platero, porque se envió por causa suya. Labeón dice que sí responderás por la culpa de aquéllos a quienes se la diste para custodiarla o devolverla, y yo opino que por ello procede la acción de palabras expresadas.

21. IDEM *libro secundo disputationum. Quotiens deficit actio vel exceptio, utilis actio vel exceptio est.*

21. EL MISMO *en el libro segundo de las disputas.* Siempre que falte acción o excepción, procede acción o excepción útil.

22. GAIUS libro decimo ad edictum provinciale. Si tibi polienda sarciendave vestimenta dederim, si quidem gratis hanc operam te suscipiente, mandati est obligatio, si vero mercede data aut constituta, locationis conductionisque negotium geritur. Quod si neque gratis hanc operam susceperis neque protinus aut data aut constituta sit merces, sed eo animo negotium gestum fuerit, ut postea tantum mercedis nomine daretur, quantum inter nos statutum sit, placet quasi de novo negotio in factum dandum esse iudicium, id est praescriptis verbis.

22. GAYO *en el libro décimo de los comentarios al edicto.* Si yo te di unos vestidos para lavarlos o repararlos y esto lo haces gratuitamente, existe la obligación de mandato; pero si se dio o señaló retribución, existe arrendamiento. Si no ocurrió ninguno de estos dos supuestos, sino que se hizo el negocio con la intención de darse después como precio lo que entre nosotros se acordó, parece correcto que deba otorgarse la acción por el hecho, es decir, la de palabras expresadas, por ser un negocio nuevo.

23. ALFENUS libro tertio digestorum a Paulo epitomatorum. Duo secundum Tiberim cum ambularent, alter eorum ei, qui secum ambulabat, rogatus anulum ostendit, ut respiceret: illi excidit anulus et in Tiberim devolutus est. respondit posse agi cum eo in factum actione.

23. ALFENO *en el libro tercero del digest compendiado por Paulo.* Dos personas paseaban a orillas del Tíber; luego de pedírselo aquel con quien paseaba, uno de ellos le mostró un anillo para que lo examinase. El anillo se le cayó y fue a parar al Tiber. Respondió que contra él procede la acción por el hecho.

24. AFRICANUS libro octavo quaestionum. Titius Sempronio triginta dedit pactique sunt, ut ex reditu eius pecuniae tributum, quod Titius pendere deberet, Sempronius praestaret computatis usuris semissibus, quantoque minus tributorum nomine praestitum foret, quam earum usurarum quantitas esset, ut id Titio restitueret, quod amplius

24. AFRICANO *en el libro octavo de las cuestiones.* Ticio dio treinta mil sestercios a Sempronio, pactando que con los intereses de ese dinero Sempronio pagaría un tributo que debía Ticio, computados los intereses al seis por ciento, y lo que pagase de menos por los tributos se lo

praestitum esset, id ex sorte decedert, aut, si et sortem et usuras summa tributorum excessisset, id quod amplius esset Titius Sempronio praestaret: neque de ea re nulla stipulation interposita est. titius consulebat, id quod amplius ex usuris Sempronius redegisset, quam tributorum nomine praestitisset, qua actione ab eo consequi possit. Respondit pecuniae quidem creditae usuras nisi in stipulationem deductas non deberi: verum in proposito videndum, ne non tam faenerata pecunia intellegi debeat, ne non tam faenerata pecunia intellegi debeat, quam quasi mandatum inter eos contractum, nisi quod ultra semissem consecuturus esset: sed ne ipsius quidem sortis petitionem pecuniae creditae fuisse, quando, si Sempronius eam pecuniam sine dolo malo vel amisisset vel vacuam habuisset. Dicendum nihil eum eo nomine praestare debuisse, quare tutius esse praescriptis verbis in factum actionem dari, praesertim cum illud quoque convenisset, ut quod amplius praestitum esset, quam ex usuris redigeretur, sorti decedert: quod ipsum ius et causam pecuniae creditae excedat.

devolvería a Ticio, mientras que lo pagado de más lo descontaría del capital; y si el importe de los intereses excedía al capital y a los intereses, Ticio daría a Sempronio el excedente, pero no se realizó estipulación alguna sobre esto. Ticio preguntó lo siguiente: ¿con qué acción podría lograr de Sempronio lo que por intereses retuvo de más sobre los tributos pagados? Respondió que era obvio que no se debían intereses del dinero prestado si no se pactaron en estipulación, pero que en el caso propuesto no tanto debe entenderse que se dio dinero al interés, sino que se convino entre ellos una especie de mandato, salvo que se perciba más del seis por ciento. Sin duda no había acción para reclamar el dinero prestado, pues si Sempronio perdiese esa cantidad sin dolo o no la hubiese empleado, se dirá que por tal concepto nada debía pagar. Por ende, es más seguro que proceda la acción por las palabras expresadas debido al hecho, sobre todo si también se acordó que lo pagado de más en cuanto a los intereses se descontase del capital, lo que excede del derecho mismo y la condición del préstamo de dinero.

25. MARCIANUS *libro tertio regularum. Si operas fabriles quis servi*

25. MARCIANO *en el libro tercero de las reglas.* Si alguien cedió los

vice mutua dedisset, ut totidem reciperet, posse eum praescriptis verbis agere, sicuti si paenulas dedisset, ut túnicas acciperet: nec esse hoc contrarium, quod si per errorem operae indebitae data sunt, ipsae repeti non possunt. Nam aliud dando, ut aliud reddatur, obligari iure Gentium possumus: quod autem indebitum datur, aut ipsum repeti debet aut tantundem ex eodem genere, quorum neutro modo operae repeti possunt.

trabajos fabriles de un esclavo para recibir a cambio otros, puede ejercer la acción por las palabras expresadas, como si diese capotes para recibir a cambio túnicas. Y esto no es contrario a que, si por error se dieron obras no debidas éstas no puedan ya repetirse, porque podemos obligarnos por el derecho de gentes dando una cosa para que se nos devuelva otra diferente. Pero lo que se da sin deberse debe repetirse como tal u otro tanto del mismo género, no pudiendo repetirse las obras por ninguno de estos modos.

26. POMPONIUS *libro vicesimo primo ad Sabinum. Si tibi scyphos dedi, ut eosdem mihi redderes, commodati actio est: si, ut pondus argenti redderes quantum in illis esset, tantidem ponderis petitio est per actionem praescriptis verbis, tam boni tamen argenti, quam illi scyphi fuerunt: sed si ut vel hos scyphos vel ut eiusdem ponderis argentum dares, convenit, dicendum est, si quidem tua est electio, scyphos statim tuos fieri et te mihi dare posse aut scyphos aut argentum utrum malis: quod si mihi permissum est eligere, scyphos tuos non fieri, antequam dixero me eos habere nolle.*

26. POMPONIO *en el libro vigésimo primero de los comentarios a Sabino.* Si te di unos vasos para que me devuelvas los mismos, procede la acción de comodato; si te los di para que me devuelvas el mismo peso de la plata que en ellos hay, procede la petición de ese peso con la acción de palabras expresadas, y de una plata tan buena como la que tenían aquellos vasos. Pero si se convino que dieses aquellos vasos o plata del mismo peso, se dirá que, si la elección fue tuya, los vasos se vuelven inmediatamente tuyos, pudiendo tú darme los vasos o la plata, según elijas, pero si la elección es mía, los vases no se vuelven tuyos antes de que yo

diga que no quiero tenerlos.

27. *Quod kalendis <Ianuariis?> dari solet medicis et scaenicis, non est merces: itaque si quid in hisce ministeriis aliter fiat quam convenit, non ex locaato, sed in factum actio dabitur.*

27. [Extraído de los Basílicos] Lo que en las calendas <¿de enero?> suele entregarse a médicos y actores no es un salario; por ello, si al prestar tales servicios se hace algo fuera de lo común, no se otorga la acción de locación, sino la acción por el hecho.

DOMINI IUSTINIANI DIGESTORUM SEU PANDECTARUM PARS QUARTA (UMBILICUS)

CUARTA PARTE DEL DIGESTO O PANDECTAS DEL SEÑOR JUSTINIANO (MEDIO)

LIBER XX

LIBRO XX

TITULUS I
DE PIGNORIBUS ET HYPOTHECIS ET QUALITER EA CONTRAHANTUR ET DE PACTIS EORUM

TÍTULO I
DE LAS PRENDAS E HIPOTECAS, DE CÓMO SE CONTRAEN Y DE SUS PACTOS

1. *PAPINIANUS libro undécimo responsorum.* Conventio generalis in pignore dando bonorum vel postea quaesitorum recepta est: in speciem autem alienae rei collata conventione, si non fuit ei qui pignus dabat debita, postea debitori dominio quaesito difficilius creditori, qui non ignoravit alienum, utilis actio dabitur, sed facilior erit possidenti retentio.

1. PAPINIANO *en el libro décimo primero de las respuestas.* Se admite el convenio general de dar en prenda los bienes actuales o los adquiridos después; pero si se conviene prenda sobre cosa ajena y no debida al pignorante que el deudor adquirió después la propiedad, con mayor dificultad se otorgará al acreedor la acción útil si sabía que la cosa era ajena, pero le será más fácil si retiene la posesión.

§1. *Servo pignori dato peculium eius creditor citra conventionem specialiter super eo conceptam frustra distrahit, nec interest, quando servus domino peculium adquisierat.*

§1. Si se da en prenda un esclavo, y no hubo acuerdo específico sobre el peculio, el acreedor no debe vender tal peculio, sin importar en qué momento adquirió el esclavo dicho peculio para su dueño.

§2. *Cum praedium pignori daretur, nominatim, ut fructus quoque pignori essent, convenit. Eos consumptos bona fide emptor utili Serviana restituere non cogetur: pignoris etenim causam nec usucapione peremi placuit, quonima quaestio pignoris ab intentione dominii*

§2. Al dar un fundo en prenda, se acordó expresamente que los frutos también se incluyesen en la prenda; si el comprador los consumió de buena fe, no se obligará a restituirlos por medio de la acción útil Serviana, porque

separator: quod in fructibus dissimile est, qui numquam debitoris fuerunt.

aunque se considera que el derecho de prenda no se extinga ni por usucapión, pues la existencia de la prenda es diferente a la intención de tener la propiedad, no procede lo mismo al tratarse de los frutos, pues nunca fueron del deudor.

§3. Pacto placuit, ut ad diem usuris non solutis fructus hypothecarum usuris compensarentur fini legitimae usurae. Quamvis exordio minores in stipulatum venerint, non esse tamen irritam conventionem placuit, cum ad diem minore faenore non soluto legitimae maiores usurae stipulanti recte promitti potuerunt.

§3. En un pacto se acordó que, si no se pagaban los intereses para una fecha determinada, los frutos de las hipoteas se compensarían con los intereses hasta el límite del interés legal. Aunque al inicio fuesen se estipularon intereses menores, se considera adecuado no anular el acuerdo, pues al no pagarse el interés menor para la fecha indicada, el deudor puede prometer al estipulante intereses legales más altos.

§4. Cum praedium uxor viro donasset idque praedium vir pignori dedisset, post divortium mulier possessionem praedii sui reciperavit et idem praedium ob debitum viri pignori dedit. In ea dumtaxat pecunia recte pignus a muliere contractum apparuit, quam offerre viro debuit meliore praedio facto, scilicet si maiores sumptus quam fructus fuissent, quos vir ex praedio percepit: etenim in ea quantitate proprium mulier negotium gessisse, non alienum suscepisse videtur.

§4. Una mujer donó a su marido un predio, y luego de que éste lo dio en prenda, la mujer recuperó la posesión de su predio tras el divorcio, dando en prenda el mismo por la deuda del marido. Resulta legal que la mujer constituya prenda por la cantidad que debió ofrecer al marido si éste mejoró el predio, es decir, si los gastos fueron mayores a los frutos que el marido percibió del fundo, pues se considera que la mujer fue gestionó un negocio propio por dicha cantidad, no siendo intercesora de su ex marido.

2. *IDEM libro tertio responsorum. Fideiussor, qui pignora vel hypothecas suscepit atque ita pecunias solvit, si mandate agat vel cum eo agatur, exemplo creditoris etiam culpam aestimari oportet. Ceterum iudicio, quod de pignore dato proponitur, conveniri non potest.*

3. *IDEM libro vicensimo quaestionum. Si superatus sit debitor, qui rem suam vindicabat, quod suam non probaret, aeque servanda erit creditori actio Serviana probanti res in bonis eo tempore, quo pignus contrahebatur, illius fuisse. Sed et si victus sit debitor vindicans hereditatem, iudex actionis Servianae neglecta de hereditate dicta sententia pignoris causam inspicere debebit. Atquin aliud in legatis et libertatibus dictum est, cum secundum cum, qui legitimam hereditatem vidicabata, sententia dicta est. Sed creditor non bene legatariis per omnia comparatur, cum legata quidem aliter valere non possunt, quam si testamentum ratum esse constaret: enim vero fieri potest, ut et pignus recte sit acceptum nec tamen ab eo lis bene instituta.*

2. EL MISMO *en el libro tercero de las respuestas.* Si el fiador que recibió prendas o hipotecas y con ellas pagó algunas deudas, ejerce la acción de mandato o lo demandan con ésta, responde por la culpa, al igual que el acreedor que tenía las prendas o hipotecas. Pero no puede demandársele con la acción para recuperar la prenda.

3. EL MISMO *en el libro vigésimo de las cuestiones.* Si el deudor que reivindicaba una cosa fue vencido en juicio al no poder probar que era suya, el acreedor seguirá teniendo la acción Serviana si prueba que el deudor tuvo la cosa en propiedad bonitaria al momento de constituirse prenda. También si el deudor que reinvidica la herencia fue vencido en juicio, el juez ante quien se ventila la acción Serviana deberá examinar la causa de la prenda, sin considerar la sentencia dictada para la herencia. Es diferente el caso sobre legados y manumisiones testamentarias cuando se pronuncia sentencia en favor de quien reivindicaba la herencia legítima. Sin embargo, el acreedor no se compara en todo a los legatarios, porque los legados solo pueden ser válidos si consta que el testamento es válido; aunque puede ocurrir que la prenda se reciba legalmente y

§1. *Per iniuriam victus apud iudicium rem quam petierat postea pignori obligavit: non plus habere creditor potest, quam habet qui pignus dedit. Ergo summovebitur rei iudicatae exceptione, tametsi maxime nullam propriam qui vicit actionem excercere possit: non enim quid ille non habuit, sed quid in ea re quae pignori data est debitor habuerit, considerandum est.*

§1. Alguien vencido injustamente en juicio reivindicatorio otorgó en prenda la cosa demandada. El acreedor solo puede tener derecho a lo que tenía quien ofreció la prenda, por lo que será rechazado con la excepción de cosa juzgada, aunquee el vencedor no pueda ejercer ninguna acción, ya que no debe considerarse lo que deja de tener el vencedor, sino lo que el deudor tuvo en la cosa dada en prenda.

que el deudor no se defendiese bien en el litigio.

4. *GAIUS libro singulari de formula hypothecaria. Contrahitur hypotheca per pactum conventum, cum quis paciscatur, ut res eius propter aliquam obligationem sint hypothecae nomine obligatae: nec ad rem pertinet, quibus fit verbis, sicut et in his obligationibus quae consensu contrahuntur. Et ideo et sine scriptura si convenit ut hypotheca sit et probari poterit, res obligata erit de qua convenient. Fiunt enim de his scripturae, ut quod actum est per eas facilius probari poterit: et sine his autem valet quod actum est, si habeat probationem: sicut et nuptiae sunt, licet testationes in scriptis habitae non sunt.*

4. GAYO *en el libro único de la fórmula hipotecaria.* La hipoteca se contrae por pacto cuando alguien acuerda que sus bienes se obliguen a título de hipoteca por alguna obligación; y no importa con qué palabras se haga, como ocurre en las obligaciones consensuales. Por ello, si se convino la hipoteca sin escritura, y ello puede probarse, se obligará la cosa convenida, porque se realizan escrituras hipotecarias poder probarse más fácilmente lo pactado, pero también sin ellas vale lo acordado, si puede probarse de otro modo, así como las nupcias subsisten aunque no conste por escrito el acto.

5. *MARCIANUS libro singulari ad formulam hypothecariam. Res hypothecae dari posse sciendum est pro quacumque*

5. MARCIANO *en el libro único de los comentarios a la fórmula hipotecaria.* Debe saberse que

obligatione, sive mutua pecunia datur sive dos, sive emptio vel venditio contrahatur vel etiam locatio et conductio vel mandatum, et sive pura est obligatio vel in diem vel sub condicione, et sive in praesenti contractu sive etiam praecedat: sed et future obligationis nomine dari possunt: sed et non solvendae omnis pecuniae causa, verum etiam de parte eius: et vel pro civili obligatione vel honoraria vel tantum naturali. Sed et in condicionali obligatione non alias obligantur, nisi condicio exstiterit.

puede darse en hipoteca una cosa por cualquier obligación, ya sea dinero dado en calidad de mutuo, una dote, una compraventa, un arrendamiento o un mandato, ya si la obligación es simple, a plazo o bajo condición, ya si se basa en un contrato presente o anterior, aunque también puede darse en garantía ante una obligación futura; también procede al pagar una parte del adeudo, no todo, o bien ante una obligación civil, honoraria o natural. Sin embargo, en la obligación condicional depende de que se cumpla la condición.

§1. Inter pignus autemet hypothecam tantum nominis sonus differt.

§2. Dare autem quis hypothecam potest sive pro sua obligatione sive pro aliena.

§1. La prenda y la hipoteca solo se diferencian por la palabra.

§2. Cualquiera puede otorgar hipoteca por obligación propia o ajena.

6. *ULPIANUS libro septuagesimo tertio ad edictum. Obligatione generali rerum, quas quis habuit habiturusve sit, ea non continebuntur, quae verisimile est quemquam specialiter obligaturum non fuisse. Ut puta supellex, item vestis relinquenda est debitori, et ex mancipiis quae in eo usu habebit, ut certum sit eum pignori daturum non fuisse. Proinde de ministeriis eius perquam ei necessariis vel quae ad affectionem eius pertineant...*

6. ULPIANO *en el libro septuagésimo tercero de los comentarios al edicto.* Al obligar hipotecariamente los bienes que alguien tiene o llegará a tener no se incluirán los que nadie obliga especialmente, por ejemplo, el ajuar. También debe dejarse al deudor las vestimentas, así como los esclavos que usa y no quiere dar en prenda; por tanto, los esclavos necesarios para su servicio o por los que siente especial afecto...

Digesto libro XX título I

7. *PAULUS libro sexagesimo octavo ad edictum.* ... *vel quae in usum cottidianum habentur Serviana non competit.*

8. *ULPIANUS libro septuagesimo tertio ad edictum. Denique concubinam filios naturales alumnos constitit generali obligatione non contineri et si qua alia sunt huiusmodi ministeria.*

9. *GAIUS libro nono ad edictum provinciale. Sed et quod ad eas res, quas eo tempore quo paciscebatur in bonis habuit, idem observari debet.*

§1. Quod emptionem ventidionemque recipit, etiam pignerationem recipere potest.

10. *ULPIANUS libro septuagesimo tertio ad edictum. Si debitor res suas duobus simul pignori obligaverit ita, ut utrique in solidum obligatae essent, singuli in solidum adversus extraneos Serviana utentur: inter ipsos autem si quaestio moveatur, possidentis meliorem esse condicionem: dabitur enim possidenti haec exceptio: 'si non convenit, ut eadem res mihi quoque pignori esset'. Si autem id actum fuerit, ut pro partibus res obligarentur, utilem actionem competere et inter ipsos et adversus extraneos, per*

7. PAULO *en el libro sexagésimo octavo de los comentarios al edicto.* ... o los que tiene para uso cotidiano, no entran en la acción Serviana.

8. ULPIANO *en el libro septuagésimo tercero de los comentarios al edicto.* Por último, la esclava concubina del deudor, los esclavos hijos naturales habidos con ella y los menores recogidos no se incluyen en la hipoteca general, ni tampoco otros dependientes semejantes.

9. GAYO *en el libro noveno de los comentarios al edicto provincial.* También se observa lo mismo sobre lo que el deudor tenía en propiedad bonitaria al momento del pacto hipotecario.

§1. Lo que puede ser objeto de compraventa también puede serlo de prenda.

10. ULPIANO *en el libro septuagésimo tercero de los comentarios al edicto.* Si un deudor dio en prenda sus bienes a dos acreedores a la vez, de modo que queden hipotecados por el total con ambos, cada uno ejercerá contra terceros la acción Serviana por el total. Pero si entre ellos se inicia juicio, es mejor la condición del poseedor, como señala Juliano, porque a éste se le otorgará la excepción 'si no se

quam dimidiam partis possessionem adprehendant singuli.

pactó que la cosa la tuviese yo también en prenda'. Pero si se acordó que los bienes se obligarían por porciones, procede la acción útil a cada acreedor entre sí y contra terceros, por lo que cada uno tomará posesión de la mitad.

11. *MARCIANUS libro singulari ad formulam hypothecariam. Si is qui bona rei publicae iure administrat mutuam pecuniam pro ea accipiat, potest rem eius obligare.*

11. MARCIANO *en el libro único de los comentarios a la fórmula hipotecaria.* Si quien administra legalmente bienes públicos toma por tal motivo dinero en calidad de mutuo, puede dar uno de dichos bienes en garantía.

§1. Si [mutuus pignoris usus pro credito] facta sit et in fundum aut in aedes aliquis inducatur, eo usque retinet possessionem pignoris loco, donec illi pecunia solvatur, cum in usuras fructus percipiat aut locando aut ipse percipiendo habitandoque: itaque si amiserit possessionem, solet in factum actione uti.

§1. Si se realizó anticresis [uso mutuo de una prenda por un crédito], y el acreedor se introdujo en el fundo o en la casa, retiene la posesión en calidad de prenda hasta que se le pague la deuda, pues recibirá los frutos en lugar de los intereses, ya sea arrendando, percibiendo los frutos o habitando ahí. Y así, si perdió la posesión, podrá ejercer la acción derivada del hecho.

§2. Usus fructus an possit pignori hypothecaeve dari, quaesitum est, sive dominus proprietatis convenerit sive ille qui solum usum fructum habet. Et scribit Papinianus libro undecimo responsorum tuendum creditorem et si velit cum creditore proprietarius agere 'non esse ei ius uti frui invite se', tali exceptione eum praetor tuebitur: 'si non inter creditorem et eum ad quem usus fructus pertinent convenerit, ut usus fructus pignori sit':

§2. Se preguntó si podría darse en prenda o en hipoteca el usufructo, ya si así lo acordó el nudo propietario o el usufructuario. Papiniano escribe en el libro décimo primero de sus respuestas que debe protegerse al acreedor, y si el nudo propietario quiere reclamar al acreedor con la acción negatoria 'que no tiene derecho para usar y disfrutar sin

nam et cum emptorem usus fructus tuetur praetor, cur non et creditorem tuebitur? Eadem ratione et debitori obicietur exceptio.

permiso suyo', el pretor lo protegerá con la excepción de 'si entre acreedor y usufructuario no se acordó dar en prenda el usufructo', porque si el pretor protege al comprador del usufructo, ¿por qué no podría defender también al acreedor pignoraticio? Por idéntica razón puede oponrse dicha excepción al deudor.

§3. Iura praediorum urbaronum pignori dari non possunt: igitur nec convenire possunt, ut hypothecae sint.

§3. No pueden darse en prenda las servidumbres urbanas. Por tanto, tampoco puede pactarse hipotecarlas.

12. *PAULUS libro sexagesimo octavo ad edictum. Sed an viae itineris actus aquae ductus pignoris conventio locum habeat videndum esse Pomponius ait, ut talis pactio fiat ut, quamdiu pecunia soluta non sit, eis servitutibus creditor utatur (scilicet si vicinum fundum habeat) et, si intra diem certum pecunia soluta non sit, vendere eas vicino liceat: quae sententia propter utilitatem contrahentium admittenda est.*

12. PAULO *en el libro sexagésimo octavo de los comentarios al edicto.* Sin embargo, Pomponio dice que debe verse si procede la prenda sobre las servidumbres de senda, paso de ganado, conducción y acueducto, al pactarse que, si no se paga la deuda, el acreedor use dichas servidumbres (claro, si tuviese un fundo vecino), y que si no se paga en el plazo fijado, le sea lícito venderlas al vecino. Dicha opinión debe admitirse para facilitar la contratación.

13. *MARCIANUS libro singulari ad formulam hypothecariam. Grege pignori obligato quae postea nascuntur tenentur: sed et si prioribus capitibus decedentibus totus grex fuerito renovatus, pignori tenebitur.*

13. MARCIANO *en el libro único de los comentarios a la fórmula hipotecaria.* Al darse en garantía un rebaño, las cabezas que nazcan a futuro quedan obligadas; y la prenda sigue vigente aunque se renueve el rebaño en caso de morir las primeras cabezas.

§1. Statuliber quoque dari hypothecae poterit, licet condicione exsistente evanescat pignus.

§2. Cum pignori rem pigneratam accipi posse placuerit, quatenus utraque pecunia debetur, pignus secundo creditori tenetur et tam exception quam actio utilis ei danda est: quod si dominus solverit pecuniam, pignus quoque peremitur. Sed potest dubitari, numquid creditori nummorum solutorum nomine utilis actio danda sit an non: quid enim, si res solute fuerit? Et verum est, quod Pomponius libro septimo ad edictum scribit, si quidem pecuniam debet is, cuius nomen pignori datum est, exacta ea creditorem secum pensaturum: si vero corpus is debuerit et solverit, pignoris loco futurum apud secundum creditorem.

§3. Et in superficiariis legitime consistere creditor potest adversus quemlibet possessorem, sive tantum pactum conventum de hypotheca intervenerit, sive etiam possession tradita fuerit, deinde amissa sit.

§4. Etiamsi creditor iudicatum debitorem fecerit, hypotheca manet obligata, quia suas condiciones habet hypothecaria actio,

§1. El esclavo liberado bajo condición por un testador también podrá hipotecarse, aunque se extinga la prenda al cumplirse la condición.

§2. Al admitirse que una cosa pignorada puede recibirse en prenda, la prenda del segundo acreedor es válida, y se le otorgará tanto la excepción como la acción útil mientras se deba uno y otro adeudo. Pero si el dueño pignorante pagó el adeudo también se extingue la prenda. Mas puede dudarse si al segundo acreedor puede otorgársele o no la acción útil por causa del dinero pagado. ¿Y qué diremos si lo pagado es una cosa que no es dinero? Es correcto lo escrito por Pomponio en el libro séptimo de sus comentarios al edicto: si el pignorante de su crédito debe una cantidad, al cobrarse el dinero deberá usarlo para pagar al segundo acreedor; pero si debía una cosa corporal y la entregó, quedará en calidad de prenda en poder del segundo acreedor.

§3. El acreedor también puede protegerse lícitamente contra cualquier poseedor si se le pignoró un derecho de superficie, ya si solo medió pacto de hipoteca, ya si se le entregó la posesión y luego la perdió.

§4. La hipoteca perdua aunque el acreedor logrue que se condene al deudor, porque la acción

id est si soluta est pecunia aut satisfactum est, quibus cessantibus tenet. Et si cum defensore in persona egero, licet is mihi satisdederit et damnatus sit, aeque hypotheca manet obligata. Multo magis ergo si in personam actum sit sive cum reo sive cum fideiussore sive cum utrisque pro parte, licet damnati sint, hypotheca manet obligata nec per hoc videtur satisfactum creditori, quod habet iudicati actionem.

hipotecaria tiene casos en los que se extingue. Por ejemplo, si se pagó la deuda o se le cumplió al acreedor, pero si esto no ocurre, subsiste la acción; y si yo ejercí acción personal contra el representante del deudor, la hipoteca sigue igualmente vigente, aunque se me haya otorgado fianza y haya sido condenado. Por ello, con mayor razón sigue vigente la hipoteca si ejercí acción personal contra el deudor, el fiador o contra ambos por partes, aunque fuesen condenados, pues no se considera que se cumplió con el acreedor por tener a su favor la acción de cosa juzgada.

§5. Si sub condiciones debiti nomine obligata sit hypotheca, dicendum est ante condicionem non recte agi, cum nihil interim debeatur: sed si sub condiciones debiti condicio venerit, rursus agere poterit. Sed si praesens sit debitum, hypotheca vero sub condicione, et agatur ante condicionem hypothecaria, verum quidem est pecuniam solutam non esse, sed auferri hypothecam iniquum est: ideoque arbitrio iudicis cautiones interponendae sunt 'si condicio exstiterit nec pecunia solvatur, restitui hypothecam, si in rerum natura sit'.

§5. Si se estableció hipoteca por razón de adeudo condicional, se dirá que no se demanda antes de cumplirse la condición, pues entre tanto nada se debe; pero si se cumplió la condición, podrá demandarse. Y si la deuda fue presente y la hipoteca es condicional, y antes de cumplirse ésta se ejerce la acción hipotecaria, es cierto que no se pagó la deuda, siendo injusto retirar la hipoteca; por ello, el juez impodrá a su arbitrio las garantías para que 'si se cumplió la condición y no se pagó la deuda, se restituya la hipoteca, si existe el objeto'.

§6. Propter usuras quoque si obligata sit hypotheca, usurae solvi debent: idem et in

§6. Si la hipoteca se estableció también para el pago de intereses,

poena dicemus.

14. *ULPIANUS libro septuagesimo tertio ad edictum. Quaesitum est, si nondum dies pensionis venit, an et medio tempore persequi pignora permittendum sit. Et puto dandam pignoris persecutionem, quia interest mea: et ita Celsus scribit.*

§1. *Ex quibus casibus naturalis obligatio consistit, pignus perseverare constitit.*

15. *GAIUS libro singulari de formula hypothecaria. Et quae nondum sunt, futura tamen sunt, hypothecae dari possunt, ut fructus pendentes, partus ancillae, fetus pecorum et ea quae nascuntur sint hypothecae obligata: idque servandum est, sive dominus fundi convenerit aut de usu fructu aut de his quae nascuntur sive is, qui usu fructu aut de his quae nascuntur sive is, qui usum fructum habet, sicut Iulianus scribit.*

§1. *Quod dicitur creditorem probare debere, cum conveniebat, rem in bonis debitoris fuisse, ad eam conventionem pertinet, quae specialiter facta est, non ad illam, quae cottidie inseri solet cautionibus, ut specialiter rebus*

éstos deben pagarse para que la primera se extinga. Lo mismo se dirá sobre la pena que pueda estipularse.

14. ULPIANO *en el libro septuagésimo tercero de los comentarios al edicto.* Se preguntó lo siguiente: si aún no vence el plazo para pagar la renta debida, ¿deberá permitirse que reclame el acreedor los objetos dados en prenda de terceros? Opino que podrá otorgarse esto, pues es en interés mío. Y en tal sentido se pronuncia Celso.

§1. En los casos en que surge una obligación natural, vale la prenda otorgada.

15. GAYO *en el libro único de la fórmula hipotecaria.* También pueden darse en hipoteca cosas que todavía no existen pero que existirán, como los frutos pendientes, los partos de las esclavas o las crías del ganado de modo que queden hipotecados en cuanto nazcan. Y esto valdrá si el dueño del fundo o el usufructuario acordaron sobre el usufructo o lo que se produce, como señala Juliano.

§1. Cuando se dice que el acreedor debe probar que el deudor era dueño de la cosa al momento de convenirse una hipoteca, se refiere la que se acuerda especialmente, no a la

hypothecae nomine datis cetera etiam bona teneantur debitoris, quae nunc habet et quae postea adquisierit, perinde atque si specialiter hae res fuissent obligatae.

que comúnmente se añade a los documentos para que, salvo los bienes dados en hipoteca especialmente, también se obliguen los demás bienes del deudor que actualmente posee y los que adquiera después, como si tales bienes se obligasen especialmente.

§2. *Qui res suas iam obligaverint et alii secundo obligant creditori, ut effugiant periculum, quod solent alii nulli rem obligatam esse quam forte Lucio Ticio, ut in id quod excedit priorem obligationem res sit obligata, ut si pignori hypothecaeve id quod pluris est: aut solidum, cum primo debito liberata res fuerit. De quo videndum est, utrum hoc ita se habeat, si et conveniat, an et si simpliciter convenerit de eo quod excedit ut sit hypothecate? Et solida res inesse conventioni videtur, cum a primo creditore fuerit liberate, an adhuc pars? Sed illud magis est, quod prius diximus.*

§2. Para evitar el riesgo que suelen correr quienes hipotecan los mismos bienes varias veces, si ya obligaron sus bienes y vuelven a hipotecarlos con un segundo acreedor, suelen manifestar que la cosa no está hipotecada con nadie más salvo, por ejemplo, con Lucio Ticio, para que la cosa se obligue por lo que exceda a la primera obligación, de modo que quede en prenda o hipoteca el excedente, o el total, cuando la cosa se libere de la primera deuda. Veamos ahora si esto procede solo cuando tal cosa se conviene o bien si se conviene que el excedente quede en calidad de hipoteca. ¿Se considera que todo el bien se incluye en el acuerdo cuando la cosa quede libre del primer acreedor, o solo una parte? Es más cierto lo primero.

16. MARCIANUS *libro singulari ad formulam hypothecariam. Si fundus hypothecae datus sit, deinde alluvione maior factus esst, totus obligabitur.*

16. MARCIANO *en el libro único de los comentarios a la fórmula hipotecaria.* Si se dio en hipoteca un fundo y luego aumentó debido a un aluvión, queda

obligado todo el fundo.

§1. Si nesciente domino res eius hypothecae data sit, deinde postea dominus ratum habuerit, dicendum est hoc ipsum, quod ratum habet, voluisse eum retro recurrere ratihabitionem ad illud tempus, quo convenit. Voluntas autem fere eorum demum servabitur, qui et pignori dare possunt.

§1. Si se dio en hipoteca un bien del dueño, y éste no lo sabía, y luego el dueño lo ratificó, se dirá que al hacerlo quiso que la ratificación se remontase al momento del acuerdo, aunque comúnmente se cumplirá la voluntad de los que pueden constituir hipoteca bienes solo cuando pueden hacerlo.

§2. Si res hypothecae data postea mutata fuerit, aeque hypothecaria actio competit, veluti de domo data hypothecae et horto facta: item si de loco convenit et domus facta sit: item de loco dato, deinde vincis in eo positis.

§2. Si se transformó el bien dado en hipoteca, procede no obstante la acción hipotecaria, como cuando una casa dada en hipoteca se transformó en un huerto, o si se dio en hipoteca un fundo y ahí se construyó una casa, o si en él se plantaron viñas.

§3. In vindicatione pignoris, quaeritur, an rem, de qua actum est, possideat is cum quo actum est. nam si non possideat nec dolo fecerit quo minus possideat, absolve debet: si vero possideat et aut pecuniam solvat aut rem restituat, aeque absolvendus est: si vero neutrum horum faciat, condemnatio sequetur. Sed si velitu restituere nec possit (forte quod res abest et longe est vel in provinciis), solet cautionibus res explicari: nam si caveret se restituturum, absolvitur. Sin vero dolo quidem desiit possidere, summa autem ope nisus non possit rem ipsam restiture, tanti condemnabitur, quanti actor in litem iuraverit, sicut in ceteris in rem actionibus: nam sit anti condemnatus esset, quantum deberetur, quid proderat in rem action, cum et in personam agendo idem consequeretur?

§3. Al reivindicar una prenda debe verse si el demandado posee la cosa, porque si no la posee, ni actuó dolosamente para dejar de poseerla, será absuelto; pero si la posee y pagó la deuda estimada o restituyó la cosa, también será absuelto; pero si no hizo nada de esto, será condenado. Y si quisiese devolverla y no puede (ya porque la cosa se halla en otro lugar o está en una provincia), el caso suele arreglarse otorgando fianzas, pues al garantizar de que restituirá cuanto pueda, quedará absuelto. Pero si dejó dolosamente de poseer y pese a esforzarse no puede restituir la cosa, será condenado por lo que el demandado juró como

§4. Interdum etiam de fructibus arbitrari debet iudex, ut, ex quo lis inchoata sit, ex eo tempore etiam fructibus condemnet. Quid enim si minoris sit praedium, quam debetur? Nam de antecedentibus fructibus nihil potest pronuntiare, nisi exstent et res non sufficit.

§5. Creditor hypothecam sibi per sententiam adiudicatam quemadmodum habiturus sit, quaeritur: nam dominium eius vindicare non potest. Sed hypothecaria agere potest, et si exception obicietur a possessore rei iudicatae, replicet: 'si secundum me iudicatum non est'.

§6. Si pluris condemnatus sit debitor non restituendo pignus, quam computatio sortis et usurarum faciebat, an, si tantum solverit, quantum debebat, exoneretur hypotheca? Quod ego quantum quidem ad suptilitatem legis et auctoritatem sententiae non probo: semel enim causa transire videtur ad condemnationem et inde pecunia deberi: sed humanius est non amplius eum, quam quod re vera debet, dando hypothecam liberare.

§7. Aliena res utiliter potest obligari sub

estimación, como en las demás acciones reales. Porque si fue condenado solo por lo que debía, ¿de que servirá la acción real si al ejercer la acción personal también obtendrá lo mismo?

§4. En ocasiones, el juez debe también conceder su arbitrio sobre los frutos, para condenar por la cuantía de los mismos desde el momento en que inició el juicio. Porque, ¿qué diremos si el predio valía menos de lo debido, pues en cuanto a los frutos no puede juzgar si no existen, y el predio hipotecado no es suficiente?

§5. Se pregunta cómo obtendrá el acreedor la hipoteca adjudicada por sentencia si no poder reivindicarla. Puede ejercer la acción hipotecaria, y si el poseedor opone la excepción de cosa juzgada, responderá: 'si no se juzgó a favor mío'.

§6. Si por no entregar la prenda el deudor fue condenado por una cantidad mayor al capital y los intereses, ¿se liberará de la hipoteca si pagó solo lo que debía? Yo no lo acepto, dado el rigor de la ley y la autoridad de la sentencia, pues la condena sustituye al derecho y, por tanto, se debe lo adeudado. Pero es más justo que se libere de la hipoteca dando solo lo que el deudor debe realmente.

§7. Puede hipotecarse

condicione, si debitoris facta fuerit.

§8. Si duo pariter de hypotheca paciscantur, in quantum quisque obligatam hypothecam habeat, utrum pro quantitate debiti an pro partibus dimidiis, quaeritur. Et magis est, ut pro quantitate debiti pignus habeant obligatum. Sed uterque, si cum possessore agat, quemadmodum? Utrum de parte quisque an de toto, quasi utrique in solidum res obligata sit? Quod erit dicendum, si eodem die pignus utrique datum est separatim: sed si simul illi et illi, si hoc actum est, uterque recte in solidum aget, si minus, unusquisque pro parte.

§9. Potest ita fieri pignoris datio hypothecaeve, ut, si intra certum tempus non sit soluta pecunia, iure emptoris possideat rem iusto pretio tunc aestimandam: hoc enim casu videtur quodammodo condicionalis esse venditio. Et ita divus Severus et Antoninus rescripserunt.

17. ULPIANUS *libro quinto decimo ad edictum. Pignoris persecutio in rem parit actionem creditori.*

válidamente un bien ajeno, a condición de que se haga del deudor.

§8. Se pregunta lo siguiente: si se pactó al mismo tiempo una hipoteca con dos, ¿cuánto tendrá obligada cada uno la hipoteca: por el total o por la mitad de la deuda? Y es más acertado que tengan la prenda por el importe de la deuda. Ahora bien, si cada uno ejerce acción contra el poseedor, ¿cómo lo harán: por la parte correspondiente o por el total, como si la cosa estuviese obligada solidariamente? Esto se dirá si la prenda se dio por separado a ambos en el mismo día; pero si se dio simultáneamente a ambos, cada uno ejercerá la acción por el total; si no, cada uno por la parte respectiva..

§9. Puede realizarse la prenda o la hipoteca de modo que, si en un plazo determinado no se paga la deuda, el acreedor pueda poseer la cosa por derecho de compra por el justo precio de la estimación, pues en tal caso parece que hay una venta a condición. Y esto lo respondieron por escrito los divinos Septimio Severo y Antonino Caracala.

17. ULPIANO *en el libro décimo quinto de los comentarios al edicto.* La reclamación de la prenda genera

una acción real en favor del acreedor.

18. PAULUS *libro nono decimo ad edictum. Si ab eo, qui Publiciana uti potuit, quia dominium non habuit, pignori accepi, sic tuetur me per Servianam praetor, quemadmodum debitorem per Publicianam.*

18. PAULO *en el libro décimo noveno de los comentarios al edicto*. Si recibí algo en prenda de quien pudo ejercer la acción Publiciana porque no tenía la propiedad, el pretor me protegerá con la acción Serviana, tal como protege al deudor con la Publiciana.

19. ULPIANUS *libro vicesimo primo ad edictum. Qui pignori plures res accepit, non cogitur unam liberare nisi accepto universo quantum debetur.*

19. ULPIANO *en el libro vigésimo primero de los comentarios al edicto*. Quien recibió varias cosas en prenda no está obligado a liberar una si no recibe el total del adeudo.

20. IDEM *libro sexagesimo tertio ad edictum. Cum convenit, ut is, qui ad refectionem aedificii credidit, de pensionibus iure pignoris ipse creditum recipiat, etiam actionem utiles adversus inquilinos accipiet cautionis exemplo, quam debitor creditori pignori dedit.*

20. EL MISMO *en el libro sexagésimo tercero de los comentarios al edicto*. Cuando se acordó que quien prestó una cantidad para reparar un edificio cobre su crédito de los alquileres en calidad de derecho de prenda, dicho acreedor también adquiere las acciones útiles contra los inquilinos en virtud de la caución que el deudor le dio en calidad de prenda.

21. IDEM *libro septuagesimo tertio ad edictum. Si inter colonum et procuratorem meum convenerit de pignore vel ratam habente me conventionem vel mandante, quasi inter me et colonum meum convenisse videatur.*

21. EL MISMO *en el libo septuagésimo tercero de los comentarios al edicto*. Si un colono y mi procurador convinieron una prenda, al ratificarla yo o autorizarla se considera que el convenio se realizó entre mi

§1. Si debitor servum, quem a non domino bona fide emerat et pigneravit, teneat, Servianae locus est et, si adversus cum agat creditor, doli replicatione exceptionem elidet: et ita Iulianus ait, et habet rationem.

§2. Quidquid pignori commodi sive incommodi fortuito accessit, id ad debitorem pertinet.

§3. Si res pignerata non restituatur, lis adversus possessorem erit aestimanda, sed utique aliter adversus ipsum debitorem, aliter adversus quemvis possessorem: nam adversus debitorem non pluris quam quanti debet, quia non pluris interest, adversus ceteros possessores etiam pluris, et quod amplius debito conscentus creditor fuerit, restituere debet debitori pigneraticia actione.

22. MODESTINUS *libro septimo differentiarum. Si Titio, qui rem meam ignorante me cerditore suo pignori obligaverit, heres exstitero, ex postfacto pignus directo quidem non convalescit, sed utilis pigneraticia dabitur creditori.*

23. IDEM *libro tertio regularum.*

colono y yo.

§1. Si el deudor tiene en su poder un esclavo comprado de buena fe de alguien que no era su dueño, y luego lo dio en prenda, procede la acción Serviana; y si el acreedor ejerce acción contra él, éste anulará la excepción con la réplica de dolo. Esto lo afirma Juliano, y está en lo correcto.

§2. Cualquier aumento o disminución fortuito de la prenda es responsabilidad del deudor.

§3. Si la cosa pignorada no se devuelve, deberá estimarse el litigio contra el poseedor, aunque de distinto modo contra el deudor que contra cualquier otro poseedor. Porque contra el primero solo se estimará por lo que debe, pues el interés del actor no es mayor, mientras que contra cualquier otro poseedor será incluso por más, y lo que el acreedor obtenga de más lo restituirá al deudor con la acción pignoraticia.

22. MODESTINO *en el libro séptimo de las diferencias.* Si resulté heredero de Ticio, y yo sin saberlo dio en prenda una cosa mía a un acreedor suyo, por tal acto posterior la prenda no se convalida, pero se concederá al acreedor la acción pignoraticia útil.

23. EL MISMO *en el libro tercero de*

Creditor praedia sibi obligata ex causa pignoris locare recte poterit.

§1. Pignoris obligatio etiam inter absentes recte ex contractu obligatur.

24. *IDEM libro quinto regularum. In quorum finibus emere quis prohibetur, pignus accipere non prohibetur.*

25. *IDEM libro octavo regularum. Cum vitiose vel inutiliter contractus pignoris intercedat, retentioni locus non est, nec si bona creditoris ad fiscum pertineant.*

26. *IDEM libro quarto responsorum. Fideiussor impetravit a potestate, ut et ante quam solveret pignora ipse possideat quasi satisfacturus creditoribus, nec satisfecit: quaero, an pignora fideiusor restituere cogendus sit. Modestinus respondit cogendum esse.*

§1. Pater Seio emancipato filio facile persuasit, ut, quia mutuam quantitatem acciperet a Septicio creditore, chirographum perscriberet sua manu filius eius, quod ipse impeditus esset scribere, sub commemoratione domus ad filium

las reglas. El acreedor podrá arrendar lícitamente los predios recibidos en garantía.

§1. La prenda puede contraerse lícitamente entre ausentes, pudiendo también obligarse por medio de contrato.

24. EL MISMO *en el libro quinto de las reglas.* A nadie se le prohíbe recibir inmuebles en calidad de prenda en los territorios donde se le impide comprarlos.

25. EL MISMO *en el libro octavo de las reglas.* Cuando se constituye preda viciosa o inmoralmente, no procede la retención, ni siquiera cuando el fisco confiscó los bienes del acreedor

26. EL MISMO *en el libro cuarto de las respuestas.* Un fiador logró que el magistrado le concediese la posesión de la prenda incluso antes de pagar, diciendo que pagaría a los acreedores, pero sin hacerlo. Posteriormente, el heredero del deudor se dispuso a pagar a los acreedores. Pregunto: ¿deberá obligarse al fiador a devolver la prenda? Modestino respondió que sí.

§1. Un padre persuadió a su hijo emancipado Seyo para que, tras haber recibido éste del acreedor Septicio una cantidad en calidad de mutuo, otorgase documento quirográfico, pues el padre no

pertinentis pignori dandae: quaerebatur, an Seius inter cetera bona etiam hanc domum iure optimo possidere possit, cum patris se hereditate abstinuerit, nec metuiri ex hoc solo, quod mandante patre manu sua perscripsit instrumentum chirographi, cum neque consensum suum accommodaverat patri aut signo suo aut alia scriptura. Modestinus respondit: cum sua manu pignori domum suam futuram Seius scripserat, consensum ei obligationi dedisse manifestum est.

podía escribir, donde se declaraba que debía darse en prenda una casa propiedad del hijo. Se pregunta: ¿podrá Seyo poseer lícitamente esta casa con sus demás bienes tras haberse abstenido de la herencia del padre, y sin temer redactar el documento por mandato del padre, sin haber dado su consentimiento, ni su firma ni otra escritura? Modestino respondió que al escribir Seyo de propia mano que su casa quedaría en garantía, es evidente que consintió la obligación.

§2. Lucius Titius praedia et mancipia quae in praediis erant obligavit: heredes eius praediis inter se divisis illis mancipiis defunctis alia substituerunt: creditor postea praedia cum mancipiis distraxit. Quaeritur, an ipsa mancipia, quae sunt modo in praediis constituta. Hoc est in hypothecis, emptor vindicare recte possit. Modestinus respondit, si neque pignerata sunt ipsa mancipia neque ex pigneratis ancillis nata, minime creditoribus obligata esse.

§2. Lucio Ticio dio en garantía unos predios y unos esclavos que había en ellos; al dividirse los predios los herederos, sustituyeron los esclavos fallecidos por otros, y luego el acreedor vendió los predios con los esclavos. ¿Podrá el comprador reivindicar los esclavos que están actualmente en los predios, es decir, en la hipoteca? Modestino respondió que si los esclavos no fueron pignorados ni nacieron de las esclavas pignoradas, no estaban dados en garantía a los acreedores.

27. *MARCELLUS libro quinto digestorum. Servum, quem quis pignori dederat, ex levissima offense vinxit, mox solvit, et quia debito non satisfaciebat, creditor minoris servum vendidit: an*

27. MARCELO *en el libro quinto del digesto.* Alguien aprisionó al esclavo dado en prenda debido a una ofensa mínima y luego lo liberó; al no cumplir la deuda, el

aliqua action creditori in debitorem constituenda sit, quia crediti ipsius action non sufficit ad id quod deest persequendum? Quid si cum interfecisset aut eluscasset? Ubi quidem interfecisset, ad exhibendum tenetur: ubi autem eluscasset, quasi damni iniuriae dabimus actionem ad quantum interest, quod debilitando aut vinciendo persecutionem pignoris exinanierit. Fingamus nullam crediti nomine actionem esse, quia forte causa occiderat: non existimo indignam rem animadversione et auxilio praetoris. ULPIANUS notat: si, ut creditori noceret, vinxit, tenebitur, si merentem, non tenebitur.

acreedor vendió otro esclavo pignorado de menor precio. ¿Se otorgará al acreedor alguna acción contra el deudor, pues la acción del crédito no basta para reclamar lo restante? ¿Qué diremos si lo mató o lo dejó tuerto? Si lo mató se obliga por la acción exhibitoria; si lo dejó tuerto otorgaremos la acción de daño ilícitamente causado por lo que interesa haber impedido reclamar la prenda al dañar o aprisionar al esclavo. Supongamos que no procede acción alguna para reclamar el crédito por haber prescrito el juicio: no considero indigno que el pretor auxilie con su imperio. Ulpiano señala: si el deudor lo aprisionó para perjudicar al acreedor, se obligará; si el esclavo merecía el castigo, no se obligará.

28. *PAULUS libro tertio quaestionum. Si legati condicionalis relicti filio familias pater ab herede rem propriam eius pignori accepit et mortuo patre vel emancipato filio condicio legati exstiterit, incipit filio legatum deberi et neque pater potest pignus vindicare neque filius, qui nunc habere coepisset actionem nec ex praecedente tempore potest quicquam iuris habere in pignore, sicut in fideiussore dicitur.*

28. PAULO *en el libro tercero de las cuestiones.* Si debido a un legado bajo condición que dejó al hijo de familia, el padre recibió en prenda del heredero un bien propiedad de éste, y luego de morir el padre o de haber emancipado al hijo se cumplio la condición del legado, el legado empieza a deberse al hijo, y ni el padre ni el hijo pueden reivindicar la prenda, pero éste último comenzará tener acción por el legado, y no puede tener derecho sobre la prenda por el

tiempo transcurrido, como ocurre con el fiador, el cual tampoco se beneficia de la prenda del acreedor al que paga.

29. IDEM *libro quinto responsorum.* Paulus respondit generalem quidem conventionem sufficere ad obligationem pignorum: sed ea, quae ex bonis defuncti non fuerunt, sed postea ab herede eius ex alia causa adquisita sunt, vindicari non posse a creditore testatoris.

§1. *Si mancipia un causaum pignoris ceciderunt, ea quoque, quae ex his nata sunt, eodem iure habenda sunt. Quod tamen diximus etiam adgnata teneri, sive specialiter de his convenerit sive non, ita procedit, si dominium eorum ad eum pervenit qui obligavit vel heredem eius: ceterum si apud alium dominum pepererint, non erunt obligata.*

§2. *Domus pignori data exusta est eaumque arcam emit Lucius Titius et exstruxit: quaesitum est de iure pignoris. Paulus respondit pignoris persecutionem perseverare et ideo ius soli superficiem secutam videri, id est cum iure pignoris: sed bona fide possessors non aliter cogendos creditoribus aedificium restituere, quam sumptus in exstructione erogatos, quatenus pretiosior res facta, reciperent.*

29. EL MISMO *en el libro quinto de las respuestas.* Paulo respondió que basta el acuerdo general para constituir prendas, pero los acreedores del testador no pueden reivindicar las cosas que no fueron propiedad del difunto, sino que adquirió su heredero por otra causa.

§1. Si los esclavos fueron objeto de una prenda, también lo son sus hijos. Pero al decir esto último, ya sea si se convino especialmente o no sobre ellos, solo procede si la propiedad corresponde al que los obligó o a su heredero; pero si las esclavas dieron a luz en poder de otro dueño, no quedan en garantía.

§2. Una casa dada en prenda se incendió; Lucio Ticio compró ese terreno y edificó en él. Se preguntó sobre el derecho de prenda. Paulo respondió que la persecución de la prenda se conserva, pues se entiende que la construcción siguió el derecho del suelo, es decir, queda gravada con el derecho de prenda. Sin embargo, los poseedores de buena fe no se obligarán a restituir el edificio a los acreedores si no recuperan los gastos realizados en la

§3. Si sciente et consentiente domino servus, ut omnia bona domini pignori obligata essent, convenit, ipsum quoque qui cavit obligatum esse pignoris iure.

30. *IDEM libro sexto responsorum. Periculum pignorum nominis venditi ad emptorem pertinere, sit amen probetur eas res obligatas fuisse.*

31. *SCAEVOLA libro primo responsorum. Lex vectigali solutum non esset, is fundus ad dominum redeat: postea is fundus a possessore pignori datus est: quaesitum est, an recte pignori datus est. respondit, si pecunia intercessit, pignus esse.*

§1. Item quaesiit, si, cum in exsolutione vectigalis tam debitor quam creditor cessassent et propterea pronuntiatum esset fundum secundum legem domini esse, cuius potior causa esset. Respondit, si ut proponeretur vectigali non soluto iure suo dominus usus esset, etiam pignoris ius evannisse.

32. *IDEM libro quinto responsorum. Debitor pactus est, ut quaecumque in*

construcción, si ésta se hizo a un precio mayor.

§3. Si un esclavo acordó obligar en garantía todos los bienes del señor, y éste lo supo y lo autorizó, también se obliga por derecho de prenda quien otrogó caución.

30. EL MISMO *en el libro primero de las respuestas.* El riesgo de las prenda de una deuda vendida corresponder al comprador, simpre que se pruebe que los bienes se obligaron al vendedor.

31. ESCÉVOLA *en el libro primero de las respuestas.* A un fundo a censo se le impuso la cláusula de que, si transcurrido cierto tiempo no se pagaba el tributo, volvería al dueño. Luego, el poseedor dio en prenda el fundo. Se preguntó: ¿fue dado correctamente? Respondió que, si medió dinero, existe la prenda.

§1. También preguntó quién tendría preferencia si el deudor y el acreedor no pagaron el canon, y se juzgó que, según la cláusula, el fundo era del dueño. Respondió que, según el caso planteado, si el dueño ejerció su derecho por no haberse pagado el canon, también se extinguió el derecho de prenda.

32. EL MISMO *en el libro quinto de las respuestas.* Un deudor pactó

praedia pignori data inducta invecta importata ibi nata paratave essent, pignori essent: eorum praediorum pars sine colonis fuit eaque actori suo colenda necessariis: quaeritur, an et Stichus vilicus et ceteri servi ad culturam missi et Stichi vicarii obligati essent. Respondit eos dumtaxat, qui hoc animo a domino inducti essent, ut ibi perpetuo essent, non temporis causa accommodarentur, obligatus.

que todo lo que introdujese, llevase o importase a los predios dados en prenda, y lo que en ellos naciese o se instalase, quedase en garantía; una parte de los predios estuvo sin colonos, y el deudor los entregó a su esclavo administrador para que los cultivase, asignando también los esclavos necesarios para el cultivo. Se pregunta: ¿quedan obligados el esclavo mayoral Estico, los esclavos destinados para cultivar y los esclavos que dependían de Estico? Respondió que solo se obligaban los esclavos que el dueño llevase para que permaneciesen ahí, no los que se dejaron temporalmente.

33. TRYPHONINUS *libro octavo disputationum. Is qui promisit tibi aut Titio solutum quidem Titio repetere non potest, sed pignus ei datum et ante solutionem recipit.*

33. TRIFONINO *en el libro octavo de las disputas*. Quien prometió dar a Ticio o a ti no puede repetir como indebido lo pagado a Ticio, pero recupera la prenda dada a Ticio antes incluso de pagar.

34. SCAEVOLA *libro vicesimo septimo digestorum. Cum tabernam debitor creditori pignori dederit, quaesitum est, utrum eo facto nihil egerit, an tabernae appellatione merces, quae in ea erant, obligasse videatur? Et si eas merces per tempora distraxerit et alias comparaverit easque in eam tabernam intulerit et decesserit, an omnia quae ibi deprehenduntur creditor hypothecaria actione petere possit, cum et mercium species mutatae sint et res aliae illatae?*

34. ESCÉVOLA *en el libro vigésimo séptimo del digesto*. Un deudor dio en prenda una tienda al acreedor. Se preguntó: ¿el acto era nulo o se considera que obligó las mercancías que había dentro? Y si con el tiempo vendió dichas mercancías, compró otras, las introdujo al local y luego falleció, ¿podrá reclamar el acreedor con la acción hipotecaria las cosas que hay ahí, pese a que se

Respondit: ea, quae mortis tempore debitoris in taberna inventa sunt, pignori obligata esse videntur.

cambiaron las mercancías específicamente y se introdujeron otras nuevas? Respondió: se considera que las cosas que estaban en la tienda al momento de morir el deudor están obligadas en prenda.

§1. Idem quaesiit, cum epistula talis emissa sit: 'mutuatus a te denarios quingentos rogavi te, ne fideiussorem a me, sed pignus acciperes (probe enim nosti tabernam servosque meos nulli nisi tibi obligatos esse) et ut honesti viri fidem secutus es': an pignus contractum sit an vero ea epistula nullius momenti sit, cum sine die et consule sit. Respondit, cum convenisse de pignoribus videtur, non idcirco obligationem pignorum cessare, quod dies et consules additi vel tabulae signatae non sint.

§1. Respecto a una escritura en estos términos: 'habiendo recibido de ti en calidad de mutuo quinientos denarios, te pedí que que tomases prenda en lugar de fiador, porque sabías que el negocio y mis esclavos solo estaban hipotecados contigo, y confiaste en mí como alguien honrado', se preguntó: ¿se constituirá prenda o, por el contrario, la escritur es nula por no tener fecha ni nombre del cónsul [año]? Respondió que, al parecer que se convinieron unas prendas, no deja de existir garantía por no haberse expresado la fecha y los cónsules [el año], o por no haberse sellado las tablillas de la escritura.

§2. Creditor pignori accepit a ebitore quidquid in bonis habet habiturusve esset: quaesitum est, an corpora pecuniae, quam idem debitor ab alio mutuam accepit, cum in bonis eius facta sint, obligata creditori pignoris esse coeperint. Respondit coepisse.

§2. Un acreedor recibió en prenda de su deudor lo que tenía o llegase a tener en su patrimonio. Se preguntó: ¿quedan obligadas en prenda ante el acreedor las monedas que el deudor recibió de otro en mutuo, ya que entraron a su patrimonio? Respondió que sí.

35. *LABEO libro primo pithanon a Paulo epitomatorum. Si insula, quam*

35. LABEÓN *en el libro primero de los dichos recopilados por Paulo.* Si el

tibi ex pacto convento licuit vendere, combusta est, deinde a debitore suo restituta, idem in nova insula iuris habes.

edificio de viviendas que debido a un acuerdo podías vender se incendió, y luego tu deudor la reconstruyó a costa suya, tienes el mismo derecho sobre el nuevo inmueble.

TITULUS II
IN QUIBUS CAUSIS PIGNUS VEL HYPOTHECA TACITE CONTRAHITUR

TÍTULO II
DE LAS RAZONES POR LAS QUE SE CONTRAE PRENDA O HIPOTECA TÁCITAMENTE

1. *PAPINIANUS libro decimo responsorum. Senatus consulto quod sub Marco imperatore factum est pignus insulae creditori datum, qui pecuniam ob restitutionem aedificii exstruendi mutuam dedit, ad eum quoque pertinebit, qui redemptori domino mandante nummos ministravit.*

1. PAPINIANO *en el libro décimo de las respuestas.* Por disposición de un senadoconsulto de época del emperador Marco Aurelio, la hipoteca de una casa dada a un acreedor que prestó dinero para reconstruir el inmueble pertenecerá también a quien, por mandato del dueño, dio el dinero al constructor.

2. *MARCIANUS libro singulari ad formulam hypothecariam. Pomponius libro quadragesimo varirum lectionum scribit: non solum pro pensionibus, sed et si deteriorem habitationem fecerit culpa sua inquilinus, quo nomine ex locato cum eo erit actio, invecta et illata pignori erunt obligata.*

2. MARCIANO *en el libro único de los comentarios a la fórmula hipotecaria.* En el libro cuadragésimo de sus lecturas varias, Pomponio escribe: las cosas introducidas en la vivienda no solo se obligarán en garantía por el pago de las rentas, sino también como indemnización si el inquilino contra quien se ejerce la acción de locación la deterioró por culpa suya.

3. ULPIANUS *libro septuagesimo tertio ad edictum.* Si horreum fuit conductum vel devorsorium vel area, tacitam conventionem de invectis illatis etiam in his locum habere putat Neratius: quod verius est.

4. NERATIUS *libro primo membranarum.* Eo iure utimur, ut quae in praedia urbana inducta illata sunt pignori esse credantur, quasi id tacite convenerit: in rusticis praediis contra observatur.

§1. Stabula quae non sunt in continentibus aedificiis quorum praediorum ea numero habenda sint, dubitari potest. Et quidem urbanorum sine dubio non sunt, cum a ceteris aedificiis separata sint: quod ad causam tamen talis taciti pignoris pertinet, non multum ab urbanis praediis differunt.

5. MARCIANUS *libro singulari ad formulam hypothecariam.* Pomponius libro tertio decimo variarum lectionum scribit, si gratuitam habitationem conductor mihi praestiterit, invecta a me domino insulae pignori non esse.

§1. Item: illud, inquit, videndum est voluntate domini induci pignus ita posse, ut in partem debiti sit obligatum.

3. ULPIANO en el libro septuagésimo tercero de los comentarios al edicto. Neracio opina que si se arrendó un almacén, un albergue o un solar, también procede en estos casos la tácita hipoteca sobre cosas introducidas, lo cual es correcto.

4. NERACIO en el libro primero de los pergaminos. Es derecho aceptado que se consideren en prenda las cosas introducidas en los predios urbanos, como si tácitamente se hubiese convenido tal cosa; lo contrario se observa en los predios rústicos.

§1. Se llega a dudar en qué tipo de predio se consideran los establos que están fuera de los inmuebles; sin duda no son urbanos, pues se hallan separados. Pero en cuanto al régimen de hipoteca tácita no son diferentes a los predios urbanos.

5. MARCIANO en el libro único de los comentarios a la fórmula hipotecaria. En el libro décimo tercero de sus lecturas varias, Pomponio escribe que si un arrendatario me ofreció gratuitamente vivienda, el dueño de la casa no tendrá hipoteca sobre mis cosas.

§1. También dice que con la voluntad del dueño pueden gravarse con prenda los bienes muebles para garantizar parte de

§2. Si quis fideiubeat, cum res illius a debitore pro quo fideiussit pignori data sit, bellissime intellegitur hoc ipso, quod fideiubeat, quodammodo mandare res suas esse obligatas. Sane si postea sint eius res hypothecate datae, non erunt obligatae.

§2. Si alguien resultó fiador cuando el deudor por quien intercedió dio en prenda una cosa de aquél, se entiende evidentemente que al salir fiador en cierto modo mandó que sus cosas se obligasen; pero si sus cosas fueron dadas en prenda después de la fianza, no estarán obligadas.

6. *ULPIANUS libro septuagesimo tertio ad edictum. Licet in praediis urbanis tacite solet conventum accipi, ut perinde teneantur invecta et inlata, ac si specialiter convenisset, certe libertati huiusmodi pignus non officit idque et Pomponius probat: ait enim manumissioni non officere ob habitationem obligatum.*

6. ULPIANO *en el libro septuagésimo tercero de los comentarios al edicto.* Aunque suele admitirse tácitamente una hipoteca sobre los predios urbanos, de modo que las cosas introducidas queden en garantía como si se conveniese especialmente la hipoteca, dicha prenda no obstaculiza la libertad del esclavo, y esto lo acepta Pomponio, porque dice que a la manumisión no le afecta que el esclavo quede obligado.

7. *POMPONIUS libro tertio decimo ex variis lectionibus. In praediis rusticis fructus qui ibi nascuntur tacite intelleguntur pignori esse domino fundi locati, etiamsi nominatim id non convenerit.*

7. POMPONIO *en el libro décimo tercero de la doctrina de varios diversos.* Se entiende que los frutos nacidos en predios rústicos tácitamente los tiene hipotecados el dueño del fundo arrendado, aunque ello no se haya acordado expresamente.

§1. Videndum est, ne non omnia illata vel inducta, sed ea sola, quae, ut ibi sint, illata fuerint, pignori sint: quod magis est.

§1. Debe considerarse que no todas las cosas introducidas al fundo quedan hipotecadas, sino solo las que se llevaron para permanecer allí.

8. PAULUS *libro secundo sententiarum. Cum debitor gratuita pecunia utatur, potest creditor de fructibus rei sibi pigneratae ad modum legitimum usuras retinere.*

8. PAULO *en el libro segundo de las sentencias*. Cuando el deudor use dinero sin obligarse a pagar intereses, el acreedor podrá retener los frutos de la cosa dada en prenda hasta el límite de los intereses legales.

9. IDEM *libro singulari de officio praefecti vigilum. Est differentia obligatorum propter pensionem et eorum, quae ex conventione manifesari pignoris nomine tenentur, quod manumittere mancipia obligata pignori non possumus, inhabitantes autem manumitimus, scilicet antequam pensionis nomine retenta mancipia non liberabimus: et derisus Nerva iuris consultus, qui per fenestram nonstraverat servos detentos ob pensionem liberari posse.*

9. EL MISMO *en el libro único del cargo de prefecto de los vigilantes*. Existe una diferencia entre las cosas tácitamente obligadas para garantizar el pago de las rentas y las obligadas manifiestamente por acuerdo, pues no podemos manumitir los esclavos dados en prenda, pero sí podemos manumitir a los que habitan en la casa, es decir, antes de vernos apremiados a pagar las rentas, pues desde ese momento ya no podremos liberar a los esclavos retenidos en garantía. El jurisconsulto Nerva decía bromenado que los esclavos retenidos por causa de rentas podían ser manumitidos por la ventana.

10. SCAEVOLA *libro sexto digestorum. Tutoris heres cum herede pupilli transactione facta, cum ex ea maiorem partem solvisset, in residuam quantitatem pignus obligavit: quaesitum est, an in veterem contractum iure res obligata esset. Respondit secundum ae quae proponerentur obligatam esse.*

10. ESCÉVOLA *en el libro sexto del digesto*. Tras negociar con el heredero del pupilo, el heredero del tutor pagó la mayor parte del adeudo derivado de la transacción y garantizó con prenda el resto. Se pregunta: ¿quedará la cosa como garantía del anterior contrato? Respondió

que, según el caso planteado, sí queda obligada.

TITULUS III
QUAE RES PIGNORI VEL HYPOTHECAE DATAE OBLIGARI NON POSSUNT

TÍTULO III
QUÉ COSAS NO PUEDEN DARSE EN PRENDA O HIPOTECA

1. *MARCIANUS libro singulari ad formulam hypothecariam. Pupillus sine tutoris auctoritate hypothecam dare non potest.*

§1. Si filius familias pro alio rem peculiarem obligaverit vel servus, dicendum est eam non teneri, licet liberam peculii sui administrationem habeant: sicut nec donare eis conceditur: non enim usquequaque habent liberam adminstrationem. Facti tamen est quaestio, si quaeretur, quosque eis permissum videatur peculium administrare.

§2. Eam rem, quam quis emere non potest, quia commercium eius non est, iure pignoris accipere non potest, ut divus Pius Claudio Saturnino rescripsit. Quid ergo, si praedium quis litigiosum pignori acceperit, an exceptione summovendus sit? Et Octavenus putabat etiam in pignoribus locum habere exceptionem: quod ait Scaevola libro tertio variarum quaestionum procedure, ut in rebus mobilibus exception locum habeat.

1. MARCIANO *en el libro único de los comentarios a la fórmula hipotecaria.* El pupilo no puede hipotecar sin autorización del tutor.

§1. Si un hijo de familia o un esclavo obligó una cosa de su peculio en favor de otro, se dirá que dicha garantía no vale, aunque el hijo o el esclavo administre libremente su peculio, como tampoco podrá hacer donaciones, pues no tiene libertad absoluta. Aunque es una cuestión de hecho saber hasta dónde se les permite administrar el peculio.

§2. El divino Antonino Pío respondió por escrito a Claudio Saturnino que no puede adquirirse en garantía la cosa que no puede comprarse si se carece de derecho para ello. ¿Y qué diremos si alguien recibió en prenda un predio en litigio? ¿Será rechazado con una excepción? Octaveno opinaba que también procede la excepción sobre las

prendas. Y en su libro tercero de cuestiones varias, Escévola dice que la excepción procede en cuanto a bienes muebles.

2. GAIUS *libro singulari de formula hypothecaria. Si alius pro muliere quae intercessit dederit hypothecam, aut pro filio familias cui contra senatus consultum creditum est, an his succurritur, quaeritur, et in eo quidem, qui pro muliere obligavit rem suam, facilius dicetur sucurri ei, sicuti fideiussori huius mulieris eadem datur exceptio. Sed et in eo, qui pro filio familias rem suam obligavit, eadem dicenda erunt, quae tractantur et in fideiussore eius.*

2. GAYO *en el libro único de la fórmula hipotecaria.* Se pregunta si puede protegerse a un tercero que otorgó hipoteca en favor de una mujer que salió fiadora, o de un hijo de familia a quien se prestó dinero contraviniendo al senadoconsulto. En el primer caso se dirá que sí se le protege, así como se otorga la misma excepción al fiador de esta mujer. Y lo mismo que se dice respecto de su fiador se dirá respecto de quien obligó una cosa suya en favor de un hijo de familia.

3. PAULUS *libro tertio quaestionum. Aristo Neratio Prisco scripsit: etiamsi ita contractum sit, ut antecedens dimitteretur, non aliter in ius pignoris succedet, nisi convenerit, ut sibi eadem res esset obligata: neque enim in ius primi succedere debet, qui ipse nihil convenit de pignore: quo casu emptoris causa melior efficietur. Denique si antiquior creditor de pignore vendendo cum debitore pactum interposuit, posterior autem creditor de distrahendo omisit non per oblivionem, sed cum hoc ageretur, ne posset vendere, videamus, an dici possit huc usque transire ad eum ius prioris, ut distrahere pignus huic liceat. Quod admittendum existimo: saepe enim quod quis ex sua persona non habet, hoc per extraneum*

3. PAULO *en el libro tercero de las cuestiones.* Aristón escribió lo siguiente a Neracio Prisco: si se contrata para que el anterior contrato se anulase, esto solo se sucederá en el derecho de prenda si no se acordó que le quedaría obligada la misma cosa, porque no debe suceder en el derecho del anterior que no convino nada al respecto, en cuyo caso se prefiere la condición del comprador de la cosa pignorada. Ahora bien, si el acreedor anterior acordó con el deudor vender la prenda, pero el acreedor posterior omitió pactar sobre la venta no por olvido, sino

habere potest.

para evitar que vendiese la prenda, ¿podrá decirse que el derecho del primero pasa a tal punto a él que le sea lícito vender la prenda? Opino que debe admitirse, pues muchas veces puede tenerse indirectamente por un tercero lo que uno no tiene por su persona.

4. IDEM *libro quinto responsorum. Titius cum mutuam pecuniam accipere vellet a Maevio, cavit ei et quasdam res hypothecae nomine dare destinavit: deinde postquam quasdam ex his rebus vendidisset, accepit pecuniam: quaesitum est, an et prius res venditae creditori tenerentur. Respondit, cum in potestate fuerit debitoris post cautionem interpositam pecuniam non accipere, eo tempore pignoris obligationem contractam videri, quo pecunia numerata est, et ideo inspiciendum, quas res in bonis debitor numeratae pecuniae tempore habuerit.*

4. EL MISMO *en el libro quinto de las respuestas.* Queriendo Ticio recibir de Mevio dinero en préstamo, le otorgó caución y decidió darle en hipoteca ciertas cosas; luego, tras haber vendido algunas de ellas, recibió el dinero. Se preguntó: ¿quedarían en garantía las cosas antes de ser vendidas? Respondió que, pudiendo el deudor no recibir el dinero tras interponer caución, se entiende obligada la prenda al momento en que se entregó el dinero, por lo que debe considerarse qué cosas tuvo el deudor en su poder al momento de recibir el dinero.

5. IDEM *libro quinto sententiarum. Creditor, qui sciens filium familias a Parente pignori accepit, relegatur.*

5. EL MISMO *en el libro quinto de las sentencias.* El acreedor que a sabiendas recibió en calidad de prenda un hijo de familia que el padre de éste le entregó, será desterrado.

TITULUS IV
QUI POTIORES IN PIGNORE VEL HYPOTHECA HABEANTUR ET DE HIS QUI IN PRIORUM CREDITORUM LOCUM SUCCEDUNT

TITULO IV
DE QUIENES SON PREFERENTES EN LA PRENDA O EN LA HIPOTECA, Y DE QUIENES SUCEDEN A LOS PRIMEROS ACREEDORES

1. PAPINIANUS *libro octavo quaestionum. Qui dotem pro muliere promisit, pignus sive hypothecam de restituenda sibi dote accepit: subsecuta deinde pro parte numeratione maritus eandem rem pignori alii dedit: mox residuae quantitatis numeratio impleta est: quaerebatur de pignore. Cum ex causa promissionis ad universae quantitatis exsolutionem qui dotem promisit compellitur, non utique solutionum observanda sunt tempora, sed dies contractae obligationis. Nec probe dici in potestate eius esse, ne pecuniam residuam redderet, ut minus dotata mulier esse videatur.*

1. PAPINIANO *en el libro octavo de las cuestiones.* Alguien que prometió dote en favor de una mujer, aceptó una prenda o hipoteca como garantía para restituírsele la dote. Luego de haberse entregado parcialmente ésta, el marido dio a otro en prenda la misma cosa, entregándose al final la cantidad restante. Se preguntaba sobre la situación de la prenda. Al verse obligado quien prometió la dote al pago de la cantidad total, no deben considerarse los momentos de los pagos, sino el día en que se contrajo la obligación, siendo incorrecto decir que es facultad de quien prometió la dote no pagar el dinero restante para que parezca menor la dote de la mujer.

§1. *Alia causa est eius, qui pignus accepit ad eam summam, quam intra diem certum numerasset, ac forte prius, quam numeraret, alii res pignori data est.*

§1. Diferente es el caso de quien recibió la prenda por la suma que entregase en un día determinado y, antes de hacerlo, se entregó la cosa dada en prenda a otra persona.

2. IDEM *libro tertio responsorum.* Qui generaliter bona debitoris pignori accepit eo potior est, cui postea praedium ex his bonis datur, quamvis ex ceteris pecuniam suam redigere possit. Quod si ea conventio prioris fuit, ut ita demum cetera bona pignori haberentur, si pecunia de his, quae generaliter accepit, servari non potuisset, deficiente secunda conventione secundus creditor in pignore postea dato non tam potior quam solus invenietur.

3. IDEM *libro undécimo responsorum.* Creditor acceptis pignoribus (quae secunda conventione secundus creditor accepit) novatione postea facta pignora prioribus addidit. Superioris temporis ordinem manere primo creditori placuit tamquam in suum locum succedenti.

§1. *Cum ex causa mandati praedium Titio, cui negotium fuerat gestum, deberetur, priusquam ei possessio traderetur, id pignori dedit: post traditam possessionem idem praedium alii denuo pignori dedit. Prioris causam esse potiorem apparuit, si non creditor secundus pretium ei qui negotium gesserat solvisset: verum in ea quantitate, quam solvisset eiusque usuris potiorem fore*

2. EL MISMO *en el libro tercero de las respuestas.* Quien recibió una prenda general sobre los bienes del deudor es preferente frente a quien recibe después un predio de dichos bienes, aunque pueda cobrar su dinero de los demás bienes. Pero si el primer acuerdo hipotecario fue para tener en prenda únicamente los demás bienes si los que fueron objeto de la hipoteca especial cubren el pago de lo debido, al impedirse la condición de la hipoteca acceesoria, el segundo acreedor se hallará más como único acreedor que como preferente en la nueva prenda.

3. EL MISMO *en el libro décimo primero de las respuestas.* Tras recibir prendas (que recibió en segunda hipoteca otro acreedor), un acreedor agregó las nuevas tras realizar novación del crédito. Se consideró correcto que el primer acreedor conservase su antiguo lugar, como si se sucediese a sí mismo en el rango.

§1. A Ticio se le debía la entrega de un fundo en virtud de un mandato de compra; antes de entregársele la posesión lo dio en prenda, y una vez recibido dio el mismo predio en prenda a otro acreedor. Se consideró que el derecho del primer acreedor es preferente, salvo que el segundo prestase el dinero al mandatario

constaret, nisi forte prior ei pecuniam offerat: quod si debitor aliunde pecuniam solvisset, priorem praeferendum.

para comprar el fundo, pero el segundo sería preferente por la cantidad y los intereses que pagó, a no ser que el primero ofreciese ese importe al acreedor. Y si el deudor pagó la cantidad con dinero de otra parte, se preferirá al primer acreedor.

§2. Post divisionem regionibus factam inter fratres convenit, ut, si frater agri portionem pro indiviso pignori datam a creditore suo non liberasset, ex divisione quaesitae partis partem dimidiam alter distraheret. Pignus intellegi contractum existimavi, sed priorem secundo non esse potiorem, quoniam secundum pignus ad eam partem directum videbatur, quam ultra partem suam frater non consentiene socio non potuit obligare.

§2. Tras dividir un fundo en porciones, dos hermanos acordaron que si uno de ellos no liberaba de su acreedor la porción del fundo dada en prenda cuando todavía no se dividía, el otro vendería a cambio la mitad de la parte adjudicada por división al primero. Señalé que se entendía constituida la prenda, pero que el primer acreedor no era preferente respecto del segundo, porque parecía que la segunda prenda se había aplicado a la parte indivisa que no era del hermano, y que no pudo dar en garantía sin consentirlo el copropietario.

4. POMPONIUS *libro trigesimo quinto ad Sabinum. Si debitor, antequam a priore creditore pignus liberaret, idem illud ob pecuniam creditam alii pignori dedisset et, antequam utrique creditori solveret debitum, rem aliam priori creditori vendiderat creditumque pensaverit cum pretio rei venditae, dicendum est perinde haberi debere, ac si priori creditori pecunia soluta esset: nec enim interesse, solverit an pensaverit: et ideo posterioris creditoris causa est potior.*

4. POMPONIO en el libro trigésimo quinto de los comentarios a Sabino. Si antes de liberar la prenda del primer acreedor un deudor dio a un segundo acreedor la misma cosa en prenda a cambio de un crédito, y antes de pagar a ambos acreedores vendió otra cosa al primer acreedor, compensando así su crédito con el valor de lo vendido, se considerará que pagó la deuda al primer acreedor, porque no hay diferencia entre

pagar o compensar. Por tanto, el derecho del segundo acreedor es preferente.

5. ULPIANUS *libro tertio disputationum*. *Interdum posterior potior est priori, ut puta si in rem istam conservandam impensum est quod sequens credidit: veluti si navis fuit obligata et ad armandam eam vel reficiendam ego credidero:*

5. ULPIANO *en el libro tercero de las disputas*. A veces el segundo acreedor es preferente ante el primero, por ejemplo, al gastar la cantidad que prestó el segundo acreedor para conservar la cosa pignorada, como cuando yo presté para armar o reparar un barco dado en garantía,

6. IDEM *libro septuagesimo tertio ad edictum*. ... *huius enim pecunia salvam fecit totius pignoris causam. Quod poterit quis admittere et si in cibaria nautarum fuerit creditum, sine quibus navis salva pervenire non poterat.*

6. EL MISMO *en el libro septuagésimo tercero de los comentarios al edicto*. ... porque el dinero prestado salvó la prenda; lo que también se dice si se gastó lo prestado para alimentar a los marineros, sin los cuales el barco no podría llegar a su destino a salvo.

§1. *Item si quis in merces sibi obligatas crediderit, vel ut salvae fiant vel ut naulum exsolvatur, potentior erit, licet posterior sit: nam et ipsum naulum potentius est.*

§1. Igualmente, si alguien prestó dinero para salvar las mercancías dadas a él en prenda o para pagar su transporte, será preferente aunque sea posterior, porque también el precio del transporte es preferente.

§2. *Tantundem dicetur, et si merces horreorum vel areae vel vecturae iumentorum debetur: nam et hic potentior erit.*

§2. Lo mismo se dirá si se debe el alquiler de los graneros, del solar o del transporte de animales, porque también el acreedor es preferente.

7. IDEM *libro tertio disputationum*. *Idemque est, si ex nummis pupilli fuerit res comparata. Quare si duorum*

7. EL MISMO *en el libro tercero de las disputas*. Lo mismo ocurre si se compró una cosa pignorada con

pupillorum nummis fuerit res comparata, ambo in pignus concurrent por his portionibus, quae in pretium rei fuerint expensae. Quod si res non in totum ex nummis cuiusdam comparata est, erit concursus utriusque creditoris, id est et antiquioris et eius cuius nummis comparata est.

el dinero de un pupilo. Por tanto, si la cosa se compró con dinero de dos pupilos, ambos concurrirán en la prenda en la medida de lo contribuido para pagar el precio de la cosa. Pero si la cosa no se compró en su totalidad con dinero del comprador, concurrirán tanto el acreedor más antiguo como aquel con cuyo dinero fue comprada la cosa.

§1. Si tibi quae habiturus sum obligaverim et Titio specialiter fundum, si in dominium meum pervenerit, mox dominium eius adquisiero, putat Marcellus concurrere utrumque creditorem et in pignore: non enim multum facit, quod de suo nummos debitor dederit, quippe cum res ex nummis pigneratis empta non sit pignerata ob hoc solum, quod pecunia pignerata erat.

§1. Marcelo opina que si yo te di en garantía cosas futuras, y a Ticio le di en especial un fundo a condición de que fuese mío, y luego pasó a mi propiedad, ambos acreedores concurren en la prenda, pues no importa si el deudor adquirió con su dinero, ya que una cosa comprada con dinero dado en prenda no queda obligada si el dinero también pertenecía a los bienes pignorados.

8. *IDEM libro septimo disputationum. Si pignus specialiter res publica acceperit, dicendum est praeferri eam fisco debere, si postea fisco debitor obligatus est, quia et privati praeferuntur.*

8. EL MISMO *en el libro séptimo de las disputas*. Si la república recibió una prenda sobre una cosa en especial, se dirá que debe ser preferente ante el fisco si el deudor se obligó después con el fisco, pues también son preferentes los particulares en la prenda sobre cosa especial.

9. *AFRICANUS libro octavo quaestionum. Qui balneum ex calendis proximis conduxerat, pactus erat, ut*

9. AFRICANO *en el libro octavo de las cuestiones*. Alguien que arrendó unos baños a partir de las

homo Eros pignori locatori esset, donec mercedes solverentur: idem ante calendas Iulias eundem Erotem alii ob pecuniam creditan pignori dedit. Consultus, an adversus hunc creditorem petentem. Erotem locatorem praetor tueri deberet, respondit debere: licet enim eo tempore homo pignori datus esset, quo nondum quicquam pro conductione deberetur, quoniam tamen iam tunc in ea causa. Eros solve coepisset, ut invite locatore ius pignoris in eo solvi non posset, potiorem eius causam habendam.

próximas calendas pactó que el arrendador adquiriese la prenda sobre el esclavo Eros hasta pagar los alquileres; antes de la fecha, el mismo deudor dio en prenda eel mismo esclavo a otro acreedor por un dinero prestado; al consultársele a Juliano si el pretor debía proteger al arrendador contra el acreedor que reclame el esclavo Eros, respondió que sí, porque aunque el esclavo fue dado en prenda cuando todavía no se debía nada en virtud del arrendamiento, como ya en ese momento el arrendador tenía el derecho de prenda sobre el esclavo, debe considerarse preferente su derecho.

§1. Amplius etiam sub condicione creditorem tuendum putabat adversus eum, cui postea quicquam deberi coeperit, si modo non ea condicio sit, quae invito debitore impleri non possit.

§1. También opinaba Juliano que debía protegerse al acreedor bajo condición contra aquel a quien se le empezó a deber posteriormente, si la condición no fue de las que no pueden cumplirse sin la voluntad del deudor.

§2. Sed et si heres ob ea legata, quae sub condicione data erant, de pignore rei suae convenisset et postea eadem ipsa pignora ob pecuniam creditam pignori dedit ac post condicio legatorum exstitit, hic quoque tuendum eum, cui prius pignus datum esset, existimavit.

§2. Igualmente, si un heredero acordó una prenda sobre cosa propia por los legados que se dejaron bajo condición, después dio en garantía las mismas prendas a cambio de un préstamo de dinero y luego se cumplió la condición de los legados, en este caso Juliano también opinó que deberá protegerse al primer acreedor.

§3. Titia praedium alicuum Titiio

§3. Ticia dio en prenda a Ticio un

pignori dedit, post Maevio: deinde domina eius pignoris facta mrito suo in dotem aestimatum dedit. Si Titio soluta sit pecunia, non ideo magis Maevii pignus convalescere placebat. Tunc enim priore dimisso sequentis confirmatur pignus, cum res in bonis debitoris inveniatur: in proposito autem maritus emptoris loco est: atque ideo, quia neque tunc cum Maevio obligaretur neque cum Titio volveretur in bonis mulieris fuerit, nullum tempus inveniri, quo pignus Maevii convalescere possit. Haec tamen ita, si bona fide in dotem aestimatum praedium maritus accepit, id est si ignoravit Maevio obligatum esse.

predio ajeno, luego lo dio a Mevio, y al hacerse dueña del objeto dado en prenda lo dio a su marido en calidad de dote estimada. Si se pagó el adeudo a Ticio, no se consideró adecuado que por ello se validase la prenda de Mevio, porque al pagar al primer acreedor se confirma la prenda del segundo, y siempre que la cosa esté en poder del deudor. Y en el caso propuesto, el marido se halla como comprador, y dado que la cosa no estuvo en poder de la mujer cuando se dio la garantía a Mevio ni cuando se pagó a Ticio, no hay un momento en el que pueda confirmarse la prenda de Mevio; esto ocurre si el marido adquirió de buena fe el predio en calidad de dote estimada, es decir, si ignoró que estaba pignorado ante Mevio.

10. *ULPIANUS libro primo responsorum. Si et iure iudicatum et pignus in causa iudicati ex auctoritate eius qui iubere potuit captum est, privilegiis temporis fore potiorem heredem eius, in cuius personas pignus constitutum est.*

10. ULPIANO *en el libro primero de las respuestas.* Si se emitió sentencia y la autoridad decretó embargar la prenda, por privilegio de prioridad se preferirá al heredero de aquel en favor de quien se constituyó una prenda.

11. *GAIUS libro singulari de formula hypothecaria. Potior est in pignore, qui prius credidit pecuniam et accepit hypothecam, quamvis cum alio ante convenerat, ut, si ab eo pecuniam*

11. GAYO *en el libro único de la fórmula hipotecaria.* En la prenda es preferente quien primero prestó el dinero y recibió una hipoteca, aunque se conviniese antes con

acceperit, sit res obligata, licet ab ohc postea accepit: poterat enim, licet ante convenit, non accipere ab eo pecuniam.

§1. *Videamus, an idem dicendum sit, si sub condicione stipulatione facta hypotheca data sit, qua pendente alius credidit pure et accepit eandem hypothecam, tunc deinde prioris stipulationis exsistat condicio, ut potior sit qui postea credidisset. Sed vereor, num hic aliud sit dicendum: cum enim semel condicio exstitit, perinde habetur, ac si illo temppore, quo stipulatio interposita est, sine condicione facta esset. Quod et melius est.*

§2. *Si colonus convenit, ut inducta in fundum iliata ibi nata pignori essent, et antequam inducat, alii rem hypothecae nomine obligaverit, tunc deinde eam in fundum induxerit, potior erit, qui specialiter pure accepit, quia non ex conventione priori obligatur, sed ex eo quod inducta res est, quod posterius factum est.*

§3. *Si de futura re convenerit, ut hypothecae sit, sicuti est de partu, hoc quaeritur, an ancilla conventionis tempore in bonis fuit debitoris: et in fructibus, si*

otro que, si el deudor recibe dinero de él, le quedase en garantía la cosa y lo recibiese después, porque el deudor podía no recibir de esa persona el dinero, aunque se haya convenido antes.

§1. Ahora veamos: ¿se dirá lo mismo si se dio la hipoteca tras haber estipulado bajo condición, y hallándose pendiente ésta otro prestó sin condición y recibió la misma hipoteca, y luego se cumpliese la condición de la primera estipulación, de modo que se prefiera al que prestó después? Me temo que aquí debe decirse algo diferente, porque al cumplirse la condición es como si se hiciese estipulación sin condición al momento de interponerla, lo cual es más correcto.

§2. Si un colono acordó que se tomasen en prenda las cosas introducidas al fundo y las que en él naciesen, y antes de introducirlas dio en hipoteca a otro la cosa y luego la introdujo al fundo, será preferente quien recibió la garantía especial e inmediata, porque la cosa no se obliga por el primer acuerdo, sino porque la cosa fue introducida al fundo después.

§3. Si se acordó una hipoteca sobre cosa futura, como el hijo de una esclava, se pregunta si ésta se hallaba en poder del deudor al

convenit ut sint pignori, aeque quaeritur, an fundus vel ius utendi fruendi conventionis tempore fuerit debitoris.

§4. *Si paratus est posterior creditor priori creditori solvere quod ei debetur, videndum est, an competat ei hypothecaria actio nolente priore creditore pecuniam accipere. Et dicimus priori creditori inutilem esse actionem, cum per eum fiat, ne ei pecunia solvatur.*

12. MARCIANUS *libro singulari ad formulam hypothecariam. Creditor qui prior hypothecam accepit sive possident eam et alius vindicet hypothecaria actione, exceptio priori utilis est 'si non mihi ante pignori hypothecaeve nomine sit res obligata': sive alio possidente prior creditor vindicet hypothecaria actione et ille excipiat 'si non convenit, ut sibi res sit obligata', hic in modum supra relatum replicabit. Sed si cum alio possessore creditor secundus agat, recte aget et adiudicari ei poterit hypotheca, ut tamen prior cum eo agendo auferat ei rem.*

§1. *Si quoniam non restituebat rem pigneratam possessor condemnatus ex*

momento del acuerdo. Respecto de los frutos, si se acordó que queden en prenda, también se considera si el fundo o su usufructo pertenecían del deudor al momento del acuerdo.

§4. Si el acreedor posterior está dispuesto a pagar el adeudo al anerior, debe observarse si le compete la acción hipotecaria si el primer acreedor no quiere recibir el dinero. Opinamos que la acción es inútil, dado que de él depende que no se pague el adeudo.

12. MARCIANO *en el libro único de los comentarios a la fórmula hipotecaria.* Si el acreedor que recibió en primer lugar la hipoteca posee la cosa, y otro la reivindica con la acción hipotecaria, podrá usar la excepción 'si la cosa no se me dio antes en garantía o a título de hipoteca'; y si la posee otro, el primer acreedor la reivindica con la acción hipotecaria, y aquél opondrá la excepción 'si no se acordó que la cosa quedase en garantía con él', éste replicará como antes se expresó. Pero si el segundo acreedor ejerció acción contra otro poseedor, podrá adjudicársele la hipoteca, pero siempre que el primero le quite la cosa al ejercer la acción contra él.

§1. Se pregunta lo siguiente: si el poseedor no restituyó la cosa

praefatis modis litis aestimationem exsolverit, an perinde secundo creditori teneatur, ac si soluta sit pecunia priori creditori, quaeritur. Et recte puto hoc admittendum esse.

§2. Si primus, qui sine hypotheca credidit, post secundum, qui utrumque fecit, ipse hypothecam accepit, sine dubio posterior in hypotheca est: unde si in diem de hypotheca convenit, dubium non est, quin potior sit, licet ante diem cum alio creditore pure de eadem re convenit.

§3. Si idem bis, id est ante secundum et post eum crediderit, in priore pecunia potior est secundo, in posteriore tertius est.

§4. Si tecum de hypotheca paciscatur debitor, deinde idem cum alio tua voluntate, secundus potior erit: pecunia autem soluta secundo an rursus teneatur tibi, recte quaeritur. Erit autem facti quaestio agitanda, quid inter eos actum sit, utrum, ut discedatur ab hypotheca in torum, prior concessit creditor alii obligari hypothecam, an ut ordo servetur et prior creditor secundo loco constituatur.

dada en prenda, se le condenó a pagar la estimación del litigio dentro de los supuestos señalados, se obligará la cosa al segundo acreedor como si hubiese pagado el adeudo al primero. Opino que es correcto admitir esto.

§2. Si un primer acreedor que prestó sin hipoteca la recibió después de un segundo acreedor que hizo la prestó y la recibió, sin duda es posterior en la hipoteca. Por ello, si se acordó la hipoteca con un plazo, no hay duda de que es preferente, aunque se conviniese otra con otro acreedor, sobre la misma cosa y sin término, antes de que venza el placo del primero.

§3. Si el mismo acreedor prestó dos veces, es decir, una antes que y otra después de un segundo acreedor, es preferente por la primera cantidad y tercero por la segunda.

§4. Si un deudor pacta contigo sobre una hipoteca y luego con otro autorizándolo tú, el segundo será preferente; sin embargo, se pregunta si, tras pagar la cantidad al segundo acreedor, estará nuevamente obligado contigo. Deberá analizarse qué se acordó entre ellos, si el primer acreedor autorizó que la hipoteca se obligase con otro para quedae totalmente fuera de ella, o si se conserva el orden y que el primer

§5. Papinianus libro undécimo respondit, si prior creditor postea novatione facta eadem pignora cum aliis accepit, in suum locum cum succedere: sed si secundus non offerat pecuniam, posse priorem vendere, ut primam tantum pecuniam expensam ferat, non etiam quam postea credidit, et quod superfluum ex anteriore credito accepit, hoc secundo restituat.

§6. Sciendum est secundo creditori rem teneri etiam invito debitore tam in suum debitum quam in primi creditoris et in usuras suas et quas primo creditori solvit: sed tamen usurarum, quas creditori primo solvit, usuras non consequetur: non enim negotium alterius gessit, sed magis suum. Et ita Papinianus libro tertio responsorum scripsit, et verum est.

§7. Si simpliciter convenisset secundus creditor de hypotheca, ab omni possessore eam auferre poterit praeter priorem creditorem et qui ab eo emit.

§8. A Titio mutuatus pactus est cum illo, ut ei praedium suum pignori hypothecaeve esset: deinde mutuatus est pecuniam a Maevio et pactus est cum eo,

acreedor quede en segundo lugar.

§5. En el libro décimo primero de las respuestas, Papiniano respondió que si el primer acreedor recibió las mismas prendas junto con otras tras haberse realizado estipulación, se sucede en su rango, pero si el segundo acreedor no le ofreció la cantidad, puede vender para cobrar tan solo el primer crédito, no el posterior, y lo que recibió de más por el anterior crédito lo devolverá al segundo.

§6. Debe saberse que el segundo acreedor tiene obligada en prenda la cosa incluso contra la voluntad del deudor, tanto por lo que se le debe como por el primer crédito que pagó, así como por los intereses de dicho crédito como por los que pagó al primer acreedor; sin embargo, no obtendrá intereses de los intereses que pagó al primer acreedor, porque no realizó un negocio ajeno, sino propio. Y esto lo escribió Papiniano en el libro tercero de sus respuestas, y es correcto.

§7. Si el segundo acreedor acordó tan solo una hipoteca, podrá quitársela a cualquier poseedor excepto al primer acreedor o quien la compró de éste.

§8. Alguien que recibió prestado de Ticio pactó con él que éste tendría en prenda o hipoteca un predio suyo; luego recibió dinero

ut, si Titio desierit praedium teneri, ei teneatur: tertius deinde aliquis dat mutuam pecuniam tibi, ut Titio solveres, et paciscitur tecum, ut idem praedium ei pignori hypothecaeve sit et locum eius subeat: num hic medius tertio potior est, qui pactus est, ut Titio soluta pecunia impleatur condicio, et tertius de sua neglegentia queri debeat? Sed tamen et hic tertius creditor secundo praefendus est.

de Mevio y pactó con él que si el Ticio dejaba de tener la hipoteca sobre el predio, le tendría él. Luego, un tercer acreedor te dio dinero en mutuo para que pagases a Ticio, y pacta contigo prenda o hipoteca sobre el mismo predio y que subentre en el lugar de Ticio. ¿Será preferente el segundo acreedor frente al tercero al pactar que se cumpla la condición al pagarse el dinero a Ticio, y deberá el tercero quejarse de su descuido? Pese a esto, el tercer acreedor se preferirá al segundo.

§9. Si tertius creditor pignora sua distrahi permittit ad hoc, ut priori pecunia soluta in aliud pignus priori succedat, successurum eum Papinianus libro undécimo responsorum scripsit. Et omnino secundus creditor nihil aliud iuris habet, nisi ut solvat priori et loco eius succedat.

§9. En su libro décimo primero de las respuestas, Papiniano escribió que si un tercer acreedor autoriza que se venda su prenda para pagar al primer acreedor sucederlo en su prenda, sí procederá; y el segundo acreedor solo tiene derecho a pagar al primero y sucederle en su rango.

§10. Si priori hypotheca obligata sit, nihil vero de venditione convenerit, posterior vero de hypotheca vendena convenerit, verius est priorem potiorem esse: nam et in pignore placet, si prior convenerit de pignore, licet posteriori res tradatur, adhuc potiorem esse priorem.

§10. Si se constituyó hipoteca ante un primer acreedor, pero no se acordó venta, es más acertado que el primero sea preferente, porque también sobre la prenda se considera que si el primer acreedor la acordó, siga siendo preferente aunque la cosa se entregue al segundo.

13. *PAULUS libro quinto ad Plautium. Insulam tibi vendidi et dixi prioris anni pensionem mihi, sequentium tibi accessuram pignorumque ab inquilino*

13. PAULO *en el libro quinto de los comentarios a Plaucio.* Tras venderte una casa declaré que la renta del primer año me correspondía a mí

datorum ius utrumque secuturum. Nerva Proculus, nisi ad utramque pensionem pignora sufficierent, ius ómnium pignorum primum ad me pertinere, quia nihil aperte dictum esset, an communiter ex omnibus pignoribus summa pro rata servetur: si quid superesset, ad te. PAULUS: facti quaestio est, sed verisimile est id actum, ut primam quamque pensionem pignorum causa sequatur.

y la de los siguientes a ti, y que el derecho de las prendas dadas por el inquilino era para ambos; Nerva y Proculo dicen que si las prendas no bastan para cubrir ambas rentas, yo tendría derecho preferente sobre todas ellas, porque no se señaló expresamente que la suma de todas las prendas se aplicarían de manera común a prorrata de los créditos respectivos, y si sobraba algo sería para ti. Paulo dice: la cuestión es de hecho, pero es verdad que se acordó que las prendas siempre corresponden a la primera renta debia.

14. *IDEM libro quarto decimo ad Plautium. Si non dominus duobus eandem rem diversis temporibus pigneraverit, prior potior est, quamvis, si a diversis non dominis pignus accipiamus, possessor melior sit.*

14. EL MISMO *en el libro décimo cuarto de los comentarios a Plaucio.* Si quien no era dueño dio en prenda una misma cosa a dos acreedores en diferentes momentos, el primer acreedor es preferente; sin embargo, si recibimos una prenda de dos deudores que no son dueños, el poseedor será tendrá ventaja.

15. *IDEM libro sexagesimo octavo ad edictum. Etiam superficies in alieno solo posita pignori dari potest, ita tamen, ut prior causa sit domini soli, si non solvatur ei solárium.*

15. EL MISMO *en el libro sexagésimo octavo de los comentarios al edicto.* También puede darse en prenda la construcción en suelo ajeno, pero de modo que sea preferente el dueño del terreno si no se le paga lo que debería pagar el deudor superficiario.

16. PAULUS *libro tertio quaestionum.*

16. PAULO *en el libro tercero de las*

Claudius Felix eundem fundum tribus obligaverat, Eutychianae primum, deinde Turboni, tertio loco alii creditori: cum Eutychiana de iure suo doceret, superata apud iudicem a tertio creditore non provocaverat: Turbo apud alium iudicem victus appelaverat: quaerebatur, utrum tertius creditor etiam Turbonem superare deberet, qui primam creditricem, an ea remota Turbo tertium excluderet. Plane cum tertius creditor primum de sua pecunia dimisit, in locum eius substituitur in ea quantitate, quam superiori exsolvit: fuerunt igitur qui dicerent hic quoque tertium creditorem potiorem esse debere. Mihi nequaquam hoc iustum esse videbatur. Pone primam creditricem iudicio convenisse tertium creditorem et exceptione aliove quo modo a tertio superatam: numquid adversus Turbonem, qui secundo loco crediderat, tertius creditor, qui primam vicit, exceptione rei iudicatae uti potest? Aut contra si post primum iudicium, in quo prima creditrix superata est a tertio creditore, secundus creditor tertium optinuerit, poterit uti exceptione rei iudicatae adversus primam creditricem? Nullo modo ut opinor. Igitur nec tertius creditor successit in eius locum quem exclusit, nec inter alios res iudicata alii prodesse aut nocere solet, sed sine praeiudicio prioris sententiae totum ius alii creditori integrum relinquitur.

cuestiones. Claudio Félix hipotecó el mismo fundo a tres acreedores: primero a Eutiquiana, luego a Turbón y por último a otro acreedor. Eutiquiana fue vencida en juicio por el tercer acreedor y no apeló; Turbón, vencido en otro juicio, sí apeló. Se pregunta: ¿vencerá el tercer acreedor también a Turbón, tal como venció a la primera acreedora o, tras excluirse a Eutiquiana, Turbón vencerá al tercero? A decir verdad, si el tercer acreedor pagó de su dinero al primero, se subroga en su rango por el pago hecho al acreedor anterior; por tanto, algunos dijeron que también en este caso será preferente el tercer acreedor, lo cual me pareció injusto. Supongamos que la primera acreedora reclamó al tercero, y que éste la venció con una excepción o con otro recurso: ¿el tercer acreedor podrá usar la excepción de cosa juzgada contra Turbón, quien prestó en segundo lugar? O bien, si tras el primer juicio en el que Eutiquiana fue vencida, el segundo acreedor venció al tercero, ¿podrá usar la excepción de cosa juzgada contra la primera acreedora? Opino absolutamente que no. Por ello, tampoco el tercer acreedor se subroga en el lugar de aquel a quien venció en juicio, pues la sentencia entre unos no suele

beneficiar o perjuicar a terceros, sino que el otro acreedor conserva íntegro su derecho, sin perjuicio de la sentencia anterior.

17. IDEM *libro sexto responsorum.* Eum qui a debitore suo praedium obligatum comparavit, eatenus tuendum, quatenus ad priorem creditorem ex pretio pecunia pervenit.

17. EL MISMO *en el libro sexto de las respuestas.* Quien compró a su deudor un predio dado en hipoteca, será protegido solo en la medida del precio que llegó al primer acreedor.

18. SCAEVOLA *libro primo responsorum.* Lucius Titius pecuniam mutuam dedit sub usuris acceptis pignoribus, eidemque debitori Maevius sub isdem pignoribus pecuniam dedit: quaero, an Titius non tantum sortis et earum usurarum nomine, quae accesserunt antequam Maevius credert, sed etiam earum, quae postea accesserunt, potior esset. Respondit Lucium Titium in omne quod ei debetur potiorem esse.

18. ESCÉVOLA *en el libro primero de las respuestas.* Lucio Ticio prestó dinero al interés y con garantías pignoraticias. Mevio también prestó dinero al mismo deudor y con idénticas garantías. Pregunto: ¿es preferente la garantía de Ticio no solo en cuanto al capital y los intereses generados antes de prestar a Mevio, o también en cuanto a los préstamos posteriores? Respondió que Lucio Ticio es preferente ante todos los adeudos que surjan.

19. IDEM *libro quinto responsorum.* Mulier in dotem dedit marito praedium pignori obligatum et testamento maritum et liberos ex eo natos, item ex alio heres instituit: creditor cum posset heredes convenire idoneos, ad fundum venit: quaero, an, si ei iustus possessor offerat, compellendus sit ius nominis cederé. Respondi posse vieri non iniustum postulare.

19. EL MISMO *en el libro quinto de las respuestas.* Una mujer dio a su marido un predio pignorado como dote, y en su testamento instituyó herederos a su marido, a los hijos nacidos de él y también a los de otro; el acreedor, aunque pudo demandar a los herederos solventes, exigió poseer el fundo. Pregunto: si el poseedor legítimo le ofrece pagar, ¿se verá obligado el acreedor a cederle su crédito?

Respondí que podría parecer justo pedir tal cosa.

20. *TRYPHONINUS libro octavo disputationum. Quaerebatur, si post primum contractum tuum, antequam aliam pecuniam tu crederes, eidem debitori Seius credidisset quinquaginta et hyperocham huius rei, quae tibi pignori data esset, ebitor obligasset, dehinc tu eidem debitori crederes forte quadraginta: quod plus est pretio rei quam primo credidisti utrum Seio ob quinquaginta an tibi in quadraginta cederet pignoris hyperocha. Finge Seium paratum esse offerre tibi summam primo ordine creditam. Dixi consequens esse, ut Seius potior sit in eo quod amplius est in pignore, et oblata ab eo summa primo ordine credita usurarumque eius postponatur primus creditor in summam, quam postea eidem debitori credidit.*

20. TRIFONINO *en el libro octavo de las disputas*. Si tras tu primer contrato, y antes de que prestases nuevamente dinero a tu deudor, Seyo le prestó cincuenta mil sestercios y el deudor dio en garantía la hipoteca o el excedente de la cosa que se te dio en calidad de prenda, y luego prestaste, digamos, cuarenta mil al mismo deudor, ¿el excedente del precio de la prenda de tu primer préstamo quedará afectado a los cincuenta mil dados por Seyo o a los cuarenta dados por ti? Supongamos que Seyo está dispuesto a pagarte la cantidad prestada en primer lugar. Respondí que Seyo será preferente respecto del sobrante de la prenda, y que al ofrecer la cantidad prestada en primer lugar y sus intereses se posponga el primer acreedor respecto de la suma que prestó después al mismo deudor.

21. *SCAEVOLA libro vicesimo septimo digestorum. Titius Seiae ob summam, qua ex tutela ei condemnatus erat, obligavit pignori omnia bona sua quae habebat quaeque habiturus esset: postea mutuatus a fisco pecuniam pignori ei res suas omnes obligavit: et intulit Seiae partem debiti et reliquam summam novatione facta eidem promisit, in qua*

21. ESCÉVOLA *en el libro vigésimo séptimo del digesto*. Ticio dio en prenda todos sus bienes presentes y futuros a Seya por la cantidad a la que fue condenado en razón de la tutela; luego dio en prenda todos sus bienes al fisco a cambio de un mutuo, pagó a Seya parte de la deuda, realizó

obligatione similiter ut supra de pignore convenit. Quaesitum est, an Seia praeferenda sit isco et in illus rebus, quas Titius tempore prioris obligationis habuit, item in his rebus, quas post priorem obligationem adquisiit, donec universum debitum suum consequatur. Respondit nihil proponi, cur nono sit praeferenda.

novación por el resto y acordó una prenda similar a la anterior por la nueva obligación. Se preguntó: ¿será Seya preferente ante el fisco respecto de los bienes que Ticio tuvo al momento de la primera obligación y de las cosas adquiridas después hasta cobrar todo el adeudo? Respondió que nada se opone a considerarla preferente.

§1. *Negotiatori marmorum creditor sub pignore lapidum, quorum pretia venditores ex pecunia creditoris acceperant: idem debitor conductor horreorum Caesaris fuit, ob quorum pensiones aliquot annis non solutas procurator exactioni praepositus ad lapidum venditionem officium suum extendit: quaesitum est, an iure pignoris eos creditor retinere possit. Respondit secundum ea quae proponerentur posse.*

§1. Un acreedor prestó dinero a un comerciante de mármoles adquiriendo en prenda las piedras, cuyo precio cobraron los vendedores de éstas con el dinero prestado; el mismo deudor arrendó unos almacenes del César, y al no pagar durante unos años el alquiler, el encargado del cobro ordenó vender las piedras. Se preguntó: ¿podrá retenerlas el acreedor por derecho de prenda? Respondió que, según el caso planteado, sí podía.

TITULUS V
DE DISTRACTIONE PIGNORUM ET HYPOTHECARUM

TÍTULO V
DE LA VENTA DE PRENDAS E HIPOTECAS

1. PAPINIANUS *libro vicesimo sexto quaestionum. Creditor qui praedia pignori accepit et post alium creditorem, qui pignorum conventionem ad bona debitoris contulit, ipse quoque simile*

1. PAPINIANO *en el libro vigésimo sexto de las cuestiones.* Un acreedor que recibió predios en prenda y que interpuso pacto de prenda por todos los bienes del deudor

pactum bonorum ob alium aut eundem contractum interposuit, ante secundum creditorem dimissum nullo iure cetera bona titulo pignoris vendidit. Sed ob eam rem in personam actio contra eum creditori, qui pignora sua requirit, non competit nec utilis canda est: nec furti rerum mobilium gratia recte convenietur, quia propriam causam ordinis errore ductus persecutus videtur, praesertim cum alter creditor furto possessionem, quae non fuit apud eum, non amiserit. Ad exhibendum quoque frustra litem excipient, quia neque possidet neque dolo fecit, ut desineret possidere. Sequitur, ut secundus creditor possessores interpellare debeat.

en garantía del mismo contrato o de otro, luego de que un segundo acreedor acordó la prenda sobre los bienes del deudor, vendió sin ningún derecho los demás bienes como tratándose de prenda antes de desinteresar al segundo acreedor. Por esto el acreedor que reclama su prenda no ejerce en su contra la acción personal. Tampoco se le otorgará acción útil ni se le demandará lícitamente por el robo de bienes muebles, pues se considera que persiguió su derecho inducido por error en el orden, y más si el otro acreedor no perdió por robo la posesión que no tuvo en su poder; también ejercerá inútilmente la acción exhibitoria, porque ni posee ni dejó de poseer dolosamente. Por ende, el segundo acreedor solo podrá demandar a los poseedores que adquirieron los bienes pignorados.

2. IDEM *libro secundo responsorum. Fideiussor conventus officio iudicis adsecutus est, ut emptionis titulo praedium creditori pignori datum susciperet: nihilo minus alteri creditori, qui postea sub eodem pignore contraxit, offerendae pecuniae, quam fideiussor dependit, cum usuris medii temporis facultas erit: nam huiusmodi venditio transferendi pignoris causa necessitate iuris fieri solet.*

2. EL MISMO *en el libro segundo de las respuestas.* Tras ser demandado, un fiador obtuvo del juez recibir en calidad de compra el predio que dio en prenda a un acreedor; sin embargo, el otro acreedor que adquirió después la misma prenda podrá ofrecer al fiador la cantidad que pagó, así como los intereses desde el inicio, porque semejante venta para transferir la prenda suele hacerse por

necesidad del derecho.

3. IDEM *libro tertio responsorum. Cum prior creditor pignus iure conventionis vendidit, secundo creditori non superesse ius offerendae pecuniae convenit.*

3. EL MISMO *en el libro tercero de las respuestas.* Cuando el primer acreedor vende lícitamente la prenda con base en el acuerdo previo, el segundo acreedor no debe conservar el derecho de ofrecer el pago para subrogare en el rango.

§1. Si tamen debitor non interveniente creditore pignus vendiderit eiusque pretium priori creditori solverit, emptori poterit offerri quod ad alium creditorem de nummis eius pervenit et usurae medii temporis: nihil enim interest, debitor pignus datum vendidit an denuo pignori obliget.

§1. Pero si el deudor vendió la prenda sin intervención del acreedor, y entregó la cantidad debida al primer acreedor, el otro acreedor podrá ofrecer al comprador lo que del precio llegó a poder del otro acreedor, así como los intereses devengados a partir del pago, porque no importa si el deudor vendió la prenda dada o volvió a obligarla en prenda.

4. IDEM *libro undécimo responsorum. Cum solvendae pecuniae dies pacto profertur, convenisse videtur, ne prius vendendi pignoris potestas exerceatur.*

4. EL MISMO *en el libro décimo primero de las respuestas.* Cuando en un pacto se expresa la fecha en que deberá pagarse el adeudo, se considera acordado que no puede ejercerse antes de esa fecha el derecho a vender la prenda.

5. MARCIANUS *libro singulari ad formulam hypothecariam. Cum secundus creditor oblata priori pecunia in locum eius successerit, venditionem ob pecuniam solutam et creditam recte facit.*

5. MARCIANO *en el libro único de los comentarios a la fórmula hipotecaria.* Cuando el segundo acreedor sucedió al primero en orden de prevalencia tras ofrecerle el pago, puede vender lícitamente el dinero pagado y el debido para así cobrarse.

§1. Si secundus creditor vel fideiussor soluta pecunia pignora susceperint, recte eis offertur, quamvis emptionis titulo ea tenuerunt.

6. MODESTINUS *libro octavo regularum. Cum posterior creditor a priore pignus emit, non tam adquirendi dominio quam servandi pignoris sui causa intellegitur pecuniam dedisse et ideo offerri ei a debitore potest.*

7. MARCIANUS *libro singulari ad formulam hypothecariam. Si creditor pignus vel hypothecam vendiderit hoc pacto, ut liceat sibi reddere pecuniam et pignus reciperare: an, si paratus sit debitor reddere pecuniam, consequi id possit? Et Iulianus libro undécimo digestorum scribit recte quidem distractum esse pignus, ceterum agi posse cum creditore, ut, si quas actiones habeat, eas cedat debitori. Sed quod Iulianus scribit in pignore, idem et circa hypothecam est.*

§1. Illud inspiciendum est, an liceat debitori, si hypotheca venierit, pecunia soluta eam reciperare. Et si quidem ita venierit, ut, si intra certum tempus a debitore pecunia soluta fuerit, emptio rescindatur, intra illud tempus pecunia

§1. Si el segundo acreedor o el fiador adquirieron las prendas tras pagar el adeudo, puede ofrecérseles lícitamente el pago, aunque tengan las prendas a título de compra.

6. MODESTINO *en el libro octavo de las reglas*. Si el acreedor posterior compró una prenda del anterior, se entiende que pagó no para adquirir la propiedad, sino para conservar su derecho de prenda, por lo que el deudor puede pagar para recuperar el bien pignorado.

7. MARCIANO *en el libro único de la fórmula hipotecaria*. Si un acreedor vendió la prenda o la hipoteca bajo el acuerdo de que si devuelve el precio recupera la prenda, ¿podrá recuperarla el deudor si estuvo dispuesto a devolver el precio? En el libro décimo primero de su digesto, Juliano escribe que la prenda se vende lícitamente, pero puede demandarse al acreedor para que ceda al deudor las acciones que posea contra el comprador. Lo mismo que Juliano escribe sobre la prenda aplica a la hipoteca.

§1. ¿Será lícito que el deudor recupere la hipoteca vendida previo pago del adeudo? Si fue vendida de modo que la compra se rescinde si dentro de un plazo determinado el deudor pagó el

soluta recipit hypothecam: si vero tempus praeteriit aut si non eo pacto res venierit, non potest rescindi venditio, nisi minor sit annis viginti quinque debitor aut pupillus aut rei publicae causa absens vel in aliqua earum causarum erit, ex quibus edicto succurritur.

adeudo, recupera la hipoteca pagando dicha cantidad; pero si corrió el plazo o si la cosa no se vendió con este pacto, no puede rescindirse la venta, salvo que el deudor fuese un menor de veinticinco años, un pupilo, un ausente por motivos públicos o que cayese en alguno de los supuestos en los que el edicto pretorio lo protege de la rescisión.

§2. Quaeritur, si pactum sit a creditore, ne liceat debitori hypothecam vendere vel pignus, quid iuris sit, et an pactio nulla sit talis, quasi contra ius sit posita, ideoque veniri possit. Et certum est nullam esse venditionem, ut pactione stetur.

§2. ¿Qué procede si el acreedor pactó que el deudor no vendería la hipoteca o la prenda? ¿Será nulo el pacto, como si se hubiese ofrecido contra derecho, y por tanto podrá venderse la hipoteca? En realidad la venta es nula para así poder cumplir el pacto.

8. MODESTINUS *libro quarto regularum. Creditoris arbitrio permittitur ex pignoribus sibi obligatis quibus velit distractis ad suum commodum pervenire.*

8. MODESTINO *en el libro cuarto de las reglas.* Queda al arbitrio e interés del acreedor vender las prendas que desee de las que le fueron obligadas.

9. PAULUS *libro tertio quaestionum. Quaesitum est, si creditor ab emptore pignoris pretium servare non potuisset, an debitor liberatus esset. Putavi, si nulla culpa imputari creditori possit, manere debitorem obligatum, quia ex necessitate facta venditio non liberat debitorem nisi pecunia percepta.*

9. PAULO *en el libro tercero de las cuestiones.* Si el acreedor no pudo obtener del comprador el pago de la prenda, ¿quedará libre el deudor? Opiné que, si no puede imputársele culpa alguna al acreedor, el deudor seguirá obligado, porque la venta por necesidad solo libera al deudor si se recibió el dinero.

§1. Pomponius autem lectionem libro secundo ita scripsit: quod in pignoribus

§1. En el libro segundo de sus lecciones, Pomponio escribió lo

dandis adici solet, ut, quo minus pignus venisset, reliquum debitor redderet, supervacuum est, quia ipso iure ita se res habet etiam non adiecto eo.

siguiente: al darse unas prendas, es superfluo agregar que si la prenda se vende por menos el deudor pagará el faltante, porque por derecho esto procede aunque no se incluya.

10. IDEM *libro sexto responsorum. Etsi is, qui lege pignoris emit, ob evictionem rei redire ad venditorem non potest, tamen non esse audiendum creditorem qui fundum vendidit, si velit eiusdem rei ex alia causa quaestionem movere.*

10. EL MISMO *en el libro sexto de las respuestas.* Aunque tenga cláusula de prenda, un comprador no puede demandar al vendedor por la evicción de la cosa, no debe escucharse al acreedor que vendió el fundo pignorado si quiere demandar por otra causa sobre la misma cosa.

11. SCAEVOLA *libro primo responsorum. Arbiter divindendae hereditatis cum corpora hereditaria dividisset, nomina quoque communium debitorum separatim singulis in solidum adsignavit: quaesitum est, an debitoribus cessantibus pro solido pignus vendere quisque potest. Respondi posse.*

11. ESCÉVOLA *en el libro primero de las respuestas.* Tras dividir las cosas de una herencia, el árbitro encargado de la partición de la misma adjudicó también por entero a cada uno de los herederos los créditos contra unos deudores comunes. Se preguntó: si los deudores no pagan, ¿puede vender la prenda por el total cualquiera de los herederos? respondí que sí.

12. TRYPHONINUS *libro octavo disputationum. Rescriptum est ab imperatore libellos agente Papiniano creditorem a debitore pignus emere posse, quia in dominio manet debitoris.*

12. TRIFONINO *en el libro octavo de las disputas.* En una respuesta imperial por escrito de cuando Papiniano era jefe de la cancillería, se declara que el acreedor podía comprar la prenda al deudor, porque ésta seguía siendo propiedad del deudor.

§1. Si aliena res pignori data fuerit et creditor eam vendiderit, videamus, an pretium quod percepit creditor liberet debitorem personali actione pecuniae creditae. Quod vere responderetur, si ea lege vendidit, ne evictionis nomine obligaretur, quia ex contractu et qualiquali obligatione a debitore interpósita, certe ex occasione eius redactum id pretium aequius proficeret debitori, quam creditoris lucro cederet. Sed quantum quidem ad creditorem debitor liberatur: quantum vero ad dominum rei, si necdum pignus evictum est, vel ad emptorem post evictionem ipsi debitor utili actione tenetur, ne ex aliena iactura sibi lucrum adquirat. Nam et si maiores fructus forte petens a possessore creditor abstulit, universos in quantitatem debitam accepto ferre debebit: et cum per iniuriam iudicis domino rem, quae debitoris non fuisset, abstulisset creditor quasi obligatam sibi, et quaereretur, an soluto debito restitui eam oporteret debitori, Scaevola noster restituendam probavit, quod si non ita vendidit, ut cerum sit omnimodo apud eum pretium remansurum, verum obligatus est ad id restituendum, arbitror interim quidem nihil a debitore peti posse, sed in suspenso haberi liberationem: verum si actione ex empto conventus praestitisset creditor emptori, debitum persequi cum a debitore posse, quia apparuit non esse liberatum.

§1. Si se dio en prenda una cosa ajena y el acreedor la vendió, ¿el precio que cobró el acreedor liberará al deudor de la acción personal por el dinero prestado? Puede responderse que, si el acreedor vendió bajo cláusula de no obligarse por evicción, pues al ser deuda de contrato y cualquiera que sea la obligación del deudor que llegue a mediar, el precio obtenido del negocio beneficiará más al deudor que al acreedor. Sin embargo, el deudor se libera del acreedor; en cuanto al dueño de la cosa, si todavía no ha sido evicta la prenda o, tras la evicción, respecto del comprador, el deudor se obliga por la acción útil para que no se lucre con pérdida ajena. Porque también, si el acreedor recibió más frutos de los debidos al reclamarlos del poseedor, deberá imputarlos todos a la cantidad debida; y si por injusticia del juez el acreedor adquiere una cosa del dueño que no era del deudor como si estuviese obligada, y se pregunta si tras pagar la deuda debe restituirla al deudor, nuestro Escévola señaló que sí debía restituirla. Pero si no la vendió, conservando el vendedor el dinero pese a la evicción, sino que se le obligó a devolverlo en caso de darse dicha evicción, opino que entre tanto el deudor no puede exigir nada, quedando

la liberación en suspenso; pero si tras demandar al acreedor con la acción de compra debido a la evicción se indemnizó al comprador, puede exigir del deudor el monto, porque resulta que no se liberó del adeudo.

13. *PAULUS libro primo decretorum. Creditor, qui iure suo pignus distrahit, ius suum cederé debet et, si pignus possidet, tradere utique debet possessionem.*

13. PAULO *en el libro primero de los decretos*. El acreedor que por derecho vende la prenda, debe ceder su derecho, y si posee la prenda, debe entregar sin duda la posesión.

14. *SCAEVOLA libro sexto digestorum. Arbitri dividundae hereditatis inter heredes cum corpora hereditaria divisissent, nomina quoque communium debitorum separatim diversa singulis in solidum adsignaverunt. Quaesitum est, an ununsquisque eorum, debitore sibi addicto cessante in solutione, pro solido pignus sub eo nomine obligatum vendere possit. Respondit potuisse.*

14. ESCÉVOLA *en el libro sexto del digesto*. Tras dividir los árbitros los bienes de una herencia entre los herederos, asignaron por separado a cada heredero los diversos créditos contra deudores comunes; se preguntó: al ser condenado el deudor que se le había asignado por falta de pago, ¿podrá cada uno de los herederos vender por entera la prenda obligada en la deuda? Respondió que sí.

TITULUS VI
QUIBUS MODIS PIGNUS VEL HYPOTHECA SOLVITUR

TITULO VI
DE LAS FORMAS EN QUE SE EXTINGUE LA PRENDA O LA HIPOTECA

1. *PAPINIANUS libro undécimo responsorum. Debitoris absentis amicum*

1. PAPINIANO *en el libro décimo primero de las respuestas*. Un amigo

negotia gessit et pignora citra emptionem pecunia sua liberavit: ius pristinum domino restitutum videtur. Idigur qui negotium gesssit, utilem Servianam dari sibi non recte desiderabit: si tamen possideat, exceptione doli defenditur.

§1. Cum venditor numerata sibi parte pretii praedium quod venierat pignori accepisset ac postea residuum pretium emptori litteris ad eum missis donasset, eoque defuncto donationem quibusdam modis inutilem esse constabat. Iure pignoris fiscum frustra petere praedium, qui successerat in locum venditoris, apparuit, cuius pignoris solutum esse pactum prima voluntate donationis constabat, quoniam inutilem pecunaie donationem lex facit, cui non est locus in pignore liberando.

§2. Defensor absentis cautionem iudicatum solvi praestitit: in dominum iudicio postea translato fideiussores ob rem iudicatam quos defensor dedit non tenebuntur nec pignora quae dederunt.

de un deudor ausente gestionó los negocios de éste y liberó con dinero suyo las prendas, pero sin comprarlas; se entiende que al dueño se le restituye su anterior derecho. Por ende, el gestor de negocios no pide lícitamente que se le otorgue la acción Serviana útil, pero si posee, se le proteger con la excepción de dolo.

§1. Si tras pagársele una parte del precio, el vendedor recibió en prenda un fundo que había vendido, luego donó al comprador el resto del precio por medio de un documento que le envió, y al morir el vendedor constaba que por algunos motivos la donación era nula, es evidente que el fisco que había sucedido al vendedor en cuanto a rango, reclama en vano el predio por derecho de prenda, dado que el pacto de la prenda se había disuelto por la voluntad previa de hacer donación, pues la ley declara nula la donación que no se aplica para liberar una prenda.

§2. El defensor de un ausente ofreció garantía de que pagaría el monto de la condena; al transferirse el juicio contra el representado, los fiadores ofrecidos por el defensor en garantía no se obligan de la sentencia, ni tampoco las prendas ofrecidas.

2. GAIUS *libro nono ad edictum provinciale.* Si creditor Serviana actione pignus a possessore petierit et possessor litis aestimationem obtulerit et ab eo debitor rem vindicet, non aliter hoc facere concedetur, nisi prius ei debitum offerat.

3. ULPIANUS *libro octavo disputationum.* Si res distracta fuerit sic, nisi intra certum diem meliorem condicionem invenisset, fueritque tradita et forte emptor, antequam melior condicio offerretur, hanc rem pignori dedisset, Marcellus libro quinto digestorum ait finiri pignus, si melior condicio fuerit allata, quamquam, ibi sic res distracta est, nisi emptori displlicuisset, pignus finiri non putet.

4. IDEM *libro septuagesimo tertio ad edictum.* Si debitor, cuius res pignori obligatae erant, servum quem emerat redhibuerit, an desinat Servianae locus esse? Et magis est, ne desinat, nisi ex voluntate creditoris hoc factum est.

§1. Si in venditione pignoris consenserit creditor vel ut debitor hanc rem permutet vel donet vel in dotem det, dicendum erit

2. GAYO *en el libro noveno de los comentarios al edicto provincial.* Si un acreedor reclamó la prenda al poseedor por medio de la acción Serviana, y el segundo ofreció la estimación del litigio mientras el primero reivindicó la cosa contra él, solo se le concederá esto si antes ofrece lo que le debe.

3. ULPIANO *en el libro octavo de las disputas.* En el libro quinto de su digesto, Marcelo dice que si una cosa pignorada fue vendida con cláusula de, si no se hacía una oferta mejor dentro de cierto plazo, y al ser entregada el comprador la dio en prenda, ésta se extingue si se ofreció una oferta mejor, aunque Marcelo opine que la prenda no se extingue por más que la cosa se venda y ello no guste al comprador.

4. EL MISMO *en el libro septuagésimo tercero de los comentarios al edicto.* Si el deudor propietario, cuyos bienes fueron dados en prenda, devolvió el esclavo que había comprado debido a un vicio redhibitorio, ¿dejará de aplicarse la acción Serviana? Es más acertado decir que no, salvo que se haya hecho así con autorización del acreedor.

§1. Si el acreedor autorizó para que el deudor venda la cosa dada en prenda, la permute, la done o

pignus liberari, nisi salva causa pignoris sui consensit vel venditioni vel ceteris: nam solent multi salva causa pignoris sui consentiré. Sed si ipse vendiderit creditor, sic tamen venditionem fecit, ne discedeeret a pignore, nisi ei satisfiat, dicendum erit exceptionem ei non nocere. Sed et si non concesserat pignus venumdari, sed ratam habuit venditionem, idem erit probandum.

la entregue en calidad de dote, se dirá que queda liberada si no autorizó la venta o lo demás reservándose su derecho de prenda, pues muchos suelen consentir dejando salvo su derecho de prenda. Pero si el acreedor la vendió sin desistirse de la prenda, hasta que se le satisfaga la deuda, se dirá que no le perjudica la excepción. También se admitirá lo mismo si no permitió que se vendiese la prenda, sino que la ratificó.

§2. Belle quaeritur, si forte venditio rei specialiter obligatae non valeat, an nocere haec res creditori debeat quod consensit, ut puta si qua ratio iuris venditionem impediat? Dicendum est pignus valere.

§2. Se pregunta acertadamente: si la venta de la cosa pignorada fue nula, ¿perjudicará esto al acreedor que autorizó? ¿Por ejemplo, si alguna razón legal impide la venta? Se responderá que la prenda sigue siendo válida.

5. *MARCIANUS libro singulari ad formulam hypothecariam. Solvitur hypotheca et si ab ea discedatur aut paciscatur creditor, ne pecuniam petat: nisi si quis dicat pactum interpositum esse, ut a persona non petatur. Et quid si hoc actum sit, cum forte alius hypothecam possidebit? Sed cum pactum conventum exceptionem perpetuam pariat, eadem et in hoc casu possunt dici, ut et ab hypotheca discedatur.*

5. MARCIANO *en el libro único de los comentarios a la fórmula hipotecaria.* La prenda se extingue si el acreedor se desiste de ella o pacta no exigir el dinero, salvo que se diga que se interpuso pacto para no demandar a una persona determinada. ¿Y qué diremos si se acordó cuando otro poseía la hipoteca? Dado que un acuerdo produce excepción perpetua, en este caso puede decirse lo mismo que cuando se desiste de la hipoteca.

§1. Si paciscatur creditor, ne intra annum pecuniam petat, intellegitur de hypotheca quoque idem pactus esse.

§1. Si el acreedor pacta que no exigirá el dinero adeudado durante un año, se entiende que

§2. Si convenerit, ut pro hypotheca fideiussor daretur, et datus sit, satisfactum videbitur, ut hypotheca liberetur. Aliud est, si ius obligationis vendiderit creditor et pecuniam acceperit: tunc enim manent omnes obligations integrae, quia pretii loco id accipitur, non solutionis nomine.

§3. Satisfactum esse creditori intellegitur et si iusiurandum delatum datum est hypothecae non esse rem obligatam.

6. *ULPIANUS libro septuagesimo tertio ad edictum. Item liberatur pignus, sive solutum est debitum sive eo nomine satisfactum est. sed et si tempore finitum pignus est, idem dicere debemus, vel si qua ratione obligation eius finite est.*

§1. Qui paratus est solvere, merito pignus videtur liberasse: qui vero non solvere, sed satisfacere paratus est, in diversa causa est. Ergo satisfecisse prodest, quia sibi imputare debet creditor, qui satisfactionem admisit vice solutionis: at qui non admittit satisfactionem, sed solutionem desiderat, culpandus non est.

§2. In satisdatione autem non utimur

también pactó lo mismo respecto de la hipoteca.

§2. Si se acordó ofrecer fiadores para sustituir una hipoteca, y así fue, se considera que se satisfizo al acreedor y se liberó la hipoteca. Diferente es el caso si el acreedor vendió su derecho de crédito y cobró el precio, porque en tal caso quedan íntegras las garantías, pues admitir un fiador se hace en lugar del precio, no como cobro del mismo.

§3. Se entiende igualmente que se satisfizo al acreedor si al ofrecer juramento el deudor juró que la cosa no estaba hipotecada.

6. ULPIANO *en el libro septuagésimo tercero de los comentarios al edicto.* La prenda también se libera si se paga el adeudo o si se ofrece fianza. Lo mismo procede si la prenda prescribió por el transcurso del tiempo o si por algún motivo prescribió la obligación.

§1. El deudor que desea pagar se considera justamente que libera la prenda; pero es diferente el caso de quien no está dispuesto a hacerlo, sino a dar otra garantía. En, al dar satisfacción libera al deudor, porque el acreedor acepta la satisfacción y no el pago; pero no será culpado el acreedor que no admite la primera y exige lo segundo.

§2. En cuanto a la fianza no

Atilicini sententia, qui putabat, si satisdetur alicui certae pecuniae, recedere eum a pignoribus debere.

7. GAIUS *libro singulari ad formulam hypothecariam. Si consensit venditioni creditor, liberatur hypotheca: sed in his pupilli consensus non debet aliter ratus haberi, quam si praesente tutore auctore consenserit aut etiam ipse tutor, scilicet si commodum aliquid vel satis ei fieri ex eo iudex aestimaverit.*

§1. Videbimus, si procurator comnium bonorum consensit vel servus actor, cui et solvi potest et in di praepositus est, an teneat consensus eorum. Et dicendum est non posse, nisi specialiter hoc eis mandatum est.

§2. Sed si cum debitoris procuratore convenit ne sit res obligata, dicendum est id debitori per doli exceptionem prodesse: cum autem cum servo eius convenerit, per ipsam pacti exceptionem conventi debet.

§3. Si convenit de parte pro indiviso alienanda, si certa res est quae venit, potest dici de reliqua parte ab initio agi oportere nec obstat exceptio.

aceptamos la opinión de Atilicino, quien consideraba que si a alguien se le da una cantidad en calidad de fianza, debía perder las prendas.

7. GAYO *en el libro único de los comentarios a la fórmula hipotecaria.* Si un acreedor permitió la venta, se libera la hipoteca; pero en tales casos la voluntad del pupilo se considerará válida si coincidió con la autorización del tutor presente, o bien si autorizó el mismo tutor, es decir, si el juez consideró que aportó ventaja o que se daba una fianza suficiente.

§1. Veamos este caso: ¿será valido el consentimiento del procurador que autorizó o del esclavo administrador de los bienes a quien se le puede pagar y se le encargó hacerlo? Se dirá que no, sobre todo si no se les mandó a hacer tal cosa específicamente.

§2. Si se acordó con el procurador del deudor que no siga obligada la cosa en garantía, se dirá que esto le beneficia al deudor en virtud de la excepción de dolo. Y si se acordó con un esclavo de aquél, se defenderá con la excepción de pacto.

§3. Si se convino la enajenación de una parte no dividida, y la cosa que se vende es determinada, puede decirse que se ejerce acción en cuanto a la parte restante, sin que se oponga

§4. Illud tenendum est, si quis communis rei partem pro indiviso dederit hypothecae, divisione facta cum socio non utique eam partem creditori obligatam esse, quae ei obtingit qui pignori dedit, sed utriusque pars pro indiviso pro parte dimidia manebit obligata.

§4. Debe saberse que si alguien hipotecó la parte no dividida de una cosa común, tras la división con el copropietario no se obliga con el acreedor la parte adjudicada a quien pignoró, sino que la parte no dividida y común quedará obligada por la mitad.

8. *MARCIANUS libro singulari ad formulam hypothecariam. Sicut re corporali extincta, ita et usu fructu exstincto pignus hypothecave perit.*

8. MARCIANO *en el libro único de los comentarios a la fórmula hipotecaria.* La prenda o la hipoteca se extinguen al extinguirse la cosa corporal, y lo mismo ocurre al extinguirse el usufructo.

§1. Creditor, ne pignori hypthecaeve sit res, pacisci potest: et ideo si heredi pactus fuerit, ei quoque proderit pactum, cui restituit hereditatem ex senatus consulto Trebelliano.

§1. El acreedor puede pactar que no quede una cosa en prenda o hipoteca. Por tanto, si pactó con el heredero, el pacto también beneficiará a quien restituyó la herencia en virtud del senadoconsulto Trebeliano.

§2. Si procurator debitoris in rem suam sit, non puto dubitari debere, qui pactum noceat creditori. Itemque si a parte creditoris procurator in rem suam exstiterit, paciscendo inutilem sibi faciet hypothecariam actionem, in tantum, ut putem recte dici et dominis litis hoc casu nocere hanc exceptionem.

§2. Si el procurador del deudor lo es en interés propio, no dudo de que su pacto perjudica al acreedor. Igualmente, si fue procurador en interés propio del acreedor, al pactar renuncia a la acción hipotecaria, de modo que justamente se dice que en tal caso la excepción perjudica también al representado en el litigio.

§3. Si convenerit, ne pars dimidia pro indiviso pignori sit, quaecumque fundi eius pars a qulibet possessore petatur, dimidia non recte petetur.

§3. Si se convino no obligar en prenda una mitad no dividida, se exigirá sin derecho una mitad del fundo, sea cual sea, de quien sea el poseedor.

§4. Si plures dederint pro indiviso et cum uno creditor paciscatur, ne hypothecae sit, deinde ab eo petat, etiamsi hic cum quo pactus est solidum fundum possideat, pro indiviso quia de parte convenisset, non repellit cum a toto.

§4. Si varios deudores hipotecaron una cosa no dividida, el acreedor pactó con uno de ellos que no quedase hipotecada, y luego se la demanda, aunque el deudor con quien pactó posea el fundo completo, al haberse convenido una parte no dividida no podrá rechazar totalmente al acreedor.

§5. An pacisci possint filius familias et servus, ne res pignori sit, qum peculiariter hypothecam acceperint et habent liberam administrationem, videamus, an quemadmodum donare non possunt, ita nec pacisci ne pignori sit possint, sed dicendum est, ut concederé possint, scilicet si pretium pro pactione accipiant, quasi vendant.

§5. ¿Podrán pactar el hijo de familia y el esclavo que no quede pignorada la cosa que recibieron hipotecada, siempre que administren libremente, o bien, así como no pueden donar, tampoco pueden pactar que una cosa no quede pignorada? Se dirá que pueden conceder esto si reciben un precio por el pacto, como si vendieran.

§6. Si voluntate creditoris fundus alienatus est, inverecunde applicari sibi cum creditor desiderat, si tamen affectus sit secutus venditionis: nam si non venierit, non est satis ad repellendum creditorem, cuod voluit venire.

§6. Si se enajenó un fundo con la voluntad del acreedor, es ilícito que éste exija que se le adjudique si ya ocurrió la venta, porque si no se vendió, el que haya deseado la venta no basta para rechazar al acreedor.

§7. Supervacuum est quaerere agrum specialiter hypothecae datum permissu creditoris venisse, si ipse debitor rem possideat: nisi quod potest fieri, ut debitor permissu creditoris vendiderit, deinde postea bona fide redemerit ab eodem vel ab alio, ad quem per successionem ea res pertinere coepisset, aut si ipse debitor emptori heres exstiterit: verumtamen cum pecunia soluta non sit, doli mali suspicion inerit translate ad praesens tempus, ut

§7. Es inútil indagar si un campo especialmente hipotecado fue vendido con permiso del acreedor cuando el deudor lo posee, salvo que, como ocurre, el deudor lo vendiese con permiso del acreedor y luego lo volvió a comprar de buena fe del comprador o de alguien a quien pasó la propiedad de esa cosa en virtud de sucesión, o bien si el

possit creditor replicationem doli mali obicere.

§8. *Illud videamus, si Titius debitor volutnate creditoris sui vendiderit Maevio vele i, a quo Maevius emerit, et postea Maevius Titio heres exstiterit et creditor, ab eo petat, quid iuris sit. Sed iniquum est auferri ei rem a creditore, qui non successionis iure, sed alio modo rem nactus est. Potest tamen dici, cum Titii dolus in re versaretur, ne creditor a possessore pecuniam recipiat, iniquissimum esse ludificari eum.*

§9. *Quod si is fundus a Maevio alicui obligatus possideatur, cui nondum satisfactum erit, tunc rursus aequum erit excipi si non voluntate creditoris veniit: licet enim dolus malus debitoris interveniat qui non solvit, tamen secundus creditor qui pignori acepit potior est.*

§10. *Tutius tamen est, si debitor a creditore petat, ut ei permittat pignus vendere, quo magis satisfaciat, ante cautionem accipere ab eo, qui rem empturus erit, ut pretium rei venditae*

deudor quedó como heredero del comprador. Sin embargo, si no se pagó el dinero, podrá sospecharse de que dolosamente se traspasó temporalmente la cosa, por lo que el acreedor pueda oponer la réplica de dolo malo.

§8. Veamos qué recurso procede si el deudor Ticio vendió una prenda a Mevio con permiso de su acreedor, o a quien luego le compró la cosa a Mevio, y luego Mevio quedó como heredero de Ticio y el acreedor le demandó la prenda. Es injusto que el acreedor le quite la cosa que adquirió, de otro modo que no fuese por derecho de sucesión, aunque puede decirse que si Ticio actuó dolosamente en el negocio para que el acreedor no reciba el dinero que el poseedor le adeuda, es muy injusto tolerar tal cosa en el acreedor.

§9. Pero si alguien posee el fundo que dio Mevio en prenda y no se lo pagó, entonces procederá la excepción 'si no se vendió con voluntad del acreedor', porque aunque haya dolo malo en el deudor que no pagó, el segundo acreedor que recibió la prenda es preferente.

§10. Pero si el deudor pidió al acreedor que le autorice a vender la prenda para poder pagarle, es más cierto exigir garantía del comprador de que pagará al

usque ad summam debiti creditori solvatur.

§11. Venditionis autem appellationem generaliter accipere debemus, ut et si legare permisit, valeat quod cncessit: quo dita intellegemus, ut, si legatum repudiatum fuerit, convalescat pignus.

§12. Si debitor vendiderit rem nec tradiderit, an non repellatur creditor, quasi adhuc res in bonis sit debitoris, an vero, cum teneatur ex empto, pignus exstinguatur? Quod et magis. Sed quid si pretium venditor consecutus non sit nec paratus sit emptor dare? Tantundem potest dici.

§13. Sed si permiserit creditor vendere, debitor vero donaverit, an exceptione illum summoveat? An facti sit magis quaestio, numquid ideo veniri voluit, ut pretio accepto ipsi quoque res expediat? Quo casu non nocebit consensus. Quodsi in dotem dederit, vendidisse in hoc casu recte videtur propter onera matrimonii. In contrarium, si concessit donare et vendiderit debitor, repelletur creditor, nisi si quis dicat ideo concessisse donari, quod amicus erat creditori is cui donabatur.

acreedor el valor de la cosa vendida hasta cubrir el importe del adeudo.

§11. La acepción "venta" debe entenderse genéricamente para que, si el acreedor permitió hacer un legado al deudor, valga lo legado, entendiéndose que la prenda se convalida si se repudia el legado.

§12. Si el deudor vendió la cosa y no la entregó, ¿acaso no será ya repelido el acreedor, pues la cosa todavía se halla en poder del deudor, o se extinguirá la prenda dado que el comprador puede reclamar con la acción de compra? Esto último es más cierto. ¿Pero qué decir si el vendedor no recibió el dinero y el comprador no estuvo dispuesto a darlo? Puede decirse que también la prenda se extingue.

§13. Si el acreedor autorizó a vender y el deudor hizo donación, ¿lo rechazará éste con la excepción o será una cuestión de hecho saber si quiso que se vendiese para facilitar el pago con lo cobrado? En tal caso, no afectará la autorización que dio. Pero si dio la cosa en calidad de dote, con razón se entiende que vendio en virtud de las cargas matrimoniales. Por el contrario, si el acreedor permitió realizar la donación y el deudor vendió, el primero será rechazado, salvo que quiera afirmarse que permitió

§14. Quod si concesserit decem vendere, ille quinque vendiderit, dicendum est non esse reppellendum, quin recte vendit, si pluris vendiderit, quam concessit creditor.

§15. Non videtur autem consensisse creditor, si sciente eo debitor rem vendiderit, cum ideo passus est veniri, quod sciebat ubique pignus sibi durare. Sed si sbuscripserit forte in tabulis emptionis, consensisse videtur, nisi manifeste appareat deceptum esse. Quod observari oportet et si sine scriptis consenserit.

§16. Si debitori concessum sit et heres eius vendiderit, potest facti quaestio esse, quid intellexit creditor. Sed recte venisse dicendum est: hae enim suptilitates ab iudicibus non admittuntur.

§17. Si debitor forte concessa venditione desierit possidere et novus possessor vendiderit, an duret pignus, quasi personae permiserit creiditor? Quod et magis est: nam si novo possessori, non debitori a quo hypothecam accepit, concessit creditor vendere, dicendum est nocere ei exceptionenem.

donar por que el donatario era amigo del acreedor

§14. Si el acreedor autorizó a vender en diez mil sestercios y el deudor vendió por cinco mil, se dirá que el acreedor no podrá ser rechazado. Por el contrario, no debe verse si vendió con derecho quien lo hizo por más de lo que el acreedor autorizó.

§15. No se considera que el acreedor autorizó si el deudor vendió la cosa sabiéndolo quien consintió que se vendiese, porque sabía que de cualquier manera no se extinguía la prenda; pero si suscribió el documento de compra, se considera que autorizó, salvo que sea evidente que fue engañado; lo que debe observarse también si consintió sin mediar documento.

§16. Si se autorizó a vender al deudor y lo hizo su heredero, ¿puede ser una cuestión de hecho saber lo que pensó el acreedor? Se dirá que la venta fue justa, porque los jueces no admiten tales sutilezas.

§17. Si tras autorizarse la venta el deudor dejó de poseer y un nuevo poseedor vendió, ¿seguirá existiendo la prenda, dado que el acreedor permitió vender a persona determinada? Esto es lo más correcto; pero si el acreedor le permitió vender al nuevo poseedor y no al deudor de quien recibió la hipoteca, se dirá que

§18. Sed si intra annum aut biennium consenserit creditor vendere, post hoc tempus vendendo non aufert pignus creditori.

§19. Si creditor hypothecaria usus a possessore litis aestimationem consecutus fuerit et a debitore petat debitum, puto doli mali exceptionem ei obstaturam.

9. MODESTINUS *libro quarto responsorum. Titius Sempronio fundum pignori dedit et eundem fundum posta Gaio Seio fundum eundem in assem vendidit, quibus pignori ante dederat in solidum singulis. Quaero, an venditione interpósita ius pignoris exstinctum sit ac per hoc ius solum emptionis apud ambos permanserit. Modestinus respondit dominium ad eos de quibus quaeritur emptionis iure pertinere: cum consensum mutuo venditioni dedisse proponantur, invicen pigneraticiam actionem eos non habere.*

§1. Titius Seio pecuniam sub pignore fundi dederat: qui fundus cum esset rei publicae ante obligatus, secundus creditor pecuniam rei publicae eam solvit: sed Maevius exstitit, qui dicebat ante rem publicam sibi fundum obligatum fuisse: inveniebatur autem Maevius instrument

puede opónérsele la excepción.

§18. Si el acreedor autorizó a vender dentro de un año o dos, la venta realizada luego de ese periodo no priva de la prenda al acreedor.

§19. Si el acreedor ejerció la acción hipotecaria, logró del poseedor la estimación del litigio y reclamó al deudor la deuda, opino que se le rechazará con la excepción de dolo malo.

9. MODESTINO *en el libro cuatro de las respuestas.* Ticio dio en prenda un fundo a Sempronio, y luego pignoró el mismo fundo a Cayo Seyo; luego, Ticio vendió el mismo fundo a Sempronio y a Cayo Seyo, a quienes antes lo había dado íntegra y separadamente en calidad de prenda. Pregunto: al realizarse la venta, ¿se extingue el derecho de prenda y ambos tan solo tendrán el derecho de compra? Modestino respondió que la propiedad pertenece a éstos por derecho de compra, pues cuando ambos autorizaron la venta, no tienen entre sí la acción pignoraticia.

§1. Ticio prestó dinero a Seyo a cambio de darle un fundo en calidad de prenda; como dicho fundo estuvo gravado con hipoteca ante el fisco, un segundo acreedor pagó la deuda pública; luego se presentó Mevio,

cautionis cum re publica facto a Seio interfuisse et subscipsisse, quo caverat Seius fundum nulli alii esse obligatum: quaero, an action aliqua in rem Maevio competere potest. Modestinus respondit pignus, cui is de quo quaeritur consensit, minime eum retinere posse.

afirmando que el fundo le había sido obligado a él antes que al fisco. Se arguyó que Mevio intervino en y suscribió un documento de garantía hecho por Seyo con el fisco, en el se aseguraba que el fundo no estaba obligado ante nadie más. Pregunto: ¿compete a Mevio alguna acción? Modestino respondió que quien consintió no puede retener la prenda.

10. *PAULUS libro tertio quaestionum. Voluntate creditoris pignus debitor vendidit et postea placuit inter cum et emptorem, ut a venditione discederent. Ius pignorum salvum erit creditori: nam sicut debitori, ita et creditori pristinum ius restituitur, neque omni modo creditori pignus remittit, sed ita demum, si emptor rem retineat nec reddat venditori. Et ideo si iudicio quoque accepto venditor absolutus sit vel quia non tradebat in id quod interest condemnatus, salvum fore pignus creditori dicendum est: haec enim accidere potuissent, etiamsi non voluntate creditoris vendidisset.*

10. PAULO *en el libro tercero de las cuestiones.* El deudor vendió la prenda previa autorización del acreedor, y luego se convino que ambos resolverían la venta; el derecho de prenda seguirá íntegro para el acreedor, porque tanto al deudor como al acreedor se le restituye su antiguo derecho, y el acreedor no renuncia a la prenda salvo que el comprador retenga la cosa y no la devuelva al vendedor. Por ello, si en el juicio con el comprador el vendedor queda absuelto o es condenado a indemnizar el interés del compador al no querer entregar la cosa vendida, se dirá que la prenda queda salvada, porque esto podría suceder aunque no venda con voluntad del acreedor.

§1. Creditor quoque si pignus distraxit et ex venditione recessum fuerit vel homo redhibitus, dominium ad debitorem revertitur. Idemque est in omnibus, quibus concessum est rem alienam

§1. Igualmente, si el acreedor vendió la prenda y luego la venta si anuló o el esclavo fue devuelto por vicio redhibitorio, la propiedad vuelve al deudor. Lo

vendere: non enim quia dominium transferunt, ideo ab emptore ius recipient: sed in pristinam causam res redit resoluta venditione.

mismo ocurre a quienes se autorizó vender una cosa ajena, pues no por transferir la propiedad recuperan su derecho del comprador, sino que la cosa vuelve a su anterior condición al disolverse la venta.

11. *IDEM libro quarto responsorum. Lucius Titius cum esset uxori suae Gaiae Seiae debitor sub pignore sive hypotheca praediorum, eadem praedia cum uxore sua Seiae Septiciae communis filiae nomine Sempronio marito eius futuro in dotem dedit: postea defuncto Lucio Titio Septicia filia abstinuit se hereditate paterna: quaero, an mater eius hypothecam persequi possit. Paulus respondit pignoris quidem obligationem praediorum Gaiam Seiam, quae viro pro filia communi in dotem eadem danti consensit, cum communis filiae nomine darentur, remisisse videri, obligationem autem personalem perseverasse: sed adversus eam, quae patris hereditate se abstinuit, actionem non esse dandam.*

11. EL MISMO *en el libro cuarto de las respuestas.* Lucio Ticio, deudor de su esposa Caya Seya por la prenda o hipoteca de unos fundos, junto con ella dio en dote dichos predios en nombre de Septicia, hija de ambos, a Sempronio, futuro marido de ésta; tras fallecer Lucio Ticio, su hija Septicia se abstuvo de la herencia paterna; pregunto: ¿podrá su madre reclamar la hipoteca? Paulo respondió: se considera que Caya Seya, quien junto a su marido convino dar en dote los mismos predios a su hija, al dar en nombre de ésta extinguió la obligación de la prenda, pero subsistió la obligación de la deuda, aunque no procede acción contra la que se abstuvo de la herencia del padre.

12. *IDEM libro quinto responsorum. Paulus respondit Sempronium antiquiorem creditorem consentientem, cum debitor eandem rem tertio creditori obligaret, ius suum pignoris remisisse videri, non etiam tertiu in locum eius successisse, et ideo medii creditoris*

12. EL MISMO *en el libro quinto de las respuestas.* Al autorizar Sempronio, el acreedor más antiguo, que su deudor obligue la misma cosa con un tercer acreedor, Paulo respondió que parece que Sempronio renunció a

meliorem causam effectam. Idem observandum est et si res publica tertio loco crediderit.

§1. Qui pignoris iure rem persequuntur, a vindicatione rei eos removeri solere, si qualiscumque possessor offerre vellet: neque enim debet quaeri de iure possessoris, cum ius petitoris removeatur soluto pignore.

13. *TRYPHONINUS libro octavo disputationum. Si deferente creditore iuravit debitor se dare non oportere, pignus liberatur, quia perinde habetur, atque si iudicio absolutus esset: nam et si a iudice quamvis per iniuriam absolutus sit debitor, tamen pignus liberatur.*

14. *LABEO libro quinto posteriorum a Iavoleno epitomatorum. Cum colono tibi convenit, ut invecta importata pignori essent, donec merces tibi soluta aut satisfactum esset: deinde mercedis nomine fideiussorem a colono accepisti. Satisfactum tibi videri existimo et ideo illata pignori esse desisse.*

su derecho de prenda, pero que el tercero no le sucedió en su rango, por lo que la posición del segundo acreedor mejorará. Lo mismo se observará si el tercer acreedor es la república.

§1. Quienes reclaman una cosa por derecho de prenda, suelen ser rechazados al reivindicar la cosa si algún poseedor quiso ofrecerle el pago de la deuda, porque no debe investigarse el derecho de prenda al extinguirse el derecho del demandante con la extinción de la prenda.

13. TRIFONINO *en el libro octavo de las disputas.* Si el acreedor invitó a jurar al deudor y éste juró que no debía dar, la prenda queda liberada, porque se le considera absuelto en juicio; igualmente, aunque el juez absolviese injustamente al deudor, la prenda queda liberada pese a ello.

14. LABEÓN *en el libro quinto de las obras póstumas compendiadas por Javoleno.* Entre el colono y tú se acordó que las cosas introducidas al fundo quedasen en prenda hasta que se te pagase el arriendo o se te ofreciese fianza, y luego recibiste fiador del colono en virtud de las rentas. Opino que se te pagó, por lo que las cosas introducidas se liberaron de la prenda.

15. SCAEVOLA *libro sexto digestorum.* Primi creditoris, qui pignori praedia acceperat, et posterioris, cui quidam ex isdem fundis dati erant, ad eandem personam hereditas devenerat: debitor offerebat, quantum a posteriore creditore mutuatus fuerat. Respondit cogendum accipere salvo iure pignoris prioris contractus.

15. ESCÉVOLA *en el libro sexto del digesto.* La herencia de un primer acreedor que aceptó en prenda unos fundos, y la de otro posterior a quien se le dieron algunos de esos fundos también en prenda, llegaron a un mismo heredero; el deudor ofrecía pagar lo recibido en mutuo del acreedor posterior. Respondió que se le obligará a aceptarlo, quedando a salvo el derecho de prenda del contrato anterior.

LIBER XXI

TITULUS I
DE AEDILICIO EDICTO ET REDHIBITIONE ET QUANTI MINORIS

LIBRO XXI

TÍTULO I
DEL EDICTO EDILICIO, DE LA REDHIBICIÓN Y DE LA ACCIÓN DE REDUCCIÓN DE PRECIO

1. ULPIANUS libro primero ad edictum aedilium curulium. Labeo scribit edictum aedilium curulium de venditionibus rerum esse tam earum quae soli sint quam earum quae mobiles aut se moventes.

§1. Aiunt aediles: 'Qui mancipia vendunt certiores faciant emptores, quid morbi vitiive cuique sit, quis fugitivus errove sit noxave solutus non sit: eademque omnia, cum ea mancipia venibunt, palam recte pronuntianto, quod si mancipium adversus ea venisset, sive adversus quod dictum promissumve fuerit cum veniret, fuisset, quod eius praestari oportere dicetur: emptori omnibusque ad quo sea res pertinet iudicium dabimus, ut id mancipium redhibeatur. Si quid antem post venditionem traditionemque deterius emptoris opera familiae procuratorisve eius factum erit, sive quid ex eo post venditionem natum adquisitium fuerit, et si quid aliud in venditione ei accesserit, sive quid ex ea re fructus pervenerit ad emptorem, ut ea omnia restituat. Item si

1. ULPIANO en el libro primero de los comentarios al edicto de los ediles curules. Labeón escribe que el edicto de los ediles curules sobre compraventa de bienes se refiere tanto a inmuebles como a muebles o semovientes.

§1. Dicen los ediles: 'los vendedores de esclavos deben hacer saber a los compradores la enfermedad o vicio de cada esclavo, si alguno es fugitivo, vagabundo, o si está sujeto a juicio noxal por un delito cometido. Deben expresar todas estas cosas clara y verazmente al vender esclavos. Pero si se vendió un esclavo sin observar esto, o se vendió en oposición a lo declarado o prometido al venderlo, por lo que que debe resarcírseles el precio, otorgaremos acción al comprador y a quienes pertenezca la cosa para anular la venta y restituir el esclavo. Pero el comprador deberá restituir lo que por culpa suya el

quas accessiones ipse praestiterit, ut recipiat. Item si quod mancipium capitalem fraudem admiserit, mortis consciscendae sibi causa quid fecerit, iuve harenam depugnandi causa ad bestias intromissus fuerit, ea omnia in venditione pronuntianto: ex his enim causis iudicium dabimus. Hoc amplius si quis adversus ea sciens dolo malo vendidisse dicetur, iudicium dabimus'.

esclavo se deterioró tras la venta y la entrega, o por culpa de sus esclavos o de su procurador, o si de la esclava nació un hijo tras la venta o el esclavo adquirió algo, o si algo más accedió al momento de la venta, o si por el esclavo se generaron frutos en beneficio del comprador. También el comprador debe recuperar lo que entregó aparte del precio. Igualmente debe expresarse en la venta si el esclavo cometió fraude capital, intentó suicidarse o fue lanzado a la arena para luchar contra las fieras, porque por tales causas también otorgaremos acción. Además, la otorgaremos si se declara que alguien vendió dolosamente, contraviniendo a sabiendas esta disposición'.

§2. Causa huius edicti proponendi est, ut occurratur fallaciis vendentium et emptoribus succurratur, quicumque decepti a venditoribus fuerint: dummodo sciamus venditorem, etiamsi ignoravit ea quae aediles praestari iubent, tamen teneri debere. Nec est hoc iniquum: potuit enim ea nota habere venditor: neque enim interest emptoris, cur fallatur, ignorantia venditoris an calliditate.

§2. La causa de emitir tal edicto es limitar los engaños de los vendedores y proteger a cualquier comprador engañado por aquéllos. Sin embargo, debe saberse que el vendedor quedará obligado aunque ignore lo que ordenan los ediles. Y esto no es injusto, porque el vendedor pudo saber tales disposiciones, y al comprador no le importa haber sido engañado por ignorancia o perfidia del vendedor.

§3. Illud sciendum est edictum hoc non pertinere ad venditiones fiscales.
§4. Si tamen res publica aliqua faciat venditionem, edictum hoc locum habebit.
§5. In pupillaribus quoque venditionibus

§3. Debe saberse que este edicto no aplica a las ventas del fisco.
§4. Si alguna ciudad realizase una venta, procede este edicto.
§5. El edicto también procederá

erit edicto locus.

§6. Si intellegatur vitium morbusve mancipit (ut plerumque signis quibusdam solent demonstrare vitia), potest dici edictum cessare: hoc enim tantum intuendum est, ne emptor decipiatur.

§7. Sed sciendum est morbum apud Sabinum sic defitinum esse: habitum cuiusque corporis contra naturam, qui usum eius ad id facit deteriorem, cuius causa natura nobis eius corporis sanitatem dedit: id autem alias in toto corpore, alias in parte accidere (namque totius corporis morbus est puta φθιοτς febris, partis veluti caecitas, licet homo itaque natus sit): vitiumque a morbo multum differre, ut puta si quis balbus sit, nam hunc vitiosum magis esse quam morbosum. Ego puto aediles tollendae dubitationis gratia bis idem significantes idem dixisse, ne qua dubitation superesset.

§8. Proinde si quid tale fuerit vitii sive morbi, quod usum ministeriumque hominis impediat, id dabit redhibitioni locum, dummodo meminerimus non utique quodlibet quam levissimum efficere, ut morbosus vitiosusve habeatur. Proinde levis febricula aut vetus quartana, quae tamen iam sperni potest,

en las ventas de bienes de pupilos.

§6. Si el vicio o la enfermedad del esclavo está a la vista (frecuentemente suelen manifestarse tales defectos por señales externas), puede decirse que no procede el edicto, porque solo busca que no se engañe al comprador.

§7. Debe saberse que Sabino definió así la palabra "enfermedad": tendencia de algún cuerpo a ir contra la naturaleza, haciéndolo menos apto para aquello por lo que la naturaleza otorgó salud corporal. Esto puede ocurrir en todo el cuerpo o en partes de él (porque en el primer caso está la fiebre tísica [*phthisis* en griego], y en el segundo está la ceguera, aunque así haya nacido el esclavo). Ahora bien, el vicio es muy diferente a la enfermedad, como cuando alguien tartamudea, porque esto es más bien un defecto, no una enfermedad. Considero que, para despejar dudas, los ediles dijeron dos veces lo mismo respecto de la misma situación para evitar cualquier confusión.

§8. Por tanto, si hubiese tal vicio o enfermedad que impida el uso y servicio de un esclavo, procede la redhibición, considerando ante todo que una cosa levísima no hará que se considere al esclavo enfermo o vicioso. Por ende, no implica culpa el no declarar una

vel vulnusculum modicum nullum habet in se delictum, auqsi pronuntiatum non sit: contemni enim haec potuerunt. Exempli itaque gratia referamus, qui morbosi vitiosique sunt.

§9. Apud Vivianum quaeritur, si servus inter fanaticos non semper caput iactaret et aliqua profatus esset, an nihilo minus sanus videretur. Et ait Vivianus nihilo minus hunc sanum esse: neque enim nos, inquit, minus animi vitiis aliquos sanos esse intellegere debere: alioquin, inquit, futurum, ut in infinito hac ratione multos sanos esse negaremus, ut puta levem superstitiosum iracundum contumacem et si qua similia sunt animi vitia: magis enim de corporis sanitate, quam de animi vitiis poromitti. Interdum tamen, inquit, vitium corporale usque ad animum pervenire et eum vitiare: veluti contingeret furenti, quia id ei ex febribus acciderit. Quid ergo est? si quid sit animi vitium tale, ut id a venditore excipi oporteret neque id venditor cum sciret pronuntiasset, ex empto eum teneri.

§10. Idem Vivianus ait, quamvis aliquando quis circa fana bacchatus sit et response reddiderit, tamen, si nunc hoc non faciat, nullum vitium esse neque eo nomine. Quod aliquando id fecit, actio

calenturilla o una fiebre cuartana antigua [malaria o paludismo], ya que pueden pasarse por alto, o bien una herida ligera, pues tales cosas pueden pasarse por alto. Señalemos, pues, algunos ejemplos de esclavos enfermos o vicioso.

§9. Viviano se pregunta si se considera sano un esclavo que participó alguna vez en delirios de cultos supersticiosos y realizó algunas profecías. Viviano dice que sí, pues no debemos entender que algunos están enfermos por padecer vicios del alma. De lo contrario, dice que por tal razón negaríamos vehementemente que muchos estaban sanos, por ejemplo, el frívolo, el supersticioso, el iracundo, el contumaz y otros con idénticos vicios morales, pues más bien se refiere a la salud del cuerpo, no a la ausencia de males del alma. Sin embargo, dice que a veces un vicio corporal llega hasta el espíritu y lo vicia, como ocurre a quien por calenturas terminó demente. ¿Entonces qué responder? Si el vicio es tal que el vendedor deba exceptuarlo, y que sabiéndolo no lo manifestó, se obliga por la acción de compra.

§10. También dice Viviano que, aunque alguna vez un esclavo haya delirado como bacante estando cerca de algún templo, y lanzó oráculos como tal, pero en

est, sicuti si aliquando febrem habuit: ceterum si nihilo minus permaneret in eo vitio, ut circa fana bacchari soleret et quasi demens responsa daret, etiamsi per luxuriam id factum est, vitium tamen esse, sed vitium animi, non corporis, ideoque redhiberi non posse, quoniam aediles de corporalibus vitiis loquuntur: attamen ex empto actionem admittit.

la actualidad ya no lo hace, no hay ningún vicio en él, ni procede acción contra el vendedor por haberlo hecho alguna vez, como tampoco si alguna vez tuvo fiebres. Sin embargo, si persevera en ese vicio y cerca de los templos todavía acostumbra delirar como bacante, dando oráculo como un demente, sí hay vicio del alma, pero no del cuerpo, por lo que no procede la acción redhibitoria, pues los ediles hablan de los defectos corporales, aunque en este caso procede la acción de compra.

§11. Idem dicit etiam in his, qui praeter modum timidi cupidi avarique sun taut iracundi…

§11. Lo mismo afirma sobre los que son tremendamente tímidos, codiciosos y avaros, o iracundos…

2. PAULUS libro primo ad edictum aedilium curulium. … aut melancholici…

2. PAULO *en el libro primero de los comentarios al edicto de los ediles curules.* … o melancólicos…

3. GAIUS libro primo ad edictu aedilium curulium. … vel protervi vel gibberosi vel curvi vel pruriginosi vel scabiosi, item muti et surdi:

3. GAYO *en el libro primero de los comentarios al edicto de los ediles curules.* … o insolentos, jorobados, encorvados o que padecen comezón o sarna, así como los mudos y los sordos,

4. ULPIANUS libro primo ad edictum aedilium curulium. … ob quae vitia negat redhibitionem esse, ex empto dat actionem.

4. ULPIANO *en el libro primero de los comentarios al edicto de los ediles curules.* … por cuyos defectos dice que no procede la acción redhibitoria y concede la de compra.

§1. Sed si vitium corporis usque ad animum penetrat, forte si propter febrem

§1. Pero si el defecto corporal llega hasta el espíritu, como

loquantur aliena, vel qui per vicos more insanorum deridenda loquantur, in quos id animi vitium ex corporis vitio accidit, redhiberi posse.

§2. Item aleatores et vinarios non contineri edicto quosdam respondisse Pomponius sit, quemadmodum nec gulosos nec impostores aut mendaces aut litigiosos.

§3. Idem Pomponius ait, quamvis non valide sapientem servum venditor praestare debeat, tamen si ita fatuum vel morionem vendiderit, ut in eo usus nullus sit, videri vitium. Et videmu hoc iure uti, ut vitii morbique appellatio non videatur pertinere nisi ad corpora: animi autem vitium ita demum praestabit venditor, si promisit, si minus, non. Et ideo nominatim de errore et fugitivo excipitur: hoc enim animi vitium est, non corporis. Unde quidam iumenta pavida et calcitrosa morbosis non esse adnumeranda dixerunt: animi enim, non corporis hoc vitium esse.

cuando debido a una fiebre hablan incoherencias, o van por los pueblos diciendo ridiculeces como los dementes, en cuyo caso surge el vicio del alma por un defecto del cuerpo, puede otorgarse la acción redhibitoria.

§2. Igualmente, Pomponio dice que algunos juristas respondieron que los esclavos jugadores de azar y bebedores no se incluyen en este edicto, como tampoco los glotones, los defraudadores, los mentirosos o los dados a los pleitos.

§3. También señala Pomponio que, aunque el vendedor no se obliga a entregar un esclavo muy inteligente, si vendió uno tan tonto o necio que no sirva para nada, se considera que existe vicio. Y según el derecho que aplicamos, las palabras "vicio" y "enfermedad" se entienden referidas al cuerpo; así, el vendedor responderá del vicio del alma solo si prometió que no lo había, de lo contrario, no responderá. Por ello suele declararse expresamente respecto al vagabundo y al que es dado a fugarse, porque este es un vicio del alma, no del cuerpo. Y así, algunos juristas dijeron que las manadas de caballos espantadizas y dadas a tirar coces no debían contarse entre las enfermas, porque este es vicio del espíritu, no del cuerpo.

§4. *In summa si quidem animi tantum vitium est, redhiberi non potest, nisi si dictum est hoc abesse et non abest: ex empto tamen agi potest, si sciens id vitium animi reticuit: si autem corporis solius vitium est aut et corporis et animi mixtum vitium, redhibitio locum habebit.*

§5. *Illud erit adnotandum, quod de morbo generaliter scriptum est, non de sontico morbo, nec mirum hoc videri Pomponius ait: nihil enim ibi agitur de ea re, cui hic ipse morbus obstet.*

§6. *Idem ait non omnem morbum dare locum redhibitioni, ut puta levis lippitudo aut levis dentis auriculaeve dolor aut mediocre ulcus: non denique febriculam quantulamlibet ad causam huius edicti pertinere.*

5. *PAULUS libro undecimo ad Sabinum. Et auqntum interest inter haec vitia quae Graeci* κακοήθειαν *(morbi malignam speciem) dicunt interque* άθος *aut* όσον *aut* άρρωστιαν *(malum aut morbum aut aegrotationem), tantum inter talia vitia et eum morbum, ex quo quis minus aptus usui sit, differt.*

§4. En fin, si tan solo hay vicio del espíritu, no procede la acción redhibitoria salvo que se afirme que no lo tenía y sí lo tuviese. Sin embargo, puede ejercerse la acción de compra si el vendedor sabía de este vicio del alma y lo calló; pero si el vicio es del cuerpo, o del cuerpo y también del espíritu, procederá la redhibición.

§5. Debemos destacar que lo escrito se entiende sobre la enfermedad en general, no sobre la que impide. Pomponio dice que esto no le parece extraño, porque no se trata de algo para lo que esa enfermedad sea un impedimento.

§6. También dice Pomponio que no toda enfermedad permite la redhibición, por ejemplo, tener leves lagañas oculares, un ligero dolor de dientes o de oído, o bien una pequeña hinchazón. Por último, una calentura ligera no se incluye en los supuestos de este edicto.

5. PAULO *en el libro décimo primero de los comentarios al edicto.* La diferencia que hay entre estos vicios que los griegos llaman "defecto corporal" (enfermedades malignas) y entre "agotamiento", "enfermedad" o "padecimiento", es la misma que hay entre tales vicios y la enfermedad por la que alguien resulta menos apto para un oficio.

Digesto libro XXI título I

6. ULPIANUS *libro primo ad edictum aedilium curulium.* Pomponius recte ait non tantum ad perpetuos morbos, verum ad temporaries quoque hoc edictum pertinere.

§1. Trebatius ait impetiginosum morbosum non esse, si eo membro, ubi impetigo esset, aeque recte utatur: et mihi videtur vera Trebatii sentential.

§2. Spadonem morbosum non esse neque vitiosum verius mihi videtur, sed sanum esse, sicut illum, qui unum testiculum habet, qui etiam generare potest.

7. PAULUS *libro undecimo ad Sabinum.* Sin autem quis ita spado est, ut tam necessaria pars corporis et penitus absit, morbosus est.

8. ULPIANUS *libro primo ad edictum aedilium curulium.* Si cui linga abscisa sit, an sanus esse videatur, quaeritur. Et exstat haec quaestio apud Ofilium relata apud eum in equo: ait enim hunc videri non esse sanum.

9. IDEM *libro quadragesimo quarto ad Sabinum.* Mutum morbosum esse Sabinus sit: morbum enim esse sine voce esse apparet. Sed qui graviter loquitur,

6. ULPIANO *en el libro primero de los comentarios al edicto de los ediles curules.* Pomponio dice con justa razón que este edicto no solo se refiere a las enfermedades permanentes, sino también a las temporales.

§1. Trebacio dice que no está enfermo de sarpullidos quien se sirve normalmente del miembro en que tuviese la infección, opinión que me parece correcta.

§2. Considero más correcto que el esclavo impotente no está enfermo ni defectuoso, sino sano, como quien solo tiene un testículos, pero puede engendrar.

7. PAULO *en el libro décimo primero de los comentarios a Sabino.* Pero si alguien es a tal grado impotente que le falta una parte tan necesaria del cuerpo para tener hijos, entonces sí se le considera enfermo.

8. ULPIANO *en el libro primero de los comentarios al edicto de los ediles curules.* Se pregunta si se considera sano al esclavo que le cortaron la lengua. Ofilio trata esta cuestión cuando habla del caballo, y dice que no se le considera sano.

9. EL MISMO *en el libro cuadragésimo cuarto de los comentarios a Sabino.* Dice Sabino que el mudo está enfermo, porque

morbosus non set, nec qui ἀσαφῶς (non clare): plane qui ἀσήμως (non intellegibiliter) loquitur, hic utique morbusus est.

evidentemente no tener voz es una enfermedad. Pero el que habla con dificultad no está enfermo, ni tampoco el que no habla claramente. Sin embargo, el que habla de forma ininteligible sin duda se considera enfermo.

10. *IDEM libro primo ad edictum aedilium curulium. Idem Ofilius ait, si homini digitus sit abscisus membrive quid laceratum, quamvis consanaverit, si tamen ob eam rem eo minus uti possit, non videri sanum esse.*

10. EL MISMO *en el libro primero de los comentarios al edicto de los ediles curules.* También dice Ofilio que si a un esclavo le cortaron un dedo o le dañaron algún miembro, aunque sane, pero por tal causa no puede usarlo adecuadamente, no se le considera sano.

§1. *Catonem quoque scriber lego, cui digitus de manu aut de pede praecisus sit, eum morbosum esse: est secundum supra scriptam distinctionem.*

§1. Leo que también Catón escribe que, si a un esclavo le cortaron un dedo de la mano o del pie, se le considera enfermo, siendo verdad según la distinción señalada.

§2. *Sed si quis plures digitos habeat sive in minibus sive in pedibus, si nihil impeditur numero eorum, non est in causa redhibitionis: propter quod non illud spectandum est, quis numerus sit digitorum, sed an sine impedimento vel pluribus vel paucioribus uti possit.*

§2. Pero si un esclavo tiene más de cinco dedos en las manos o en los pies, y tal número no le estorban, no procede la redhibición; por ello, no debe considerarse el número de dedos, sino si puede usar sus miembros sin obstáculo de tener más o menos dedos.

§3. *De myope quaesitum est, an sanus esset: et puto eum redhiberi posse.*

§3. Se preguntó: ¿al esclavo míope se le tendrá por sano? Opino que este caso puede dar lugar a la redhibición.

§4. *Sed et νυκτάλωπα morbosum esse constat, id est ubi homo neque matutino tempore videt neque vespertino, qod genus morbi Graeci vocant νυκτάλωπα.*

§4. También consta que el nictálope está enfermo, pues el esclavo no ve ni durante el día ni durante el anochecer, enfermedad

Luscitionem eam esse quidam putant, ubi homo lumine abhibito nihil videt.

que los griegos llaman "nictalopía". Algunos juristas opinan que es una limitación visual por la que el esclavo no ve nada pese a haber luz.

§5. Quaesitum est, an balbus et blaesus et atypus isque qui tardius loquitur et varus et vatius sanus sit: et opinor eos sanos esse.

§5. Se preguntó: ¿se considera sano al esclavo balbuceante, al tartajoso, al tartamudo, al que es lento para hablar, al patizambo y al patituerto? Considero que están sanos.

11. PAULUS libro undecimo ad Sabinum. Cui dens abest, non est morbosus: magna enim pars hominum aliquo dente caret neque ideo morbosi sunt: praesertim cum sine dentibus nascimur nec ideo minus sani sumus donec dentes habeamus: alioquin nullus senex sanus esset.

11. PAULO *en el libro décimo primero de los comentarios a Sabino*. No se considera enfermo el esclavo al que le falta un diente, pues gran parte de seres humanos carecen de alguno y no por ellos están enfermos. Además, aunque nacemos sin dientes, no por ellos estamos menos sanos hasta que los tenemos, de lo contrario ningún anciano estaría sano.

12. ULPIANUS libro primo ad edictum aedilium curulium. Qui clavum habet, morbusus est: sed et polypusus.

12. ULPIANO *en el libro primero de los comentarios al edicto de los ediles curules*. Quien tiene un grano puntiagudo en el pie o un pólipo está enfermo.

§1. Eu, qui alterum oculum aut alteram maxillam maiorem habet, si recte iis utatur, sanum videri Pedius scribit: ait enim inaequalitatem maxillarum oculorum brachiorum, si nihil ex ministerio praestando subtrahit, extra redhibitionem esse. Sed et latus vel crus brevius potest adferre impedimentum: ergo et hic erit redhibendus.

§1. Pedio escribe que quien tiene un ojo, o una mandíbula más grande que las otras, se le considera sano si los usa normalmente, porque no procede la redhibición ante la desigualdad de las mandíbulas, de los ojos o de los brazos, si esto no impide sus servicios. Sin embargo, un costado o una pierna más cortos

§2. Si quis natura gutturosus sita ut oculos eminentes habeat, sanus videtur.

§3. Item sciendum est scaevam non esse morbosum vel vitiosum, praeterquam si inbecillitate dextrae validius sinistra utitur: sed hunc non scaevam, sed mancum esse.

§4. Is cui os olea tan sanus sit quaesitum est: Trebatius ait non esse morbosum os alieni oleré, veluti hircosum, strabonem: hoc enim ex illuvie oris accidere solere. Si tamen ex corporis vitio id accidit, veluti quod iecur, quod pulmo aut aliud quid similiter dolet, morbusus est.

13. *GAIUS libro primo ad edictum aedilium curulium. Item clodus morbosus est.*

14. *ULPIANUS libro primo ad edictum aedilium curulium. Quaeritur de ea muliere, quae Semper mortuos parit, an morbosa sit: et ait Sabinus, si vulvae vitio hoc contingit, morbosam esse.*

§1. Si mulier praegnas venierit, inter omnes convenit sanam eam esse: máximum enim ac praecipuum munus

puede ser impedimento, y esto sí es objeto de redhibición.

§2. Si por naturaleza un esclavo tuviese verrugas en el cuerpo u ojos saltones, se le considera sano.

§3. Igualmente debe saberse que el zurdo no está enfermo ni tiene vicio, salvo que le sea más útil la mano izquierda por debilidad de la derecha, pero en tal caso no se le considera zurdo, sino manco.

§4. Se preguntó si debe considerarse sano al esclavo con mal aliento; Trebacio dice que el mal olor de la boca no es enfermedad, ni el que le huela a chivo o tenga sarro en los dientes, porque esto suele ocurrir por suciedad de la boca. Pero si es por enfermedad del cuerpo, por ejemplo, por enfermedad del hígado, del pulmón o de otro órgano, se le considera enfermo.

13. GAYO *en el libro primero de los comentarios al edicto de los ediles curules.* Al cojo también se le considera enfermo.

14. ULPIANO *en el libro primero de los comentarios al edicto de los ediles curules.* Se pregunta si está enferma la esclava que siempre da a luz hijos muertos. Sabino dice que si esto ocurre por defecto de la vulva, se le considerará enferma.

§1. Si se vendió una mujer embarazada, todos coinciden en que está sana, porque la primera y

feminarum est accipere ac tueri conceptum:

§2. Puerperam quoque sanam esse, si modo nihil extrinsecus accidit, quod corspus eius in aliquam valetudinem imitteret.
§3. De sterili Caelius distinguire Trebatium dicit, ut, si natura sterilis sit, sana sit, si vitio corporis, contra.

§4. Item de eo qui urinam facit quaeritur. Et Pedius ait non ob eam rem sanum non esse, quod in lecto somno vinoque pressus aut etiam pigritia surgendi urinam faciat: sin autem vitio vesicae collectum umorem continere non potest, non quia urinam in lecto facit, sed quia vitiosam vesicam habet, redhiberi posse: et verius est quod Pedius.

§5. Idem ait, si uva alicuius praecisa sit, tollere magis quam praestare redhibitionem, quod morbus minuitur: ego puto, si morbus desinit, non esse redhibitioni locum, sin autem vitium perseveret, redhibitionem locum habere.

§6. Si quis digitis coniunctis nacatur, non videtur sanus esse, sed ita demum, si incommodatur ad usum manus.

la principal función de las mujeres es aceptar y preservar la concepción.

§2. También la esclava que acaba de dar a luz está sana, salvo que un evento posterior le provoque alguna enfermedad.

§3. Celio dice respecto a la esclava estéril que Trebacio hace esta diferencia: si es estéril por naturaleza se le considera sana, pero si lo es por defecto del cuerpo está enferma.

§4. También se pregunta lo mismo del esclavo que se orina. Pedio dice que no le impide estar sano el orinarse en la cama mientras duerme o por el vino, o incluso por pereza para levantarse. Sin embargo, si por defecto de la vejiga no puede retener la orina acumulada, sí puede ser objeto de redhibición, no tanto por orinarse en la cama, sino porque tiene defectuosa la vejiga. Y esto es más acertado.

§5. También dice Pedio que si a un esclavo se le extrajo un tumo del paladar, esto impide en lugar de motivar la redhibición, porque se disminuye la enfermedad. Por mi parte opino que si la enfermedad cesa no procede la redhibición, pero si el defecto persevera sí procede.

§6. No se considera sano al esclavo que nació con los dedos unidos, pero solo si le es incómodo usar la mano.

§7. Mulierem ita artam, ut mulier fieri non possit, sanam non videri constat.

§8. Si quis tonsillas habeat, an redhiberi quasi vitiosus possit, quaeritur. Et si tonsillae hae sunt quas exsitimo, id est inveteratas, et qui iam discuti non possint faucium tumores, qui tonsillas habet vitiosus est.

§9. Si venditor nominatim exceperit de aliquo morbo et de cetero sanum esse dixerit aut promiserit, standum est eo quod convenit (remittentibus enim actiones suas non est regressus dandus), nisi sciens venditor morbum consulto reticuit: tunc enim dandam esse de dolo malo replicationem.

§10. Si nominatim morbus exceptus non sit, talis tamen morbus sit, qui omnibus potuit apparere (ut puta caecus homo venibat, aut qui cicatricem evidentem et periculosam habebat vel in capite vel in alia parte corporis), eius nomine non teneri Caecilius ait, perinde ac si nominatim morbus exceptus fuisset: ad eos enim morbus vitiaque pertinere edictum aedilium probandum est, qua equis ignoravit vel ignorare potuit.

§7. Consta que no se considera sana la mujer de pelvis tan estrecha que no puede ser madre.

§8. Se pregunta si el esclavo con amígdalas inflamadas puede ser objeto de redhibición por considerársele defectuoso. Si se trata, como pienso, de una inflamación antigua y provoque en la boca tumores que ya no pueden operarse, quien las tiene está defectuoso.

§9. Si el vendedor declaró la presencia de alguna enfermedad, pero dijo o prometió que en todo lo demás el esclavo estaba sano, debe estarse a lo convenido (porque no se les otorgará nueva reclamación a quienes descuidan sus acciones), salvo si el vendedor sabía de alguna enfermedad y la calló, pues en tal caso procede la réplica de dolo malo.

§10. Si no se declaró expresamente una enfermedad, pero ésta fue de tal modo evidente para todos (por ejemplo, vender un esclavo ciego, o uno que tenía una cicatriz evidente o peligrosa en la cabeza u otra parte del cuerpo), dice Cecilio que por este motivo no queda más obligado el vendedor que si se declaró expresamente la enfermedad, porque debe entenderse que el edicto de los ediles aplica a enfermedades y vicios que cualquiera ignoró o pudo ignorar.

Digesto libro XXI título I

15. PAULUS *libro undecimo ad Sabinum. Quae bis in mense purgatur, sana non est, item quae non purgatur, nisi per actatem accidit.*

15. PAULO *en el libro décimo primero de los comentarios a Sabino.* La esclava que menstrúa dos veces al mes no está sana; igualmente la que no menstrúa, salvo que esto ocurra por razón de su edad.

16. POMPONIUS *libro viceimo tertio ad Sabinum. Quod ita sanatum est, ut in pristinum statum restitueretur, perinde habendum est, quasi numquam morbosum esset.*

16. POMPONIO *en el libro vigésimo tercero de los comentarios a Sabino.* El esclavo curado que quedó como antes de enfermarse, debe considerársele como si nunca se hubiese enfermado.

17. ULPIANUS *libro primo ad edictum aedilium curulium. Quid sit fugitivus, definit Ofilius: fugitivus est, qui extra domini domum fugae causam, quo se a domino celaret, mansit.*

17. ULPIANO *en el libro primero de los comentarios al edicto de los ediles curules.* Ofilio define al esclavo fugitivo como aquel que por razón haberse fugado permanece fuera de la casa de su dueño para ocultarse de él.

§1. Caelius autem fugitivum esse ait eum, qui ea mente discedat, ne ad dominum redeat, tametsi mutato consilio ad eum revertatur: nemo enim tali peccato, inquit, paenitentia sua nocens esse desinit.

§1. Celio dice que es fugitivo el esclavo que huye con intención de no volver a su dueño, aunque luego cambie de opinión y vuelva a él, porque nadie deja de ser responsable de dicha falta por haberse arrepentido.

§2. Cassius quoque scribit fugitivum esse, qui certo propósito dominum relinquat.

§2. Casio también escribe que es fugitivo el esclavo que abandona a su dueño por un propósito decidido.

§3. Item apud Vivianum relatum est fugitivum fere ab affectu animi intellegendum esse, non utique a fuga: nam cum qui hostem aut latronem, incendium ruinamve fugeret, quamvis fugisse verum est non tamen fugitivum esse. Item ne eum quidem, qui a

§3. Viviano también señala que por lo general debe entenderse al esclavo fugitivo más por su intención, que por fugarse, porque quien huye del enemigo, del ladrón, de un incendio o un derrumbe, aunque ciertamente

praeceptore qui in disciplinam traditus erat aufugit, esse fugitivum, si forte ideo fugit, quia immoderate eo utebatur. Idemque probat et si ab eo fugerit, cui erat commodatus, si propter eandem causam fugerit. Idem probat Vivianus et si saevius cum eo agebat. Haec ita, si eos fugisset et ad dominum venisset: ceterum si ad dominum non venisset, sine ulla dubitatione fugitivum videri ait.

§4. Idem ait: interrogatus Proculus de eo, qui domi latuisset in hoc scilicet, ut fugae nactus occasionem se subtraheret, ait, tametsi fugere non posset videri, qui domi mansisset, tamen eum fugitivum fuisse: sin autem in hoc tantum latuisset, quoad iracundia domini effervesceret, fugitivum non esse, sicuti ne eum quidem, qui cum dominum animadverteret verberibus se adficere velle, praeripuisset se ad amicum, quem ad precandum perduceret. Ne cum quidem fugitivum esse, qui in hoc progressus est, ut se praecipitaret (ceterum etiam eum quis fugitivum diceret, qui domi in altum locum ad praecipitandum se ascendisset), magisque hunc mortem sibi consciscere voluisse. Illud enim, quod plerumque ab imprudentibus, inquit, dici solet, eum esse fugitivum, qui nocte aliqua sine voluntate domini emansisset, non esse verum, sed ab affectu animi cuiusque aestimandum.

huyó, eso no lo vuelve fugitivo. Igualmente, el esclavo que huyó del preceptor a cuya disciplina se había entregado no es fugitivo, si lo huye porque se le trataba muy mal. Lo mismo admite si, por la misma causa, un esclavo huyó de aquel a quien fue dado en comodato. También lo admite si al esclavo se le trataba con excesiva dureza. Esto procede si el esclavo huyó de esas personas y volvió a poder de su dueño, pero si no fue así, dice que sin duda se le considera fugitivo.

§4. Lo mismo respondió Próculo cuando se le preguntó sobre el esclavo que se ocultó en la casa para esperar la oportunidad de fugarse: aunque no se considera que huye quien permanece en la casa, fue fugitivo de todos modos. Pero si se ocultó solo mientras su dueño estuvo enojado, no es fugitivo, como tampoco lo es quien, al ver que su dueño quería azotarlo, corrió a casa de un amigo para que intercediese por él. Tampoco lo es el esclavo que salió para arrojarse a un precipicio (porque alguno dirá que también es fugitivo el esclavo que subió a un lugar alto de la casa para arrojarse,), pues más bien éste quiso matarse. Añade que es falso lo dicho muchas veces imprudentemente, que es fugitivo el esclavo que se quedó fuera de casa una noche sin permiso del

§5. *Idem Vivianus ait, si a magistro puer recessit et rursus ad matrem pervenit, cum quaereretur, num fugitivus esset: si celandi causa quo, ne ad dominum revberetur, fugisset, fugitivum esse: sin vero ut per matrem faciliorem deprecationem haberet delicti acicuius, non esse fugitivum.*

§6. *Caelius quoque scribit, si servum emeris, qui se in Tiberim deiecit, si moriendi dumtaxat consilio suscepto a domino discessisset, non esse fugitivum, sed si fugae prius consilium habuit, deinde mutata voluntate in Tiberim se deiecit, manere fugitivum. Eadem probat et de eo, qui de ponte se praecipitavit. Haec omnia vera sunt, quae Caelius scribit.*

§7. *Idem ait, si servus tuus fugiens vicarium suum secum abduxit: si vicarius invitus aut imprudens secutus est neque occasionem ad te redeundi nactus praetermisit, non videri fugitivum fuisse: sed si aut olim cum fugeret intellexit quid ageretur aut postea cognovit quid acti esset et redire ad te cum posset noluit, contra esse. Idem putat dicendum de eo, quem plagiarius abduxit.*

§8. *Idem Caelius ait, si servus, cum in fundo esset, exisset de villa ea mente, ut*

dueño, siendo esto, pues debe juzgarse la intención en cada caso.

§5. Viviano también dice que es fugitivo el joven que huyó de su preceptor y volvió con su madre, si lo hizo para ocultarse y no volver con su dueño. Sin embargo, no es fugitivo si lo hizo para que su madre interceda por él y se le perdone en caso de alguna falta.

§6. Celio también escribe que, si compraste un esclavo que se arrojó al Tíber, no es fugitivo si se fugó de su dueño para decidir tan solo matarse, pero si primero tuvo la intención de huir y luego cambió de parecer y se arrojó al Tíber, sigue siendo fugitivo. Lo mismo opina sobre el esclavo que se lanzó desde un puente. Todo lo escrito aquí por Celio es acertado.

§7. Igualmente dice que si al huir tu esclavo se llevó otro del peculio que administraba, y éste lo siguió contra su voluntad o de forma imprudente, y cuando tuvo oportunidad para volver a tu poder lo hizo, no se le considera fugitivo. Pero si al momento de huir supo de qué se trataba o después supo lo ocurrido y no quiso volver a tu poder pudiendo hacerlo, sí es fugitivo. Considera que lo mismo se dirá de aquel a quien se lo llevó un ladrón de esclavos.

§8. Igualmente dice Celio que si un esclavo salió de una casa de

profugeret et quis cum, priusquam ex fundo tuo exisset, comprehendisset, fugitivum videri: animum eum fugitivum facere.

§9. *Idem ait nec eum, qui ad fugam gradum unum alterumve promovit vel etiam currere coepit, si dominum sequentem non potest evadere, non esse fugitivum.*

§10. *Idem recte ait libertatis cuiusdam speciem esse fugisse, hoc est potestate dominica in praesenti liberatum esse.*

§11. *Pignori datus servus debitorem quidem dominum habet, sed si, posteaquam ius suum exercuit creditor, ei se subtraxit, potest fugitivus videri.*

§12. *Apud Labeonem et Caelium quaeritur, si quis in asylum confugerit aut eo se conferat, quo solent venire qui se venales postulant, an fugitivus sit: ego puto non esse eum fugitivu, qui id facit quod publice facere licere arbitratur. Ne eum quidem, qui ad statuam Caesaris confugit, fugitivum arbitror: non enim fugiendi animo hoc facit. Idem puto et in eum, qui in asylum vel quod aliud confugit, quia non fugiendi animo hoc facit: si tamen ante fugit et postea se contulit, non ideo magis fugitivus esse desinit.*

§13. *Item Caelius scribit placere eum*

campiña con ánimo de fugarse, y alguien lo aprehendió antes de salir de tu fundo, se le considera fugitivo, porque la intención así lo vuelve.

§9. También señala que es fugitivo quien dio uno o dos pasos para huir o incluso empezó a correr, pero no pudo escaparse porque lo perseguía su dueño.

§10. Acertadamente también dice que huir es un especie de libertad, es decir, quedar libre momentáneamente de la potestad del amo.

§11. El esclavo entregado en prenda tiene sin duda por dueño al deudor, pero si el acreedor ejerció su derecho y el esclavo huyó, puede considerársele fugitivo.

§12. Labeón y Celio preguntan si será fugitivo un esclavo que huyó para refugiarse en un lugar con derecho a asilo o se presentase allí donde acuden los que piden ser vendidos. Yo considero que no, puesto que hace lo que se considera lícito hacer públicamente. Tampoco creo que sea fugitivo el que se abraza a la estatua del César, porque no lo hace con ánimo de huir. Lo mismo opino sobre quien se refugia en un asilo u otro lugar, porque no lo hace con ánimo de huir. Pero si primero huyó y luego se refugió, sigue siendo fugitivo.

§13. Celio también escribe que es

quoque fugitivum, qui eo se conferat, unde eum dominus reciperare non possit, multoque magis illum fugitivum esse, quo eo se conferat, unde abduci non possit.

§14. Erronem ita definit Labeo pusillum fugitivum esse, et ex diverso fugitivum magnum erronem esse. Sed proprie erronem sic definimus: qui non quidem fugit, sed frequenter sine causa vagatur et temporibus in res nugatorias consumptis serius domum redit.

§15. Apud Caelium scriptum est: liberti apud patronum habitantis sinc, ut sub una clave tota eius habitation esset, servus ea mente, ne redirect ad eum, extra habitationem liberti fuit, sed intra aedes patroni, et tota nocte oblituit: videri esse fugitivum Caelius ait. Plane si talem custodiam ea habitation non habuit et in ea cella libertus habitavit, cui commune et promiscuum plurium cellarum iter est, onctra placer debere Caelius ait et Labeo probat.

§16. Idem Caelius ait servum in provinciam missum a domino, cum eum mortuum esse et testament se liberum relictum audisset et in eodem officio permansisset tantumque pro libero se gerere coepisset, hunc non esse fugitivum: nec enim mentiendo se liberum, inquit, fugitivus esse coepit, quia sine fugae

correcto considerar fugitivo al esclavo que se refugia allí donde su dueño no puede recuperarlo; y con mayor razón el que se refugia allí de donde no puede ser sacado.

§14. Labeón define al esclavo vagabundo como un pequeño fugitivo, y al fugitivo como un gran vagabundo. Nosotros definimos al esclavo vagabundo como aquel que no huye pero vaga sin causa, y tras gastar el tiempo en frivolidades vuelve ya tarde a casa.

§15. En la obra de Celio se escribió que el esclavo de un liberto que vivía con su patrón, cuya vivienda se cerraba con una sola llave, estaba dentro de la casa pero fuera de la habitación de su dueño el liberto con intención de no volver a él, pasando oculto toda la noche. Celio dice que se considera fugitivo al esclavo. Pero si la vivienda no se cerraba con una sola llave y el liberto habitaba un cuarto al que se llega por un acceso común a varios cuartos, Celio considera que no debe considerarse fugitivo al esclavo, y esto lo aprueba Labeón.

§16. El mismo Celio dice que no es fugitivo el esclavo enviado por su dueño a una provincia, y que cuando se enteró de que el dueño había muerto y lo liberaba por testamento, continuó su oficio y solo empezó a hacer gestiones para su libertad, porque dice que

consilio id fecit.

§17. Quod aiun aediles 'noxa solutus non sit', sic intellegendum est, ut non hoc debeat pronuntiari nullam eum noxam commisisse, sed illud noxa solutum esse, hoc est noxali iudicio subiectum non esse: ergo si noxam commisit nec permanet, noxa solutus videtur.

§18. Noxas accipere debemus privatas, hoc est eas, quaecumque committuntur ex delictis, no publicis criminibus, ex quibus agitur iudiciis noxalibus: denique specialiter cavetur infra de capitalibus fraudibus. Ex privatis autem noxiis oritur damnum pecuniarium, si quis forte noxae dedere noluerit, sed Litis aestimationem sufferre.

§19. Si quis talis sit servus, qui omnino manumitti non possit ex constitutionibus, vel si sub poena vinculorum distractus sit a domino vel ab aliqua potestate damnatus vel si exportandus: aequissimum erit etiam hoc praedici.

§20. Si quis adfirmaverit aliquid adesse servo ned adsit, vel abesse et adsit, ut puta si dixerit furem non esse et fur sit, si dixerit artificem esse et non sit: hi

quien simula ser libre no es fugitivo, pues actuó sin propósito de fugarse.

§17. Cuando los ediles dicen: "si está sujeto a juicio noxal", se debe entender, no que el vendedor declare que el esclavo no cometió delito, sino que está exento de responsabilidad noxal y no está sujeto a juicio noxal; por ende, si cometió un delito pero no está ya bajo responsabilidad, se considera libre del mismo.

§18. Debemos entender como responsabilidad noxal la privada, es decir, la derivada de un delito, no de crímenes públicos, es decir, delitos por los que se ejercen los juicios noxales. De los crímenes a los que se les imponen penas capitales hablaremos después, pero de la responsabilidad privada surge una condena pecuniaria si no quiso entregarse al esclavo por el delito cometido, pero se acepta la estimación del litigio.

§19. Es muy justo que se declare también si un esclavo es de lo que no pueden ser manumitidos en virtud de las constituciones imperiales, o fue vendido por su dueño estando bajo pena de prisión, o condenado por alguna autoridad o en calidad de ser desterrado.

§20. Si alguien afirmó que el esclavo tiene cierta cualidad y no la tiene, o que no la tiene y sí la posee, por ejemplo, si dijo que no

enim, quia quod adseveraverunt non praestant, adversus dictum promisumve facere videntur.

18. *GAIUS libro primo ad edictum aedilium curulium. Si quid venditor de mancipio adfirmaverit idque non ita esse emptor queratur, aut redhibitorio aut aestimatorio (id es quanto minoris) iudicio agere potest: verbi gratia si constantem aut laboriosum aut curracem vigilacem esse, aut ex frugalitate sua peculium adquirentem adfirmaverit, et is ex diverso levis protervus desidiosus somniculosus piger tardus comesor inveniatur. Haec omnia videntur eo pertinere, ne id quod adfirmaverit venditor amare ab eo exigatur, sed cum quodam temperamento, ut si forte constantem esse adfirmaverit, non exacta gravitas et constantia quasi a philosopho desideretur, et si laboriosum et vigilacem adfirmaverit esse, non continuus, labor per dies noctesque ab eo exigatur, sed haec omnia ex bono et aequo modice desiderentur. Idem et in ceteris quae venditor adfirmaverit intellegemus.*

§1. *Venditor, qui optimum cocum esse dixerit, optimum in eo artificio praestare*

era ladrón y lo es, o si dijo que era artesano y no lo es, se entiende que estos vendedores actúan contra lo declarado y prometido al no cumplir lo afirmado.

18. GAYO *en el libro primero de los comentarios al edicto de los ediles curules.* Si el vendedor afirmó algo sobre un esclavo y el comprador se quejó de que no fue así, puede ejercer la acción redhibitoria o la estimatoria (es decir, la de reducción de precio). Por ejemplo, si se afirmó que era constante, trabajador, diligente, vigilante, o que gracias a su sobriedad podía reunir un peculio, y el comprador descubrió que era inconstante, pedante, ocioso, dormilón, perezoso, lento y comelón. Sin embargo, en todos estos casos procede que lo afirmado por el vendedor no debe exigirlo rigurosamente el comprador, sino con cierto límite, de modo que si llegó a afirmarse que es constante, no se exija la seriedad y constancia rigurosas de un filósofo, y si se afirmó que era laborioso y vigilante, no se exija del esclavo un trabajo continuo día y noche, sino que todo esto debe exigirse moderadamente, ateniéndose a lo bueno y equitativo. Lo mismo se entenderá respecto de lo demás que afirme el vendedor

§1. El vendedor que afirmó que el esclavo era muy buen cocinero,

debet: qui vero simpliciter cocum esse dixerit, satisfacere videtur, etiamsi mediocrem cocum praestet. Idem et in ceteris generibus artificiorum.

§2. Aeque si quis simpliciter dixerit peculiatum esse servum, sufficit, si is vel mínimum habeat peculium.

19. ULPIANUS *libro primo ad edictum aedilium curulium. Sciendum tamen est quaedam et si dixerit praestare eum non debere, scilicet ea, quae ad nudam laudem servi pertinent: veluti si dixerit frugi probum dicto audientem. Ut enim Pedius scribit, multum interest, commendandi servi causa quid dixerit, an vero praestaturum se promiserit quod dixit.*

§1. Plane si dixerit aleatorem non esse, furem non esse, ad statuam numquam confugisse, oportet eum id praestare.

§2. Dictum a promisso sic discernitur: dictum accipimus, quod verbo tenus pronuntiatum est nudoque sermone finitur: promissum autem potest referri et ad nudam promissionem sive pollicitationem vel ad sponsum. Secundum quod incipit is, qui de huiusmodi causa stipulanti spopondit, et ex stipulate posse conveniri et redhibitoriis actionibus: non novum, nam et qui ex empto potest conveniri, idem

debe entregar uno óptimo en tal oficio, pero el que solo dijo que era cocinero se considera que cumple si entrega un cocinero promedio. Lo mismo procede en los demás oficios.

§2. Del mismo modo, si alguien declaró tan solo que el esclavo tenía un peculio, basta que lo tenga, aunque sea mínimo.

19. ULPIANO *en el libro primero de los comentarios al edicto de los ediles curules.* Sin embargo, debe saberse que, aunque el vendedor dijese ciertas cosas, por ejemplo, elogios a un esclavo, como decir que era sobrio, virtuoso y obediente, todo ello no le obliga, porque, como escribe Pedio, hay mucha diferencia entre decir algo para recomendar un esclavo y prometer que entregará lo declarado.

§1. Pero si dijo que no era jugador de azar, ni ladrón, ni que nunca se ha refugiado en la estatua del César, debe cumplirlo.

§2. "Lo declarado" se distingue de "lo prometido" en que por lo primero entendemos lo que se expresó de viva voz y termina en la simple charla, mientras que "lo prometido" puede referirse a una simple promesa u oferta o a una promesa estipulatoria. Así, lo con tal causa prometió el vendedor al comprador estipulante, puede ser demandado por lo estipulado o

etiam redhibitoriis actionibus conveniri potest.

§3. Ea autem sola dicta sive promissa admittenda sunt, quaecumque sic dicuntur, ut praestentur, non ut iactentur.

§4. Illud sciendum est: si quis artificem promoserit vel dixerit, non utique perfectum eum praestare debet, sed ad aliquem modum peritum, ut neque consummatae scientiae accipias, neque rursum indoctum esse in artificium: sufficiet igitur talem esse, quales vulgo artifices dicuntur.

§5. Deinde aiunt aediles: 'emptori omnibusque ad quos ea res pertinent iudicium dabimus'. Pollicentur emptori actionem et successoribus eius qui in universum ius succedunt emptorem accipere debemos eum qui pretio emit. Sed si quis permutaverit, dicendum est utrumque emptoris et venditoris loco haberi et utrumque posse ex hoc edicto experiri.

§6. Tempus autem redhibitionis sex menses utiles habet: si autem mancipium non redhibeatur, sed quanto minoris agitur, annus utilis est. sed tempus rehibitionis ex die venditionis currit aut, si dictum promissumve quid est, ex eo ex

con las acciones redhibitorias. Esto no es nuevo, porque quien puede ser demandado con la acción de compra también puede serlo con las redhibitorias.

§3. Solo deben admitirse las declaraciones o promesas emitidas para que se cumplan, no para jactarse.

§4. Debemos saber que si alguien prometió un esclavo con algún oficio o declaró que lo tenía, no debe entregar uno perfecto, sino uno suficientemente ducho, de modo que no se pretenda uno consumado ni indocto en cierta arte. Por ende, basta que sea uno al que comúnmente se le llama artífice.

§5. Disponen los ediles: 'otorgaremos acción al comprador y a todos los interesados en la cosa'. Prometen acción al comprador y a sus herederos, quienes le suceden de pleno derecho. Por "comprador" entendemos a quien compró a cambio de un precio; pero si alguien permutó, se dirá que ambas partes se consideran comprador y vendedor, pudiendo demandar ambos con base en este edicto.

§6. El plazo para reclamar la redhibición es de seis meses útiles, pero si el esclavo no es objeto de redhibición, sino que se ejerce la acción de reducción de precio, entonces el plazo es de un año

quo dictum promissumve quid est.

20. *GAIUS libro primo ad edictum aedilium curulium. Si vero ante venditionis tempus dictum intercesserit, deinde post aliquot dies interposita fuerit stipulatio, Caelius Sabinus scribit ex priore causa, quae statim, inquit, ut veniit id mancipium, eo nomine posse agere coepit.*

21. *ULPIANUS libro primo ad edictum aedilium curulium. Redhibere est facere, ut rursus habeat venditor quod habuerit, et quuia reddendo id fiebat, idcirco redhibitio est appellata quasi redditio.*

§1. Cum redditur ab emptore mancipium venditori, de dolo malo promitti oportere et Pomponius ait et ideo cantiones necesarias esse, ne forte aut pignoris datus it servus ab emptore aut iussu eius furtum sive damnum cui datum sit.

§2. Idem Pomponius ait interdum etiam dupliciter cautiones interponi debere, alias in praeteritum, alias in futurum, ut puta si eius servi nomine qui redhibetur emptor procuratorve eius iudicium accepit, vel quod cum eo ageretur vel

útil. El plazo de la redhibición inicia desde el día de la venta; si se declaró o se prometió algo, inicia desde que se declaró o prometió.

20. GAYO *en el libro primero de los comentarios al edicto de los ediles curules.* Celio Sabino escribe que si se declaró algo antes de la venta y luego de unos días se interpuso estipulación, puede ejercerse la acción redhibitoria por la primera causa, la cual inició al venderse esclavo.

21. ULPIANO *en el libro primero de los comentarios al edicto de los ediles curules.* "Redhibir" es hacer que el vendedor vuelva a tener lo que tenía, y como esto se hace devolviéndolo, por ello se llamó "redhibición", como si dijésemos devolución.

§1. Pomponio dice que cuando el comprador devuelve un esclavo al vendedor, debe prometerse en favor de éste último la garantía por dolo malo, por lo que son necesarias las garantías de que el comprador no dio en prenda al esclavo o de que por mandato suyo haya robado o dañado a alguien.

§2. También dice Pomponio que a veces deben otorgarse las garantías por duplicado, unas en cuanto al pasado y otras en cuanto al futuro, por ejemplo, cuando el comprador o su procurador

quod ipse eius nomine ageret. Cavendum autem esse ait si quid sine dolo malo emptor condemnatus fuerit aut dederit, his rebus recte praestari, vel si quid ex eo quod egerit ad eum pervenerit dolove malo vel culpa eius factum sit, quo minus perveniret isdem diebus, reddi.

aceptó el juicio a causa del esclavo redhibido, o el que se ejerce contra él, o el que por sí mismo ejerció. Pero dice que el comprador debe responder si fue condenado sin dolo malo o si debiese dar alguna cosa, o si de lo demandado logró cobrar algo, o de lo que con dolo o culpa suyos no pudo cobrar durante el tiempo que tuvo al esclavo.

§3. Idem ait futuri temporis nomine cautionem ei, qui sciens vendidit, fieri solere, si in fuga est homo sine culpa emptoris et nihilo minus condemnatur venditor: tum enim cavere oportere, ut emptor hominem persequatur et in sua potestate redactum venditori reddat.

§3. Igualmente dice que se acostumbra otorgar garantía futura respecto a quien vendió un esclavo sabiendo que éste era dado a fugarse. Si el esclavo fugitivo fue hallado sin culpa del comprador, y aunque no se le recupere se condena al vendedor, entonces debe garantizarse que el comprador perseguirá al esclavo y lo devolverá al vendedor al recuperarlo,

22. GAIUS *libro primo ad edictum aedilium curulium. Et neque per se neque per heredem suum futurum, quo minus eum hominem venditor habeat.*

22. GAYO *en el libro primero de los comentarios al edicto de los ediles curules.* ... y que por él o por su heredero se verá para que el vendedor tenga ese esclavo.

23. ULPIANUS *libro primo ad edictum aedilium curulium. Cum autem redhibitio fit, si deterius mancipium sive animo sive corpore ab emptore factum est, praestabit emptor venditori, ut puta si stupratum sit aut saevitia emptoris fugitivum esse coeperit: et ideo, inquit Pomponius, ut ex quacumque causa deterius factum sit, id arbitrio iudicis*

23. ULPIANO *en el libro primero de los comentarios al edicto de los ediles curules.* Al hacer la redhibición, el comprador se obligará ante el vendedor si deterioró al esclavo en su carácter o en su físico, por ejemplo, si la esclava fue estuprada o si por crueldad del comprador se dio a la fuga. Por

aestimetur et venditori praestetur. Quod si sine iudice homo redhibitus sit, reliqua autem quae diximus nolit emptor reddere, sufficiat venditori ex vendito action.

§1. *Iubent aediles restitui et quod venditioni accessit et si quas accessiones ipse praestiterit, ut uterque resolute emptione nihil amplius consequatur, quam non haberet, si venditio facta non esset.*

§2. *Excipitur etiam ille, qui capitalem fraudem admisit. Capitalem fraudem admittere est tale aliquid delinquere, propter quod capite puniendus sit: veteres enim fraudem por ponena ponere solebant. Capitalem fraudem admisisse accipiemus dolo malo et per nequitiam: ceterum si quis errore, si quis casu fecerit, cessabit edictum. Unde Pomponius ait neque impuberem neque furiosum capitalem fraudem videri admisisse.*

§3. *Excipitur et ille, qui mortis consciscendae ausa quid fecerit. Malus servus creditus est, qui aliquid facit, quo magis se rebus humanis extrahat, ut puta laqueum torsit sive medicamentum pro veneno bibit praecipitemve se ex alto miserit aliudve quid fecerit, quo facto speravit mortem preventuram, tamquam*

ello, Pomponio dice que, sea cual sea la causa que deterioró al esclavo, el juez hará la estimación a criterio suyo y se indemnizará al vendedor. Pero si el esclavo fue devuelto sin intervención del juez y el comprador no quiso devolver lo señalado, el vendedor puede ejercer la acción de venta.

§1. Los ediles disponen que también se restituyan lo que accedió a la venta y lo que pagó el comprador aparte del precio, de modo que, si se disuelve la compra, solo reciban las partes lo que tendrían si la venta no se concretó.

§2. También se considera en el edicto al esclavo cometió fraude capital. "Cometer fraude capital" es incurrir en un delito que amerita pena capital, pues los antiguos solían decir "fraude" y no "pena". Entendemos que alguien cometió fraude capital cuando actuó con dolo y maldad; pero si lo cometió por error o casualidad, no procede el edicto. Por ello, Pomponio dice que ni el impúber ni el demente cometen fraude capital.

§3. También se prevé en dicho edicto el esclavo que "intentó suicidarse". Se considera mal esclavo el que hace algo para dejar más fácilmente de vivir, por ejemplo, el que intentó ahorcarse, bebió un veneno, se lanzó desde lo alto o hizo cualquier otra cosa

non nihil in alium ausurus, qui hoc adversus se ausus est.

§4. Si servus sit qui vendidit vel filius familias in dominum vel patrem de peculio aedilicia actio competit: quamvis enim poenales videantur actiones, tamen quoniam ex contractu veniunt, dicendum est eorum quoque nomine qui in aliena potestate sunt competere. Proinde et si filia familias ve lancilla distraxit, aeque dicendum est actiones aedilicias locum habere.

§5. Hace actiones quae ex hoc edicto oriuntur etiam adversus heredes omnes competunt.
§6. Et si bona fides nobis servient (liberi forse homines vel servi alieni) qui vendiderunt, potest dici etiam hos hoc edicto contineri.

§7. Iulianus ait iudicium redhibitoriae actionis utrumque, id est venditorem et emptorem quodammodo in integrum restituere debere.

§8. Quare sive emptori servus furtum fecerit sive alii cuilibet, ob quod furtum emptor aliquid praestiterit, non aliter hominem venditori restituere iubetur, quam si indemnem eum praestiterit. Quid ergo, inquit Iulianus, si noluerit venditor homine recipere? Non esse cogendum ait quicquam praestare, nec amplius quam pretio condemnabitur: et

esperando morir, como si el que se atrevió a hacer algo contra sí mismo no dejase de atreverse a hacerlo contra alguien más.

§4. Si el vendedor fue un esclavo o un hijo de familia, procede contra el dueño o contra el padre la acción edilicia redhibitoria en lo que abarque el peculio, porque aunque las acciones parecen penales, al originarse de un contrato proceden también q nombre de quienes se hallan bajo potestad ajena. Por ende, si vendió una hija de familia o una esclava, también se dirá que proceden las acciones edilicias.

§5. Las acciones que se originan en este edicto también proceden contra todos los herederos.

§6. Si los vendedores son personas que nos prestan servicios de buena fe (libres o esclavos ajenos), puede decirse que también se incluyen en este edicto.

§7. Juliano dice que el juicio de acción redhibitoria en cierta forma debe restituir íntegramente a las partes, es decir, al vendedor y al comprador.

§8. Por ello, si el esclavo robó algo al comprador o a cualquier otro por cuyo robo el comprador debió responder, se ordena que restituya el esclavo al vendedor si se otorga garantía de indemnidad al comprador. ¿Y qué dice Juliano si el vendedor no quiso recuperar el esclavo? Dice que no se le

hoc detrimentum hominem noxae dedere, maluerit litis aestimationem suffere: et videtur mihi Iuliani sentential humanior esse.

§9. *Cum redhibetur mancipium, si quid ad emptorem pervenit vel culpa eius non pervenit, restitui oportet, non solum si ipse fructus percepit mercedesve a servo vel conductore servi accepit, sed etiam si a venditore fuerit idcirco consecutus, quod tardius ei hominem restituit: sed et si a quovis alio possessore fructus accepit emptor, restituere eos debebit: sed et si quid fructuum nomine consecutus est, id praestet: item si legatum vel hereditas servo obvenerit. Neque refert, potuerit haec consequi venditor an non potuerit, si servum non vendidisset: ponamus enim talem esse, qui capere aliquid ex testamento non potuerat: nihil haec res nocebit. Pedius quidem etiam illud non putat esse spectandum, cuius contemplatione testator servum heredem scripserit vel ei legaverit, quia et si venditio remansisset: nihil haec res emptor proderat: et per contrarium, inquit, si contemplatione venditoris institutus proponeretur, tamen diceremus restituere emptorem non debere venditori, si nollet eum redhibere.*

obligará a otorgar garantía, y solo se le condenará al precio, por lo que el comprador soportará por culpa suya la pérdida, pues pudiendo entregar el esclavo por delito, prefirió pagar la estimación del litigio, pareciéndome más humana la opinión de Juliano.

§9. Cuando se hace la redhibición, si el comprador obtuvo alguna cosa, o por culpa suya no lo obtuvo, debe ser restituido. No solo si percibió los frutos o los sueldos del quehcer del esclavo, o el alquiler por arrendar al esclavo, sino también lo obtenido del vendedor por devolver tarde el esclavo; igualmente, el comprador deberá restituir los frutos que recibió de cualquier otro poseedor del esclavo. Y si obtuvo algo en razón de los frutos, también lo restituirá. Lo mismo si otorgó al esclavo un legado o una herencia, y no importa si el vendedor pudo conseguir o no tales cosas si no vendiese al esclavo; porque supongamos que el esclavo no podía adquirir algo por testamento: esto no le perjudicará en nada. Pedio también opina que no debe considerarse la intención con la que el testador instituyó como heredero al esclavo o le asignó un legado, porque aunque subsista la venta, no le beneficia en nada al comprador. Por el contrario, Pedio señala que si se alega que fue instituido heredero

por consideración del vendedor, responderemos que el comprador no debe restituir al vendedor si no quiere redhibirlo.

24. GAIUS *libro primo ad edictum aedilium curulium. Et generaliter dicendum est, quidquid extra rem emptoris per eum servum adquisitum est, id iustum videri reddi oportere.*

24. GAYO en el libro primero de los comentarios al edicto de los ediles curules. En general se debe decir que es justo devolver todo lo que se adquiere por medio del esclavo, independientemente de los bienes del comprador.

25. ULPIANUS *libro primo ad edictum aedilium curulium. Aediles etiam hoc praestare emptorem volunt, si in aliquo deterior factus sit servus, sed ita demum, si post venditionem traditionemque factus sit: ceterum si ante fuit, non pertinet ad hoc iudicium quod ante factum est.*
§1. Sive ergo ipse deteriorem cum fecit sive familia eius sive procurator, tenebit actio.

§2. Familiae appellatione omnes qui in servitio sunt continentur, etiam liberi homines, qui ei bona fide serviunt, vel alieni: accipe eos quoque qui in potestate eius sunt.

§3. Procuratoris fit mentio in hac actione: sed Neratius procuratorem hic eum accipiendum ait, non quemlibet, sed cui universa negotia aut id ipsum, propter quod deterius factum sit, mandatum est.

25. ULPIANO en el libro primero de los comentarios al edicto de los ediles curules. Los ediles desean que el comprador responda si en algo se deterioró el esclavo, pero solo si ocurrió después de la venta y la entrega; si fue antes, no procede este juicio.
§1. Esta procederá acción si el comprador, sus esclavos o su procurador deterioraron al esclavo comprado.
§2. En el vocablo "familia" de esclavos se engloban todos los que están a su servicio, incluso las personas libres que son esclavos de buena fe, o bien los esclavos ajenos, incluyendo también los que están bajo su potestad.
§3. En esta acción se menciona al procurador, pero Neracio dice que por "procurador" no se entiende a cualquiera, sino a quien se le encargaron todos los negocios, o particularmente aquel negocio en el que se ocasionó el deterioro.

§4. Pedius ait aequum fuisse id dumtaxat imputari emptori ex facto procuratoris et familiae, quod non fuit passurus servus nisi venisset: quod autem passurus erat etiam, si non venisset, in eo concede emptori servi sui noxae deditionem et ex eo, inquit, quod procurator commisit, solum actionum praestandarum necessitate ei iniungi.

§5. Quid ergo, si culpa, non etiam dolo emptoris servus deterios factus sit? Aeque condemnabitur.

§6. Hoc autem, quod deterior factus est servus, non solum ad corpus, sed etiam ad animi vitia referéndum est, ut puta si imitatione conservorum apud emptorem talis factus est, aleator forte vel vinarius vel erro evasit.

§7. Sed notandum est, quod non permittitur emptori ex huiusmodi causis noxae dedere servum suum: nec enim factum servorum suorum itemque procuratoris praestat.

§8. Item sciendum est haec Omnia, quae exprimuntur edicto aedilium, praestare cum debere, si ante iudicium acceptum facta sint: idcirco enim necesse habuisse ea enumerari, ut, si quid eorum ante litem contestatam contigisset, praesstaretur. Ceterum post iudicium

§4. Pedio dice que sería más justo imputar al comprador las conductas del procurador o de los esclavos que el esclavo comprador no hubiese padecido si no se hubiese vendido; pero por lo que hubiese padecido, aunque no se hubiese vendido el esclavo, se permite al comprador entregar un esclavo suyo a cambio del daño, y por la conducta del procurador solo se le impone la necesidad de ceder las acciones.

§5. ¿Y qué decir si el esclavo se deterioró por culpa, no por dolo del comprador? También será condenado.

§6. Pero el deterioro del esclavo no solo se refiere al defecto corporal, sino también a los vicios morales, por ejemplo, si por imitar a otros esclavos del comprador se volvió jugador, borracho o vagabundo.

§7. Debemos señalar que por tales causas no se permite al comprador entregar por delito su esclavo, porque en tales casos no implica responder por los actos de sus esclavos ni de su procurador, sino devolver el esclavo que fue motivo de redhibición.

§8. Debe saberse también que responderá por todas las cosas expresadas en el edicto de los ediles si se realizaron antes de aceptar el juicio; porque debieron ser enumeradas para que se respondiese si alguna de ellas

acceptum tota causa ad hominem restituendum in iudicio versatur, et tam fructus veniunt quam id quo deterior factus est ceteraque veniunt: iudici enim statim atque iudex factus est omnium rerum officium incumbit, quaecumque in iudicio versantur: ea autem quae ante iudicium contingent non valde ad eum pertinent, nisi fuerint ei nominatim iniuncta.

ocurre antes de contestar el juicio. Pero luego de aceptarlo, todo lo relativo a restituir al esclavo se considera en el juicio, incluidos todos los frutos, el perjuicio causado y todas las demás cosas, porque en cuanto se designa juez, a éste le incumbe resolver todos los aspectos vertidos en juicio, pero los que ocurren antes del mismo obviamente no le corresponden si no se le dan a conocer expresamente.

§9. Praeterea in edicto adicitur sict: 'et quanta pecunia pro eo homine soluta accesionisve nomine data erit, non reddetur: cuiusve pecuniae quis eo nomine obligatus erit, non liberabitur'.

§9. Además, en el edicto se añade lo siguiente: 'no se devolverá el dinero pagado como precio por dicho esclavo o dado en virtud de accesión y no restituido, ni quedará libre el comprador de la cantidad a que por razón del esclavo se debe'.

§10. Ordine fecerunt aediles, ut ante venditori emptor ea omnia quae supra scripta sunt praestet, sic deinde pretium consequatur.

§10. Los ediles señalaron el siguiente orden: primero que el comprador le cubra al vendedor las cosas anteriormente señaladas, luego obtener el precio que pagó.

26. *GAIUS libr primo ad edictum aedilium curulium. Videamus tamen, ne iniquum sit emptorem compelli dimittere corpus et ad actionem iudicati mitti, si interdum nihil praestatur propter inopiam venditoris, potiusque res ita ordinanda sit, ut emptor caveat, si intra certum tempus pecunia sibi solute sit, se mancipium restituturum.*

26. GAYO *en el libro primero de los comentarios al eeicto de los ediles curules.* Sin embargo, debemos ver si no será injusto obligar al comprador a deshacerse del esclavo y a remitirse a la acción de cosa juzgada si el vendedor nada entrega dada su pobreza, y si no debe disponerse el negocio de modo que el comprador otorgue garantía de que restituirá al esclavo si en un determinado

27. *ULPIANUS libro primo ad edictum aedilium curulium. Debet autem recipere pecuniam, quam dedit pro eo homine, vel si quid accessionis nomine. Dari auten non id solum accipiemus, quod numerator venditori, ut puta pretium et usuras eius, sed et si quid emptionis causa erogatum est. hoc autem ita demum deducitur, si ex voluntate venditoris datur: ceterum si quid sua sponte datum esse proponatur, non imputabitur: neque enim debet quod quis suo arbitrio dedit a venditore exigere. Quid ergo, si forte vectigalis nomine datum est, quod emptorem forte sequeretur? Dicemus hoc quoque restituendum: indemnis enim emptor debet discidere.*

28. *GAIUS libro primo ad edictum aedilium curulium. Si venditor de his quae edicto aedilium continentur non caveat, pollicentur adversus cum redhibendi iudicium intra duos menses vel quanti emptoris intersit intra sex menses.*

29. *ULPIANUS libro primo ad edictum aedilium curulium. Illud sciendum est, si emptor venditori haec non praestat, quae desiderantur in hac*

plazo se le entrega el dinero.

27. ULPIANO *en el libro primero de los comentarios al edicto de los ediles curules.* Debe recuperar el dinero que pagó por el esclavo y cualquier cosa dada en virtud de accesión al precio. Entendemos que se da no solo lo entregado al vendedor, como el precio y los intereses, sino también si se gastó algo por causa de la venta; esto se deduce solo si se dio por voluntad del vendedor, porque si se dice que dio espontáneamente algo, no se le imputará al vendedor, porque no debe exigir del vendedor lo que el comprador dio libremente. ¿Y si se dio en virtud de tributo lo que tal vez correspondía al comprador? Diremos que también deberá restituirse, porque el comprador debe quedar indemne.

28. GAYO *en el libro primero de los comentarios al edicto de los ediles curules.* Si el vendedor no otorgó garantía respecto de lo que se menciona en el edicto de los ediles, se brinda contra él la acción redhibitoria dentro de un plazo de dos meses, y la de lo que interesa al comprador dentro de seis meses.

29. ULPIANO *en el libro primero de los comentarios al edicto de los ediles curules.* Debe saberse que si el comprador no entrega al

actione, non posse ei venditorem condemnari: si autem emptori venditor ista non praestat, condemnabitur ei.

§1. *Item emptori praestandum est, ut pecuniae, cuius nomine obligatus erit, liberetur, sive ipsi venditori obligatus sit sive etiam alii.*

§2. *Condemnatio autem fit, quanti ea res erit: ergo excedet pretium an non, videamus. Et quidem continent condemnation pretium accessionesque. An et usuras pretii consequatur, quasi quod sua intersit debeat accipere, maxime cum fructus quoque ipse restituat? Et placet consecuturum*

§3. *Si quid tamen damni sensit vel si quid pro servo impendit, consequetur arbitrio iudicis, sic tamen, non ut ei horum nomine venditor condemnetur, ut ait Iulianus, sed ne alias compellatur hominem venditori restituere, quam si eum ondemnem praestet.*

30. PAULUS *libro primo ad edictum aedilium curulium. Item si servi redhibendi nomine emptor iudicium accepit vel ipse eius nomine dictavit, cavendum ex utraque parte erit, ut, si*

vendedor lo que se reclama con esta acción, el segundo no no será condenado; pero si el vendedor es quien no entrega, se le condenará en favor del comprador.

§1. También deberá liberarse al comprador de la cantidad a la que se obligó en virtud del esclavo, tanto si se obliga con el mismo vendedor como con otro cualquiera.

§2. La condena se realiza por el valor de la cosa. Veamos si puede exceder o no del precio. A decir verdad, en la condena se incluye el precio y los accesorios. ¿Acaso también cobrará los intereses del precio, como si la condena fuese en interés de la parte actora, máxime si el comprador restituye los frutos? Es procedente que sí los cobre.

§3. Pero si sufrió algún daño, o si gastó algo debido al esclavo, lo recuperará según el arbitrio del juez, pero no para que el vendedor sea condenado por estas cosas, como señala Juliano, sino para que no se obligue al comprador a restituir el esclavo al vendedor más que si deba garantizársele la indemnidad de ellas.

30. PAULO *en el libro primero de los comentarios al edicto de los ediles curules.* Del mismo modo, si el comprador aceptó un juicio por la redhibición del esclavo que

quid sine dolo malo condemnatus sit vel si quid ex eo quod egerit ad eum pervenerit dolove malo eius factum sit quo minus preveniret, id reddat.

§1. Quas impensas necesario in curandum servum post litem contestatam emptor fecerit, imputabit: praecedentes impensas nominatim comprehendendas Pedius: sed cibaria servo data non esse imputanda Ariosto, nam nec ab ipso exigi, quod in ministerio eius fuit.

31. ULPIANUS libro primo ad edictum aedilium curulium. Quodsi nolit venditor hominem recipere, non in maiorem summam, inquit, quam in pretium ei condemnandum. Ob haec ergo, quae propter servum damna sensit, solam dabimus ei corporis retentionem: ceterum poterit evitare praestationem venditor, si nolit hominem recipere, quo facto pretii praestationem eorumque quae pretium sequuntur solam non evitabit.

§1. Si venditor pronuntiaverit vel promiserit furem non esse, tenetur ex sua promissione, si furtum servus fecit: esse enim hoc casu furem non tantum eum, qui extraneo, sed et eum, qui domino suo

compró y luego vendió, o bien si lo inició por algún acto del esclavo, ambas partes otorgarán garantía para la restitución, ya si se condena a algo al comprador sin dolo malo, ya si adquiere algo por el juicio iniciado, ya si con dolo buscó no adquirirlo.

§1. Los gastos necesarios hechos por el comprador luego de contestar el juicio para cuidar del esclavo los cargará al vendedor. Pedio dice que dichos gastos se han de incluir expresamente, pero Aristón dice que no deben imputársele los alimentos dados al esclavo, porque tampoco se le exige el importe del servicio dado por el esclavo.

31. ULPIANO *en el libro primero de los comentarios al edicto de los ediles curules.* Dice Juliano que si el vendedor no quiso recibir el esclavo, no será condenado por una cantidad mayor al precio. Así, por los daños sufridos a causa del esclavo solo le otorgaremos al comprador la retención del esclavo, pues el vendedor podrá evitar indemnizar si no quiere recibir el esclavo, aunque no evitará pagar el precio y los accesorios.

§1. Si el vendedor declaró o prometió que el esclavo no es ladrón, se obliga por su promesa si el esclavo robó al comprador, porque en tal caso se entiende que

res subtraxit, intellegendum est.

§2. Si ancilla redhibeatur, et quod ex ea post venditionem natum erit reddetur, sive unus partus sit sive plures.

§3. Sed et si forte usus fructus proprietati adereverit, indubitate hic quoque restituetur.

§4. Si peculium quaesiit apud emptorem, quid de hoc dicemus? Et si quidem ex re emptoris accessit, dicendum est apud ipsum relinquendum, si aliunde crevit, venditori restituendum est.

§5. Si plures heredes sint emptoris, an omnes ad redhibuendum consetire debeant, videamus. Et ait Pomponius omnes consentire debere ad redhibendum dareque unum procuratorem, ne forte venditor iniuriam patiatur, dum ab alio partem recipit hominis, alii in partem pretii condemnatur, quanti minoris is homo sit.

§6. Idem ait homine mortuo vel etiam redhibito singulos pro suis portionibus recte agere. Pretium autem et accesiones pro parte recipient: sed et fructurs accessionis et si quo deterior homo factus est pro parte praestabitur ab ipsis, nisi forte tale sit, quod divisionem non recipiat, ut puta ancillae partus: in hoc enim idem servandum est, quod in ipsa matre vendita, quam pro parte redhibieri

no solo es ladrón el que sustrae algo a un tercero, sino también quien se lo sustrae a su dueño.

§2. Si una esclava es redhibida, también se devolverá lo que nació de ella tras la venta, fuese uno o varios hijos.

§3. Igualmente, si el usufructo sobre el esclavo se incorporó al patrimonio, también se restituirá.

§4. ¿Qué decir si el esclavo adquirió un peculio estando en poder del comprador? Si el peculio provino de los bienes del comprador, se dirá que lo conservará; de lo contrario, se restituirá al vendedor.

§5. Si hay varios herederos del comprador, veamos si todos deben aceptar la redhibición. Pomponio dice que todos deben hacerlo y nombrar un procurador para que el vendedor no sufra la injusticia de recibir por parte de un comprador una parte del precio del esclavo y, por parte de otro, ser condenado a una parte del precio debido a la acción de reducción de precio.

§6. También dice Pomponio que al morir el esclavo o ser restituido, cada uno de los herederos del comprador puede ejercer justamente acción por la porción respectiva, recibiendo el precio y los accesorios en atención a su parte; también cada uno pagará las accesiones y el deterioro del esclavo según su parte, salvo que

posse negavimus.

§7. Marcellus quoque scribit, si servus communis servum emerit et sit in causa redhibitionis, unum ex dominis pro parte sua redhibere servum non posse: non magis, inquit, quam cum emptori plures heredes exstiterunt nec omnes ad redhibendum consentiunt.

§8. Idem Marcellus ait non posse alterum ex dominis consequi actione ex empto, ut sibi pro parte venditor tradat, si pro portione pretium dabit: et hoc in emptoribus servari oportere ait: nam venditor pignoris loco quod vendidit retinet, quoad emptor satisfaciat.

§9. Pomponius ait, si unus ex heredibus vel familia eius vel procurator culpa vel dolo fecerit rem deteriorem, aequum esse in solidum eum teneri arbitrio iudicis: hoc autem expeditius esse, si omnes heredes unum procuratorem ad agendum dederunt. Tunc et si quo deterior servus culpa unius heredum factus est et hoc solutum est, ceteri familiae erciscundae iudicium adversus eum habent, quia propter ipsum damnum sentiunt impediunturque redhibere.

una cosa indivisible, como el hijo de una esclava; en este caso se observará lo mismo respecto de la venta de la madre, la cual no puede ser redhibida por partes.

§7. También escribe Marcelo que si un esclavo común compró otro esclavo y fue objeto de redhibición, un solo dueño no puede restituir su parte, como tampoco, dice, cuando hay varios herederos del comprador y no todos autorizan la redhibición.

§8. Marcelo también dice que uno de los dueños no puede lograr con la acción de compra que el vendedor le entregue su parte aunque le entregue su porción del precio. Opina que esto debe observarse si el comprador tiene varios herederos, porque el vendedor retiene en calidad de prenda lo vendido hasta que el comprador le cubra el monto.

§9. Pomponio opina que si uno de los herederos, o uno de sus esclavos o su procurador deteriora con dolo o culpa la cosa, es justo que se obligue al total según el arbitrio del juez; pero es más práctico si todos los herederos nombran un procurador para ejercer la acción; así, si por culpa de un heredero el esclavo se deteriora, y ya se hizo el pago, los demás herederos tienen contra él la acción de división de herencia, porque sufren el mismo daño y están impedidos para ejercer la

§10. Si venditori plures heredes exstiterint, singulis pro portione hereditaria poterit servus redhiberi. Et si servus plurium venierit, idem erit dicendum: nam si unus a pluribus vel plures ab uno vel plura mancipia ab uno emantur, verius est dicere, si quasi plures rei fuerunt venditores, singulis in solidum redhibendum: si tamen partes emptae sitn a singulis, recte dicetur alteri quidem posse redhiberi, cum altero autem agi quanto minoris. Item si plures singuli partes ab uno emant, tunc pro parte quisque eorum experietur: sed si in solidum emant, unusquisque in solidum redhibebit.

§10. Si hay varios herederos del vendedor, se podrá redhibir el esclavo a cada uno según su porción hereditaria, y lo mismo se dirá si se vendió un esclavo propiedad de varios dueños, porque si muchos compran de uno, o uno de muchos, o se compran varios esclavo de un vendedor, es más acertado decir que a cada uno debe hacerse la redhibición por el total, como si hubiese varios vendedores de la cosa. Pero si se compraron porciones de cada uno, se dirá debidamente que puede hacerse la redhibición a uno y ejercer contra el otro la acción de reducción de precio. Igualmente, si varios compraron a cada uno su parte, cada uno de ellos ejercerá la acción en cuanto a su parte; pero si compraron solidariamente, cada uno ejerce por el total la acción redhibitoria.

§11. Si mancipirum quod redhiberi oportet mortuum erit, hoc quaeretur, numquid culpa emptoris vel familiae eius vel procuratoris homo demortuus sit: nam si culpa eius decessit, pro vivo habendus est, et praestentur ea omnia, quae praesterentur, si viveret.

§11. Si el esclavo que debía ser redhibido murió, se investigará si murió por culpa del comprador, de los esclavo de éste o de su procurador, porque si murió por culpa del primero se le considerará como vivo y se exigirán todas las prestaciones que se harían si estuviese vivo.

§12. Culpam omnem accipiemus, non utique latam: propter quod dicendum est, quamcumque occasionem morti emptor praestitit, debere eum: etiam si non

§12. Entendemos por "culpa" todo tipo de culpa, no solo la lata; por ello, el comprador se obligará por cualquier motivo de muerte

adhibuit medicum, ut sanari possit, vel malum adhibuit, sed culpa sua.

§13. Sed hoc dicemus, si ante iudicium acceptum decessit: ceterum si post iudicium acceptum decessisse proponatur, tunc in arbitrium iudicis veniet, qualiter mortuus sit: ut enim et Pedio videtur, ea, quaecumque post litis contestationem contingunt, arbitrium iudicis desiderant.

§14. Quod in procuratore diximus, idem et in tutore et curatore dicendum erit ceterisque, qui ex officio pro aliis interveniunt: et ita Pedius ait, et adicit, quibus administration rerum, culpam abesse praestare non inique dominum cogi.

§15. Idem Pedius ait familiae appellatione et filios familias demonstrari: facta enim domesticorum redhibitoria agentem praestare voluit.

§16. Si quis egerit quanto minoris propter servi fugam, deinde agat propter morbum, quanti fieri condemnatio debeat? Et quidem saepius agi posse quanto minoris dubium non est, sed ait Iulianus id agendum esse, ne lucrum emptor faciat et bis eiusdem rei aestimationem consequatur.

del esclavo, aunque no haya llamado a un médico para que lo cure, o si llamó a uno malo por su culpa.

§13. Esto lo diremos si murió antes de aceptar el juicio, porque si falleció luego de aceptarlo, entonces quedará al arbitrio del juez la responsabilidad por la muerte; también opina Pedio que todo lo ocurrido tras contestar el juicio se somete al arbitrio del juez.

§14. Lo dicho sobre el procurador también se dirá sobre el tutor, el curador y los que por razón de oficio intervienen en nombre de otros. Esto lo dice Pedio y añade que justamente se obliga al dueño a responder la falta de culpa en quienes administran los bienes.

§15. Pedio también dice que en la palabra "familia" se incluye también a los hijos, pues el pretor deseó que quien ejerce la acción redhibitoria responda de la conducta de los que habitan en su casa.

§16. Si alguien ejerció la acción de reducción de precio debido a la fuga de un esclavo y luego la ejerce por enfermedad, ¿por cuánto será la condena? A decir verdad, la acción de reducción puede intentarse varias veces, aunque Juliano dice que debe procurarse que el comprador no obtenga lucro cobrando dos veces la estimación de la cosa.

§17. In factum actio competit ad pretium reciperandum, si mancipium redhibitum fuerit: in qua non hoc quaeritur, an mancipium in causa redhibitionis fuerit, sed hoc tantum, an sit redhibitum, nec immerito: iniquum est enim, posteaquam venditor agnovit recipiendo mancipium esse id in causa redhibitionis, tunc quaeri, utrum debuerit redhiberi an non debuerit: nec de tempore quaeretur, an intra tempora redhibitus esse videatur.

§17. La acción por la conducta realizada procede para recuperar el precio si el esclavo fue redhibido; en dicha acción no se investiga si el esclavo debía ser devuelto, sino solo si fue efectivamente redhibido. Y con justa razón, porque que luego de que el vendedor recuperó el esclavo y reconoció que había causa de devolución, es injusto investigar si debe ser redhibido o no; tampoco se investigará si sobre el plazo se considera que fue redhibido o no dentro del mismo.

§18. Illud plane haec actio exigit, ut sit redhibitus: ceterum nisi fuerit redhibitus, déficit ista actio, etiamsi nudo consensu placuerit, ut redhibeatur. Convention ergo de redhibendo non afcit locum huic actioni, sed ipsa redhibitio.

§18. Esta acción sin duda exige que el esclavo sea redhibido para recuperar el precio, y si no lo fue, falta la acción, aunque por nuda voluntad se pactase la redhibición. Así, el acuerdo para que se redhiba no da lugar a esta acción, sino la restitución en sí.

§19. Restitui autem debet per hanc actionem etiam quod ei servo in venditione accessit.

§19. Por medio de esta acción debe restituirse también lo que en la venta fue visto como accesorio al esclavo.

§20. Quia adsidua est duplae stipulatio, idcirco placuit etiam ex empto agi posse, si duplam venditor mancipii non caveat: ea enim, quae sunt moris et consuetudinis, in bonae fidei iudiciis debent venire.

§20. Al ser frecuente la estipulación por el duplo, se consideró que también pueda ejercerse la acción de compra si el vendedor del esclavo no garantizó por el doble, porque lo que es de uso y costumbre debe incluirse en los juicios de buena fe.

§21. Qui mancipia vendunt, nationem cuiusque in venditione pronuntiare debent: plerumque enim natio servi aut

§21. Los vendedores de esclavos deben declarar el sitio de origen del esclavo al momento de la

provocat aut deterret emptorem: idcirco interest nostra scire nationem: praesumptum etenim est quosdam servos bonos esse, quia natione sunt non infamata, quosdam malos videri, quia ea natione sunt, quae magis infamis est. Quod si de natione ita pronuntiatum non erit, iudicium emptori omnibusque ad quos ea res pertinebit dabitur, per quod emptor redhibet mancipium.

§22. Si quid ita venierit, ut, nisi placuerit, intra praefinitum tempus redhibeatur, ea conventio rata habetur: si autem de tempore nihil convenerit, intra praefinitum tempus redhibeatur, ea conventio rata habetur: si autem de tempore nihil convenerit, in factum actio intra sexaginta diez útiles accomodatur emptori ad redhibendum, ultra non. Si vero convenerit, ut in perpetuum redhibitio fiat, puto hanc conventionem valere.

§22. Item si tempus sexaginta dierum praefinitum redhibitioni praeteriit, causa cognita iudicium dabitur: in causae autem cognitione hoc versabitur, si aut mora fuit per venditorem, aut non fuit praesens cui redderetur, aut aliqua iusta causa intercessit, cur intra diem redhibitum mancipium non est, quod ei magis displicuerat.

§24. In his autem actionibus eadem

venta, porque muchas veces esa nacionalidad atrae o aleja al comprador. Por ende, importa saber la nacionalidad, porque se presume que ciertos esclavos son buenos por tene una nacionalidad con buena fama, y que otros parecen malos por tener una nacionalidad con mala fama. Pero si no se declaró la nacionalidad del esclavo, se otorgará acción al comprador y a todo interesado en el negocio para que el comprador restituya el esclavo.

§22. Si alguien vendió un esclavo a condición de que, si no agradaba, podía devolverse en el plazo fijado, este pacto se considera válido. Pero si no se acordó nada en cuanto al plazo, se concede al comprador la acción por la conducta realizada dentro de sesenta días útiles, y no más, para la redhibición; y si se acordó que en cualquier momento se realice la redhibición, opino que también este pacto es válido.

§23. Igualmente, si transcurrió el plazo de sesenta días fijado para redhibir, se otorgará acción previo conocimiento de causa. Pero en este caso se juzgará si la mora fue del vendedor o si no estuvo pesente alguien a quien devolver, o si medió alguna causa justa por la que el esclavo que le desagradó al comprador no fue redhibido dentro del plazo.

§24. Sobre estas acciones deberá

erunt observanda, quae de partu fructibus accessionibus quaeque de mortuo redhibendo dicta sunt.

§25. Quod emptioni accedit, partem esse venditionis prudentibus visum est.

32. GAIUS *libro secundo ad edictum aedilium curulium. Itaque sicut superius venditor de morbo vitiove et ceteris quae ibi comprehensa sunt praedicere iubetur, et praeterea in his causis non esse mancipium ut promittat praecipitur: ita et cum accedat alii rei homo, eadem et praedicere et promittere compellitur. Quod non solum hoc caus intellegendum est, quo nominatim adicitur accessurum fundo hominem Stichum, sed etiam si generaliter Omnia mancipia quae in fundo sint accedant venditioni.*

33. ULPIANUS *libro primo ad edictum aedilium curulium. Proinde Pomponius ait iustam causam esse, ut quod in venditione accessurum esse dictum est tam intergrum praestetur, quam illud praestari debuit quod principaliter veniit: nam iure civili, ut integra sint quae accessura dictum fuerit, ex empto action est, veluti si dolia accessura fundo dicta fuerint. Sed hoc ita, si certum corpus accessurum fuerit dictum: nam si servus cum peculio*

observarse lo ya dicho sobre la redhibición de un hijo de la esclava, de los frutos, de las accesiones y del esclavo muerto.

§25. A los jurisconsultos pareció adecuado que lo accesorio en la compra sea parte de la venta.

32. GAYO *en el libro segundo de los comentarios al edicto de los ediles curules.* Y así como previamente se dispone que el vendedor avise sobre la enfermedad o vicio del esclavo y lo demás que se incluye, disponiendo además que prometa que el esclavo no cae en ninguna de estas hipótesis, así también se obliga al vendedor a manifestar y prometer cuando el esclavo se vende como accesorio de otra cosa. Lo que se entenderá no solo cuando expresamente se declare que el esclavo Estico será accesorio del fundo, sino también si en general los esclavos de un fundo son accesorios de la venta.

33. ULPIANO *en el libro primero de los comentarios al edicto de los ediles curules.* Por ello dice Pomponio que existe justa causa para que lo declarado como accesorio en una venta se entregue íntegramente como se entrega lo vendido como principal, porque en derecho civil la acción de compra procede para exigir íntegramente lo que se declaró como accesorio, por ejemplo, si se dijo que las tinajas

venierit, ea mancipia quae in peculio fuerint sana esse praestare venditor non debet, quia non dixit certum corpus accessurum, sed peculium tale praestare oportere, et quemadmodum certam quantitatem peculii praestare non debet, ita nec hoc. Eandem rationem facere Pomponius ait, ut etiam, si hereditas aut peculium servi venierit, locus edicto aedilium non sit circa ea corpora, quae sunt in hereditate aut in peculio. Idem probat et si fundus cura instrument venierit et in instrument mancipia sint. Puto hanc sententiam veram, nisi si aliud specialiter actum esse proponatur.

eran accesorias del fundo. Pero esto procede si se dijo que un objeto determinado era accesorio, porque si se vendió un esclavo con el peculio, el vendedor no responderá de la salud de los esclavos del peculio, porque no declaró como accesorio un objeto cierto, sino que debe entregar el peculio; y así como no responde por cierta cantidad de peculio, tampoco responde por esto otro. Pomponio dice que es la misma razón por la que si se vende una herencia o el peculio de un esclavo, no procede el edicto de los ediles sobre los objetos de la herencia o del peculio. Lo mismo opina si se vendió un fundo con sus pertenencia, y entre éstas había unos esclavos, lo que considero acertado, salvo si se dice que se acordó expresamente otra cosa.

§1. Si vendita res redhibeatur, servus quoque qui ei rei accessit, licet nullum in eo vitium sit, redhibetur.

§1. Si se devolvió la cosa vendida, también se devuelve el esclavo accesorio de la misma, aunque no tenga ningún vicio.

34. AFRICANUS libro sexto quaestionum. Cum eiusdem generis plures res simul veneant, veluto comoedi vel choris, referre ait, in universos an in singulos pretium constituatur, ut scilicet interdum una, interdam plures venditiones contractae intellegantur: quod vel eo quaeri pertinere, ut, si quis eorum forte morbosus vel vitiosus sit, vel omnes simul redhibeantur.

34. AFRICANO *en el libro sexto de las cuestione*s. Cuando se venden al mismo tiempo varias cosas de un mismo género, por ejemplo, esclavos cómicos o un coro, Juliano dice que debe saberse si el frecio se establece para todos o para cada uno, para saber si se celebró una sola venta o varias. Esto debe averiguarse porque, si

§1. Interdum etsi in singula capita pretium constitutum sit, tamen una emptio est, ut propter unius vitium omnes redhiberi possint vel debeant, scilicet cum manifestum erit non nisi omnes quem empturum vel venditurum fuisse, ut plerumque circa comoedos vel quadrigas vel mulas pares accidere solet, ut neutri non nisi omnes habere expediat.

alguno de ellos resultó enfermo o defectuoso, solo él sea redhibido o lo sean todos al mismo tiempo.

§1. A veces, aunque se establezca un precio por cada cabeza, la compra es no obstante una sola, de modo que, por vicio de uno solo todos puedan o deban ser redhibidos cuando sea evidente que los comprarían o venderían juntos, como suele ocurrir con los esclavos cómicos, las cuadrigas o las parejas de mulas, porque cualquiera le conviene tenerlos juntos.

35. *ULPIANUS libro primo ad edictum aedilium curulium. Plerumque propter morbosa mancipia etiam non morbosa redhibentur, si separari non possit sine magno incommodo vel ad pietatis rationem offensam. Quid enim. Si filio retento parentes redhibere maluerint vel contra? Quod et in fratribus et in personas contubernio sibi coniunctas observari oportet.*

35. ULPIANO *en el libro primero de los comentarios al edicto de los ediles curules.* Muchas veces, debido a los esclavos enfermos también son devueltos los sanos al no poderse separar sin perjuicio o sin ofender a la piedad. Porque, ¿qué pasaría si se prefirió redhibir a los padres y se retuvo al hijo, o al contrario? Esto también debe observarse respecto de los hermanos y los esclavos que viven en contubernio.

36. *POMPONIUS libro vicesimo tertio ad Sabinum. Si plura mancipia uno pretio venierint et de uno eorum aedilicia actione utamur, ita demum pro bonitate eius aestimatio fiet, si confuse universis mancipiis constitutum pretium fuerit: quod si singulorum mancipiorum constituto pretio universa tanti venierunt, quantum ex consummatione singulorum*

36. POMPONIO *en el libro vigésimo tercero de los comentarios a Sabino.* Si varios esclavos se vendieron a un solo precio y ejercemos la acción edilicia redhibitoria por uno solo, se realizará la estimación conforme a su calidad si se fijó el precio general para todos los esclavos. Pero si se fijó un precio

fiebat, tunc cuiusque mancipii pretium, seu pluris seu minoris id esset, sequi debemus.

por cada esclavo y luego se vendieron todos por la suma total de cada uno, entonces debemos considerar el precio de cada esclavo, sea mayor o menor.

37. *ULPIANUS libro primo ad edictum aedilium curulium. Praecipiunt aediles, ne veterator por novicio veneat. Et hoc edictum fallaciis venditorum occurrit: ubique enim curant aediles, ne emptores a venditoribus circumveniantur. Ut ecce plerique solent mancipia, quae novicia non sunt, quasi novicia distrahere ad hoc, ut pluris vendant: praesumptum est enim ea mancipia, quae rudia sunt, simpliciora esse et ad ministeria aptiora et dociliora et ad omne ministerium habilia: trita vero mancipia et veterana difficile est reformare et ad suos mores formare. Quia igitur venaliciarii sciunt facile decurri ad noviciorum emptionem, idcirco interpolant veteratores et pro noviciis vendunt. Quod ne fiat, hoc edicto aediles denuntiant: et ideo si quid ignorante emptore ita venierit, redhibebitur.*

37. ULPIANO *en el libro primero de los comentarios al edicto de los ediles curules.* Los ediles disponen: 'no debe venderse un esclavo antiguo como nuevo'; el edicto limita así los engaños de los vendedores, porque los ediles buscan que los vendedores no engañen a los compradores, pues muchos suelen vender como nuevos a esclavos que no lo son, y así venderlos a un precio mayor. Porque se presume que los esclavos menos maleados son más sencillos, aptos dóciles para el servicio, y más útiles para cualquier empleo, mientras que los esclavos experimentados y antiguos son difíciles de reformar y adecuarlos a nuevas costumbres. Como los vendedores de esclavos saben que se recurre más fácilmente a la compra de nuevos, por eso los mezclan con los antiguos y los venden como nuevos. Para evitar que eso se haga, los ediles lo prohíben en este edicto; así, si se vendió de este modo un esclavo sin saberlo el comprador, será objeto de redhibición.

38. *IDEM libro secundo ad edictum aedilium curulium. Aediles aiunt: 'Qui*

38. EL MISMO *en el libro segundo de los comentarios al edicto de los ediles*

iumenta vendunt, palam recte dicunto, quid in quoque eorum morbi vitiique sit, utique optime ornata vendendi causa fuerint, ita emptoribus tradentur. Si quid ita factum non erit, de ornamentis restituendis iumenstisve ornamentorum nomine redhibendis in diebus sexaginta, morbi autem vitiive causa inemptis faciendis in sex mensibus, vel quo minoris cum venirent fuerint, in anno iudicium dabimus. Si iumenta paria simul venierint et alterum in ea causa fuerit, ut redhiberi debeat, iudicium dabimus, quo utrumque redhibeatur'.

§1. Loquuntur aediles in hoc edicto de iumentis redhibendis.

§2. Causa autem huius edicti eadem est, quae mancipiorum redhibendorum.
§3. Et fere eadem sunt in his, quae in mancipiis, quod ad morbum vitiumve attinet: quidquid igitur hic diximus, huc erit transferendum. Et si mortuum fuerit iumentum, pari modo redhiberi poterit, quemadmodum mancipium potest.

§4. Iumentorum autem appellatione an omne pecus contineatur, videamus. Et difficile est, ut contineatu: nam aliud significant iumenta, aliud signifucatur pecoris appellatione.

curules. Dicen los ediles: "Los vendedores de caballos deben declarar con claridad y veracidad qué enfermedad y qué vicio tiene cada uno de ellos, entregando a los compradores lo mejor que hayan enjaezado para ser vendido. Si no se hizo así, otorgaremos acción en un plazo de sesenta días para restituir el enjaezamiento o la redhibición de las caballerías en virtud de los jaeces; por causa de enfermedad o vicio, otorgamos un plazo de seis meses para anular la compra, o un año para la reducción del precio. Si se vendió simultáneamente una pareja de caballos y uno de ellos se halló en el supuesto de la redhibición, otorgaremos acción para que ambos sean redhibidos".

§1. Los ediles se refieren en este edicto a la redhibición de jumentos.
§2. La razón de este edicto es la misma que para redhibir esclavos.
§3. Aquí procede casi lo mismo en cuanto a la enfermedad o el vicio de los esclavos, por lo que todo lo antes dicho también procede en este punto. Si los jumentos murieron, podrán ser objeto de redhibición al igual que los esclavos.
§4. Reflexionemos si por "caballería" se incluye a todo tipo de ganado. Es difícil que así sea, pues "caballería" quiere decir una cosa y "ganado" signific otra.

§5. Idcirco elogium huic edicto subiectum est, cuius verba haec sunt: 'quae de iumentorum sanitate diximus, de cetero quoque pecore omni venditores faciunto'.

§6. Unde dubitari desiit, an hoc edicto boves quoque contineantur: etenim iumentorum appellatione non contineri eos verius est, sed pecoris appellatione continebuntur.

§7. Sed enim sunt quaedam, quae in hominibus quidem morbum faciunt, in iumentis non adeo: ut puta si mulus castratus est, neque morbi neque vitii quid habere videtur, quia neque de fortitudine quid eius detrahitur neque de utilitate, cum ad generandum numquam sit habilis. Caelius quoque scribit non omnia animalia castrata ob id ipsum vitiosa esse, nisi propter ipsam castrationem facta sunt inbecilliora: et ideo mulum non esse vitiosum. Idem refert Ofilium existimasse equum castratum sanum esse, sicuti spado quoque sanus est, sed si emptor ignoravit, venditor scit, ex emptor esse actionem: et verum est quod Ofilius.

§8. Quaesitum est, si mula talis sit, ut transiungi non possit, an sana sit. Et ait Pomponius sanam esse: plerasque denique carrucarias tales esse, ut non possint transiungi.

§9. Idem ait, si nata sit eo ingenio aut

§5. Por ello, a este edicto se añadió una explicación, cuyas palabras dicen: 'lo dicho sobre la salud de los jumentos también deben cumplirlo los vendedores en cuanto a todo tipo de ganado'.

§6. Por ello dejó de dudarse sobre si en este edicto se incluyen también a los bueyes: ciertamente no se incluyen en la denominación de "jumentos", pero sí lo estarán en la expresión "ganado".

§7. Ciertas cosas implican enfermedad en las personas, aunque no en los jumentos; por ejemplo, si un mulo fue castrado no se le considera enfermo o con un vicio, porque el no poder reproducirse no le resta fortaleza ni utilidad. Celio también escribe que no todos los animales castrados tienen un vicio, salvo que la castración los hubiese debilitado, por lo que el mulo castrado no tiene ningún vicio. Celio también señala que Ofilio considero sano al caballo castrado, así como al esclavo impotente, aunque si el comprador no lo sabía y el vendedor sí, se otorga la acción de compra. Y lo dicho por Ofilio es cierto.

§8. Se preguntó si una mula que no podía ser uncida al otro lado era sana. Pomponio dice que sí, puesto que la mayoría de las que tiran de los carros son del tipo que no pueden ser cambiadas de lado.

§9. También dice que si la mula

corpore, ut alterum ingum non patiatur, sanam non esse.

§10. Non tantum autem ob morbum vitiumve redhibitio locum habebit in iumentis, verum etiam si contra dictum promissumve, erit locus redhibitioni exemplo mancipiorum.

§11. Vendendi autem causa ornatum iumentum videri Caelius ait non, si sub tempus venditionis, hoc est biduo ante venditionem ornatum sit, sed si in ipsa venditione ornatum sit, aut ideo, inquit, venale cum esset sic ornatum inspiceretur: semperque cum de ornamentis agitur, et in actione et in edicto adiectum est: vendendi causa ornata ducta esse: poterit enim iumentum ornatum itineris causa duci, deinde venire.

§12. Si plura iumenta venierint, non omnia erunt redhibenda propter unius ornamentum: nam et si vitiosum sit unum iugum, non tamen propter hoc cetera iuga redhibebuntur.

§13. Si forte iugum mularum sit, quarum altera vitiosa est, non ex pretio tantum vitiosae, sed ex utriusque erit componendum, quanti minoris sit: cum enim uno pretio utraeque venierint, non est separandum pretium, sed quanto minoris cum veniret utrumque fuit, non alterum quod erat vitiosum.

nació con una inclinación o un cuerpo tales que no puede soportar otro yugo, no está sana.

§10. La redhibición de los jumentos no solo procede por enfermedad o vicio, sino también, como en el caso de los esclavo, cuando se actuó contra lo declarado o lo pometido.

§11. Celio opina que un jumento apto para la venta no se considera enjaezado si lo fue antes de la misma, es decir, dos días antes, sino solo si lo fue en el acto de la venta: en su opinión, para que pudiese verse enjaezado el mulo que se estaba vendiendo. Y tratándose de los arreos, en la fórmula de la acción y en el edicto se añade esto: 'que fueron traídas enjaezadas para venderse', pues podría traerse un jumento enjaezado para un viaje y luego ser vendido.

§12. Si se venden varios jumentos, no todos serán objeto de redhibición en vitud de los arreos de uno de ellos, pues si una yunta está defectuosa no por ello deberán ser restituidas las demás yuntas.

§13. Tratándose de una yunta de mulas en la que una de ellas tiene un vicio, deberá deducirse el precio de ambas, no solo el de la defectuosa. Así, si una y otra se vendieron a un solo precio, no debe separarse éste, sino estimar el monto de la reducción en el

§14. Cum autem iumenta paria veneunt, edicto expressum est, ut, cum alterum in ea causa sit, ut redhiberi debeat, utrumque redhibeatur: in qua re tam emptori quam venditori consolitur, dum iumenta non separantur. Simili modo et si triga venierit, redhibenda erit tota, et si quadriga, redhibeatur. Sed si duo paria mularum sint et una mula vitiosa sit vel par, solum par redhibebitur, alterum non: si tamen nondum sint paria constituta, sed simpliciter quattuor mulae uno pretio venierint, unius erit mulae redhibitio, non omnium: nam et si polia venierit, dicemus unum equum qui vitiosus est, non omnem poliam redhiberi oportere. Hec at si hominibus dicemus pluribus uno pretio distractis, nisi si separari non possint, ut puta si tragoedi vel mimi...

§14. En el edicto se dispuso que si se venden jumentos apareados, y uno de ellos da lugar a la redhibición, todos se devolverán, favoreciendo así al comprador y al vendedor, pues los animales no se separan. Igualmente, si se vendió un grupo de tres, procederá la redhibición total del grupo, y lo mismo si se trata de una cuadriga. Pero si son dos pares de mulas y una de ellas tiene vicio, o un par de ellas, solo será objeto de redhibición ese par, no el otro; sin embargo, si aún no se apareaban, sino que solo se habían vendido cuatro mulas por un solo precio, procederá la redhibición de una mula y no de todas; pues también, si se vende un grupo de potros diremos que solo será objeto de redhibiión el caballo con vicio, no todo el grupo. Y lo mismo diremos respecto de un grupo de esclavos vendidos a un precio, salvo que no puedan separarse, por ejemplo, si es un grupo de actores trágicos o de mimos...

39. PAULUS libro primo ad edictum aedilium curulium. ... vel fratres...

39. PAULO *en el libro primero de los comentarios al edicto de los ediles curules.* ... o son hermanos,

40. ULPIANUS libro secundo ad edictum aedilium curulium. ... hi enim non erunt separandi. Deinde aiunt

40. ULPIANO *en el libro segundo de los comentarios al edicto de los ediles curules.* ... pues éstos no deben ser

aediles: 'ne quis canem, verrem vel minorem aprum, lupum, ursum, pantheram, leonem',

41. *PAULUS libro secundo ad edictum aedilium curulium. ... et generaliter aliudve quod noceret animal, sive soluta sint, sive alligata, ut contineri vinculis, quo minus damnum inferant, non possint,*

42. *ULPIANUS libro secundo ad edictum aedilium curulium. ... 'qua vulto iter fiet, ita habuisse velit, ut cuiquam nocere damnumve dare possit'. Si adversus ea factum erit et homo liber ex ea re perierit, solidi ducenti, si nocitum homini libero esse dicetur, quanti bonum aequum iudici videbitur, condemnetur, ceterarum rerum, quanti damnum datum factumve sit, dupli.*

43. *PAULUS libro primo ad edictum aedilium curulium. Bovem qui cornu petit vitiosum esse plerique dicunt, item mulas quae cessum dant: ea quoque iumenta, quae sine causa turbantur et semet ipsa eripiunt, vitiosa esse dicuntur.*

separados. También disponen los ediles: 'nadie debe tener un perro, un cerdo entero ni un jabalí pequeño, un lobo, un oso, una pantera o un león',

41. PAULO *en el libro segundo de los comentarios al edicto de los ediles curules.* ... ni en general ningún animal que pueda provocar daño, estando suelto o atado, si no pudiese ser sujetado de modo tal que no provoque daño,

42. ULPIANO *en el libro segundo de los comentarios al edicto de los ediles curules.* ... 'por la senda donde se pasa comúnmente, de modo que puedan perjudicar o causar daño a alguien'. Si no se observó esto y por tal motivo pereció un hombre libre, se condenará a doscientos sueldos; y si se causó daños a un hombre libre, se condenará por aquello que el juez considere bueno y equitativo; por cualquier otro daño se condenará al duplo del daño provocado o hecho.

43. PAULO *en el libro primero de los comentarios al edicto de los ediles curules.* La mayoría de juristas dice que el buey que embiste a cornadas tiene un vicio, así como las mulas que lanzan coces. También se dice que tienen un vicio los jumentos que se asustan sin causa y se dan a la fuga por sí solos.

§1. *Qui ad amicum domini deprecaturus confugit, non est fugitivus: immo etiamsi ea mente sit, ut non impetrato auxilio domum non revertatur, nondum fugitivus est, quia non solum consilii, sed et facti fugae nomen est.*

§2. *Qui persuasu alterius a domino recessit, fugitivus est, licet id non fuerit facturus citra consilium eius qui persuasit.*

§3. *Si servus meus bona fide tibi serviens fugerit vel sciens se meum esse vel ignorans, fugitivus est, nisi animo ad me revertendi id fecit.*

§4. *Mortis consciscendae causa sibi facit, qui propter nequitiam malosque mores flagitiumve aliquod adissum mortem sibi consciscere voluit, non si dolorem corporis non sustinendo id fecerit.*

§5. *Si quis servum emerit et rapto eo vi bonorum raptorum actione quadruplum consecutus est, deinde servum redhibeat, reddere debebit quod accepit: sed si per eum servum iniuriam passus iniuriae nomine egerit, non reddet venditori: aliter forsitan atque si loris ab aliquo caeso aut quaestione de eo habita emptor egerit.*

§1. El esclavo que se refugia en casa de un amigo de su dueño para suplicar su intercesión no es un fugitivo, porque si no logra el auxilio pedido, y aunque tenga la intención de no volver a su casa, aún no es fugitivo, porque la palabra "fuga" no solo exige la intención, sino la conducta.

§2. El esclavo que huyó de su dueño persuadido por otro, es un fugitivo, aunque no lo haya hecho sin el consejo del que lo persuadió.

§3. Si huyó un esclavo de mi propiedad que te servía de buena fe, sabiendo o no el esclavo que era mío, es fugitivo, salvo que lo haga con ánimo de volver a mi poder.

§4. "Intentó suicidarse" el esclavo que debido a su maldad, sus malas costumbres o por haber cometido algún delito, quiso provocarse la muerte, no así si lo intentó por no soportar un dolor corporal.

§5. Si alguien compró un esclavo, y tras serle robado obtuvo el cuádruple gracias a la acción de bienes arrebatados con violencia, para luego hacer la redhibición del esclavo, deberá devolver lo recibido. Pero si fue injuriado a través del esclavo y ejerció la acción de injurias, no debe restituirlo al vendedor. Diferente es el caso si el comprador demandó debido a que alguien azotó con correas al esclavo o lo

§6. Aliquando etiam redhiberi mancipium debebit, licet aestimatoria, id est quanto minoris, agamus: nam si adeo nullius sit pretii, ut ne expediat quidem tale mancipium domini habere, veluti si furiosum aut lunaticum sit, licet aestimatoria actum fuerit, officio tamen iudicis continebitur, ut reddito mancipio pretium recipiatur

§7. Si quis, cum consilium inisset fraudandorum creditorum, redhibuerit non redhibiturus alias, nisi vellet eos fraudare, tenetur creditoribus propter mancipium venditor.

§8. Pignus manebit obligatum, etiamsi redhibitus fuerit servus: quemadmodum, si eum alienasset aut usum fructus eius, non recte redhibetur nisi redemptum, sic et pignore liberatum redhibetur.

§9. Si sub condicione homo emptus sit, redhibitoria actio ante condicionem exsistentem inutiliter agitur, quia nondum perfecta emptio arbitrio iudicis imperfecta fieri non potest: et ideo etsi ex empto vel vendito vel redhibitoria ante actum fuerit, expleta condicione iterum agi poterit.

sometió a tormento.

§6. En ocasiones, aunque ejerzamos la acción estimatoria para obtener la reducción del precio, no obstante ellos debemos regresar el esclavo, pues si éste tiene un precio tan ínfimo que no conviene adquirirlo, por ejemplo, por estar demente o lunático, aunque se ejerza la estimatoria el juez decidirá bajo su arbitrio recuperar el precio con la restitución del esclavo.

§7. Si quien buscaba defraudar a sus acreedores redhibió, no habiéndolo hecho si no tenía la intención de defraudarlos, el vendedor se obliga ante los acreedores en virtud del esclavo.

§8. La prenda sobre el esclavo se mantendrá aunque éste fuese redihibido; al igual que cuando el comprador lo enajenó o dio en usufructo, no será justamente redhibido si no se rescata, así también se hará la redhibición luego de extinguirse el derecho de prenda.

§9. Si se compró un esclavo bajo condición, se ejerce inútilmente la acción redhibitoria antes de cumplirse la condición porque, al no haberse perfeccionado todavía la compra, no puede deshacerse por arbitrio del juez. Por ende, aunque ya se haya ejercido la acción de compra, la de venta o la redhibitoria, al cumplie la condición podrá ejecerse de

nuevo.

§10. Interdum etiamsi pura sit venditio, propter iuris condicionem in suspenso est, veluti si servus, in quo alterius usus fructus, alterius proprietas est, aliquid emerit: nam dum incertum est, ex cuius re pretium solvat, pendet, cui sit adquisitum, et ideo neutri eorum redhibitoria competit.

§10. Aunque a veces la venta es directa, queda en suspenso debido a una condición de derecho; por ejemplo, si el esclavo sobre el que una persona tiene el usufructo y otra la nuda propiedad, compró algo, pues mientras sea incierto con los bienes de quién paga el precio, queda pendiente para quien adquirió la cosa, por lo que a ninguno le compete la acción redhibitoria.

44. *IDEM libro secundo ad edictum aedilium curulium. Iustissime aediles noluerunt hominem ei rei quae minoris esset accedere, ne qua fraus aut edicto aut iure civili fieret: ut ait Pedius, propter dignitatem hominum: alioquin eandem rationem fuisse et in ceteris rebus: ridiculum namque esse tunicae fundum accedere. Ceterum hominis venditioni quidvis adicere licet: nam et plerumque plus in peculio est quam in servo, et nonnumquam vicarius qui accedit pluris est quam is servus qui venit.*

44. EL MISMO *en el libro segundo de los comentarios al edicto de los ediles curules*. Con justa razón los ediles no quisieron que un esclavo se considerase accesorio de una cosa de menor valor, para no hacer fraude al edicto o al derecho civil, o como señala Pedio, en consideración a la dignidad del esclavo. La misma razón existía hacia las demás cosas, pues es ridículo que un fundo sea accesorio de una túnica, aunque es lícito agregar una cosa a la venta de un esclavo, porque muchas veces vale más el peculio que el esclavo, y en ocasiones el esclavo capataz, que es accesorio, vale más que el esclavo vendido y a cuyo peculio pertenece.

§1. Proponiur actio ex hoc edicto in eum cuius máxima pars in venditione fuerit, quia plerumque venaliciarii ita societatem coeunt, ut quidquid agunt in commune videantur agere: aequum enim

§1. En este edicto se propone la acción contra quien obtuvo la mayor parte de lo vendido, pues los vendedores de esclavos comúnmente se constituyen en

aedilibus visum est vel in unum ex his, cuius maior pars aut nulla parte minor esset, aedilicias actiones competere, ne cogeretur emptor cum multis litigare, quamvis actio ex empto cum singulis sit pro portione, qua socii fuerunt: nam id genus hominum ad lucrum potius vel turpiter faciendum pronius est.

sociedad, de modo que todo lo que hacen lo hacen en común; por ello pareció justo a los ediles que las acciones edilicias se dirijan contra aquel cuya parte fuese la mayor o no fuese menor que alguna otra, para que así el comprador no deba litigar contra muchos, aunque la acción de compra proceda contra cada uno por la parte que los hace socios, ya que este gremio es muy dado al lucro y a los malos manejos.

§2. In redhibitoria vela estimatoria potest dubitari, an, quia alienum servum vendidit, et ob evictionem et propter morbum forte vel fugam simul teneri potest: nam potest dici nihil interesse emptoris sanum esse, fugitivum non esse eum, qui evictus sit. Sed interfuit emptoris sanum possedisse propter operas, neque ex postfacto decrescat obligation: statim enim ut servus traditus est committitur stipulation quanti interest emptoris.

§2. Puede dudarse en cuanto a la acción redhibitoria o la estimatoria si quien vendió un esclavo ajeno puede obligarse al mismo tiempo por evicción y quizá también por enfermedad o por fuga del esclavo, ya que puede decirse que al comprador no le interesa el esclavo objeto de evicción que sea sano o no sea fugitivo; pero sí le interesaba haberlo poseído sano en razón de los servicios que pudo prestarle, y no disminuye la obligación por un hecho posterior, ya que en cuanto el esclavo es entregado se incurre en la estipulación por lo que interesa al comprador.

45. *GAIUS libro primo ad edictum aedilium curulium. Redhibitoria actio duplicem habet condemnationem: modo enim in duplum, modo in simplum condemnatur venditor. Nam si neque pretium neque accessionem solvat neque eum qui eo nomine obligatus erit liberet,*

45. GAYO *en el libro primero de los comentarios al edicto de los ediles curules.* La acción redhibitoria puede poseer una doble condena, porque unas veces el vendedor es condenado al doble y otras al valor simple. En efecto, si el

dupli pretii et accessionis condemnari iubetur: si vero reddat pretium et accessionem vel cum qui eo nomine obligatus est liberet, simpli videtur condemnari.

vendedor no paga el precio ni las accesiones, o no se libera al comprador que por causa del esclavo se obligó, se dispone condenar al vendedor al doble del precio y las accesiones. Pero si devuelve uno y otras, o libera al que se obligó por causa del esclavo, se entiende que será condenado al valor simple.

46. POMPONIUS libro octavo decimo ad Sabinum. Cum mihi redhibeas, furtis noxisque solutum esse promittere non debes, praeterquam quod iussu tuo fecerat aut eius cui tu eum alienaveris.

46. POMPONIO *en el libro décimo octavo de los comentarios a Sabino.* Al hacerme tú la redhibición de un esclavo, no debes prometer que queda exento de responsabilidad por robo u otro delito, salvo lo hecho con autorización tuya o con la de aquel a quien tú se lo enajenaste.

47. PAULUS libro undecimo ad Sabinum. Si hominem emptum manumisisti, et redhibitoriam et quanti minoris denegandam tibi Labeo ait, sicut duplae actio periret: ergo et quod adversus dictum promissumve sit, actio peribit.

47. PAULO *en el libro décimo primero de los comentarios a Sabino.* Dice Labeón que si manumitiste un esclavo que compraste, se te negarán las acciones redhibitoria y de disminución del precio, así como la acción por el doble. Por ende, tampoco procederá la acción por la conducta debido a lo dicho y lo prometido.

§1. Post mortem autem hominis aediliciae actiones manent,

§1. Sin embargo, tras la muerte del esclavo se conservan las acciones edilicias,

48. POMPONIUS libro vicesimo tertio ad Sabinum. ... si tamen sine culpa actoris familiaeve eius vel procuratoris mortuus sit.

48. POMPONIO *en el libro vigésimo tercero de los comentarios a Sabino.* ... siempre que haya muerto sin culpa del demandante, de sus

§1. *Audiendus est is, qui de vitio vel morbo servi querens retinere eum velit.*

§2. *Non nocebit emptori, si sex mensum exceptione redhibitoria exclusus velit intra annum aestimatoria agere.*

§3. *Ei, qui servum vinctum vendiderit, aedilicium edictum remitti aequum est: multo enim amplius est id facere, quam pronuntiare in vinculis fuisse.*

§4. *In aediliciis actionibus exceptionem opponi aequum est. Si emptor sciret de fuga aut vinculis aut ceteris rebus similibus, ut venditor absolvatur.*

§5. *Aediliciae actiones et heredi et in heredem competunt, ut tamen et facta heredum quae postea accesserint et quod experiri potuerint, quaereantur.*

§6. *Non solum de mancipiis, sed de omni animali hae actiones competunt, ita ut etiam, si usum fructum in homine emerim, competere debeant.*

§7. *Cum redhibitoria actione de sanitate agitur, permittendum est de uno vitio agere et praedicere, ut, si quid aliud postea apparuisset, de eo iterum ageretur.*

esclavos o de su procurador.

§1. Quien demanda por vicio o enfermedad del esclavo y desea retenerlo, debe ser oído en juicio.

§2. Si el comprado fue excluido de la acción redhibitoria por la excepción de seis meses, no sufrirá perjuicio si dentro del plazo de un año quiere demandar por la estimatoria.

§3. Es justo dispensar del edicto edilicio a quien vendió un esclavo encarcelado, pues es mucho más claro hacerlo así que declarar que estuvo en prisión.

§4. Es justo poder oponer excepción en las acciones edilicias si el comprador sabía de la fuga, la prisión o algo semejante respecto del esclavo, para así absolver al vendedor.

§5. Las acciones edilicias competen al heredero y proceden contra el heredero, siempre que se tengan en cuenta los actos del mismo ocurridos después y lo que pudiese demandar.

§6. Estas acciones no solo proceden en el caso de los esclavos, sino de cualquier animal; incluso deben proceder si compré el usufructo de un esclavo.

§7. Al demandar con la acción redhibitoria por un defecto de salud, debe permitirse hacerlo por un solo vicio y advertir que, si aparece otro vicio después, se demandará nuevamente sobre éste.

§8. *Simplariarum venditionum causa ne sit redhibitio, in usu est.*

49. *ULPIANUS libro octavo disputationum.* Etiam in fundo vendito redhibitionem procedere nequequam incertum est, veluti si pestilens fundus dustractus sit: nam redhibendus erit. Et benignum est dicere vectigalis exactionem futuri temporis post redhibitionem adversa emptorem cessare.

50. *IULIANUS libro quarto ex Minucio.* Varicosus sanus non est.

51. *AFRICANUS libro octavo quaestionum.* Cum mancipium morbosum vel vitiosum servus emat et redhibitoria vel ex empto dominus experiatur, omnimodo scientiam servi, non domini spectandam esse ait, ut nihil intersit, peculiari an domini nomine emerit et certum incertumve mandante eo emerit, quia tunc et illud ex bona fide est servum, cum quo negotium sit gestum, deceptum non esse, et rursus delictum eiusdem, quod in contrahendo admiserit, domino nocere debet. Sed si servus mandatu domini hominem emerit, quem dominus vitiosum esse sciret, non tenetur venditor.

§8. Se acostumbra no redhibir en el caso de ventas más sencillas.

49. ULPIANO *en el libro octavo de las disputas*. No es incierto que la redhibición proceda en cuanto al fundo vendido, por ejemplo, si se enajenó un fundo invadido por la peste, pues será objeto de redhibición. Y es más justo decir que tras la redhibición no puede exigirse al cobrador el cobro del arrendamiento.

50. JULIANO *en el libro cuarto de la doctrina de Minucio*. El esclavo varicoso no es sano.

51. AFRICANO *en el libro octavo de las cuestiones*. Si un esclavo compra otro esclavo enfermo o con algún vicio, y el dueño ejerce la acción redhibitoria o la de compra, debe tomarse en cuenta lo que sabía el esclavo, no el dueño, pues lo mismo da que comprase para su peculio o en nombre del dueño, y que comprase por mandato de éste un esclavo cierto o genérico, porque entonces también es acorde a la buena fe que el esclavo con el que se hizo el negocio no sea engañado; por el contrario, la culpa de aquél en el contrato perjudicará al dueño. Pero si por mandato del dueño el esclavo compró otro esclavo, y el primero sabía que tenía un defecto, el vendedor no se obligará.

§1. Circa procuratoris personam, cum quidem ipse scierit morbosum vitiosum esse, non dubitandum, quin, quamvis ipse domino mandati vel negotiorum gestorum actione sit obstrictus, nihilo magis eo nomine agere possit: at cum ipse ignorans esse vitiosum mandatu domini qui id sciret emerit et redhibitoria agat, ex persona domini utilem exceptionem ei non putabat opponendam.

§1. En cuanto al procurador, si éste sabía que el esclavo estaba enfermo o tenía algún vicio, no se duda de que, aunque aquél se obligó ante el dueño por la acción de mandato o por la de gestión de negocios, no puede demandar por tal causa. Pero si el procurador ignoraba que había vicio y compró por mandato del dueño, quien sí lo sabía, y luego ejerce la acción redhibitoria, Juliano no opina que deba oponerse una excepción útil en virtud del dueño.

52. MARCIANUS *libro quarto regularum.* Si furtum domino servus fecerit, non est necesse hoc in venditione servie praedicere nec ex hac causa redhibitio est: sed si dixerit hunc furem non esse, ex illa parte tenebitur, quod dixit promisitve.

52. MARCIANO *en el libro cuarto de las reglas.* Si un esclavo robó a su dueño, no es necesario declararlo al vender el esclavo ni por tal motivo procede la redhibición. Pero si declaró que no era ladrón se obligará por la parte del edicto que se refiere a lo declarado y prometido.

53. IAVOLENUS *libro primo ex posterioribus Labeonis.* Qui tertiana aut quartana febri aut podagra vexarentur quive comitialem morbum haberent, ne quidem his diebus, quibus morbus vacaret, recte sani dicentur.

53. JAVOLENO *en el libro primero de la doctrina de los posteriores.* Los esclavos que sufren fiebres terciarias o cuartanas (paludismo), mal de gota o que padecen epilepsia, no se dirá que están sanos ni siquiera en los días en que están libres de la enfermedad.

54. PAPINIANUS *libro quarto responsorum.* Actioni redhibitoriae non est locus, si mancipium bonis condicionibus emptum fugerit, quod ante non fugerat.

54. PAPINIANO *en el libro cuarto de las respuestas.* La acción redhibitoria no procede si un esclavo se compró en buenas condiciones y antes no había

huido.

55. IDEM *libro duodécimo responsorum. Cum sex menses útiles, quibus experiundi potestas fuit, redhibitoriae actioni praestantur, non videbitur potestatem experiundi habuisse, qui viritum fugitivi latens ignoravit: non idcirco tamen dissolutam ignorationem emptoris excusari oportebit.*

55. PAPINIANO *en el libro décimo segundo de las respuestas*. Habiendo un plazo de seis meses para ejercer la acción redhibitoria, contados desde que pudo demandarse, no se considerará que esto fue posible para quien ignoraba el vicio oculto de un esclavo fugitivo. Sin embargo, no por ello debe excusarse la ignorancia negligente del comprador.

56. PAULUS *libro primo quaestionum. Latinus Largus: quaero, an fideiussori emptionis redhiberi mancipium possit. Respondi, si in universam causam fideiussor sit acceptus, putat Marcellus posse ei fideiussori redhiberi.*

56. PAULO *en el libro primero de las cuestiones*. Pregunta Latino Largo si puede redhibir un esclavo al fiador de la compra. Respondí que si el fiador fue aceptado para todos los efectos, Marcelo considera que sí puede hacerse la redhibición.

57. IDEM *libro quinto quaestionum. Si servus mancipium emit et dominus redhibitoria agat, non aliter ei venditor daturus est, quam si omnia praestiterit quae huic actioni continentur et quidem solida, non peculio tenus: nam et si ex empto dominus agat, nis pretium totum solverit, nihil consequitur.*

57. EL MISMO *en el libro quinto de las cuestiones*. Si un esclavo compró otro esclavo y el dueño ejerce la acción redhibitoria, el vendedor solo le devolverá el precio si se le entrega todo lo que es propio de esta acción y, claro, por el total y no hasta el límite del peculio, porque aunque el dueño demande por la acción de compra, no obtiene nada si no pagó todo el precio.

§1. *Quod si servus vel filius vendiderit, redhibitoria in peculium competit. In peculio autem et causa redhibitionis*

§1. Pero si un esclavo vendió otro esclavo o un hijo, procede la acción redhibitoria hasta el límite

continebitur: nec nos moveat, quod antequam reddatur servus non est in peculio (non enim potest esse in peculio servus, qui adhuc emptoris est): sed causa ipsius redhibitionis in peculio computatur: igitur si servus decem milibus emptus quinque milibus sit, haec quoque in peculio esse dicemus. Hoc ita, si nihil domino debeat aut ademptum peculium non est: quod si plus domino debeat, eveniet, ut hominem praestet et nihil consequatur.

del peculio, pues en éste también entra la obligación redhibitoria. Y no importa que antes de restituir el esclavo, éste no se halle en el peculio (pues no puede estar en el peculio el que aún pertenece al comprador); sin embargo, en el peculio se incluye la obligación de redhibir al esclavo. Por ende, si uno comprado por diez mil sestercios valía cinco mil, diremos que los otros cinco mil están en el peculio. Esto procede si nada se debe al dueño o el peculio no fue retirado, porque en el primer caso el comprador entregará el esclavo y él, a cambio, no obtendrá nada.

58. *IDEM libro quinto responsorum. Quaero, an, si servus apud emptorem fugit et in causa redhibitionis esse pronuntiatus fuerit, non prius venditori restitui debeat, quam rerum ablaturum a servo aestimationem praestiterit. Paulus respondit venditorem cogendum non tantum pretium servi restituere, sed etiam rerum ablatarum aestimationem, nisi si pro his paratus sit servum noxae nomine relinquere.*

58. EL MISMO *en el libro quinto de las respuestas.* Si un esclavo bajo poder del comprador huyó y se sentenció que estaba incluido en un juicio por redhibición, pregunto si solo debe restituírsele al vendedor tras pagarse la estimación de lo robado por el esclavo. Paulo respondió que se obligará al vendedor a restituir no solo el precio del esclavo, sino también la estimación de lo sustraído, salvo que por causa de ello esté dispuesto a entregar noxalmente al esclavo.

§1. *Item quaero, si nolit aestimationem et pretia rerum restituere, an servus retinendus sit et danda sit actio de peculio vel de pretio redhibiti servi ex duplae stipulatione. Paulus respondit de pretio servi repetendo competere actionem*

§1. Ahora pregunto si, en caso de que el vendedor no quiera restituir la estimación de las cosas y el precio, podrá retenerse el esclavo y otorgar al comprador la acción de peculio o la del precio del

etiam ex duplae stipulatione: de rebus per furtum ablatis iam responsum est.

esclavo restituido en virtud de la estipulación por el doble. Paulo respondió que también procede la acción para reclamar el precio del esclavo debido a la estipulación por el doble, habiéndose ya respondido por las cosas sustraídas por robo.

§2. Servum dupla emi, qui rebus ablatis fugit: mox inventus praesentibus honestis viris interrogatus, an et in domo venditoris fugisset, respondit fugisse: quaero, an standum sit responso servi. Paulus respondit: si et alia iudicia prioris fugae non deficiunt, tunc etiam servi response credendum.

§2. Compré un esclavo que robó y luego huyó, estipulando por el doble de su valor. Luego de hallarlo e interrogarlo en presencia de personas de confianza si también en casa del vendedor alguna vez había huido, respondió que sí. Pregunto si debemos atenernos a la respuesta del esclavo. Paulo respondió que si no existen indicios de una fuga previa, entonces debe darse crédito a la respuesta del esclavo.

59. ULPIANUS *libro septuagesimo quarto ad edictum. Cum in ea causa est venditum mancipium, ut redhiberi debeat, iniquum est venditorem pretium redhibendae rei consequi.*

59. ULPIANO *en el libro sexagésimo cuarto de los comentarios al edicto.* Si se vendió un esclavo con una causa que motive la redhibición, es injusto que el vendedor obtenga el precio de la cosa que deberá restituir.

§1. Si quis duos homines uno pretio emerit et alter in ea causa est, ut redhibeatur, deinde petatur pretium totum, exceptio erit obicienda: si tamen pars pretii petatur, magis dicetur non nocere exceptionem, nisi forte ea sit causa, in qua propter alterius vitium utrumque mancipium redhibendum sit.

§1. Si alguien compró dos esclavos por un solo precio, y uno de ellos debe restituirse, puede oponerse la excepción si el vendedor demanda por el total del precio. Pero si se demanda solo una parte, es mejor decir que la excepción no perjudica salvo que a causa del defecto de un esclavo deban restituirse los dos.

60. PAULUS *libro sexagesimo non ad edictum. Facta redhibitione omnia in integrum restituuntur, perinde ac si neque emptio neque venditio intercessit.*

61. ULPIANUS *libro octogesimo ad edictum. Quotiens de servitute agitur, victus tantum debet praestare, quanti minoris emisset emptor, si scisset hanc servitutem impositam.*

62. MODESTINUS *libro octavo differentiarum. Ad res donatas edictum aedilium curulium non pertinere dicendum est: etenim quid se restituturum donator repromittit, quande nullum pretium interveniat? Quid ergo si res ab eo cui donata est melio facta sit, numquid quanti eius qui melirem fecit interest donator conveniatur? Quod minime dicendum est, ne eo casu liberalitatis suae donator poenam patiatur. Itaque si qua res donetur, necesse non erit ea repromittere, quae in rebus venalibus aediles repromitti iubent. Sane de dolo donator obligare se et debet et solet, ne quod benigne contulerit fraudis consilio revocet.*

60. PAULO *en el libro sexagésimo noveno de los comentarios al edicto*. Una vez hecha la redhibición, deberán devolverse íntegramente todas las cosas como si no hubiese habido ni compra ni venta.

61. ULPIANO *en el libro octagésimo de los comentarios al edicto*. Tratándose de una servidumbre, el vendedor condenado debe responder solo por la cuantía por la que el comprador adquirió en un menor precio si supo que existía una servidumbre impuesta.

62. MODESTINO *en el libro octavo de las diferencias*. Debe señalarse que el edicto de los ediles curules no se refiere a cosas donadas, porque, ¿qué promete restituir el donante si no hay precio de por medio? ¿Y qué decir si el donatario mejoró lo donado? ¿El donante será demandado por cuanto le interesa a quien hizo la mejora? Esto de ningún modo puede afirmarse para evitar que el donante sufra una pena por su liberalidad. Así, si no se dona algo, no se necesita prometer lo que los ediles ordenan que se prometa respecto a las bagatelas. Sin duda que el donante debe y suele obligarse por dolo para que no revoque fraudulentamente lo donado por benevolencia.

63. ULPIANUS *libro primo ad edictum aedilium curulium. Sciendum est ad venditiones solas hoc edictum pertinere non tantum mancipiorum, verum ceterarum quoque rerum. Cur autem de locationibus nihil edicatur, mirum videbatur: haec tamen ratio redditur vel quia numquam istorum de hac re fuerat iurisdictio vel quia non similiter locationes ut venditiones fiunt.*

64. POMPONIUS *libro septimo decimo epistularum. Labeo scribit, si uno pretio plures servos emisti et de uno agere velis, inteaestmationem servorum proinde fieri debere, atque ut fieret in aestimationem bonitatis agri, cum ob evictam partem fundi agatur.*

§1. *Idem ait, si uno pretio plures servos vendidisti sanosque esse promisisti et pars dumtaxat eorum minus sana sit, de omnibus adversus dictum promissum recte agi.*

§2. *Ibidem ait errare et fugere iumentum posse, nec tamen erronem aut fugitivum esse agi posse.*

65. VENULEIUS *libro quinto actionum. Animi potius quam corporis vitium est, veluti si ludis adsidue velit*

63. ULPIANO *en el libro primero de los comentarios al edicto de los ediles curules.* Debe señalarse que este edicto solo se refiere a ventas, mas no solo de esclavos, sino de las demás cosas. Se consideraba extraño por qué no se menciona al arrendamiento en este edicto; y resulta que los ediles nunca tuvieron jurisdicción en esta materia, o bien que los arrendamientos son distintos a las ventas.

64. POMPONIO *en el libro décimo séptimo de las epístolas.* Labeón escribe que si compraste varios esclavos a un único precio y quieres demandar por uno de ellos, debe realizarse la estimación de los esclavos como si se valuase la bondad de un campo al demandar la evicción de una parte del fundo.

§1. También dice que si vendiste varios esclavos a un único precio y prometiste que eran sanos, siendo que solo lo eran una parte, se demandará justmente a todos por actuar contra lo declarado y prometido.

§2. También señala que los jumentos pueden errar y huir, pero no puede demandarse por ser errantes o fugitivos.

65. VENULEYO *en el libro quinto de las acciones.* El vicio es más moral que físico; por ejemplo, si

spectare aut tabulas pictas studiose intucatur, sive etiam mendax aut similibus vitiis teneatur.

§1. Quotiens morbus sonticus nominatur, eum significari Cassius ait, quo noceat: nocere autem intellegi, qui perpetuus est, non qui tempore finiatur: sed morbum sonticum eum videri, qui inciderit in hominem postquam is natus sit: sontes enim nocentes dici.

§2. Servus tam veterator quam novicius dici potest. Sed veteratorem non spatio serviendi, sed genere et causa aestimandum Caelius ait: nam quicumque ex venalicio noviciorum emptus alicui ministerio praepositus sit, statim eum veteratorum numero esse: novicium autem non tirocinio animi, sed condicione servitutis intellegi. Nec ad rem pertinere, Latine sciat nec ne: nam ob id veteratorem esse, si liberalibus studiis eruditus sit.

un esclavo no sale de los espectáculos públicos o no deja de contemplar pinturas, o bien es mentiroso o está afectado por vicios semejantes.

§1. Siempre que se habla de la enfermedad "sóntica" o limitante, casio Dice que se refiere a la que provoca daño, pero de forma perpetua, no la que desaparece con el tiempo. Pero se considera como dicha enfermedad a la que no es congénita en el esclavo, ya que se llaman "sontes" los que no son inocentes.

§2. Puede llamarse esclavo tanto al antiguo como al nuevo, pero Casio señala que se le considera antiguo no por el tiempo que lleva como esclavo, sino por el género y especie del mismo, y que cualquier esclavo comprado en una venta de nuevos se incluye entre los veteranos en cuanto se le impone un servicio, mientras que el nuevo lo es no por ser ingenuo de espíritu, sino por el tipo de servidumbre que tiene. Y no importa si sabe o no latín, porque se vuelve veterano al instruirse en las artes liberales.

TITULU II
DE EVICTIONIBUS ET DUPLAE STIPULATIONE

TÍTULO II
DE LAS EVICCIONES Y LA ESTIPULACIÓN POR EL DOBLE

1. ULPIANUS libro vicesimo octavo ad Sabinum. Sive tota res evincatur sive pars, habet regressum emptor in venditorem. Sed cum pars evincatur, si quidem pro indiviso evincatur, regressum habet pro quantitate evictae partis: quod si certus locus sit evictus, non pro indiviso portio fundi, pro bonitate loci erit regressus. Quid enim, si quod fuit in agro pretiosissimum, hoc evictum est, qut quod fuit in agro vilissimum? Aestmabitur loci qualitas, et sic erit regressus.

1. ULPIANO *en el libro vigésimo octavo de los comentarios a Sabino.* Ya sea que se otorgue la evicción de toda la cosa o solo de una parte, el comprador puede repetir contra el vendedor. Cuando se da la evicción de una parte y es indivisa, el comprador puede repetir por la cuantía de la parte reivindicada; pero si la evicción es sobre porción específica y de una parte de un fundo pro indiviso, procederá la repetición por la bondad de la porción. ¿Y qué decir si se reivindicó la porción más valiosa del fundo o la de menor valor? Se estimará la cualidad de la porción y por ella se otorgará la repetición.

2. PAULUS libro quinto ad Sabinum. Si dupla non promitteretur et eo nomine agetur, dupli condemnandus est reus.

2. PAULO *en el libro quinto de los comentarios a Sabino.* Si no se prometió el duplo y por tal motivo se ejerce luego la acción, el demandado será condenado por el duplo.

3. IDEM libro decimo ad Sabinum. Cum in venditione servi peculium Semper exceptum esse intellegitur, is homo ex peculio summam quandam secum abstulerat. Si propter hanc causam furti cum emptore actum sit, non reverteretur emptor ad venditorem ex stipulatione duplae, quia furtis, noxisque solutum esse praestari debet venditionis tempore, haec autem actio postea esse coeperit.

3. EL MISMO *en el libro décimo de los comentarios a Sabino.* Dado que en la venta de un esclavo se entiende siempre exceptuado el peculio, cierto esclavo se llevó consigo una parte del mismo. Si por dicha causa se ejerció contra el comprador la acción de robo, éste no podrá repetir contra el vendedor la estipulación por el doble, porque éste debe al momento de vender debe

responder de que el esclavo está exento de responsabilidad por robo y daño, mientras que el robo fue posterior.

4. ULPIANUS libro trigesimo secundo ad edictum. Illud quaeritur, an is qui mancipium vendidit debeat fideiussorem ob evictionem dare, quem vulto auctorem secundum vocant. Et est relatum non debere, nisi hoc nominatim actum est.

4. ULPIANO en el libro trigésimo segundo de los comentarios al edicto. Se pregunta si quien vendió un esclavo deberá otorgar fiador por la evicción, llamado comúnmente segundo autorizante. Y se respondió que no debe hacerlo si no se convino tal cosa expresamente.

§1. Si impuberis nomine tutor vendiderit, evictione secuta Papinianus libro tertio responsorum ait dari in eum cuius tutela gesta sit utilem actionem, sed adicit in id demum, quod rationibus eius accepto latum est. Sed an in totum, si tutor solvendo non sit, videamus: quod magis puto: neque enim male contrhitur com tutoribus.

§1. Si el tutor vendió en nombre de un impúber y luego hubo evicción, dice Papiniano en el libro tercero de las respuestas que contra el pupilo se otorga acción útil, pero añade que solo en cuanto a lo que recibió según las cuentas del tutor. Veamos si será condenado por el total si el tutor es insolvente. Lo considero correcto, porque no se contrata en vano con los tutores.

5. PAULUS libro trigesimo tertio ad edictum. Servi venditor peculium accessurum dixit. Si vicarius evictus sit, nihil praestaturum venditorem Labeo ait, quia sive non fuit in peculio, non accesserit, sive fuerit, iniuriam a iudice emptor passus esto: aliter atque si nominatim servum accedere dixisset: tunc enim praestare deberet in peculio cum esse.

5. PAULO en el libro trigésimo tercero de los comentarios al edicto. El vendedor de un esclavo declaró que el peculio se incluía como accesorio. Dice Labeón que si un esclavo del peculio es objeto de evicción, no responderá de nada el vendedor, porque no perteneció al peculio y no hubo accesión, o bien sí, y el comprador sufrió injusticia del juez al sentenciar la evicción. Diferente es el caso si

declaró que el esclavo se incluía como accesorio, porque entonces debe responder de que aquél pertenecía al peculio.

6. GAIUS libro decimo ad edictum provinciale. Si fundus venierit, ex consuetudine eius regiones in qua negotium gestum est pro evictione caveri oportet.

6. GAYO *en el libro décimo de los comentarios al edicto provincial.* Si se vendió un fundo, debe otorgarse garantía por evicción según la cotumbre del lugar en que se realizó el negocio.

7. IULIANUS libro tertio decimo digestorum. Qui a pupillo substitutum ei servum emerit, agere cum substituto ex empto potest et ex stipulatu de evictione, cum neutram earum actionum adversus pupillum habere potuerit:

7. JULIANO *en el libro décimo tercero del digesto.* Quien compró a un pupilo un esclavo sustituido del primero, puede ejercer contra el sustituto la acción de compra y la de lo estipulado en cuanto a la evicción, no pudiendo tener ni una ni otra de tales acciones contra el pupilo.

8. IDEM libro quinto decimo digestorum. Venditor hominis emptori praestare debet, quianti eius interest hominem venditoris fuisse. Quare sive partis ancillae sive hereditas, quam servus iussu emptoris adierit, evicta fuerit, agi ex empto potest: et sicut obligatus est venditor, ut praestet licere habere hominem quem vendidit, ita ea quoque quae per eum adquiri potuerunt praestare debet emptori, ut habeat.

8. EL MISMO *en el libro décimo quinto del digesto.* El vendedor de un esclavo debe responder ante el comprador por cuanto le interesa a éste que el esclavo fuese del vendedor. Por tanto, si fue objeto de evicción el hijo de una esclava o la herencia que el esclavo aceptó con autorización del comprador, puede ejercerse la acción de compra, y así como el vendedor se obliga a garantizar la lícita posesión del esclavo vendido, así también debe garantizar al comprador de que tendrá lo que pudo adquirir gracias al esclavo.

9. PAULUS *libro septuagesimo sexto ad edictum.* Si vendideris servum mihi Titii, deinde Titius heredem me relinquerit, Sabinus ait amissam actionem pro evictione, quoniam servus non potest evici: sed in ex empto actione decurrendum est.

9. PAULO *en el libro septuagésimo sexto de los comentarios al edicto.* Si me vendieste un esclavo de Ticio y luego éste me nombró heredero, dice Sabino que se perdió la acción por evicción, porque el esclavo no puede ser objeto de evicción, pero podrá ejercerse la acción de compra.

10. CELSUS *libro vicesimo septimo digestorum.* Si quis per fundum quem cum alio communem haberet, quasi solus dominus eius esset, ius eundi agendi mihi vendiderit et cesserit, tenebitur mihi evictionis nomine ceteris non cedentibus.

10. CELSO *en el libro vigésimo séptimo del digesto.* Si alguien me vendió y cedió como si fuese dueño el derecho de senda y de conducción de ganado a través de un fundo, pero que tiene en común con otra persona, se obliga conmigo a título de evicción, siempre que no me hayan cedido tales servidumbres los demás copropietarios.

11. PAULUS *libro sexto responsorum.* Lucius Titius praedia in Germania trans Renum emit et partem pretii intulit: cum in residuam quantitatem heres emptoris conveniretur, quaestionem rettulit dicens has possessiones ex praecepto principali partim distractas, partim veteranis in praemia adsignatas: quaero, an huius rei periculum ad venditorem pertinere possit. Paulus respondit futuros casus evictionis post contractam emptionem ad venditorem non pertinere et ideo secundum ea quae proponuntur non pertinere et ideo secundum ea quae proponuntur pretium praediorum peti posse.

11. PAULO *en el libro sexto de las respuestas.* Lucio Ticio compró unos predios en Germania, al otro lado del Rin, y entregó parte del precio. Tras ser demandado el heredero del comprador por la cantidad faltante, respondió que dichas posesiones fueron vendidas en parte por decreto del príncipe y en parte habían sido asignadas como premio a los veteranos militares. Pregunto: ¿le corresponde al vendedor dicho riesgo? Paulo respondió que no le corresponden los casos de evicción ocurridas luego de la compra, por lo que, según el caso

§1. Ex his verbis stipulationis duplae vel simplae eum hominem quo de agitur noxa esse solutum venditorem conveniri non posse propter eas noxas, quae publice coerceri solent.

§1. Con estas palabras de la estipulación por el doble o por el valor simple: 'que el esclavo del que se trata quede exento de obligación noxal', no puede demandarse al vendedor por delitos que suelen castigarse públicamente.

12. *SCAEVOLA libro secundo responsorum. Quidam ex parte dimidia heres institutas universa praedia vendidit et coheredes pretium acceperunt: evictis his quaero, an coheredes ex empto actione teneantur. Respondi, si coheredes praesentes adfuertun nec dissenserunt, videri unumquemque partem suam vendidisse.*

12. ESCÉVOLA *en el libro segundo de las respuestas.* Una persona fue nombrada heredero de la mitad, vendió todos los predios y sus coherederos recibieron el precio. Tras la evicción de los predios, pregunto: ¿se obligan los coherederos por la acción de compra? Respondí que si estuvieron presentes y no se opusieron, se considera que cada uno vendió su parte.

13. *PAULUS libro quinto ad Sabinum. Bonitatis aestimationem faciendam, cum pars evincitur, Proculus recte putabat, quae fuisset venditionis tempore, non cum evinceretur:*

13. PAULO *en el libro quinto de los comentarios a Sabino.* Próculo opinaba acertadamente que cuando se evicciona una parte debe hacerse la estimación de la calidad que tuvo al momento de la venta, no al momento de la evicción,

14. *ULPIANUS libro decimo ad edictum. ... non in dimidiam quantitatem pretii:*

14. ULPIANO *en el libro décimo octavo de los comentarios al edicto.* ... no la mitad del precio;

15. *PAULUS libro quinto ad Sabinum. ... sed si quid postea*

15. PAULO *en el libro quinto de los comentarios a Sabino.* ... pero si

alluvione accessit, tempus quo accedit inspiciendum.

§1. Si usus fructus evincatur, pro bonitate fructuum aestimatio facienda est. Sed et si servitus evincatur, quanti minoris ob id praedium est, lis aestimanda est.

16. POMPONIUS *libro nono ad Sabinum. Evicta re vendita ex empto erit agendum de eo quod accessit, quemadmodum ea quae empto fundo nominatim accesserunt si evicta sint, simplum praestatur.*

§1. Duplae stipulatio committi dicitur tunc. Cum res restitute est petitori, vel damnatus est litis aestimatione, vel possessor ab emptore conventus absolutus est.

§2. Si servus, cuius nomine duplam stipulati sumus, evictus fuerit a nobis: ob id quod fugitivus vel sanus non fuerit an agere nihilo minus possimus, quaeritur. Proculus videndum ait, ne hoc quoque intersit, utrum tum evictus sit, cum meus factus non esset, an tum cum meus factus esset: in eo enim casu quo meus factus esset: in eo enim casu quo meus factus est statim mea interest, quanto ob id deterior est, et quam actionem semel ex

después acreció algo en virtud de un aluvión, se considerará el momento en que acreció.

§1. Si el usufructo se evicciona, se hará la estimación según la bondad de los frutos. Pero si se evicciona una servidumbre, deberá estimarse el litigio por lo que de menos vale el fundo por dicho motivo.

16. POMPONIO *en el libro noveno de los comentarios a Sabino*. Al eviccionarse una cosa vendida, se ejercerá la acción de compra respecto a lo que acreció a dicha cosa, del mismo modo, si se eviccionaron las cosas que se responderá por el valor simple de lo que expresamente entró como accesorio del fundo comprado.

§1. Se dice que se incurre en la estipulación por el doble cuando la cosa se restituye a quein la reivindica, o se condena a éste a pagar la estimación del litigio, o bien el poseedor demandado por el comprador fue absuelto.

§2. Si un esclavo en virtud de cuya compra estipulamos por el duplo nos fue reivindicado, se pregunta si podremos de todos modos ejercer acción porque huyó o no estaba sano. Próculo dice que deberá considerarse si no hay que distinguirse entre haber sido eviccionado cuando aún no pasaba a mi propiedad y cuando ya era mío, porque si se hizo mío

stipulate habere coepi, eam nec eviction nec morte nec manumission nec fuga servi nec ulla simili causa amitti: at si in bonis meis factus non sit, nihil ob ea quod fugitivus sit pauperior sim, utpote cum in bonis meis non sit. Quod si sanum esse, erronem non esse stipulates essem, tntum mea interesse. Quantum ad praesentem usum pertineret, tametsi in obscuro esset (upote ignorantibus nobis, quamdi cum habiturus essem et an futurum esset, ut eum quisquam aut a me aut ab eo cui vendidissem cuive similiter promisissem evinceret), summam autem opinionis suae hanc esse, ut tantum ex ea stipulation consequar, quanti mea intersit aut post stipulationem interfuerit eum servum fugitivum non esse.

17. *ULPIANUS libro vicesimo nono ad Sabinum. Vindicantem venditorem rem, quam ipse vendidit, exceptione doli posse summoveri nemini dubium est, quamvis alio iure dominium quaesierit: improbe enim rem a se distractam evincere conatur. Eligere autem emptor potest, utrum rem velit retinere intentione per exceptionem elisa, an potius re ablata ex causa stipulationis duplum consequi.*

me interesa sin duda por lo que se deteriora, y la acción que una vez tuve en virtud de los estipulado no se pierde por evicción, muerte, manumisión, fuga del esclavo o causa similar; pero si no pasó a mi propiedad, en nada me perjudica que sea fugitivo, dado que no es mío. Sin embargo, si estipulé que estaba sano y no era vagabundo, me interesa lo que corresponde al uso actual, aunque no esté muy claro, pues ignorábamos cuánto tiempo lo tendría yo, y si alguien lo reivindicaría de mí, de aquel a quien se lo vendí y se lo prometí. En resumen, opina que por dicha estipulación obtendré lo que me importa o me importó ahora o luego de la estipulación, que dicho esclavo no fuese fugitivo.

17. ULPIANO *en el libro vigésimo noveno de los comentarios a Sabino.* Nadie duda que el vendedor que reivindica la cosa vendida por él mismo puede ser rechazado con la excepción de dolo, aunque adquiera la propiedad por otra razón, pues es inadmisible ejercer la evicción de algo vendido por él mismo. Sin embargo, el comprador puede optar por retener la cosa rechazando la demanda con la excepción, u obtener el duplo en virtud de estipulación al ser despojado de la cosa.

18. PAULUS *libro quinto ad Sabinum. Sed et si exceptio omissa sit aut opposita ea nihilo minus evictus sit, ex duplae quoque stipulatione vel ex emptor potest conveniri.*

19. ULPIANUS *libro vicesimo nono ad Sabinum. Sed et si stipulatio nulla fuisset interposita, de ex empto actione idem dicemus.*

§1. Si homo liber qui bona fide serviebat venierit mihi a Titio Titiusque eum heredem scripserit quasi liberum et ipse mihi sui faciat scripserit quasi liberum et ipse mihi sui faciat controversiam, ipsum de se obligatum habebo.

20. POMPONIUS *libro decimo ad Sabinum. Fundum meum obligavi, deinde alienavi tibi: ut eo nomine non obligeris, si eum postea oabs te emam et satis pro evictione mihi des, excipiendum cautione, quod pro me obligatus sit, quia etiam non excepto eo agendo eo nomine contra te doli mali exceptione possim summoveri.*

21. ULPIANUS *libro vicesimo nono ad Sabinum. Si servus venditus decesserit antequam evincatur, stipulatio*

18. PAULO *en el libro quinto de los comentarios a Sabino.* Si se omite la excepción o se opone, y pese a ello se procedió a la evicción, puede demandarse con la estipulación por el duplo o con la acción de compra.

19. ULPIANO *en el libro décimo noveno de los comentarios a Sabino.* Lo mismo diremos sobre la acción de compra aunque no se interponga estipulación alguna.

§1. Si Ticio me vendió un hombre libre que servía de buena fe como esclavo, y Ticio lo nombró heredero como si fuese libre, demandándome él mismo su libertad, a él lo tendré obligado en virtud de sí mismo en caso de evicción.

20. POMPONIO *en el libro décimo de los comentarios a Sabino.* Di en hipoteca un fundo mío y luego te lo enajené. Para que en virtud del mismo no te obligues por la hipoteca si yo te lo compro después y tú me garantices la evicción, se declarará que la hipoteca es en interés mío, porque si no se hace esto, yo podría ser rechazado con la excepción de dolo malo al ejercer la acción en tu contra en virtud de evicción.

21. ULPIANO *en el libro vigésimo noveno de los comentarios a Sabino.* Si un esclavo vendido murió antes

non committitur, quia nemo eum evincat, sed factum humanae sortis: de dolo tamen poterit agi, si dolus intercesserit.

§1. Inde Iulianus libro quadragesimo tertiio eleganter definit duplae stipulationem tunc committi, quotiens res ita amittitur, ut eam emptori habere non liceat propter ipsam evictionem.

§2. Et ideo ait, si emptor hominis mota sibi controversia venditorem sustulerit, stipulationem cuplae non committi, quia nec mandate actionem procurator hic idemque venditor habet, ut ab emptore litis aestimationem consequatur: cum igitur neque corpus neque pecunia emptori absit, non oportet committi stipulationem: quamvis, si ipse iudicio accepto victus esset et litis aestimationem sustulisset, placeat committi stipulationem, ut et ipse Iulianus eodem libro scripsit. Neque enim habere licet cum, cuius si pretium quis non dedisset, ab adversario auferretur: prope enim hunc ex secunda emptione, id est ex litis aestimatione emptori habere licet, non ex pristina.

de hacerse la evicción, no se incurre en la estipulación, pues nadie lo reivindica, sino en un hecho natural, aunque podrá ejercerse la acción de dolo si se actuó dolosamente.

§1. Por ello, en el libro cuadragésimo tercero de su digesto Juliano elegantemente señala que se incurre en la estipulación por el duplo si la cosa se pierde de tal forma que el comprador no puede conservarla en virtud de la evicción misma.

§2. Por ello se dice que si al comprador de un esclavo se le inició juicio por evicción, nombró como procurador al vendedor, y tras ser condenado éste debió pagar la estimación del litigio, no se incurre en la estipulación por el duplo, porque este procurador y al mismo tiempo vendedor tampoco tiene la acción de mandato para obtener del comprador la estimación del litigio. Así, al no perder el comprador ni la cosa ni el precio, no se debe incidir en la estipulación, aunque si al aceptar el juicio fue vencido y pagó la estimación del litigio, parece adecuado se incida en la estipulación, como también lo señala Juliano en el mismo libro cuadragésimo tercero de su digesto. Porque no debe retener la posesión del esclavo el comprador a quien el adversario se lo quitó si alguien no le dio el precio de la

§3. Idem Iulianus eodem libro scribit, si lite contestata fugerit homo culpa possessoris, damnatus quidem erit possessor, sed non statim cum ad venditorem regressurum et ex duplae stipulatione acturum, quia interim non propter evictionem, sed propter fugam ei hominem habere non licet: plane, inquit, cum adprehenderit possessionem fugitive, tunc committi stipulationem Iulianus ait. Nam et si sine culpa possessoris fugisset, deinde cautionibus interpositis absolutus esset, non alias committeretur stipulation, quam si adprehensum hominem restituisset. Ubi igitur litis aestimationem optulit, sufficit adprehendere: ubi cavit, non prius, nisi restituerit.

§3. Igualmente escribe Juliano en ese libro que si el esclavo huyó por culpa del poseedor tras contestar éste la demanda por evicción, ciertamente será condenado éste, aunque no demandará sin más al vendedor en virtud de la estipulación por el duplo, porque en dicho plazo no le es posible retener al esclavo en virtud de la fuga, no de la evicción. Juliano señala que cuando recupere la posesión del esclavo fugitivo, entonces se incidiará en la estipulación, porque igualmente, si huyó sin culpa del poseedor, y luego fue absuelto tras otorgar cauciones, solo se incidirá en la estipulación si se devolvió el esclavo recuperado. Así, al ofrecer el comprador la estimación del litigio, basta que recupere el esclavo para proceder a la estipulación, pero cuando dio caución, antes debe restituirlo.

22. POMPONIUS *libro primo ex Plautio. Si pro re pupilli quam emit Litis aestimationem tutor non ex pecunia pupilli, sed ex suo praestiterit, stipulatio de evictione pupillo adversus venditorem committitur.*

22. POMPONIO *en el libro primero de la doctrina de Plaucio.* Si por una cosa del pupilo que compró, un tutor debió pagar la estimación del litigio por evicción no con dinero del primero, sino

§1. Si pro evictione fundi quem emit mulier satis accepisset et eundem fundum in dotem dedisset, deinde aliquis eum a marito per iudicium abstulisset, potest mulier statim agere adversus fideiussores emptionis nomine, quasi minorem dotem habere coepisset vel etiam nullam, si tantum maritus optulisset, quanti fundus esset.

23. ULPIANUS *libro vicesimo nono ad Sabinum. Sed et si post mortem mulieris evincatur, regressus erit ad duplae stipulationem, quia ex promissione maritus adversus heredes mulieris agere potest et ipsi ex stipulatu agere possunt.*

24. AFRICANUS *libro sexto quaestionum. Non tamen ei consequens esse, ut et, si ipsi domino nuptura in dotem eum dederit, committi stipulationem dicamus, quamvis aeque indotata mulier futura sit, quoniam quidem, etiamsi verum sit habere ei non licere servum, illud tamen verum non sit iudicio eum evictum esse, ex empto tamen contra venditorem mulier habet actionem.*

con el suyo, se incide en favor del pupilo en la estipulación de evicción contra el vendedor.

§1. Si una mujer recibió fianza por la evicción de un fundo que compró, lo dio en dote y luego alguien se lo quitó al marido también en juicio por evicción, la mujer puede ejercer acción contra los fiadores en virtud de la compra, como si viese reducida su dote o incluso agotada, si el marido pagó el valor del fundo.

23. ULPIANO *en el libro vigésimo noveno de los comentarios a Sabino.* Igualmente, si ocurre la evicción tras la muerte de la mujer, procederá reembolso por la estipulación por el doble, pues con base en la promesa de dote el marido puede ejercer la acción contra los herederos de la mujer, y éstos pueden a su vez intentar la acción de lo estipulado contra el vendedor.

24. AFRICANO *en el libro sexto de las cuestiones.* Pero no es correcto deducir que se incide en la estipulación si la mujer dio la dote a mismo dueño con quien iba a casarse, aunque en este caso la mujer también queda sin dote, pues aunque es verdad que no le es lícito retener el esclavo, es falso que éste fuese reivindicado en juicio. Sin embargo, la mujer tiene la acción de compra contra el

vendedor de una cosa ajena.

25. ULPIANUS *libro vicesimo nono ad Sabinum. Si servum, cuius nomine duplam stipulatus sis, manumiseris, nihil ex stipulatione consequi possis, quia non evincitur, quo minus habere tibi liceat, quem ipse ante voluntate tua perdideris.*

25. ULPIANO *en el libro vigésimo noveno de los comentarios a Sabino.* Si manumitiste un esclavo por quien estipulaste al duplo en la compra, no obtendrás nada con la estipulación, porque no es objeto de una evicción que te impida retener un esclavo que perdiste por voluntad propia.

26. PAULUS *libro quinto ad Sabinum. Sed hoc nomine, quod libertum quis non habeat, ex vendito actionem habet, si scierit venditor alienum se vendere. Sed et si ex causa fideicommissi emptor coactus fuerit cum manumittere, ex empto actionem habebit.*

26. PAULO *en el libro quitno de los comentarios a Sabino.* El comprador tiene la acción de venta si deja de tener un liberto, si el vendedor sabía que vendía un esclavo ajeno. Sin embargo, si por causa de fideicomiso el comprador se vio obligado a manumitirlo, también tendrá la acción de compra.

27. POMPONIUS *libro undecimo ad Sabinum. Hoc iure utimur, ut exceptiones ex persona emptoris obiectae si obstant, venditor ei non teneatur, si vero ad personam venditoris respicient, contra: certe nec ex empto nec ex stipulatione duplae nec simplae actio competit emptori, si exceptio ei ex facto ipsius opposita obstiterit.*

27. POMPONIO *en el libro décimo primero de los comentarios a Sabino.* Acostumbramos usar este derecho: si obstan excepciones opuestas por el comprador contra quien reivindica, el vendedor no se obligará por la evicción, pero sí lo hará si las excepciones se refieren al vendedor. A decir verdad, al comprador no le compete ni la acción de compra, ni la de la estipulación por el duplo o el simple, si se le opone una excepción derivada de conducta propia.

28. ULPIANUS *libro octogesimo ad*

28. ULPIANO *en el libro octagésimo*

edictum. Sed si ex utriusque persona et auctoris et emptoris exceptiones obicientur, intererit, propter quam exceptionem iudex contra iudicaverit, et sic aut committetur aut non committetur stipulatio.

29. POMPONIUS *libro undecimo ad Sabinum. Si rem, quam mihi alienam vendideras, a domino redemerim, falsum esse quod Nerva respondisset posse te a me pretium consequi ex vendito agentem, quasi habere mihi rem liceret, Celsus filius aiebat, quia nec bonae fidei conveniret et ego ex alia causa rem haberem.*

§1. Si duplae stipulator ex possessore petitor factus et victus sit, quam rem si possideret retinere potuerit, peti autem utiliter non poterit, vel ipso iure promisor duplae tutus erit vel certe doli mali exceptione se tueri poterit, sed ita, si culpa vel sponte duplae stipulatoris possessio amissa fuerit.

§2. Quolibet tempore veditori renuntiari potest, ut de ea re agenda adsit, quia non praefinitur certum tempus in ea

de los comentarios al edicto. Pero si el vendedor y el comprador oponen excepciones, debemos saber por cuál excepción el juez sentenció en contra. Y según sea el caso, se incidirá o no en la estipulación por evicción.

29. POMPONIO *en el libro décimo primero de los comentarios a Sabino.* Celso hijo decía que era falso lo respondido por Nerva: si yo compré nuevamente de su dueño una cosa ajena que me vendiste, obtendrías de mí el valor de la misma ejerciendo la acción de venta, como si hubieses dado la posesión pacífica de la cosa, porque Celso considera que esto es contrario a la buena fe y yo tenía la cosa por una causa diversa.

§1. Si el comprador estipulante por el duplo perdió la posesión, demandó y fue vencido en juicio, no obtendrá nada si demanda con acción útil la cosa que pudo retener si no hubiese perdido la posesión. Por ende, el promitente del duplo queda protegido por propio derecho o, al menos, podrá defenderse con la excepción de dolo malo; pero esto procede si por culpa o voluntad del comprador estipulante por el duplo se perdió la posesión.

§2. En cualquier momento puede notificarse al vendedor para que comparezca a juicio y defienda la

stipulatione, dum tamen ne prope ipsam condemnationem id fiat.

cosa que vendió, porque en la estipulación no se señala fecha cierta, siempre que ésta no se fije antes de la sentencia.

30. IDEM *libro nono decimo ad Sabinum. Si emptori, qui stipulatus sit furtis noxisque solutum esse, heres exstiterit is, cui servus furtum fecerit, inicipit is ex stipulatu actionem habere, quemadmodum si ipse alii praestitisset.*

30. EL MISMO *en el libro décimo noveno de los comentarios a Sabino.* Si el comprador que estipuló que un esclavo quedaba exento de robo y juicio noxal se volvió heredero de quien el esclavo había robado, adquiere la acción por lo estipulado, como si debiese responder ante otro del robo.

31. ULPIANUS *libro quadragesimo secundo ad Sabinum. Si ita quis stipulanti spondeat 'sanum esse, furem non esse, vispellionem non esse' et cetera, inutilis stipulation quibusdam videtur, quia si quis est in hac causa, impossibile est quod promittitur, si non est frustra est. Sed ego puto verius hanc stipulationem 'furem non esse, vispellionem non esse, sanun esse' utilem esse: hoc enim continere, quod interest horum quid esse vel horum quid non esse. Sed et si cui horum fuerit adiectum praestari, multo magis valere stipulationem: alioquin stipulatio quae ad aedilibus proponitur inutilis erit, quod utique nemo sanus probabit.*

31. ULPIANO *en el libro cuadragésimo segundo de los comentarios a Sabino.* Si el vendedor promete lo siguiente al comprador: 'el esclavo está sano, no es ladrón ni sepulturero' o cosas similares, algunos consideran nula dicha estipulación, porque o bien el esclavo está incluido entre lo que se niega, y entonces lo prometido es imposible lo prometido, o bien no lo está, y entonoces no sirve para nada; yo, por el contrario, opino que esta estipulación es adecuada: 'no es ladrón ni sepulturero, y está sano', pues se enfoca en que sea o no sea alguna de esas cosas. Pero si a alguna de estas afirmaciones se añade 'y de ello se responde', será mucho más válida la estipulación. De lo contrario, la estipulación que ofrecen los ediles en su edicto será nula, algo que nadie en su sano

juicio aceptará.

32. IDEM libro quadragesimo sexto ad Sabinum. Quia dicitur, quotiens plures res in stipulationem deducuntur, plures esse stipulationes, an et in duplae stipulatione hoc idem sit, videamus. Cum quis stipulator 'fugitivum non esse, errorem non esse' et cetera quae ex edicto aedilium curulium promittuntur, utrum una stipulation est an plures? Et ratio facit, ut plures sint.

§1. Ergo et illud procedit, quod Iulianus libro quinto decimo digestorum scribit. Egit, inquit, quanti minoris propter fugam servi, deinde agit propter morbum: id agendum est, inquit, ne lucrum faciat emptor et bis eiusdem vitii aestimationem consequatur. Fingamus emptum decem, minoris autem empturum fuisse duobus, si tantum fugitivum esse scisset emptor: haec consecuturum propter fugam: mox comperisse, quod non esset sanus: similiter duobus minoris empturum fuisse, si de morbo non ignorasset: rursus consequi debebit duo: nam et si de utroque simul egisset, quattuor esset consecuturus, quia eum forte, qui neque sanus et fugitivus esset, sex tantum esset empturus. Secundum haec saepius ex stipulate agi poterit: neque enim ex una stipulatione, sed ex pluribus agitur.

32. EL MISMO *en el libro cuadragésimo sexto de los comentarios a Sabino.* Dado que existen muchas estipulaciones cuando se dice que se reúnen muchas cosas en una de ellas, veamos si esto ocurre en la estipulación por el duplo. Cuando alguien estipula: 'que el esclavo no es fugitivo ni vagabundo', y lo demás que se promete en el edicto de los ediles curules, ¿hay una o varias estipulaciones? La razón dice que hay varias.

§1. Por ello también es correcto lo que escribe Juliano en el libro décimo quinto de su digesto: alguien ejerció la acción de reducción de precio debido a la fuga de un esclavo, y luego la ejerció por razón de enfermedad del mismo. Dice que debe procurarse que el comprador no obtenga un lucro cobrando dos veces la estimación del mismo vicio. Supongamos que compró un esclavo por diez mil sestercios, pero debió haberlo comprado por dos mil menos si el comprador hubiese sabido que tan solo era fugitivo; los dos mil los consigue en virtud de la fuga; y tras descubrir que no estaba sano y que debió haberlo comprado por dos mil menos si hubiese sabido de la enfermedad, igualmente podría haber obtenido los dos mil pues, si hubiese ejercido la acción

por ambas cosas a la vez, habría obtenido cuatro mil, pues habría comprado en seis mil solamente al esclavo que era fugitivo y no estaba sano. En tal caso, podrá ejercerse varias veces la acción de lo estipulado, pues no se ejerce por una sola estipulación , sino por varias.

33. IDEM *libro quiquagesimo primo ad Sabinum. Si servum emero et eundem vendidero, deinde emptori ob hoc fuero condemnatus, quia tradere non potui evictum, committitur stipulatio.*

33. EL MISMO *en el libro quincuagésimo primero de los comentarios a Sabino*. Si yo compré un esclavo y lo vendí, y luego fue condenado en favor del comprador por no poderlo entregar al ser objeto de evicción, se incide en la estipulación por el duplo.

34. POMPONIUS *libro vicesimo septimo ad Sabinum. Si mancipium ita emeris, ne prostituatur et, cum prostitutum fuisset, ut liberum esset: si contra legem venditionis faciente te ad libertatem pervenerit, tu videris quasi manumisisse et ideo nullum adversus venditorem habebis regressum.*

34. POMPONIO *en el libro vigésimo séptimo de los comentarios a Sabino*. Si compraste un esclavo bajo condición de no prostituirlo y de que quedase libre en caso contrario, si al actuar contra la condición de la venta el esclavo alcanzó la libertad, se considerará como que lo manumitiste, no teniendo derecho a reclamarle al vendedor.

§1. *Si communi dividundo mecum actum esset et adversario servus adiudicatus sit, quia probavit eum communem esse, habebo ex duplae stipulatione actionem, quia non interest, quo genere iudicii evincatur, ut mihi habere non liceat.*

§1. Si se me demandó con la acción de división de cosa común y el esclavo que compré fue adjudicado al adversario porque éste probó ser copropietario, tendré la acción en virtud de la estipulación por el duplo, pues no importa en qué tipo de juicio se

§2. Duplae stipulatio evictionem non unam continet, si quis dominiusm rei petierit et evicerit, sed et si Serviana acione experiatur.

§2. La estipulación por el duplo no solo se refiere a la evicción cuando alguien reclama la propiedad del bien y la obtiene por medio en sentencia, sino también si se ejerce la acción Serviana.

35. PAULUS libro secundo ad edictum aedilium curulium. Evictus autem a creditore tunc videtur, cum fere spes habendi abscisa est: itaque si Serviana actione evictus sit, committitur quidem stipulatio: sed quoniam soluta a debitore pecunia potest servum habere, si soluto pignore venditor conveniatur, poterit uti doli exceptione.

35. PAULO *en el libro segundo de los comentarios al edicto de los ediles curules.* Se considera que el acreedor ha hecho la evicción cuando se ha perdido la esperanza de tener el esclavo. Y así, si se hizo la evicción por medio de la acción Serviana, se incurre en la estipulación. Pero como el deudor puede recuperar al esclavo pagando la cantidad, el vendedor podrá ejercer la excepción de dolo si tras liberar la prenda es demandado.

36. IDEM libro vicesimo nono ad edictum. Nave aut domu empta singula caementa vel tabulae emptae non intelleguntur ideoque nec evictionis nomine obligatur venditor quasi evicta parte.

36. EL MISMO *en el libro vigésimo noveno de los comentarios al edicto.* Al comprar un barco o una casa no se entienden comprados individualmente los materiales de construcción o las tablas. Por tanto, el vendedor no se obliga en virtud de evicción como si hiciese una evicción parcial.

37. ULPIANUS libro trigesimo secundo ad edictum. Emptori duplam promitti a venditore oportet, nisi aliud convenit: non tamen ut satisdetur, nisi si

37. ULPIANO *en el libro trigésimo segundo de los comentarios al edicto.* Conviene que el vendedor prometa al comprador el duplo,

specialiter id actum proponatur, sed ut repromittatur.

§1. *Quod autem diximus duplam promitti oportere, sic erit accipiendum, ut non ex omni re id accipiamus, sed de his rebus, quae pretiosiores essent, si margarita forte aut ornamenta pretiosa vel vestis Serica vel quid aliud non contemptibile veneat. Per edictum autem curulium etiam de servo cavere venditor iubetur.*

§2. *Si simplam pro dupla per errorem stipulatus sit emptor, re evicta consecuturum eum ex empto Neratius ait, quanto minus stipulatus sit, si modo omnia facit emptor, quae in stipulatione continentur: quod si non fecit, ex empto id tantum consecuturum, ut ei promittatur quod minus in stipulationem superiorem deductum est.*

38. IDEM *libro secundo disputationum. In creditore qui pignus vendidit tractari potest, an re evicta vel ad hoc teneatur ex empto, ut quam habet adversus debitorem actionem, eam praestet: habet autem contrariam pigneraticiam actionem. Et magis est ut praestet: cui enim non aequum videbitur vel hoc saltem consequi emptorem, quod*

salvo que se estipule otra cosa, pero no con fianza si no se dice que se convino expresamente tal cosa, sino que simplemente se prometa.

§1. Cuando decimos que debe prometerse el duplo debe entenderse de modo que no lo decimos para todas las cosas, sino para aquellas que sean más valiosas, como cuando se venden unas perlas, unas joyas, un vestido de seda o alguna otra cosa no corriente. Sin embargo, el edicto de los ediles curules dispone que el vendedor también otorgue fianza por un esclavo.

§2. Neracio dice que si el comprador estipuló por error el valor simple en vez del duplo, al hacerse la evicción de la cosa vendida obtendrá con la acción de compra lo que estipuló de menos, con tal que el comprador haga todo lo incluido en la estipulación; pero si no lo hizo, solo logrará con la acción de compra que se le prometa lo que de menos se incluyó en la estipulación anterior.

38. EL MISMO en el libro segundo de las disputas. En cuanto al acreedor que vendió la prenda, analicemos si, al hacerse la evicción de la cosa, se obliga por la acción de compra a ceder la acción que tiene contra el deudor; tiene la acción contraria de prenda. Y es más cierto que la

sine dispendio creditoris futurum est?

debe cede, porque, ¿a quién no le parecerá justo que el comprador obtenga al menos lo que se podrá obtener sin dispendio del acreedor?

39. *IULIANUS libro quinquagesimo septimo digestorum. Minor viginti quinque annis fundum vendidit Titio, cum Titius Seio: minor se in ea venditione circumscriptum dicit et inpetrat cognitionem non tantum adversus Titium, sed etiam adversus Seium: Seius postulabat apud praetorem utilem sibi de evictione stipulationem in Titium dari: ego dandam putabam. Respondi: iustam rem Seius postulat: nam si ei fundus praetoria cognitione ablatus fuerit, aequum erit per eundem praetorem et evictionem restitui.*

39. JULIANO *en el libro quincuagésimo séptimo del digesto.* Un menor de veinticinco años vendió un fundo a Ticio, y éste lo vendió a Seyo; el menor afirma que fue engañado en la venta y demanda ante el magistrado no solo a Ticio, sino también a Seyo. Éste último solicitó ante el pretor que le otorgue contra Ticio la acción útil por la estipulación para garantizar la evicción, y yo opiné que debía concedérsela. Respondí: Seyo solicita una cosa justa, porque si con conocimiento del pretor se le despoja del fundo, será justo que también el pretor le restituya en la evicción.

§1. Si servus tuus emerit hominem et eundem vendiderit Titio eiusque nomine duplam promiserit et tu a venditore servi stipulatus fueris: si Titius servum petierit et ideo victus sit, quod servus tuus in tradendo sine voluntate tua proprietatem hominis transferre non potuisset, supererit Publiciana actio et propter hoc duplae stipulatio ei non committetur: quare venditor quoque tuus agentem te ex stipulate poterit doli mali exceptione summovere. Alias autem si servus hominem emerit et duplam stipuletur, deinde eum vendiderit et ab emptore evictus fuerit: domino quidem adversus

§1. Si un esclavo tuyo compró otro esclavo y lo vendió a Ticio, en razón del mismo esclavo prometió a Ticio el duplo y estipulaste con el vendedor del esclavo también el duplo, si Ticio reclamó el esclavo y fue vencido en juicio porque tu esclavo no pudo transferir sin tu voluntad la propiedad del esclavo al momento de la entrega, todavía tendrá la acción Publiciana, y por tal motivo no se incurrirá con él en la estipulación del duplo; así, si ejerces la acción contra tu

venditorem in solidum competit action, emptori vero adversus dominum dumtaxat de peculio. Denuntiare vero de eviction emptor servo, non domino debet: ita enim evicto homine utiliter de peculio agree poterit: sin autem servus decesserit, tunc domino denuntiandum est.

vendedor, en razón de lo estipulado, podrá rechazarte con la excepción de dolo malo. Diferente es el caso si el esclavo compró otro esclavo, estipuló por el duplo, luego el comprador lo vendió y sufrió evicción. Del resto, le compete al dueño la acción por el total contra el vendedor, mientras que al comprador solo le compete contra el dueño en la medida del peculio. Sin embargo, el comprador debe hacer la denuncia de evicción al esclavo, no al dueño, porque así, tras eviccionar el esclavo, podrá reclamar con la acción de peculio; pero si el esclavo murió, entonces se notificará al dueño.

§2. Si a me bessem fundi emeris, a Titio trientem, deinde partem dimidiam fundi a te quis petierit: si quidem ex besse quem a me acceperas semis petitus fuerit, Titius non tenebitur, si vero triens quem Titius tibi tradiderat et sextans ex besse quem a me acceperas petitus fuerit, Titius quidem pro triente, ego pro sextante evictionem tibi praestabimus.

§2. Si me compraste dos tercios de un fundo y de Ticio el otro tercio, y luego alguien te demandó la mitad del fundo, si se reclamó la mitad de los dos tercios que recibiste de mí, Ticio no se obligará; pero si se reclamó el tercio que Ticio te entregó y un sexto de los dos tercios que yo te entregué, nos obligamos por la evicción a responderte, Ticio por un tercio y yo por un sexto.

§3. Pater sciens filium suum quem in potestate habebat ignoranti emptori vendidit: quaesitum est, an evictionis nomine teneatur. Respondit: qui liberum homine sciens vel ignorans tamquam servum vendat, evictionis nomine tenetur: quare etiam pater, si filium suum tamquam servum vendiderit, evictionis

§3. Un padre vendió un hijo suyo sabiendo que lo tenía bajo su potestad a un comprador que lo ignoraba. ¿Se obligará a título de evicción? Respondió: quien vende como esclavo a un hombre libre, sabiéndolo o no, se obliga en razón de la evicción, por lo que

nomine obligatur.

§4. *Qui statuliberum tradit, nisi dixerit eum statuliberum esse, evictionis nomine perpetuo obligatur.*

§5. *Qui servum venditum tradit et dicit usum fructum in eo Seii esse, cum ad Sempronium pertineat, Sempronio usum fructum petente perinde tenetur, ac si in tradendo dixisset usus fructus nomine adversus Seium non teneri. Et si re vera Seii usus fructus fuerit, legatus autem ita, ut, cum ad Seium pertinere desisset, Sempronii esset, Sempronio usum fructum petente tenebitur, Seio agente recte defugiet.*

40. IDEM *libro quinquagesimo octavo digestorum. Si is qui satis a me de evictione accepit fundum a me herede legaverit, confestim fideiussores liberabuntur, quia, etiamsi evictus fuerit ab eo cui legatus fuerat, nulla adversus fideiussores actio est.*

41. PAULUS *libro secundo ad edictum aedilium curulium. Si ei cui vendidi et duplam promisi, cum ipse eadem stipulatione mihi cavisset, heres exstiterim, evicto homine nulla parte stipulatio committitur: neque enim mihi*

un padre también se obliga si vende como esclavo a su propio hijo.

§4. El vendedor que entrega un esclavo manumitido bajo condición sin declarar nada queda obligado evidentemente en virtud de la evicción.

§5. Quien entrega un esclavo vendido diciendo que Seyo tiene el usufructo del mismo, pero teniéndolo Sempronio, al pedir éste el usufructo se obliga como si al entregar declarase que Seyo no tenía usufructo alguno. Y si el usufructo es de Seyo, pero en virtu de un legado por el que, al dejar de ser de Seyo pase a Sempronio, si éste reclama el usufructo el vendedor deberá responder, no así si lo reclama Seyo.

40. EL MISMO *en el libro quncuagésimo octavo del digesto.* Si quien recibió de mí una fianza por evicción me legó un fundo al instituirme heredero, los fiadores se liberarán de inmediato, porque aunque se hiciese la evicción del legatario, no procede ninguna acción contra los fiadores.

41. PAULO *en el libro segundo de los comentarios al edicto de los ediles curules.* Si yo resulté heredero del comprador de un esclavo a quien prometí el duplo, habiéndome él vendido antes el mismo esclavo y

evinci videtur, cum vendiderim eum, neque ei cui me promissorem praestarem, quoniam parum commode dicar ipse mihi duplam praestare debere.

§1. Item si domino servi heres exstiterit emptor, quoniam evinci ei non potest nec ipse sibi videtur evincere, non committitur cuplae stipulatio. His igitur casibus ex empto agendum erit.

§2. Si is, qui fundum emerit et satis de evictione acceperit et eundem fundum vendiderit emptori suo heres exstiterit, vel ex contrario emptor venditori heres exstiterit: an evicto fundo cum fideiussoribus agere possit, queritur. Existimo autem utroque casu fideiussores teneri, quoniam et cum debitor creditori suo heres exstiterit, ratio quaedam inter heredem et hereditatem ponitur et intellegitur maior hereditas ad debitorem pervenire, quasi solute pecunia quae debebatur hereditati, et per hoc minus in bonis heredis esse: et ex contrario cum creditor debitori suo exstitit heres, minus in hereditate habere videtur, tamquam ipsa hereditas heredi solverit. Sive ergo is qui de eviction satis acceperat emptori cuui ipse vendiderat sive emptor venditori suo heres exstiterit, fideiussores tenebuntur. Et si ad eundem

otorgado garantía en la misma estipulación, tras hacerse la evicción del esclavo comprado no se incurre bajo ningún concepto en la estipulación, porque no parece que pueda yo sufrir evicción cuando lo vendí, ni tampoco el comprador a quien prometí, porque no se dirá que debo responderme por el duplo.

§1. Del mismo modo, si el comprador salió heredero del dueño del escoavo, al no poder hacérsele la evicción ni él mismo puede hacerlo, no se incurre en la estipulación por el duplo. Y así, en estos casos deberá ejercerse la acción de compra.

§2. Si el comprador de un fundo recibió fiadores ante la posible evicción, y tras vender el fundo quedó heredero de su comprador, o al contraio, el comprador quedó heredero del vendedor, se pregunta si tras reivindicarse el fundo podrá ejercerse acción contra los fiadores. Yo opino que en ambos casos los fiadores se obligan, porque también cuando el deudor salió heredero de su acreedor se establece cierta cuenta entre heredero y herencia, y se entiende que el deudor recibe una mayor herencia, como si pagase a la herencia el dinero debido, y por ello se reducen los bienes del heredero. Por el contrario, cuando el acreedor salió heredero de su deudor se considera que hay

venditoris et emptoris hereditas recciderit, agi cum fideiussoribus poterit.

menos en la herencia, como si la herencia misma pagase al heredero. Así, ya sea que quien recibió gaantía por evicción quede heredero del comprador a quien él mismo vendió, ya sea que el comprador lo hubiese saliese heredeo de su vendedo, estarán obligados los fiadores. Y si las herencias del vendedor y del comprador recaen en la misma persona, también podrá ejercerse la acción contra los fiadores.

42. PAULUS *libro quinquagesimo tertio ad edictum. Si praegnans ancilla vendita et tradita sit, evicto partu venditor non potest de eviction conveniri, quia partus venditus non est.*

42. PAULO *en el libro quincuagésimo tercero de los comentarios al edicto.* Si se vendió y entregó una esclava encinta, tras hacerse la evicción del hijo no puede demandarse al vendedor por ello, ya que el hijo no fue vendido.

43. IULIANUS *libro quiquagesimo octavo digestorum. Vaccae emptor, si vitulus qui post emptionem natus est evincatur. Agree ex duplae stipulation non potest, quia nec ipsa nec usus fructus evincitur. Nam quod dicimum vitulum fructum esse vaccae, non ius, sed corpus demonstramus, sicuti praediorum frumenta et vinum fructum recte dicimus, cum constet eadem haec non recte usum fructum appellari.*

43. JULIANO *en el libro quincuagésimo octavo del digesto.* Si se hace la evicción del becerro nacido tras la compra, el comprador de la vaca no puede ejercer acción de estipulación por el duplo, ya que no se evicciona ni la cría ni el usufructo, toda vez que al decir que el becerro es fruto de la vaca no damos a entender un derecho de usufructo, sino una cosa corporal, como cuando decimos justamente que el trigo y el vino son frutos de los predios, constando que estas coas no pueden llamarse propiamente usufructo.

44. *ALFENUS libro secundo digestorum a Paulo epitomatorum.* Scapham non videri navis esse respondit nec quicquam coniunctum habere, nam scapham ipsam per se parvam naviculam esse: omnia autem, quae coniuncta navi essent (veluti gubernacula malus autemnae velum), quasi membra navis esse.

45. *IDEM libro quarto digestorum a Paulo epitomatorum.* Qui fundum tradiderat iugerum centum, fines multo amplius emptori demonstraverat. Si quid ex his finibus evinceretur, pro bonitate eius emptori praestandum ait, quamvis id quod relinqueretur centum iugera haberet.

46. *AFRICANUS libro sexto quaestionum.* Fundum cuius usus fructus Attii erat, mihi vendidisti nec dixisti usum fructum Attii esse: hunc ego Maevio detracto usu fructu tradidi. Attio capite minuto non ad me, sed ad proprietatem usum fructum redire ait, neque enim potuisse constitui usum fructum eo tempore, quo alienates esset: sed posse me venditorem te de evictione convenire, quia aequum sit eandum causam meam esse, quae future esset: si tunc usus fructus alienus non fuisset.

§1. Si per alienam fundum mihi viam

44. ALFENO *en el libro segundo del digesto compendiado por Paulo.* Respondió que un bote no se considera parte del barco, ni está unido al mismo, porque dicho bote es en sí un pequeño navío, y las demás cosas unidas al barco, como el timón, el mástil, las antenas o la vela son miembros del mismo.

45. EL MISMO *en el libro cuarto del digesto compendiado por Paulo.* Alguien entregó un fundo de cien yugadas y señaló al comprador unos límites mucho más amplios. Si se evicciona una parte dentro de esos límites, dice que deberá responder al comprador según la bondad del fundo, aunque lo que quedase tenga las cien yugadas.

46. AFRICANO *en el libro sexto de las cuestiones.* Me vendiste un fundo y el usufructo era de Atio, pero no lo declaraste. Le entregué el fundo a Mevio reservándome el usufructo; Juliano dice que si Atio perdió su capacidad jurídica, el usufructo volverá a la propiedad y no será mío, porque no pudo constituirse al enajenarse el fundo; sin embargo, puedo demandarte como vendedor por la evicción, ya que es justo que obtenga lo que habría tenido si el usufructo no hubiese sido de otro al venderlo.

§1. Si me constituiste una

constitueris, evictionis nomine te obligari ait: etenim quo casu, si per proprium constituentis fundum concessa esset via, recte constitueretur, eo casu, si per alienum concederetur, evictionis obligationem contrahit.

§2. *Cum tibi Stichum venderem, dixi eum statuliberum esse sub hac condicione manumissum 'si navis ex Asia venerit', is autem 'si Titius consul factus fuerit' manumissus erat: quaerebatur, si prius navis ex Asia venerit ac post Titius consul fiat atque ita in libertatem evictus sit, an evictionis nomine teneatur. Respondit non teneri eum: etenim dolo malo emptorem facere, cum prius exstiterit condicio, quam evictionis nomine exsolverit.*

§3. *Item si post biennium liberum fore dixi, qui post annum libertatem acceperit, et post biennium in libertate evincatur, vel decem dare iussum dixerim quinque et is decem datis ad libertatem pervenerit, magis esse, ut his quoque casibus non tenear.*

47. IDEM *libro octavo quaestionum. Si duos servos quinis a te emam et eorum alter evincatur, nihil dubii fore,*

servidumbre de camino a través de fundo ajeno, Juliano dice que te obligas en virtud de evicción, porque por la servidumbre de camino que se concedería si fuese por fundo propio se obliga uno por evicción al concederse por un fundo ajeno.

§2. Al venderte a Estico declaré que había sido manumitido por testamento bajo esta condición: 'si un barco llegase de Asia', pero se le había manumitido en realidad bajo esta: 'si Ticio llega a ser cónsul'. Se preguntaba: si primero llegaba el barco de Asia y luego Ticio llegaba a cónsul, y se demanda la libertad del esclavo, ¿me obligaré por la evicción? Juliano respondió que no, porque el comprador actúa con dolo malo al haberse cumplido primero la condición verdadera ya antes de haber pagado yo por evicción.

§3. Igualmente, si dije que luego de un bienio debía ser libre el esclavo que sería manumitido después de un año, y dos años después se reclamó libertad, o si yo declaré que el esclavo diera cinco mil sestercios para ser liberado y debía dar diez mil, y quedó liberado pagando los diez mil, es más adecuado decir que tampoco en estos casos se obliga.

47. EL MISMO *en el libro octavo de las cuestiones.* Si te compré dos esclavo por cinco mil sestercios

quin recte eo nomine ex empto acturus sim, quamvis alter decem dignus sit, nec referre, separatim singulos an simul utrumque emerim.

cada uno y uno de ellos fue evicciondado, sin duda podré ejercer por ello la acción de compra, aunque el otro esclavo valga los diez mil, y no importa que yo haya comprado por separado cada uno o ambos al mismo tiempo.

48. *NERATIUS libro sexto membranarum. Cum fundus uti optimus maximusque est emptus est et alicuius servitutis evictae nomine aliquid emptor a venditore consecutus est, deinde totus fundus evincitur, ob eam evictionem id praestari debet quod ex duplo reliquum est: nam si aliud observabimus, servitutibus aliquibus et mox proprietate evicta amplius duplo emptor quam quanti emit consequeretur.*

48. NERACIO *en el el libro sexto de los pergaminos.* Tras comprarse un fundo 'en condiciones óptimas y más amplias', y el comprador obtuvo del vendedor alguna cosa en virtud de alguna servidumbre reclamada, si luego todo el fundo se reivindica, el vendedor debe entregar por causa de dicha evicción lo que quedase del duplo, porque si lo hacemos de otra forma, tras reclamarse algunas servidumbres y luego la propiedad, el comprador obtendría más del duplo de la cantidad por la que compró.

49. *GAIUS libro septimo ad edictum provinciale. Si ab emptore usus fructus petatur, proinde is venditori denuntiare debet atque is a quo pars petitur.*

49. GAYO *en el libro séptimo de los comentarios al edicto provincial.* Si se le pide el usufructo al comprador de la cosa que compró, éste debe notificarle al vendedor y a quien se le demanda una parte de la propiedad.

50. *ULPIANUS libro vicesimo quinto ad edictum. Si pignora veneant per apparitores praetoris extra ordinem sententias sequentes, nemo umquam dixit dandan in eos actionem re evicta:*

50. ULPIANO *en el libro vigésimo quinto de los comentarios al edicto.* Si los auxiliares del pretor venden las prendas ejecutando la sentencia emitida en instancia

sed si dolo rem viliori pretio proiecerunt, tunc de dolo atio datur adversus eos domino rei.

extraordinaria, nadie dijo que no deba ejercerse acción contra ellos si la cosa es objeto de evicción; pero si dolosamente malbarataron la cosa por un precio muy bajo, entonces se otorgará al dueño de la cosa la acción de dolo contra ellos.

51. *IDEM libro octogesimo ad edictum. Si per imprudentiam iudici aut errorem emptor rei victus est, negamus auctoris damnum esse debere: aut quid refert, sordibus iudicis an stultitia res perierit? Iniuria enim, quae fit emptori, auctorem non debet contingere.*

51. EL MISMO *en el libro octagésimo de los comentarios al edicto.* Si por imprudencia o error del juez fue condenado el comprador de una cosa, negamos que el perjuicio sea para el vendedor. Porque, ¿qué importa si la cosa pereció por venalidad o ignorancia del juez? La injusticia hecha al comprador no debe perjudicar al vendedor.

§1. Si Titius Stichum post mortemsuam liberum esse iussum vendiderit, mortuo deinde eo Stichus ad libertatem pervenerit, an stipulatio de evictione interposita teneat? Et ait Iulianus committi stipulationem: quamvis enim Titius hoc caus denuntiari pro eviction non potuisset, heredi tamen eius denuntiari potuisset.

§1. Si Ticio vendió el esclavo Estico, del que se dispuso su libertad luego de su muerte, y tras morir el primero Estico alcanzó la libertad, ¿se obligará por la estipulación interpuesta de evicción? Juliano dice que se incurre en la estipulación, porque aunque a Ticio no pudo notificársele la evicción, sí puede notificarse a su heredero.

§2. Si quis locum vendiderit et idem venditor ab herede suo voluntate emptoris in eo sepultus fuerit, actio de evictione intercidit: hoc casu enim emptor proprietatem amittet.

§2. Si alguien vendió un recinto y con voluntad del comprador el heredero sepultó ahí al vendedor, se extingue la acción de evicción, porque en este caso el comprador pierde la propiedad.

§3. Non mirum autem est, ut evicto homine de evictione teneatur heres, quamvis defunctus non similiter fuerit

§3. No sorprende que tras hacerse la evicción de un esclavo vendido, el heredero se obligue por la

obstrictus, cum et aliis quibusdam casibus plenior adversus heredem vel heredi competat obligatio, quam competierat defuncto: ut cum servus post mortem emptoris heres institutus est iussuque heredis emptoris adiit hereditatem: nam actione ex empto praestare debet hereditatem, quamvis defuncto in hoc tantum fuit utilis ex empto actio, ut servus traderetur.

evicción aunque el difunto no se haya obligado igualmente, dado que también compete en otros casos contra el heredero o en su favor una obligación más plenamente que la que competía al difunto, como cuando un esclavo fue instituido heredero tras la muerte del comprador, y con autorización del heredero del comprador aceptó la herencia; pues por la acción de compra el vendedor debe entregar la herencia, aunque el difunto solo podría usar la acción de compra para que le entreguen el esclavo.

§4. Si plures mihi in solidum pro evictione teneantur, deinde post evictionem cum uno fuero expertus, si agam cum ceteris, exceptione me esse repellendum Labeo ait.

§4. Si varios se obligaron solidariamente conmigo por evicción y tras producirse ésta yo ejercí acción contra uno solo, dice Labeón que si la intento contra los demás seré rechazado con una excepción.

52. IDEM libro octogesimo primo ad edictum. Sciendum est nihil interesse, ex qua causa duplae stipulatio fuerit interposita, utrum ex causa emptionis an ex alia, ut committi possit.

52. EL MISMO *en el libro octagésimo primero de los comentarios al edicto.* Debemos saber que, para poder incidir en la estipulación, no importa la causa por la que se interpuso la del duplo, sea por compra u otra diversa.

53. PAULUS libro septuagesimo septimo ad edictum. Si fundo tradito pars evincatur, si singula iugera venierint certo pretio, tunc non pro bonitate, sed quanti singula venierint quae evicta fuerint, praestandum, etiamsi ea quae meliora fuerint evicta sint.

53. PAULO *en el libro septuagésimo séptimo de los comentarios al edicto.* Si tras entregarse un fundo se eviccionó una parte y cada yugada se vendió a determinado precio, se responderá no con base en la bondad del fundo, sino por el

§1. Si cum possit emptor auctori denuntiare, non denuntiasset idemque victus fuisset, quoniam parum instructus esset, hoc ipso videtur dolo fecisse et ex stipulatu agere non potest.

§1. Si pudiendo notificar el comprador al vendedor no lo hizo, y aquél fuese condenado en juicio debido a su falta de preparación, se considera que actuó con dolo y no puede intentar la acción por lo estipulado.

54. *GAIUS libro vicesimo octavo ad edictum provinciale. Qui alienam rem vendidit, post longi temporis praescriptionem vel usucapionem desinit emptori teneri de evictione.*

54. GAYO *en el libro vigésimo octavo de los comentarios al edicto provincial.* Quien vende una cosa ajena deja de obligarse por evicción ante el comprador luego de la prescripción a largo plazo o de la usucapión.

§1. Si heres statuliberu, qui sub condicione pecuniae dandae liber esse iussus est, vendiderit et maiorem pecuniam in condicione esse dixerit quam dare ei iussus est, ex empto tenetur, si modo talis est condicio, ut ad emptorem transiret, id esi si heredi dare iussus est servus: nam si alii dare iussus, quamvis veram pecuniae quantitatem dixerit, tamen, si non admonuerit alii dare iussum, evictionis nomine tenebitur.

§1. Si el heredero vendió un esclavo que por testamento sería libre a condición de que pagase determinada cantidad, y declaró que en la condición se contenía una cantidad mayor a la que se le ordenó pagar, se obliga por la acción de compra si la condición fue tal que afecta al comprador, es decir, si se mandó al esclavo que diese la cantidad al heredero. Porque si se le mandó dar a otro, aunque diga la cantidad verdadera, si no manifestó que se ordenó dar a otro, se obligará en virtud de evicción.

55. *ULPIANUS libro secundo ad edictum aedilium curulium. Si ideo contra emptorem iudicatum est, quod*

55. ULPIANO *en el libro segundo de los comentarios al edicto de los ediles curules.* Si se condenó al

defuit, non committitur stipulatio: magis enim propter absentiam victus videtur quam quod malam causam habuit. Quid ergo, si ille quidem contra quem iudicatum est ad iudicium non adfuit, alius autem adfuit et causam egit: quid dicemus? Ut puta acceptum quidem cum pupillo tutore auctore fuit iudicium, sed absente pupillo tutor causam egit et iudicatum est contra tutorem: quare non dicemus committi stipulationem? Etenim actam esse causam palam est. et satis est ab eo cui ius agenda fuit causam esse actam.

§1. *Praesenti autem venditori denuntiandum est: sive autem absit, sive praesens sit et per eum fiat quo minus denuntietur, committetur stipulatio.*

56. PAULUS *libro secundo ad edictum aedilium curulium. Si dictum fuerit vendendo, ut simpla promittatur, vel triplum aut quadruplum promitteretur, ex empto perpetua actione agi poterit. Non tamen, ut vulgus opinatur, etiam satisdare debet qui duplam promittit, sed sufficit nuda repromissio, nisi aliud convenerit.*

§1. *Si compromisero et contra me data fuerit sententia, nulla mihi actio de*

comprador por no comparecer en juicio, no se incurre en la estipulación, porque se considera que fue vencido en virtud de la ausencia, no por defecto legal. ¿Y qué decir si el condenado no compareció en juicio, pero compareció otro que lo representó? Por ejemplo, con autorización del tutor se aceptó un juicio contra el pupilo, pero al ausentarse éste, el tutor llevó el litigio y se sentenció contra él. ¿Por qué no decir que se incurre en la estipulación, dado que evidentemente se defendió en juicio? Basta que haya llevado el litigio quien tuvo el derecho de actuar en juicio.

§1. Sin embargo, debe notificarse al vendedor al estar presente; pero, ya sea que esté o no presente, si se opone a ser notificado, se incurre en la estipulación.

56. PAULO *en el libro Segundo de los comentarios al edicto de los ediles curules.* Si se declaró al vendedor que se prometería el importe simple, el triple o cuádruple, podrá ejercese sin plazo la acción de compra. Pero el vendedor no debe otorgar fiadores, como se opina vulgarmente, si ya promete el duplo, porque basta la simple promesa si no se pactó otra cosa.

§1. Si yo contraje compromiso y la sentencia me fue adversa, no

evictione danda est adversus venditorem: nulla enim necessitate cogente id feci.

§2. In stipulatione duplae cum homo venditur partis addictio necessaria est, quia non potest videri homo evictus, cum pars eius evicta est.

§3. Si, cum possit usucapere emptor, non cepit, culpa sua hoc fecisse videtur: unde si evictus est servus, non tenetur venditor.

§4. Si praesente promissore qui de evictione promisit et non ignorante procuratori denuntiatum sit, promissor nihilo minus tenetur.

§5. Simili modo tenetur et qui curavit, ne sibi denuntiari possit.
§6. Sed et si nihil venditore faciente emptor cognoscere ubi esset non potuit, nihilo minus committitur stipulatio.

§7. Pupillo etiam sine tutoris auctoritate posse denuntiari, si tutor non apparet, ex duplae stipulatione benignius receptum esse Trebatius ait.

57. GAIUS *libro secundo ad edictum aedilium curulium.* Habere licere rem videtur emptor et si is qui emptorem in evictione rei vicerit, ante ablatam vel abductam rem sine successore decesserit, ita ut neque ad fiscum bona pervenire possit neque privatim a creditoribus

tendré contra el vendedor acción por la evicción, pues no lo hice obligado por ninguna necesidad.

§2. En la estipulación por el duplo, al vender un esclavo es necesario mencionar la evicción parcial, porque no puede considerarse que se evicciona solo una parte del esclavo.

§3. Si pudiendo el comprador usucapir no lo hizo, se considera que fue por culpa suya, por lo que el vendedor no se obliga si se eviccionó el esclavo.

§4. Si está presente quien prometió la evicción, y pese a no ignorarlo se notificó al procurador, el promitente sigue obligado.

§5. También se obliga quien procuró que no se le notificase.
§6. Pero si el comprador no logró saber dónde estaba el vendedor, aunque éste último no hiciese nada para ello, se incurre en la estipulación.

§7. Trebacio dice que por equidad se aceptó que la notificación de la estipulación por el duplo puede hacerse al pupilo sin autorización del tutor si éste no aparece.

57. GAYO *en el libro segundo de los comentarios al edicto de los ediles curules.* Se considera que el comprador posee pacíficamente la cosa inclusi si el dueño que venció al comprador en juicio por evicción de la cosa falleció sin

distrahi: tunc enim nulla competit emptori ex stipulatu actio, quia rem habere ei licet.

sucesor antes de privarle de la cosa al comprador, de modo que los bienes no vayan a poder del fisco ni que los acreedores los vendan en privado, porque entonces el comprador no tiene ninguna acción por lo estipulado, ya que le es lícito conservar la cosa.

§1. Quod cum ita est, videamus, num et si ab eo qui vicerit donata legatave res fuerit emptori, aeque dicendum sit ex stipulatu actionem non nasci, scilicet si antequam abduceret vel auferret donaverit aut legaverit: alioquin semel commissa stipulatio resolvi non potest.

§1. Siendo esto así, veamos si puede decirse que tampoco nace acción por lo estipulado si el dueño vencedor donó o legó la cosa al comprador, es decir, si la donó o legó antes de privarlo de ella, pues no puede liberarse de la estipulación una vez que incurrió en ella.

58. *IAVOLENUS libro primo ex Plautio. Heres servum non nominatim legatum tradidit et de dolo repromisit: postea servus evictus est. Agere cum herede legatarius ex testamento poterit, quamvis heres alienum esse servum ignoraverit.*

58. JAVOLENO *en el libro primero de la doctrina de Plaucio.* Un heredero entregó sl legatario un esclavo legado de forma genérica, prometió responder por el dolo y luego el esclavo se eviccionó. El legatario podrá ejercer contra el heredero la acción testamentaria, aunque el heredero ignorase que el esclavo era ajeno.

59. *POMPONIUS libro secundo ex Plautio. Si res quam a Titio emi legata sit a em, non potest legatarius conventus a domino rei venditori meo denuntiare, nisi cesase ei fuerint actiones vel quodam casu hypothecas habet.*

59. POMPONIO *en el libro segundo de la doctrina de Plaucio.* Si legaron a mi cargo la cosa que compré de Ticio, el legatario demandado por el dueño de la cosa no puede notificar a mi vendedor, a menos que le hayan cedido las acciones, o llegase a tener una hipoteca.

60. *IAVOLENUS libro secundo ex Plautio. Si in venditione dictum non sit, quantum venditorem pro evictione praestare oporteat, nihil venditor praestabit praeter simplam evictionis nomine et ex natura ex empto actionis hoc quod interest.*

60. JAVOLENO *en el libro segundo de la doctrina de Plaucio.* Si en la venta no se declaró por cuánto debe responder el vendedor para el caso de evicción, éste no responderá más que por el valor simple, y según la naturaleza de la acción de compra, la indemnización de su interés.

61. *MARCELLUS libro octavo digetorum. Si quod a te emit et Titio vendidi, voluntate mea Titio tradideris, de evictione te mihi teneri, sicuti si acceptam rem tradidissem, placet.*

61. MARCELO *en el libro octavo del digesto.* Si lo que te compré y luego vendí a Ticio tú lo entregaste a éste con mi autorización, es correcto que quedes obligado conmigo por evicción, como si entregase la cosa luego de haberla recibido.

62. *CELSUS libro vicesimo septimo digestorum. Si rem quae apud te esset vendidissem tibi: quia pro tradita habetur, evictionis nomine me obligari placet.*

62. CELSO *en el libro vigésimo séptimo del digesto.* Si yo te vendí la cosa que poseíste, dado que se le tiene por entregada, es adecuado que me obligue en virtud de la evicción.

§1. *Si ei qui mihi vendidit plures heredes exstiterunt, una de evictione obligatio est omnibusque denuntiari et omnes defendere debent: si de industria non venerint in iudicium, unus tamen ex his liti substitit, propter denuntiationis vigorem et praedictam absentiam omnibus vincit aut vincitur, recteque cum ceteris agam, quod evictionis nomine victi sint.*

§1. Si dejó varios herederos quien me vendió una cosa, la obligación en caso de evicción es una sola, y a todos debe notificarse y todos deben defender lo vendido. Y si intencionalmente no comparecieron en juicio, salvo uno, en virtud de la notificación y de la ausencia vence en favor de todos o es vencido en nombre de todos, pudiendo yo ejercer la acción contra los demás, porque fueron vencidos por evicción.

§2. *Si fundum, in quo usus fructus Titii*

§2. Si me vendiste un fundo cuyo

erat, qui ei relictus esto quoad vivet, detracto usu fructu ignoranti mihi vendideris et Titius capite deminutus fuerit et aget Titius ius sibi esse utendi fruendi, competiti mihi adversus te ex stipulatione de evictione actio: quippe si verum erat, qui ei relictus est quoad vivet, detracto usu fructu ignoranti mihi vendideris et Titius capite deminutus fuerit et aget Titius ius sibi esse utendi fruendi, competit mihi adversus te ex stipulatione de evictione actio: quippe si verum erat, quod mihi dixisses in venditione, recte negarem Titio ius esse utendi fruendi.

63. MODESTINUS *libro quinto responsorum. Herennius Modestinus respondit non obesse ex empto agenti, quod denuntiatio pro evictione interposita non esset, si pacto ei remissa esset denuntiandi necessitas.*

§1. *Gaia Sei fundum a Lucio Titio emerat et quaestione mota fisci nomine auctorem laudaverat et evictione secuta fundus ablatus et fisco adiudicatus est venditore praesente: quaeritur, com emptrix non provocaverat, an venditorem poterit convenire. Herennius Modestinus respondit, sive, quod alienus fuit cum veniret sive quod tunc obligatus, evictus est, nihil proponi, cur emptrici adversus venditorem actio non competat.*

usufructo era de Ticio, y que se le dejó mientras viva sin yo saberlo, y ejerce acción afirmando tener el derecho de usufructo pese a haber perdido su capacidad jurídica, me compete contra ti acción por evicción en virtud de estipulación, porque si fue verdad lo que declaraste al momento de vender, yo negaré con razón a Ticio el derecho de goce y disfrute.

63. MODESTINO *en el libro quinto de las respuestas.* Herennio Modestino respondió que quien ejerce la acción de compra no le impide el no haber interpuesto notificación por evicción si en virtud de pacto se le exonceró de la necesidad de notificar.

§1. Caya Seya compró un fundo a Lucio Ticio, y tras promover juicio con el fisco notificó al vendedor; habiendo seguido la evicción, se le quitó a ella el fundo y se adjudicó al fisco estando presente el vendedor. Se pregunta: ¿podrá demandar la compradora al vendedor sin antes haber apelado? Herennio Modestino respondió que, tanto si el fundo objeto de evicción era de otro cuando se vendió, como por hallarse en ese momento hipotecado, nada impedía para no otorgar la acción a la compradora

§2. *Herennius Modestinus respondit: si emptor appellavit et bonam causam vitio suo ex praescriptione perdidit, ad auctorem reverti non potest.*

§2. Herenio Modestino respondió: si el comprador apeló y por culpa suya perdió un buen juicio en virtud de prescripción, no puede repetir contra el vendedor.

64. PAPINIANUS *libro septimo quaestionum. Ex mille ingeribus traditis ducenta flumen abstulit. Si postea pro indiviso ducenta evincantur, duplae stipulatio pro parte quinta, non quarta praestabitur: nam quod perit, damnum emptori, non venditori attulit. Si totus fundus quem flumen deminuerat evictus sit, iure non deminuetur evictionis obligatio, non magis quam si incuria fundus aut servus traditus deterior factus sit: nam et e contrario non augetur quantitas evictionis, si res melior fuerit effecta.*

64. PAPINIANO *en el libro séptimo de las cuestiones*. La crecida del río arrancó doscientas yugadas de las mil entregadas; si luego se eviccionan otras doscientas pro indiviso, se indemnizará en virtud de la estipulación por el duplo una quinta parte, no una cuarta, porque lo perdido a causa del río perjudicó al comprador, no al vendedor; por otra parte, las doscientas objeto de evicción feron solo una quinta parte del todo, aunque luego resulten una cuarta de lo que quedó libre de las aguas. Si se eviccionó todo el fundo que el río disminuyó, ello no disminuirá la obligación por evicción, como tampoco si por descuido se deterioró el fundo o el esclavo entregado. Por el contrario, tampoco se aumentará la cantidad de la evicción si la cosa fue mejorada.

§1. *Quod si modo terrae integro qui fuerat traditus ducenta ingera per alluvionem accesserunt ac postea pro indiviso pars quinta totius evicta sit, perinde pars quinta praestabitur, ac si sola ducenta de illis mille iugeribus quae tradita sunt fuissent evicta, quia alluvionis periculum non praestat*

§1. Si a la cabida total del terreno entregado acrecieron en virtud de aluvión doscientas yugadas, y luego se eviccionó la quinta parte indivisa del todo, se indemnizará por la quinta parte, como si solo se hiciera evicción de doscientas de las mil yugadas entregadas,

venditor.

§2. *Quaesitum est, si mille iugeribus traditis perissent ducenta, mox alluvio per aliam partem fundi ducenta attulisset ac postea pro indiviso quinta pars evicta esset: pro qua parte auctor teneretur. Dixi consequens esse superioribus, ut neque pars quinta mille iugerum neque quarta debeatur evictionis nomine, sed perinde teneatur auctor, ac si de octingentis illis residuis sola centum sexaginta fuissent evicta: nam reliqua quadraginta, quae universo fundo decesserunt, pro rata novae regionis esse intellegi.*

§3. *Ceterum cum pro diviso pars aliqua fundi evincitur, tametsi certus numerus iugerum traditus sit, tamen non pro modo, sed pro bonitate regionis praestatur evictio.*

§4. *Qui unum iugerum pro indiviso solum habuit, tradidit, secundum omnium sententias non totum dominium transtulit, sed partem dimidam iugeri, quemadmodum si locum certum aut fundum similiter tradidisset.*

65. IDEM *libro octavo quaestionum.*

porque el vendedor no responde por el riesgo del aluvión.

§2. Se preguntó lo siguiente: si de las mil yugadas entregadas perecieron doscientas, luego un aluvión aumentó otras doscientas en otra parte del fundo, y luego se eviccionó una quinta parte indivisa, ¿por cuál parte se obligará el vendedor en virtud de la evicción? Dije que, según lo planteado, en virtud de la evicción el vendedor no se obliga ni por la quinta parte de mil yugadas ni por la cuarta de las ochocientas, sino que se obliga por la quinta de las ochocientas, como si de las ochocientas restantes se eviccionasen solo ciento sesenta, porque las cuarenta restantes que perecieron para el fundo se entiende que estan a prorrata en la nueva porción acrecida.

§3. Ahora bien, al eviccionarse alguna parte dividida del fundo, aunque se entregue cierta cantidad de yugadas, no obstante ello se otorga garantía por evicción no en virtud de la cabida, sino de la bondad de esa porción.

§4. Alguien que tenía solo una yugada en copropiedad la entregó. Según la opinión mayoritaria, no transfirió toda la propiedad, sino solo la mitad de la yugada, como si hubiese entregado una porcion determinada o todo un fundo.

65. EL MISMO *en el libro octavo de*

Rem hereditariam pignori obligatam heredes vendiderunt et evictionis nomine pro partibus hereditariis spoponderunt: cum alter pignus pro parte sua liberasset, rem creditor evicit: quaerebatur an uterque heredum conveniri possit? Idque placebat propter indivisam pignoris causam. Nec remedio locus esse videbatur, ut per doli exceptionem actiones ei qui pecuniam creditori dedit praestarentur, quia non duo rei facti proponerentur. Sed familiae erciscundae iudicium eo nomine utile est: nam quid interest, unus ex heredibus in totum liberaverit pignus an vero pro sua dumtaxat portione? Cum coheredis neglegentia damnosa non debet esse alteri.

las cuestiones. Dos herederos vendieron una cosa de la herencia obligada en prenda, y en virtud de evicción prometieron según sus respectivas porciones de herencia. Uno liberó la prenda en cuanto a su parte y el acreedor eviccionó la cosa. Se pregunta: ¿podrá demandarse a ambos herederos? Se considera que sí al ser indivisible la prenda, y no se considera que procede el remedio de que por la excepción de dolo pida las acciones quien dio el dinero al acreedor, pues no se trata de dos deudores distintos, pero por tal motivo se otorga como útil la acción de división de herencia. Porque, ¿qué importa que un heredero haya liberado toda la prenda o solo su porción, toda vez que la negligencia de un coheredero no debe perjudicar al otro?

66. IDEM *libro vicesimo octavo quaestionum. Si, cum venditor admonuisset emptorem, ut Publiciana potius vel ea actione quae de fundo vectigali proposita est experiretur, emptor id facere supersedit, omnimodo nocebit et dolus suus nec committitur stipulatio. Non idem in Serviana quoque actione probari potest: haec enim etsi in rem actio est, nudam tamen possessionem avocat et soluta pecunia venditori dissolvitur: unde fit, ut emptori suo nomine non competat.*

66. EL MISMO *en el libro vigésimo octavo de las cuestiones.* Si el vendedor advirtió al comprador que mejor ejerciese la acción Publiciana o la propia del fundo vectigal, y el comprador no lo hizo, le perjudicará su dolo y no se incurre en la estipulación. No puede decirse lo mismo sobre la acción Serviana, porque aunque es acción real sirve para reclamar la nuda posesión, y tras pagar el dinero al vendedor se extingue. De ello se deduce que no compete

§1. *Si is qui rei publicae causa afuit fundum petat, utilis possessori pro evictione competit actio. Item si privatus a milite petat, eadem aequitas est emptori restitueandae pro evictione actionis.*

§2. *Si secundus emptor venditorem eundemque emptorem ad litem hominis dederit procuratorem et non restituto eo damnatio fuerit secuta, quodcumque ex causa iudicati praestiterit procurator ut in rem suam datus, ex stipulatu consequi non poterit: sed quia damnum evictionis ad personam pertinuit emptoris, qui mandate iudicio nihil percepturus est, non inutiliter ad percipiendam litis aestimationem agetur ex vendito.*

§3. *Divisione inter coheredes facta si procurator absentis interfuit et dominus ratam habuit, evictis praediis in dominum actio dabitur, quae daretur in eum qui negotium absentis gessit, ut quanti sua interest actor consequatur, scilicet ut melioris aut deterioris agri facti causa finem pretii, quo fuerat tempore divisiones aestimatus, deminuat vel excedat.*

en nombre propio al comprador.

§1. Si alguien se ausentó por causa de la república y luego reclama un fundo, le compete al comprador la acción útil por la evicción. Igualmente, si un particular se lo demanda a un militar, es justo restituir al comprador la acción por evicción.

§2. Si el segundo comprador nombró procurador para un litigio sobre un esclavo adquirido del primer comprador que se lo vendió, y al no devolverlo se ejecutó la sentencia, el procurador, al ser nombrado en causa propia, no podrá obtener con la acción de lo estipulado lo que debió pagar, pero dado que el daño de la evicción se debió al primer comprador que no percibiría nada por la acción de mandato contraria, no se intentará inútilmente la acción de compra contra el vendedor del esclavo para obtener la estimación del litigio perdido.

§3. Tras la division entre coherederos, si el procurador de un heredero ausente intervino y el representado ratificó su actuar, una vez eviccionados los predios se otorgará contra el heredero representado la acción que se daría contra el gestor, para que el actor obtenga lo que le interesa, es decir, para disminuir o aumentar el precio estimado al momento de la división a raíz de la mejora o

deterioro del terreno.

67. IDEM *libro decimo responsorum. Emptori post evictionem servi quem dominus abduxit venditor eundem servum post tempus interest, non recte defenditur.*

67. EL MISMO *en el libro décimo de las respuestas.* Tras la evicción del esclavo que se había llevado su dueño, el vendedor que ofrece el mismo esclavo al comprador después de un tiempo no se libera de la obligación de responder por lo que le interesa al comprador.

68. IDEM *libro undecimo responsorum. Cum ea condicione pignus distrahitur, ne quid evictione secuta creditor praestet: quamvis pretium emptor non solverit, sed venditori caverit, evictione secuta nullam emptor exceptionem habebit, quo minus pretium solvat.*

68. EL MISMO *en el libro décimo primero de las respuestas.* Cuando se vende una prenda a condición de que en caso de evicción el acreedor no responderá de nada, aunque el comprador no pague el precio, pero otorgó fianza al vendedor, una vez hecha la evicción el comprador no tendrá ninguna excepción para no pagar el precio.

§1. Creditor, qui pro pecunia nomen debitoris per delegationem sequi maluit, evictis pignoribus quae prior creditor accepit nullam actionem cum eo qui liberatus est habebit.

§1. El acreedor que en lugar de dinero prefirió en lugar del pago de lo debido la cesión de un crédito del deudor por delegación, al eviccionarse la prenda que recibió el primer acreedor no tendrá ninguna acción contra el deudor liberado por la delegación.

69. SCAEVOLA *libro secundo quaestionum. Qui libertatis causam excepit in venditione, sive iam tunc cum traderetur liber homo fuerit, sive condicione quae testamento proposita fuerit impleta ad libertatem pervenerit, non tenebitur evictionis nomine.*

69. ESCÉVOLA *en el libro segundo de las cuestiones.* No se obligará en virtud de evicción el vendedor que exceptuó la eventual libertad del esclavo vendido, ya si éste fuese liberado al momento de la entrega, ya si se cumplió la condición testamentaria y quedó

§1. Qui autem in tradendo statuliberum dicit, intellegetur hanc speciem dumtaxat libertatis excipere, quae ex testament impleta condicione ex praeterito possit optingere: et ideo si praesens testament libertas data fuerit et venditor statuliberum pronuntiavit, evictionis nomine tenetur.

§2. Rursus qui statuliberum tradit, si certam condicionem pronuntiaverit, sub qua dicit ei libertatem datam, deteriorem condicionem suam fecisse existimabitur, quia non omnen causam statutae libertatis, sed eam dumtaxat quam pronuntiaverit excepisse videbitur: veluti si quis hominem dixerit decem dare iussum isque post annum ad libertatem pervenerit, quia hoc modo libertas data fuerit: 'Stichus post annum liber esto', evictionis obligatione tenebitur.

§3. Quid ergo, qui iussum decem dare pronuntiat viginti dare debere, nonne in condicionem mentitur? Verum est hunc quoque in condicionem mentiri et ideo quidam existimaverunt hoc quoque casu evictionis stipulationem contrahi: sed auctoritas Servii praevaluit existimantis hoc casu ex empto actionem esse, videlicet quia putabat eum, qui pronuntiasset

libre.

§1. Pero quien al entregar el esclavo declara que éste esperba que la condición se cumpliese para quedar libre, se entiende que solo exceptúa la manumisión testamentaria que exige el cumplimiento de una condición posterior. Por ello, si por testamento se le otorgó la libertad inmediata y el vendedor declaró vender un esclavo manumitido bajo condición, queda obligado en virtud de evicción.

§2. Ahora bien, quien entrega un esclavo manumitido bajo condición y manifiesta determinada condición con la que dijo se le concedió la libertad, se considerará que empeora su condición, porque parecerá que no exceptuó todas las causas de libertad otorgada, sino solo la que manifestó. Por ejemplo, si alguien dijo que el esclavo debía dar diez mil sestercios, se obligará en virtud de evicción si luego de un año el esclavo queda libre porque la libertad se le otorgó así: 'sea libre Estico después de un año'.

§3. Ahora bien, ¿acaso no miente en cuanto a la condición quien manifiesta que se dispuso que el esclavo diese diez mil sestercios, debiendo dar veinte mil? En verdad miente respecto a la condición, por ello algunos juristas consideraron que en tal caso también se incurre en la

servum viginti dare iussum, condicionem excepisse, quae esset in dando.

estipulación por evicción. Sin embargo, destacó la autoridad de Servio, quien opinó que en este supuesto solo procedía la acción de compra, porque consideraba que el vendedor que manifestó que se había mandado al esclavo dar veinte mil había ya exceptuado la condición consistente en dar algo.

§4. Servus rationibus redditis liber esse iussus est: hunc heres tradidit et dixit centum dare iussum. Si nulla reliqua sunt quae servus dare debeat et per hoc adita hereditate liber factus est, obligation evictionis contrahitur, eo quod liber homo tamquam statuliber traditur. Si centum in reliquis habet, potest videri heres non esse mentitus, quoniam rationes reddere iussus intellegitur summam pecuniae quae ex reliquis colligitur iussu dare: cui consequens est, ut, si minus quam centum in reliquis habuerit, veluti sola quinquaginta, ut, cum eam pecuniam dederit, ad libertatem pervenerit, de reliquis quinquaginta action ex emptor competat.

§4. Se dispuso que un esclavo quedase libre tras rendir las cuentas; el heredero lo entregó, diciendo en la venta que se había mandado que diese cien mil sestercios. Si no hay nada que el esclavo deba dar de los remanentes, y así, tras aceptarse la herencia queda libre, se adquiere obligación en virtud de evicción por entregarse un hombre libre como manumitido por condición. Si quedan por entregar cien mil, puede considerarse que el heredero no mintió, porque se entiende que a quien se le mandó rendir cuentas se le mandó dar la cantidad reunida de los remanentes. Por ello, si con éstos reunió menos de cien mil, por ejemplo, solo cincuenta mil, de modo que al dar el dinero alcance la libertad, procederá la acción de compra por los cincuenta mil restantes.

§5. Sed et si quis in venditione statuliberum perfusorie dixerit, condicionem autem libertatis celaverit, empti iudicio tenebitur, si id nescierit

§5. Igualmente, si un vendedor declaró ambiguamente que el esclavo fue instituido libre bajo condición, pero ocultó la

emptor: hic enim exprimitur eum, qui dixerit statuliberum et nullam condicionem pronuntiaverit, evictionis quidem nomine non teneri, si condiciones impleta servus ad libertatem pervenerit, sed empti iudicio teneri, si modo condicionem, quam sciebat praepositam esse, celavit: sicuti qui fundum tradit et, cum sciat certam servitutem deberi, perfusorie dixerit: 'itinera actus quibus sunt utique sunt, recte recipitur', evictionis quidem nomine se liberat, sed quia decepit emptorem, empti iudicio tenetur.

§6. *In fundo vendito cum modus pronuntiatus deest, sumitur portio ex pretio, quod totum colligendum est ex omnibus iugeribus dictis.*

70. *PAULUS libro quinto quaestionum. Evicta re ex empto actio non ad pretium dumtaxat recipiendum, sed ad id quod interest competit: ergo et, si minor esse coepit, damnum emptoris erit.*

71. *IDEM libro sexto decimo quaestionum. Pater filiae nomine*

condición para liberarlo, se obligará por la acción de compra si el comprador no supo esto, dado que en este caso se señala que quien dijo que el esclavo queda libre bajo condición sin manifesar ninguna, ciertamente no se obliga por la evicción si al cumplirse la condición el esclavo llegó a la libertad, pero sí se obliga por la acción de compra si ocultó la condición que sabía se estableció, como cuando alguien entrega un fundo y, sabiendo que poseía una servidumbre, declaró ambiguamente: 'se compra debidamente con servidumbres de senda y de paso de ganado para quienes existen y lleguen a existir'; sin duda se libera de la obligación por evicción, pero al haber engañado al comprador se obliga por la acción de compra.

§6. Cuando en el fundo vendido falta declararse la cabida, se deduce una porción del precio que debe englobar el total por todas las yugadas declaradas.

70. PAULO *en el libro quinto de las cuestiones.* Tras eviccionar una cosa procede la acción de compra para recuperar el precio y lo que interesa. Por ende, si la cosa comprada pasó a valer menos, el perjuicio será para el comprador.

71. EL MISMO *en el libro décimo sexto de las cuestiones.* Un padre dio

fundum in dotem dedit: evicto eo an ex empto vel duplae stipulatio committatur, quasi pater damnum patiatur, non immerito dubitatur: non enim sicut mulieris dos est, eta patris esse dici potest nec conferre fratribus cogitur dotem a se profectam manente matrimonio. Sed videamus, ne probabilius dicatur committi hoc quoque casu stipulationem: interest enim patris filiam dotatam habere et spem quandoque recipiendae dotis, utique si in potestate sit. Quod si emancipata est, vix poterit defendi statim committi stipulationem, cum uno casu ad eum dos regredi possit. Numquid ergo tunc demum agere possit, cum mortua in matrimonio filia potuit dotem repetere, si evictus fundus non esset? An et hoc caus interest patris dotatam filiam habere, ut statim convenire promissorem possit? Quod magis paterna affection inducit.

en calidad de dote un fundo a nombre de su hija; tras ser eviccionado, se duda justamente si procede la acción de compra o la estipulación por el duplo, como si el padre hubiese sido perjudicado. Porque no puede afirmarse que la dote es de la mujer como se dice que es del padre; y a la primera no se le obliga a colar con los hermanos la dote que el padre le constituyó mientras subsiste el matrimonio. Ahora analicemos si no es mejor decir que en este caso también se incurre en la estipulación, porque al padre le interesa dotar a su hija y tener la esperanza de recupear algún día la dote si ella sigue bajo su potestad. Pero si fue emancipada, no podrá afirmarse que incurre en la estipulación, porque en solo en el otro caso podría él recuperar la dote. Así, ¿podrá entonces ejercer acción solo si muere la hija durante el matrimonio y pueda reclamar la dote suponiendo que no se eviccionó el fundo? ¿O también, aparte de este caso, le interesa al padre dotar a la hija para que así pueda demandar la dote a quien prometió restituirla? A lo que más bien tiende la consideración del amor paterno.

72. *CALLISTRATUS libro secundo quaestionum. Cum plures fundi specialiter nominatim uno instrumento emptionis interposito venierint, non*

72. CALISTRATO *en el libro segundo de las cuestiones.* Si en un solo documento de compra se vendieron específicamente varios

utique alter alterius fundus pars videtur esse, sed multi fundi una emptione continentur. Et quemadmodum, si quis complura mancipia uno instrumento emptionis interposito vendiderit, evictionis actio in singula apita mancipiorum spectatur, et sicut aliarum quoque rerum complurium una emptio facta sit, instrumentum quidem emptionis interpositum unum est, evictionum autem tot actiones sunt, quot et species rerum sunt quae emptione comprehensae sunt: ita et in propósito non utique prohibebitur emptor evicto ex his uno fundo venditorem convenire, quod una cautione emptionis complures fundos mercatus comprehenderit.

fundos por separado, no se considera que uno sea parte de otro, sino todos ellos englobados en una sola compra. Y así como se consideram diversas acciones de evicción por cada esclavo si alguien vendió varios habiendo un solo documento de compra; o como cuando hay un solo contrato al comprar varias cosas, pero las acciones por evicción son tantas como las cosas englobadas en la compra, así también en el caso planteado no se prohibirá al comprador demandar al vendedor en caso de evicción de uno de los fundos, pues al comprar varios los englobó en un solo documento de compra.

73. *PAULUS libro septimo responsorum. Seia fundos Maevianum et Seianum et ceteros doti dedit: eos fundos vir Titius viva Seia sine controversia possedit: post mortem deinde Seiae Sempronia heres Seiae quaestionem pro praedii proprietate facere instituit: quaero, cum Sempronia ipa sit heres Seiae, an iure controversiam facere possit. Paulus respondit iure quidem proprio, non hereditario Semproniam, quae Seiae de qua quaeritur heres exstitit, controversiam fundorum facere posse, sed evictis praediis eandem Semproniam heredem Seiae conveniri posse: vel exceptione doli mali summoveri posse.*

73. PAULO *en el libro séptimo de las respuestas.* Seya dio en dote los fundos Meviano, Seyano y otros más; su marido Ticio poseyó pacíficamente tales fundos en vida de Seya; luego de la muerte de ésta, su heredera Sempronia promovió juicio sobre la propiedad de los fundos. Pregunto: siendo Sempronia heredera de Seya, ¿podrá lícitamente promover juicio? Paulo respondió que Sempronia, como heredera de la Seya antes tratada, sí puede promover juicio respecto de los fundos por propio derecho, no en virtud de su derecho sucesorio, pero si ocurre la evicción de los predios

Sempronia podrá ser demandada como heredera de Seya, o bien puede rechazársele con la excepción de dolo.

74. *HERMOGENIANUS libro secundo iuris epitomatorum. Si plus vel minus, quam pretii nomine datum est, evictione secuta dari convenerit, placitum custodiendum est.*

§1. *Si iussu iudicis rei iudicatae pignus captum per officium distrahatur, post evincatur, ex empto contra eum qui pretio liberatus est, non quanti interest, sed de pretio dumtaxat eiusque usuris habita ratione fructuum dabitur, scilicet si hos ei qui evicit restituere non habebat necesse.*

§2. *Mota quaestione interim non ad pretium restituendum, sed ad rem defendendam venditor conveniri potest.*

§3. *Qui nomen quale fuit vendidit, dumtaxat ut sit, non ut exigi etiam aliquid possit, et dolum praestare cogitur.*

75. *VENULEIUS libro sexto decimo stipulationum. Quod ad servitutes praediorum attinet, si tacite secutae sunt et vindicentur ab alio, Quintus Mucius et Sabinus existimant venditorem ob evictionem teneri non posse: nec enim evictionis nomine quemquam teneri in eo*

74. HERMOGENIANO *en el libro segundo del epítome del derecho*. Si se pactó que, en caso de reclamar la evicción, se de más o menos de lo dado por concepto de precio, debe estarse a lo acordado.

§1. Si por disposición del juez se vendiera oficiosamente una prenda en garantía de la sentencia, y luego se le evicciona, se otorgará la acción de compra contra quien se liberó con el precio, no por lo que interesa, sino solo por el precio y los intereses considerando los frutos, es decir, si no debía restituirlos a quien hizo la evicción.

§2. Una vez promovido el juicio, puede demandarse entre tanto al vendedor no para que restituya el precio, sino para defender la cosa.

§3. El vendedor de algún crédito solo se obliga a responder de que exista, no de que pueda exigirse alguna cosa, además de responder por el dolo.

75. VENULEYO *en el libro décimo sexto de las estipulaciones*. Si unas servidumbres prediales se consideraron transmitidas tácitamente y otro las reivindicó, Quinto Mucio y Sabino opinan que el vendedor no puede

iure, quod tacite soleat accedere: nisi ut optimus maximusque esset traditus fuerit fundus: tunc enim liberum ab omni servitude praestandum. Si vero emptor petat viam vel actum, venditorem teneri non posse, nisi nominatim dixerit accessurum iter vel actum: tunc enim teneri eum, qui ita dixerit. Et vera est Quinti Muci sententia, ut qui optimum maximumque fundum tradidit, liberum praestet, non etiam deberi alias servitutes, nisi hoc specialiter ab eo accesum sit.

obligarse por la evicción, porque nadie está obligado a ella en virtud de a un derecho que tácitamente suele ser accesorio, salvo que se haya entregado el fundo en las mejores y más amplias condiciones, pues entonces deberá entregarse libre de cualquier servidumbre. Pero si el comprador reclama la servidumbre de paso de ganado o de camino, el vendedor no se obligará salvo que expresamente manifieste que dichas servidumbres debían agregarse, porque en tal caso se obliga quien así lo declaró. Y la opinión de Quinto Mucio es correcta: quien entregó un fundo en las mejores y más amplias condiciones debe entregarlo libre, no respondiendo de que se tengan otras servidumbres a su favor, slavo que expresamente lo conceda.

76. IDEM *libro septimo decimo stipulationum. Si alienam rem mihi tradideris et eandem pro derelicto habuero, amitti auctoritatem, id est actionem pro evictione, placet.*

76. EL MISMO *en el libro décimo séptimo de las estipulaciones.* Si me entregaste una cosa ajena y yo la consideré abandonada y la adquirí por usucapión, se considera perdida la autoridad, es decir, la acción por evicción.

TITULUS III
DE EXCEPTIONE REI VENDITAE ET TRADITAE

TÍTULO III
DE LA EXCEPCIÓN DE LA COSA VENDIDA Y ENTREGADA

1. ULPIANUS libro septuagesimo sexto ad edictum. Marcellus scribit, si alienum fundum vendideris et tuum postea factum petas, hac exceptione recte repellendum.

§1. Sed et si dominus fundi heres venditori existat, idem erit dicendum.

§2. Si quis rem meam mandatu meo vendiderit, vindicanti mihi rem venditam nocebit haec exceptio, nisi probetur me mandasse, ne traderetur, antequam pretium solvatur.

§3. Celsus ait: si quis rem meam vendidit minoris quam ei mandavi, non videtur alienata et, si petam eam, non obstabit mihi haec exceptio: quod verum est.

§4. Si servus merces peculiariter emerit, deonde dominus eum, priusquam proprietatem rerum nancisceretur, testamento liberum esse iusserit eique peculium praelegaverit et venditor a servo merces petere coeperit: exceptio in factum locum habebit, quia is tunc servus fuisset cum contraxisset.

§5. Si quis rem emerit, non autem fuerit ei tradita, sed possessionem sine vitio fuerit nactus, habet exceptionem contra venditorem, nisi forte venditor iustam

1. ULPIANO *en el libro septuagésimo sexto de los comentarios al edicto.* Marcelo opina que si vendiste un fundo ajeno y luego de adquirir la propiedad lo reclamaste, se te rechazará justamente con esta excepción.

§1. También se dirá lo mismo si el dueño del fundo se vuelve heredero del vendedor.

§2. Si alguien vendió por mandato mío una cosa de mi propiedad, al tratarla de reivindicar me perjudicará esta excepción si no pruebo que yo mandé que no se entregase antes de cobrar el precio.

§3. Celso dice que si alguien vendió una cosa mía por un precio menor al que le indiqué, no se considera enajenada, y esta excepción no me impedirá reclamarla, siendo esto correcto.

§4. Si un esclavo compró mercancías con dinero de su peculio y luego su dueño dispuso por testamento que fuese libre antes de adquirir la propiedad de las cosas y le prelegó el peculio, reclamándole luego el vendedor las mercancías al esclavo, procederá la excepción por la conducta realizada, pues cuando contrató todavía era esclavo.

§5. Si alguien compró una cosa pero no se la entregaron, adquiriendo así la posesión sin vicios, tiene la excepción contra el

causam habeat, cur rem vindicet: nam et si tradiderit possessionem, fuerit autem iusta causa vindicanti, replication adversus exceptionem utetur.

vendedor, salvo que éste tenga una justa causa para reivindicar la cosa, pues igualmente, si entregó la posesión pero existe una justa causa para reivindicar lo vendido, el vendedor usará una réplica contra dicha excepción.

2. POMPONIUS *libro secundo ex Plautio. Si a Titio fundum emeris qui Sempronii erat isque tibi traditus fuerit, pretio autem soluto Titius Sempronio heres exstiterit et eundem fundum Maevio vendiderit et tradiderit: Iulianus ait aequius esse priorem te tueri, quia et si ipse Titius fundum a te peteret, exceptione summoveretur et si ipse Titius eum possideret, Publiciana peteres.*

2. POMPONIO *en el libro segundo de la doctrina de Plaucio.* Si le compraste a Ticio un fundo que era de Sempronio y te fue entregado, pero tras pagarle a Ticio éste quedó como heredero de Sempronio y vendió y entregó el mismo fundo a Mevio, dice Juliano que es más justo protegerte primero a ti, porque si Ticio te reclama el fundo se le rechazará con la excepción, y si Ticio lo posee lo demandarás con la acción Publiciana.

3. HERMOGENIANUS *libro sexto iuris epitomatorum. Exceptio rei venditae et traditae non tantum ei cui res tradita est, sed successoribus etiam eius et emptori secundo, etsi res ei non fuerit tradita, proderit: interest enim emptoris primi secundo rem non evinci.*

3. HERMOGENIANO *en el libro sexto del epítome del derecho.* La excepción de cosa vendida y entregada beneficiará no solo a quien se le entregó la cosa, sino también a sus sucesores y al posterior comprador, aunque no se le haya entregado a éste la cosa, pues al primer comprador le interesa que la cosa no se le reivindique al segundo.

§1. *Pari ratione venditoris etiam successoribus nocebit, sive in universum ius sive in eam dumtaxat rem successerint.*

§1. Por la misma razón también perjudicará a los sucesores del vendedor si le sucedieron en la totalidad de sus derechos o únicamente en la cosa específica.

SOBRE EL TRADUCTOR

Julio César Navarro Villegas (México, 1972) estudió la Licenciatura en Derecho en la UNAM, donde se graduó con mención honorífica en 1997. Por invitación de la Comunidad Europea realizó entre 2004 y 2006 la Maestría en Sistema Jurídico Romanista: Unificación del Derecho y Derecho de la Integración en la Universidad "Tor Vergata" de Roma, Italia. Cursó la Maestría en Ciencias Jurídicas entre 2012 y 2014 en la Universidad Panamericana (México), y actualmente es becario del Doctorado en Derecho en esta Institución.

Ha sido titular de las asignaturas de Derecho Romano I y II en la Universidad Nacional Autónoma de México, la Universidad Panamericana y la Universidad Internacional de la Rioja; es profesor titular de los dos cursos de Derecho Romano y de la materia Derecho Eclesiástico del Estado en la Universidad Pontificia de México; ha impartido cursos de especialización sobre exégesis de las fuentes jurídicas romanas, bases de la argumentación jurídica y oratoria parlamentaria en la Universidad Nacional Autónoma de México; ha impartido seminarios sobre exégesis jurídica romana en la Universidad Panamericana; ha impartido cursos de latín jurídico en diversos estados de la República Mexicana; ha participado en congresos de Derecho Romano y Derecho Protocolario en México; ha sido conferencista de temas relacionados con el derecho romano y el humanismo clásico en diversas universidades nacionales; ha colaborado en la reforma a planes de estudio de la Licenciatura en Derecho en la Universidad Pontificia de México; ha publicado diversos artículos en revistas especializadas del país; ha sido crítico literario y musical en programas de radio y televisión en línea; ha publicado en formato digital e impreso obras variadas en los ámbitos jurídico, humanista, histórico y literario con el apoyo de Amazon.

Correo electrónico para comentarios y sugerencias: suiiuris10@gmail.com
Facebook: https://www.facebook.com/juliocesar.navarro.3557440/
Instagram: https://www.instagram.com/caiusiuliuscaesarprimus/
Youtube:
https://www.youtube.com/channel/UC1nlurxRP3xAUTqguRpeb0Q/
Twitter: https://twitter.com/caiusiulius3

NOTA FINAL

Estimado lector:

Deseo agradecerte enormemente el interés mostrado por este modesto trabajo. Hoy, la tecnología nos brinda posibilidades de interacción impensadas en el pasado. El boca a boca tiene a las redes sociales como aliados; el lector ha adquirido cada vez más protagonismo en la vida de una obra literaria. Si esta, o cualquier otra obra de tu servidor, te ha gustado, no dejes de comentársela a tus amigos, de mencionarla en tu perfil de Facebook, de Twittearla. Y especialmente, te solicito un comentario en la página de Amazon donde la adquiriste. Será un enorme aliciente para continuar, siendo positiva la opinión, y para mejorar, si es una crítica constructiva a este trabajo de escritor.

También te invito a seguir las novedades y los detalles más recientes de mi actividad literaria en mis redes sociales, donde podrás compartir todas tus inquietudes sobre alguna de las obras que tu servidor va publicando.

Julio César Navarro Villegas
México, julio de 2022

www.ingramcontent.com/pod-product-compliance
Lightning Source LLC
Chambersburg PA
CBHW071348210526
45465CB00001B/25